Chr. Wordsworth

## The tracts of Clement Maydeston

with the remains of Caxton's Ordinale

Chr. Wordsworth

**The tracts of Clement Maydeston**
*with the remains of Caxton's Ordinale*

ISBN/EAN: 9783743463424

Manufactured in Europe, USA, Canada, Australia, Japa

Cover: Foto ©Thomas Meinert / pixelio.de

Manufactured and distributed by brebook publishing software (www.brebook.com)

Chr. Wordsworth

**The tracts of Clement Maydeston**

o

# HENRY BRADSHAW
# SOCIETY

Founded in the Year of Our Lord 1890

for the editing of Rare Liturgical Texts.

VOL. VII.

*ISSUED TO MEMBERS FOR THE YEAR* 1894

AND

PRINTED FOR THE SOCIETY

BY

HARRISON AND SONS, ST. MARTIN'S LANE,

PRINTERS IN ORDINARY TO HER MAJESTY.

# THE TRACTS

OF

# CLEMENT MAYDESTON

WITH THE REMAINS OF

# CAXTON'S ORDINALE.

EDITED BY

CHR. WORDSWORTH, M.A.,

*Rector of Tyneham, in the Diocese of Sarum, and Prebendary of Lyddington in Lincoln Cathedral Church.*

London.

1894.

LONDON:

HARRISON AND SONS, PRINTERS IN ORDINARY TO HER MAJESTY,

ST. MARTIN'S LANE.

# CONTENTS.

Fragments of the ORDINALE SARUM, printed by WILLIAM
CAXTON [1477–8]. pp. 91–116.

## APPENDIX I.

### REGULA DE HISTORIIS INCHOANDIS. pp. 117–127.

## APPENDIX II.

### REGULA DE SEPTEM HISTORIIS, ETC. pp. 129–156.

## APPENDIX III.

### WEEKLY COMMEMORATIONS IN ENGLAND IN THE XIIth–XVIth CENTURIES. pp. 157–183.

## APPENDIX IV.

### FORMULAE QUAEDAM DE COMMEMORATIONIBUS
#### pp. 185–213.

## APPENDIX V.

### OF COLLEGIATE CHURCHES MENTIONED BY CLEMENT
#### MAYDESTON. pp. 223–237.

# INTRODUCTION.

[§ 1. HENRY BRADSHAW'S account of the *Ordinale*, the '*Priests' Guide*,' and the *Pica* in the breviary. § 2. Canon W. Cooke's forthcoming edition of the *Directorium* or 'Guide,' to which the Tracts in this volume were printed as an appendix. § 3. H. BRADSHAW'S opinion, accidentally confirmed by restoring the breviary Pie to its earlier arrangement. § 4. The Shorter *Ordinale* is to be found in the Cambridge edition of the Sarum Breviary. *Regula de Historiis* for places both where there is not a *festum loci*, and where there is one. The Rule taken from a manuscript breviary at Peterhouse, and from the rare printed Sarum Breviary of 1483. It occurs in another form in the Cambridge edition of the breviary, between August and Advent. § 5. The fragments of Caxton's edition of the simple *Ordinale* (1477-78). Description by Blades, with Bradshaw's comments. § 6. Wyclif's attacks upon the Sarum *Ordinale*, cir. 1365-83.

§ 7. The *Directorium* named, but not originated by Clement Maydeston. Its two forms. Corpus Christi festival. Exeter *Ordinale*. § 8. Note on some other directoria.

§ 9. *Defensorium Directorii* occasioned by an erroneous answer from the Sarum experts about 1440-50. It distinguishes the two kinds of Sarum rules, and their obligatoriness. Authorities cited in it. § 10. Its author most probably was Clement Maydeston. § 11. His history. Condition of the Chapter at Salisbury. The importance of the book.

§ 12. The *Crede Mihi* is less controversial.—A composite work.—The first part consists of a series of Articles on doubtful points in ritual and ceremonial ; each of which is stated on both sides, and the *Responsio* of the Canons is annexed. To some Answers the objections or criticisms by Clement Maydeston are appended. And, possibly, a few supplementary decisions. The latter part of the Tract differs in style and character from the *articuli canonicorum*. It is a commentary on a complete set of rubrics in their order.—§ 13. Not originated by Clement Maydeston : but by John Raynton, § 14. at the instance of Dr. Thomas Gascoigne.—Printed editions.—Our own text.—§ 15. Revision by William Clerke.—Under what influence ?—§ 16. The Breviary Pica supplants the *Directorium* cir. 1507-1510.—§ 17. Wynkyn de Worde's *Admonitio ad emptores*.—§ 18. Indication of the place whence (possibly) the earlier Pie originated.]

§ 1. In a "note on Mediæval Service Books" which HENRY BRADSHAW drew up in 1881, and which deserves to be placed in the hands of students in our schools and universities, he has left the following clear statement with reference to the subject with which we are dealing in the present volume, and in another which Canon Cooke is preparing for the Society.

'Besides these books of actual services, viz., the Breviary, *Antiphonarium, Psalterium, Hymnarium, Legenda,* and *Collectarium,* the *Processionale,* the *Missale, Epistolaria, Evangeliaria, Graduale,* and *Troparium,* the *Manuale* and *Pontificale,* there was another absolutely necessary for the right understanding and definite use of those already mentioned.'

'This was the ORDINALE, or book containing the general rules relating to the *Ordo divini servitii.* It is the *Ordinarius* or *Breviarius* of many Continental churches. Its method was to go through the year and show what was to be done; and how, under such circumstances, the details of the conflicting Services were to be dealt with. The basis of such a book would be either the well-known Sarum *Consuetudinarium,* called after St. Osmund, but really drawn up in the first quarter of the thirteenth century, the Lincoln *Consuetudinarium* belonging to the middle of the same century, or other such book.

'By the end of the fifteenth century Clement Maydeston's *Directorium Sacerdotum,* or Priests' Guide, had superseded all such books, and came itself to be called the Sarum *Ordinale* until (about 1501)[1] the shorter Ordinal, under the name of *Pica Sarum,* "the rules called the Pie[2]," having been cut up and

---

[1] Bradshaw gives "about 1508" as the probable date. Subsequent enquiry has carried it back to 1501, the date of an 8ᵛᵒ Sarum Breviary (now at Oscott College) printed at Paris by J. Philippi. The only known Hereford Breviary is of rather early date (1505) and contains no Pie. The York Breviary of 1526 (with 1516 Kalendar, Bodl. Gough Missals, 59) has a Pie; but Seager tells us that it does not note the commemorations. All the Sarum Breviaries which he examined (with the exception of 1497, 8ᵛᵒ Rouen, Morin, Bodl. Gough Miss. 67*b*, 68) contain a Pie. (*Annotationis Prolusio,* &c., in Brev. Sar. 1843, p. xliii. n.) That there is part of a Pie in the early Sarum Breviary of 1483, 8ᵛᵒ, Venice, R. de Noviomagio, will be seen in Appendix II. below. There is an inchoate Pie in the Aberdeen Breviary of 1509-10.

[2] On the origin of the peculiar word *pica* or 'Pie,' Professor Skeat supplies the following particulars in his larger Etymological Dictionary.

"*Pica,* a kind of printer's type (*Latin*) see *Pie* (1), and (2).

"*Pie.* (1) a magpie; mixed or unsorted printer's type.

"*Pie.* (2) a book which ordered the manner of performing the divine service (*French,—Latin*).

"'Moreover the nombre and hardnes of the rules called the *pie*',' Introd. to Book of Common Prayer [1549].—Here, as in the case of Pie (1), the word is a French form of the Latin *pica,* which was the old name for the Ordinale: quod usitato vocabulo dicitur *Pica,* sive directorium sacerdotum." Sarum Breviary fo. 1., cited in Procter, *On the Book of Common Prayer,* p. 8. The name *pica,* literally 'magpie,' was doubtless given to these rules from their confused appearance, being printed in the old black-letter type on white paper, so that they resembled the colours of the magpie. The word *pica* is still retained as a printer's term, to denote certain sizes of type; and a hopeless mixture of types is *pie.*—In the oath 'by cock and pie.' Shakespear, *Merry Wives,* i. 1. 316, 'cock' is the name of God, and 'pie' is the ordinal or book (relating to divine service`.""

re-distributed according to the seasons, came to be incorporated in the text of all the editions of the Sarum Breviary.'[1]

§ 2. The *Directorium Sacerdotum* of Clement Maydeston is being edited by Canon W. Cooke for the HENRY BRADSHAW SOCIETY. In the meantime, as a sort of companion or pioneer volume, we have here re-printed two little tracts which tended to explain or support the principles of the Priests' Guide, and which help to illustrate its history. These are the "*Defensorium Directorii*," and the "*Crede Michi*," of which we shall presently have a little more to say when we come to speak of the Pie in the time of Clement Maydeston.

§ 3. When the Sarum Breviary was about to be published by the Cambridge University Press, about 1881–2, it fell to my lot to transcribe the Pie or 'shorter *Ordinale*,' which occurs at certain intervals in the *Proprium de Tempore.*

I noticed at the time in certain passages of the Pie what appeared to me to be a singular waywardness, or at least a lack of uniformity, in expression, noticeable between one paragraph and the next, as I read them in their order in the Breviary of 1531. Now, however, having cut up and restored the pieces of the *pica* or pie to their original order for my own satisfaction in studying the *Directorium*, I find that the singularity of which I speak has practically vanished ; peculiarities (such for instance as the use of cardinal numbers written at length in words, instead of the conventional numerals) which in the Breviary seemed to occur at arbitrary intervals, now run consecutively throughout entire years, instead of appearing (as they do in the Breviaries at least from 1501, onwards) in an odd week here and there, by fits and starts. I think it worth while to record this trifling observation of my own, because it establishes the truth of Bradshaw's *dictum* that the pie which is found in the Breviary was the result of a cutting up and a redistribution of something which had originally existed in a different form or order. By some instinct, or by some process of induction, Bradshaw had made this discovery for himself so long ago as April 1879, and shears and paste-brush now incidentally confirm it.

In the space here at our disposal I have not been able to include the shorter *ordinale* restored to its original order as I have reconstructed it from the pieces in printed Breviaries, it having been estimated that it would add too much to the size of the book. It has also been decided that room cannot well be found for a similar but shorter document which is likewise

---

[1] A note by H. B. contributed to "*The Chronicles of the Collegiate Church or Free Chapel of All Saints, Derby,*" by J. Charles Cox and W. H. St. John Hope, re-printed in the appendix to G. W. Prothero's *Memoir of* Henry Bradshaw, pp. 425–6, and in 4to for Mr. Hope.

preserved in the printed Sarum Breviary, namely, the '*Regula de Historiis, ubi fiunt [due] commemorationes, videlicet una de Festo loci, et alia de* sancta Maria.'

This I suppose to be an earlier compilation than the complete *pica*, or short *Ordinale*.[1]

For this earlier rule I must therefore refer the reader to the recent Cambridge edition of the Breviary of 1531, where it of necessity occurs in that perverse order in which the makers of the breviary arranged it:—perverse, I mean, with regard to the study of the ordinal.

§ 4. There is however a crude form of the same thing which we have no right to omit in this collection. It is a *Regula de hystoriis incipiendis* or *ad inveniendam hystoriam* from August to Advent, which I have seen in two interesting Sarum breviaries.

The former of these is in the form of a rubric in the fourteenth century MS. Sarum Breviary, now belonging to Peterhouse, Cambridge, and this I have used for collations in the foot-notes marked '*P.*,' and here and there for the additions inserted in square brackets in the text (pp. 140–148) taken from the other authority which I am now about to mention.

This is the earliest known complete copy of the Sarum Breviary, printed at Venice by R. de Noviomagio in 1483. And thus the rule which we print below is (so far as we know) the earliest extant specimen of such directions incorporated in a printed breviary in this country.

Unlike the later printed breviary (of 1531, &c.), the Peterhouse manuscript and the book of 1483 view the question of commemorations in the light approved by Clement Maydeston. They distinguish and provide their Rules for two cases, the one, '*ubi non agitur de festo loci,*' the other '*ubi agitur de festo loci semel in ebdomada, sicut de Beata Maria.*'[2] The former of these cases was peculiar to the cathedral church of Salisbury and other

---

[1] I suppose the *Regula de Historiis* to be older than the *Pica* not merely because it is embodied in the rubric, while the latter is an accretion, but because it knows nothing of a third commemoration (*technically* known as the 'second,' when it had come into existence) which related to St. Thomas of Canterbury. It would be interesting to enquire whether any of the earlier MSS. of Sarum Breviaries contain this *Regula* without the weekly *commemoratio sancti Thome martyris* which appears in the printed breviaries (*ed. Cantab.* ii. 315-317). The XIVth cent. MS. 'L' used by Dr. C. Seager, in the Bodleian, contains the lessons for the office '*in Commemoratione sancti Thome*' prefixed. *Annot. in Portif. Sarum,* § 107.

[2] This is the description of the two-fold Rule in *P.* (a MS. Breviary at Peterhouse) and likewise in the printed edition of 1483,

ubi non agitur de festo loci, *and*

ubi agitur ['tam'] de festo loci semel in hebdomada, sicut ['quam etiam' 1483] de sancta Maria.

churches which had our Lady's name for their dedication. All churches and parishes commemorated her once (usually on Saturday) every ordinary week: consequently each Mary-church was provided once for all with a commemoration of its patron saint, and (until the provincial, or national, commemoration of St. Thomas was devised) these admitted of no second weekly commemoration. But churches which had some other dedication (*e.g.* 'St. Paul's,' 'St. Martin's,' 'St. Margaret's,' and a thousand others) had to find room, if possible, every ordinary week for another commemoration, that of their own eponymous saint or dedication ('*de sancto loci*' or '*de festo loci*') as well as for the universal weekly commemoration of the Blessed Virgin ('*sicut de beata Maria.*')[1]

§ 5. A more important item in our present small contribution to the Ordinal series, is thé text of those sixteen pages, several of them imperfect, of the simple *Ordinale Sarum* printed in quarto by William Caxton in 1477–78, and advertised in his famous *Cedula.*'

We reproduce these as accurately as we can, not only in respect for Caxton's memory, and in the interest of bibliography, but because we feel convinced that they will be helpful in tracing the history and development of the *Pica Sarum.*[2]

These fragments were discovered by Mr. Blades, with a mass of other specimens of printer's waste from Caxton's office, in the binding of a copy of Chaucer's *Boethius* in the Grammar School Library at St. Albans. There can be no doubt that the book was bound in Caxton's workshop.[3]

The fragments, as described in Henry Bradshaw's *adversaria,*[4]

---

[1] The adjustment of these commemorations to suit the 'occurrences' of moveable and immoveable feasts supplies the *raison d'être* for a great part of the *Directorium*. The remaining part is occupied with making arrangement for the concurrences and occurrences of Sundays and holy days. For some general remarks upon the '*Pica seu Ordinale*,' and upon the Commemorations of various English uses, I venture to refer the reader to the Introduction to the Cambridge edition of the Sarum *Breviarium* (1886) iii. pp. lxiii–lxxx. To my remarks there I have only to add that I have recently observed evidence of weekly commemorations of St. Mary and St. Hugh at Lincoln in the earliest extant roll of *Re* et *Ve* (departure and return of Residents) viz. A.D. 1278, from which some extracts are given later in this book.

[2] A facsimile page, executed by Mess[rs] Walker and Boutall of Clifford's Inn, Fleet Street, is introduced at p. 110 below. As the Oxford Press have issued a facsimile of Caxton's broadside, or *cedula* (with a description by Mr. Nicholson), the specimens of "this present letter" can once again be placed side by side.

[3] See Bradshaw's *Collected Papers*, ed. F. Jenkinson (Camb.) p. 348.

[4] In the margin of his own copy of Blades' *Life of Caxton* (ii. p. 102 ; *cf.* p. 70) now preserved in the University Library at Cambridge, whence Dr. J. Wickham Legg kindly transcribed the marginal comment for me at my request.

'are four separate half sheets in quarto' making a total of eight leaves or sixteen pages. They represent four distinct passages or contexts from what Mr. Blades has described as "Directorium seu Pica Sarum, First Version. Quarto. Sine ulla nota," and were printed, as Bradshaw shows, 'about 1478.' Among the 'Typographical Particulars' noted by Blades are the following :—

> "Only one Type, No. 3, is used in these fragments. The lines are not spaced out to one length. The longest measure 3⅝ inches. A full page has 22 lines. Without signatures."[1] Bradshaw (in the margin of his own copy) has remarked on the above-mentioned characteristics ; "These particulars at once class the book with *Infancia Salvatoris* (22 lines uneven 3¾ inches) and that again goes with the *later* set of undated quarto poetical pieces, *i.e.* about 1478."

§ 6. In attempting to investigate the history of the *Ordinale* it would not be right to omit all reference to the attack which was made upon it by Wyclif and his followers in the latter half of the fourteenth century, an episode to which Dr. Christopher Wordsworth, sometime Master of Trinity College, Cambridge, drew attention in the later editions of his 'Ecclesiastical Biography' many years ago.[2]

One of Wyclif's English tracts (perhaps one of the earliest, cir. 1365–75) is entitled

> "Of feyned contemplatif lif, of song, of the ordynal of Salisbury, and of bodely almes and worldly bysynesse of prestis ; hou bi thes foure the fend lettith hem fro prechynge of the gospel."

Wyclif thus traces the rise of psalmody :

> "First men ordeyned songe of mornynge[3] whanne thei weren in prison, for techynge of the gospel as Ambrose and men seyn, to putte away ydelnesse and to be not vnoccupied in goode manere for the tyme ; and that songe and oure accordith not, for oure stirith to iolite[4] and pride, and here stirith to mornynge[3] and to dwelle longer in wordis of goddis louve.

[1] I find that *all* the sixteen pages of these fragments of the Pie or *Ordinale* are full pages of 22 lines. The paragraph marks in red (which appear black in our facsimile specimen) are introduced by a rubricator ; this having been the traditional habit in the case of manuscripts. One paragraph near the foot of the 5th fragment (*recto*) seems to have been overlooked, and has not been marked with red. In one instance, in the 4th fragment, no space has been left at the beginning of the sixteenth week for any paragraph-mark at all.

[2] *Eccl. Biog.* (ed. 1853) i. p. 315 n.   [3] *i.e.* mourning.   [4] *i.e.* mirth.

"Than were matynys and masse and euen song, *placebo* and *dirige* and commendacion and matynes of oure lady ordeyned of synful men, to be songen with hei₃ criynge to lette men fro the sentence and understondynge of that that was thus songen, and to maken men wery and vndisposid to studie goddis lawe for aking of hedis : and of schort tyme thanne weren more veyn iapis[1] founden ; deschaunt,[2] countre note[3] and orgon and smale brekynge, that stirith veyn men to daunsynge more than to mornynge, and herefore ben many proude and lecherous lorelis[4] founden and dowid with temperal and worldly lordschips and gret cost. (for) whanne ther ben fourty or fyfty in a queer[5] thre or foure proude and lecherous lorellis schullen knacke[6] the most deuout seruyce that noman schal here the sentence, and alle othere schullen be doumbe and loken on hem as foolis. And thanne strumpatis and theuys preisen sire iacke or hobbe and williem the proude clerk, hou smale thei knacken[6] here notis. . . and thus trewe seruyce of God is lettid and this veyn knackynge[6] for oure iolite and pride is preised abouen the mone.[7]

"¶ Also the ordynalle of Salisbury lettith moche prechynge of the gospel ; for folis chargen that more than the maundementis of God and to studie and teche Cristis gospel ; for ₃if a man faile in his ordynale men holden that grete synne and reprouen hym therof faste, but ₃if a preste breke the hestis of God men chargen that litel or nou₃t ; and so ₃if prestis seyn here matynes, masse, and euensong aftir salisbury vsse, thei hemself and other men demen it is ynow₃, thou₃ thei neither preche ne teche the hestis of God and the gospel. And thus thei wenen that it is ynow₃ to fulfille synful mennus ordynaunce and to leue the ri₃tfulleste ordynaunce of God that he chargid prestis to performe but, lord, what was prestis office ordeyned bi God bifore that salisbury vss was maad of proude prestis coueitous," &c. ¶ See now the blyndnesse of these foolis ; thei seyn that a prest may be excused fro seiynge of masse, that God comaundid him self to

---

[1] '*iapis :*' tricks.

[2] '*descant* (biscantum, 'contrappunto alla mente') a part added to a plain song by another voice.' A. R. Maddison's, *Vicars Choral of Lincoln* p. 36.

[3] '*cowntor*' or counterpoint, then a novelty. (*ibid.*)

[4] '*lorelis :*' rascals.

[5] '*queer :*' choir.

[6] '*knackyng :*' tricky, artificial singing.

[7] *i.e.* above the moon.

the substance ther-of, so that he here on. But he schal not be excused but ȝif he seie matynes and euensong him self, that synful men had ordeyned, and thus thei chargen more here owene fyndynge than Cristis comaundement. A lord, ȝif alle the studie and traueile that men han now abowte Salisbury vss with multitude of newe costy portos,[1] antifeners, graielis, and alle othere bokis weren turned in-to makynge of biblis and in studiynge and techynȝe thereof, hou moche schulde Goddis lawe bi forthered and knowen and kept."

Wyclif sums up his tract by ranking "song and salisbury vse" as two among the four of 'sathanas disceitis' ranged against those saving instruments, the foure Euangelistis."[2]

Somewhat later Wyclif, or one of his 'poor priests,' in a treatise explaining 'why Poor Priests have none Benefice,' expressed his conviction that if only these were offered, and could conscientiously accept, preferment, "than schulde prestis studie holy writt and be deuout in here preieris, and not be taried with newe offices, as newe songis and moo sacramentis than Crist vsede and his apostolis, that tauȝten vs alle treuthe and spedly sauynge of cristene peple."

Another tract ('For the Ordre of Presthod') which is found among Wyclif's works in the Parker collection at Corpus Christi College, Cambridge, and in the Dublin MS., arraigns the same pair of ecclesiastical institutes.

"As austyn and gregory techen wel, preiere is betre herd of God bi compunccion and wepyng and stille devocion, as moyses and Ihu Crist diden, than bi gret criynge and ioly chauntynge that stireth men and women to daunsynge and lettith men fro the sentence of holy writt, as *Magnyficat, sanctus,* and *agnus dei,* that is so broken bi newe knackynge, it semeth that God seith bi thes newe singeris as he dide in the gospel to pharisees, 'this peple honoureth me with lippis, but here herte is fer fro me, thei worschipen me with-outen cause, techynge lore and comaundementis of men.'" (cap. 7.)[3]

" Zit thei chargen more the ordynal of salusbury than the hestis of God ; for ʒif a prest faile a poynt of his ordynal, that is no poynt of cristine mennus feith, he schal be reproued scharply and openly anon and of manye." (cap. 8.)[1]

"Also thei ben foule ypocritis, clensynge the gnatte and swolwynge the grete camaile alhool ; for ʒif thei failen in manere of here song and other newe sygnes founden of synful men, thei chargen that as a greuous synne " &c. (cap. 14.)[2] In the 22nd chapter the author charges the clergy with inciting people to make war against other christian nations, offering 'pardons,' and " hereto thei wolen crie *ora pro nobis* abouten the grete stretis, that God distroie here cristene bretheren " &c.[3] Also they encourage wealthy sinners on their death beds to endow chantries for numerous priests to " dwelle at o place and crie on hey with newe song, that lettith deuocion and the sentence to be vnderstonden." (cap. 24.)[4]

The treatise " Of Prelates," written perhaps by a follower of Wyclif about 1383, ridicules the blindness of the nobility who maintained wicked 'prelates' to perform a " veyn knackyng of newe song and costy " and give benefices " for her stynkyng and abhomynable blastis and lowde criynge ; for bi her gret criyng of song, as deschaunt, countre note and orgene, thei ben lettid fro studynge and prechynge of the gospel." (cap. 11.)[5]

And again : " thei don not here sacrifices bi mekenesse of herte and mornynge and compunccion for here synnes and the peplis, but with knackynge of newe song, as orgen or deschant and motetis of holouris[6] and with worldly pride of costy vestymentis and othere ornementis bouʒt with pore mennus goodis, and suffren hem perische for meschef, and laten pore men haue nakid sidis, and dede wallis haue grete plente of wast gold." (cap. 23.)[7]

Dr. Wordsworth cites a passage in the same strain from Wyclif's " Complaint to the King and Parliament " (Nov. 1382) speaking of the same four hindrances to evangelical preaching.[8]

newe bi the pope, that ben betere then the *pater noster*, for more pardoun fallith to hem,' p. 320.    He classes with pardons and 'letteris of fraternite' 'veyne preiers and synguler or specyal' ' as *famulorum* and *benefactorum*' to which particular virtue was attached. *Ibid.* pp. 16, 27, 134.

   [1] *Ibid.* p. 170.      [2] *Ibid.* p. 172.      [3] *Ibid.* p. 176.
   [4] *Ibid.* p. 177.      [5] *Ibid.* p. 77.
   [6] ' *motetis of holouris* :' motetts composed (or performed) by ribald persons.    A motett is a musical composition introduced at mass just after the *Offertorium.*      [7] *Ibid.* p. 91.
   [8] *Eccl. Biog.* i. p. 315n. (ed. 4), referring to Wickliffe's *Two Short Treatises*, 1608, 4[10]. p. 17.    So Erasmus in 1512 censured the 'elaborate theatrical music' which had been introduced even in the Benedictine monasteries in England.    *Annot.* in Ep. 1. ad Cor. xiv. 19, Id. Lib. xxv. Epist. 64.

MAYDESTONE.                     *b*

## § 7. The *Directorium*.

The original *Ordinale* provided a set of rules which it derived in part from the *Consuetudinarium* or book of local customs.[1] Its plan was to distribute these rules throughout the *proprium de tempore*, and likewise throughout the *proprium de sanctis*, of missal and breviary, for a normal year. This work was carried out more completely in the *Directorium* or 'Guide,' to which (as has been said) the title '*Ordinale*' came in course of time to be transferred.

[1] The *Consuetudinarium* of Ri. Poore, Bp. of Sarum cir. 1220, of which there are MSS. at Cambridge (*Add.* 710) and elsewhere, has been printed three or four times already ; but it still requires, and would repay, a good deal of study. As its editors have not furnished the reader with any table of its contents, the following brief summary may be found useful. In the form in which it is best known at present (from the 'Osmund Register') the treatise consists of 104 chapters, which fall naturally into seven divisions.

(1.) *Concerning the Cathedral Staff.* The duties and dignities of the principal persons at Salisbury. Of Canons' residence, and penalties (capp. 1–11). I pointed out some years ago that (among others) a passage from cap. 10 has been incorporated in the rubric of the Sarum Breviary, *fasc.* i. col. xlv., but I had not then realized how much use of the treatise had been made in other service-books.

(2.) *De chori ordinacione et regimine.* capp. 12–24.

(3.) *The rules for services in Choir and Chapter House*, in Advent (as the norm), with their variations for other times, *throughout the year :* capp. 25–30, 49–65. A digression is formed (capp. 31–48) by the rules of the *tabula* or roll of individual duties of singers and readers &c. for the weekly or daily services.

(4.) An appendix on the Triple Invitatory and the blessing of Holy Water (66–68). The latter is incorporated in the *Manuale ad usum Sarum.*

(5.) *The Order of Processions* for various occasions (capp. 69–91). Not only is this section largely used in the rubrics of the Sarum *Processionale*, but capp. 79, 80, supply an account of the ceremonies of Easter Eve to the *Manuale.*

(6.) *The Altar Service.* Directions for Mass throughout the year, capp. 92–100. I find that just one third of the long 92nd chapter is cited in various rubrics in the Missal, *ed.* Dickinson, coll. 7–12, 580–623, while in the *Manuale* there are two extra cuttings from the same chapter.

(7.) *Various Ceremonies* (capp. 101–104). The account of the Holy Oils, 'according to the Sarum custom,' has been borrowed almost entire for the MS. *Pontifical* of Edmund Lacy, Bp. of Exeter (1420). Edit. Ra. Barnes, pp. 283–5. Cap. 102 supplies some paragraphs to the Breviary rubrics, *fasc.* i. pp. dcclxxiii, dcclxxxii, while *ibid.* i. pp. l, li. we find traces of cap. 104, which is largely used in the *Manuale.* It will be observed that I have said nothing as yet of the influence of the second section of the Sarum *Consuetudinarium* (capp. 12–24) appearing in other books. In point of fact it was not to be expected that this would leave any traces of its authority in service-books proper. But I have shown in another place (*Lincoln Statutes : the Black Book*, pp. 127–9) that extracts from capp. 13, 19, and 22, had

What the old *Ordinale* had done for *one* ideal year, or '*anni circulum*,' the improved 'Guide of Clement Maydeston' applied with greater thoroughness to all the working almanacs of the time. As I have said elsewhere,[1] thirty-five (or thirty-six) varieties were provided so as to serve for every possible contingency.

The Custom-Book provided the regulations :

The *Ordinale* arranged the rules in a yearly course :

And the Pie or Directory, with lesser or greater fulness and completeness, reduced them into the practically more convenient form of the perpetual kalendar or Book of Almanacs.

The *name* " Directorium Sacerdotum " was, at least in England, first applied, as it appears, to such a guide by Clement Maydeston, a Brigittine monk at Hounslow in priest's orders, rather before the middle of the fifteenth century.

Taking for his text the evangelical charge, '*Dirigite* viam Domini ' (*Jo.* i. 23 ; cf. *Is.* xl. 3), he claimed to do his part in helping his brethren to approach their Maker with due preparation. But he does not pretend to have originated the work. He tells us that a book of the same description had been in use for some time, and that it was already old enough to have become in a measure out of date. His own work, therefore, has chiefly been that of a reviser; at the same time it was so far original that he could speak of himself as '*scriptoris totius huius ordinalis*,'

---

found their way into the custom Book of a sister cathedral by 1260-70. The use made of the same treatise by Bp. J. de Grandisson for his Exeter *Ordinale* in 1337 was, naturally, very considerable.

[1] *Breviarium ad usum Sarum* (ed. Cantab.) fasc. ii. p. xii. (*Introd.*). Cf. fasc. iii. p. lxvi. I take the present opportunity of putting on record here what may interest members of this Society, namely, an indication of those portions which HENRY BRADSHAW contributed to the *Introduction* to fasc. ii. (Psalter &c.) of the Breviary in 1879, in favour of which I suppressed some pages of what I had in print before I shewed the proof-sheets to him. He wrote note 1 on p. v. (the only *foot-note* which he contributed to that Introduction). From line 8 on p. v. to line 2 on p. vii. is his. From line 4 on p. viii. to line 22 on p. ix. Then he adopts, in the main, my description of the *Commune Sanctorum.* From line 14 on p. x. to line 3 on p. xii. Then, after a few lines of mine upon the *Ordinale* or *Pica*, he resumes from p. xii. line 14 to p. xiii. line 16. The last two or three lines of § 4 are a survival from my original draft, as is also the account of the *Accentuarius*, and the remainder of pp. xiii–xvi. Thus we may say that he re-wrote all the description of the contents of the Breviary (pp. viii–xiii) retaining little beyond my description of the Pie and *Accentuarius*, those little portions of the book which I had myself transcribed, and with which I was therefore at that time especially familiar. On Mr. Procter had fallen almost the entire burden of transcription, besides the labour of 3 or 4 of the indexes. In fasc. iii. (the *Sanctorale* volume), besides the invaluable lists, and such extracts from his letters as are quoted with his name or initials, Bradshaw wrote note† on p. xlvii., also the brief foot-notes on his lists of hymns on pp. cvii–cxi, cxv–cxviii.

no doubt congratulating himself meanwhile upon the comple-
tion of a tedious task in manuscript.

Of the work which Maydeston set himself to correct we
gather, in the first place, that it was not identical with the 'true
Sarum *Ordinale*' itself. Of *that* he speaks in the terms of the
highest veneration ; and he was not a man averse to plain speaking as a critic. He has adhered to its text religiously, with the
one single exception of having corrected the anomalous or incon-
gruous directions[1] written for both vespers of Corpus Christi
day.

The feast of *Corpus Domini* was not instituted until 1264,
when Walter de la Wyle was Bishop of Salisbury. If then we
suppose that this one passage which Maydeston set himself to
correct was part of the original Sarum Ordinal, we must put the
date of the 'true Ordinal' considerably later than the time of
Bishop Richard Poore and his *Consuetudinarium* (which was
probably composed with a view to the new cathedral church
then rising in Salisbury). There is nothing to prevent our
believing that the original Sarum *Ordinale* was similarly compiled five or ten years *after* the cathedral was completed. (It was
built in 1225–1260.) If anything should hereafter be discovered
to make us date 'the true Ordinal' earlier than 1265, we must
conclude that it had been corrected up to date from time to
time. On the other hand it may not unreasonably be ques-
tioned whether the Corpus Christi feast was received in this
conservative island so soon after its institution in Rome.[2] It
appears in the list of festivals in the Constitution of Simon
Islip a century later (Provinciale, II. iii. De Feriis, tit. 3 *Ex
scripturis*, Jul. 16, 1362) and indeed in the Constitution of Simon
Meopham in 1332. (Wilkins *Conc.* ii. p. 560.) But there is some
reason to think that it had been rather slow in taking root in
the West of England. The Synod of Exeter in 1287 does not
name it (*ibid.* ii. 145), but it is recognized in English service
books of the latter part of the *fourteenth* century, such as the
Clare and King's College *portiforia* at Cambridge.

Most interesting in this connexion is the testimony of the
Exeter *Ordinale*, composed, as we know, in 1337. It speaks of
Corpus Christi as a novelty, which was gaining ground and
likewise causing difficulties.

---

[1] Maydeston makes use of the phrase, '*illa dumtaxat anormala.*' The las
word in its printed form, though it is a hybrid found elsewhere, is not
recognized in what Henry Bradshaw so happily and humorously described
as the Glossary of Middling and Infamous Latinity.'

[2] The Sarum Graduale reproduced by the Plainsong Society dates from
the latter times of Old Sarum, cir. 1210, and therefore of necessity know
nothing of Corpus Christi Feast and Octave.

" Feria quinta infra oct. Trinitatis fiat festum maius duplex de sacramento Corporis et Sanguinis Christi. Ad vesperas Ant. *Sacerdos in eternum,*" &c., &c. " Per totam ebdomadam chorus Exon regitur et ideo extra dominicam et fest. ix lectionum, vel sanctorum Johannis et Pauli, fiat seruicium de solennitate predicta " . . . " ⁋ Dominica infra oct. Corporis Christi, licet secundum morem aliarum octauarum cum regimine chori videretur de ipsis octauis faciendum : tamen quia id festum est mobile et nouum, et illa antiqua dominica est caput dominicarum estatis, et quasi dies octaua Trinitatis, et ideo solempnior ceteris dominicis, unde multa inconueniencia rubricarum antiquarum destructiua, nisi fiat de ea, contigere possent. Ideo conueniencius est quod fiat semper seruicium de dominica, et memoria cum antiphonis prime diei ad vtrasque vesperas et matutinas, et mediis leccionibus de ipsis octauis, nisi festum sanctorum Johannis et Pauli in ipsa dominica contigerit . . .

" ⁋ In oct. vero die Corporis Christi si festum simplex ix leccionum contigerit, differatur, et ii. vespere fiant de Oct. sine R. cum memoria de festo in crastino faciend. ⁋ Et si festum duplex in Oct. die contigerit, totum fiat de festo, et memoria de oct. tantum illo anno. Tamen si in prima die festum quodcumque duplex contigerit, differatur : quia excedit omnia festa sanctorum.

" ⁋ Vbi vero fiunt oct. sine regimine chori modus et ordo seruetur per omnia, qui infra oct. Sancte Trinitatis." (*Ordinale Exon.* 1337, p. liii.)

Maydeston, writing for the guidance of the adherents to the Sarum rites and customs, about a century after Bishop John de Grandisson of Exeter, had (as we have said) to deal not only with the *verum Ordinale Sarum* (which had its one great blemish in connexion with the rules for Corpus Christi) but also with a book professing to be, like his own, a guide to elucidate that old Ordinal. It was, he says, the composition of a zealous lover of the work of Divine Service (whose name he does not give) and it had been written to give instruction as to commencing the 'histories' (Mattins *de tempore*), for singing the Responds, for celebrating the weekly commemorations and other matters of the same nature, according to the rules of the Sarum Ordinal.

I am inclined to think that in the Fragments of Caxton's Ordinal of 1477 we have a survival of this *tractatus* to which Maydeston refers in his preface, and that it held its place until printing had made Maydeston's own work to be more widely known.[1]

---

[1] By a happy circumstance, the fragments which remain give us a fairly general notion of the details of the book. The older system of one and two

His ground for writing something with a view to supersede it was again connected with the establishment of Corpus Christi festival.

This (intermediate) Ordinal or treatise which I have ventured to identify with that 'pye' which Caxton subsequently printed in 1477, had been composed in days when Corpus Christi was kept with octaves *sine regimine chori.* By the middle of the fifteenth century, in the time when Maydeston flourished, the festival had taken thorough root, and if anyone still kept it otherwise than *cum regimine chori* he was considered very much behind the times, and the (intermediate) book, constructed as it was to suit the older generation, needed to be modified to suit the now established usage.

Clement Maydeston therefore, at the instance of certain persons (whom, as before, he does not name), undertook, with the concurrence of his Superior, to revise and supplement the intermediate ordinal, which the Caxton fragments of 1477 represent; and hence we have his Priest's Guide, the "*Directorium Sacerdotum*" which he invited his readers to transcribe (if they would) but with the utmost care; and this again Caxton himself printed ten years after he had produced and advertized what I have called the intermediate Ordinale, his "pyes of two and three comemoracions of Salisburi vse."

## (§ 8.) NOTES ON SOME OTHER *DIRECTORIA.*

The *Directorium,* 'name and thing,' was not altogether peculiar to England; but, as such books are by no means of every-day occurrence, a few words may be added here to describe the *Directorium* as it appears in other countries.

(*a.*) There was one printed for the diocese of Constanz in 1501. It consisted of 216 pages quarto, and is described by M. Alès in his bibliographical description of the ' livres de liturgie,' in the collection of His Royal Highness Charles Louis de Bourbon, Comte de Villafranca (*Description* &c., Paris, 1878) as " *un Bref*" (*i.e.*, as Bradshaw has told us, the *Ordinarius* or *Breviarius* of many continental churches p. x.).

' In nomine Sancte & indiuidue trinitatis patris & filii & spiritus sancti. ac gloriose semper virginis dei genitricis marie. et sanctor*um* Pelagii martyris. et Conradi[1] confessoris. ac pontificis patronor*um* huius ecclesie

commemorations only, had not quite gone out of use when the Sarum Breviary of 1483 was printed, and relics of it survive as an alternative rule even in 1531.

[1] The mention of St. Conrad (26 Nov.) shows that the book belongs to Constanz, and not to Coutances in France. Erh. Ratdolt printed the Constanz Missal in 1504. (See Weale's *Bibliographia Liturgica* p. 58.)

Constantineñ. Incipit directoriũ continens ordinem quomodo singulis per circulum anni diebus & de quo hore Canonice persoluende sint. secundum modum et consuetudinem chori eiusdem Constantineñ. ecclesie. Et continet. xxxvi. regulas. quia interuallum et festa mobilia tot vicibus variantur.'

*Colophon.* 'Libellus vtilissimus, dans modum et ordinem orandi secundum ritum ecclesie Constantinensis. Arte & ingenio Erhardi Ratdolt Auguste impressus. Anno M.cccccj. Feliciter finitus.'

I will give, in their chronological order, a short further description of another copy of the same '*index*,' and a brief account of two other similar books, all from the collection of Dr. J. Wickham Legg, which the owner has very kindly allowed me to examine.

"❡ Index siue directorium Missarum horarum que secundum ritum chori Constancieñ. diocesis dicendarum iussu atque mandato Reuerendissimi in christo patris ac domini / domini Hugonis de landenberg eiusdem diocesis episcopi correctum," &c., &c.

This contains the 7 kalendars, the *regulæ* (B.C.D.E.F.G.A.) for the season from Advent to New Year, corresponding to the '*Sextum* B,' '*Sextum* C,' &c. of our English book. Then the 36 rules from Septuagesima onwards. No. 1 when lxxᵃ is on 15 Kal. Feb. answers to our 1D., and the last, or '*Tricesima Sexta Regula*,' when lxxᵃ is on 8 Kal. Mar., corresponds with our 5D.

(*b.*) The Freisingen *Directorium.*

" Directorium seu Index diuinorum officiorum secundum ritum ecclesie et diocesis frisingen." Licence by Philip Bp. of Freisingen, count palatine of the Rhine, and duke of Bavaria.

Contains 7 rules (A to G) from Advent to the New Year, one for each Sunday Letter, also the 36 *regulæ*, as in the Constanz book, from what the English *pica* calls 1.*D* to 5.*D* inclusive. This little volume has bound up with it the local *modus celebrandi* and an accentuary, or '*modus accentuandi in missa*,' printed at Venice by P. Leichtenstein, impensis J. osuald ciuis Augustensis, 8vo., 20 June, 1516.

(*c.*) The Roman *Directorium*, 8vo. Oct. 1539 (begun, apparently, in 1538).

"Directorium Diuinorum Officiorum iuxta Romane curie ritum per Lodouicum, Ciconiolanum regularis obseruantie prouincie Campanie editum. Et per dominum Paulum Tertium, Pontificem Maximum, approbatum, omnibus perutile et necessarium." Rome. Ant. Bladi asulanum.

"Prima Tabula, D.' (for January to December) when Easter Day falls on March 22 (as in our *primum* D.) 'Secunda Tabula, E.' (Easter on March 23), and so on, ending with '35 Tabula. C.' (when Easter falls on April 25. our *quintum* C.).

'Tabula unica Ferialis Officii.'

'Rubrice generales partis festiue.'

'Rubrice particulares.' (Jan.—Decemb.)

'Secunda pars festiua' (*i.e.* Tabula festorum, with a rule as to the seasons when the celebration of matrimony is permitted or forbidden. Use of the Creed. Rule of liturgical colours).

35. 'Tabule residuorum.' "

Tables for the Office of the Departed. Note on extreme unction. 'De officio pro defunctis secundum consuetudinem fratrum minorum.' Rules for pronunciation. The Epact. 'De celebratione Missarum.' The volume contains also a version of the 'Symbolum Athanasii,' by Luigi Ciconiolani, in Latin hexameters.

(*d.*) A *Directorium Benedictinum perpetuum* : sive ordo celebrandi diuina officia, diurna, nocturna, missas, alia, secundum ritus Breuiarii Benedictini et Missalis Romani," was issued "jussu D. Bernardi, abbatis S. Galli, O. S. B., *Rorschachii* 1621. And again at Augsburg (*Augustae Vindelicorum*) 1650.

(*e.*) In later times when printing had become common and less expensive, it became usual to produce the *Ordinem officii recitandi*, as Zaccaria calls it, as an enlarged kalendar, for each successive year.

Thus Mr. C. J. Stewart records, from the Albani library :

" Ordo Divini Officii recitandi sacrique peragendi a capitulo et clero Basilicæ S. Marci pro anno 1795," printed at Rome, 8vo.

We find also in the British Museum (P.P. 2441. q.)

" *Directorium officii Divini peragendi* iuxta ritum Breviarii et Missalis Romani ac proprii Hungariæ. . . in usum dioces. Magno-Varadinensis," (cum catalogo cleri) 8vo. Magno Varadani (? Grosswardein) for the years 1806–1808.

And I have before me a copy of

"*Diario Romano* per l'anno bissestile 1832," 12mo. In Roma, nella Stamperia della R. C. A., pp. 48, with a list of all the functions, processions, &c., throughout the year. Also

" *Ordo Divini Officii dicendi*, et sacrum faciendi a Clero Romano ab iisque omnibus, qui sacras Laudes juxta Kalendarium Romanum persolvunt. . . anno Domini bissextili 1836. 8vo. Romæ Ex Typographia Rev. Cam. Apost. pp. 119 (of which the 'pie' for that year occupies 102 pages, for the direction both of those who used and of those who did not use the Roman kalendar).

(*f.*) The word *directorium* occurs also in the title of a book which I have not seen, viz.,

" Directorium ad rite legendum horas canonicas. Mechliniæ, 1842."

Of the "*Directorium Sacerdotum*" of Clement Maydeston, Canon Cooke and Mr. Lunn will have occasion to speak in a separate volume.

It is, however, necessary to say something in this place about the "*Defensorium*" of that directory or Priests' Guide, and about the companion treatise entitled " *Crede Michi.*"

## § 9. The Defensorium Directorii Sacerdotum.

In the days of Cardinal Quignon, and of Cranmer, an important practical question was considered: How can the Lessons from Holy Scripture be appointed and read more fully than the order at present in vogue permits or provides?[1]

A century earlier, about the year 1440, a rather more elementary question had been proposed to the experts in Sarum Use. It had taken this form: 'How, and in what manner, and in what order, are the lessons from the Bible appointed to be read,' by existing requirements and rules?

Unfortunately for their own reputation, as it seems, the Sarum experts gave an answer in black and white to this insidious question.[2] They laid down the law that the *titles* of the lessons (prefixed, or entered in the margins, in the breviaries and lectionaries of the day) are to be strictly and literally observed. Thus they committed themselves to recommending that the bible histories, already considerably curtailed to make room for lives of the Saints and other ecclesiastical readings, should be further subjected to the indignity of being read piecemeal with frequent skipping. Not only were the books, "only begon and never read thorow," but the pieces were frequently, on this interpretation of the order, not resumed at the place where the previous reading was left off, but at some different context, *per saltum;* and such omissions were made not on any rational principle with regard to the sense of the passage, but simply whenever (and it happened very often) one or more holy days had intervened with proper lessons of their own.

The opinion thus expressed by the Canons of Salisbury was not only inexpedient in itself, but, unfortunately for their credit as experts, it was also at variance with their own *Ordinale* and with the common rubrics founded thereupon.

Upon this and such like *dicta*, a writer who had Sarum rules at his fingers' ends found occasion to make a pamphlet exposing the divergencies between the standard Sarum *Ordinale* and the rubrics contained in the books which were then in ordinary use.[3] And he did not omit to hold up his hands in grief and astonishment at the blindness which, in the days of K. Henry the Sixth, had overtaken the guides of that once eminent and renowned church 'which used to be the bright candle for the whole of England.'

---

[1] *Breviarium Quignonianum*, ed. J. Wickham Legg (Cantab. 1888), p. xx.
[2] *Defensorium Directorii*, cap. 59.
[3] See *Defensorium Directorii* cap 60, the 'conclusio finalis.'

This controversial pamphlet was called the 'DEFENSORIUM DIRECTORII SACERDOTUM.'[1]

Its author begins by laying down the principle that there are contained in the Sarum *Ordinale*, two classes of rubrics (1), *general rubrics*, binding on all the clergy; and (2), *ceremonial rubrics;* these latter concern only the clerks of Salisbury and any others (such as fellows, and scholars of certain colleges or inmates of certain religious houses) who have at some time, of their own choice, taken a definite oath to observe the customs of the church of Sarum.

The fact to which we have had occasion to refer already, that Salisbury Cathedral has no *festum loci*, at once placed some of its rules out of harmony with the requirements of the majority of other churches in the country, and so many even in the diocese of Salisbury itself as had a church with a dedication other than St. Mary's.

To this point the author of the *Defensorium* more than once alludes (capp. 5, 35, 58, 59, 60, where he speaks of the '*festum loci*,' and of two or three commemorations).

The general rubrics which direct what is to be said or sung apply (he tells us) to all who receive the Sarum rite in any form.

The ceremonial rubrics are those which are peculiar to the clergy of the Church of Salisbury.

This distinction is insisted on in chapters 2–5, 12, 37, and 41 of the *Defensorium*.

The author of the tract quotes the practice of the clerks of the colleges of Winchester and Oxford, and those of the royal colleges of Windsor, St. Stephen's, Westminster, and St. Katharine's by the Tower; likewise the venerable cardinals or priest-vicars of St. Paul's, London, and in particular, John Goode (who died in 1450), as well as the venerable fathers, the canons of the same, and the church or chapel of St. Martin le Grand, and Wells Cathedral. All these, in one point or in several, though pledged to observe Sarum rules, yet disregarded the 'ceremonial' rubrics of the Sarum *Ordinale*. He mentions, incidentally (p. 19), John Kempe, who had been Archdeacon of Durham, Bishop of Rochester (1419–21), Chichester (1420–21), and London, and who at this date (about 1439–50) was Abp. of York, and since 18 Dec., 1439, Cardinal of England,[2] and was subsequently (1452–4) Archbishop of Canterbury, and was also Chancellor of England.

'Bis primas, ter presul erat, bis cardine functus.'

[1] *Ibid.* capp. 20, 59.

[2] The account of English Cardinals by Francis Thynne inserted in Holinshed's chronicle (p. 1167), says that Abp. Kempe 'was by Eugenius the fourth then Archbishop of Rome, made cardinall of the title of S. Sabina,

§ 10. The author writes in the first person, with confidence in his own opinion, and with a manifest grasp of his subject. The title of his tract naturally suggests that he is none else than the author of the ' Priests' Guide,' which he is here defending against the opinion of other experts. The prologue to the ' Guide ' mentions that ' Clement Maydeston ' was its author, and we may conclude with Maskell (though we have no absolutely conclusive proof to allege) that ' the probability is ' that he wrote also the *Defensorium eiusdem Directorii* which Caxton and others printed with it.[1]

## § 11. CLEMENT MAYDESTON.

Clement Maydeston, the author of the *Directorium Sacerdotum* and probably of its *Defensorium*, was born about the year 1390, at Isleworth opposite Richmond on the Thames.[2]

Isleworth, Twickenham and Hampton, were among the churches with which William of Wykeham endowed his college of St. Mary Winton ; and several of the early scholars of Winchester, were drawn from that neighbourhood. Among the first of those who appear upon the school register, was ' Richard Maydeston of Middlesex ' in 1393. He had passed to New College Oxford, and in course of time, in 1397, became a fellow. Thomas Maydeston of Isleworth, who entered ' College ' in 1399 died in 1401, before he had finished his school course. Two years later Clement was ready for school, and his name was placed at the head of an unusually long roll of scholars (forty-five in number) who were elected under the mastership of Thomas Ramsay and were thrown into mourning for the death of their

as saith Holinshed, otherwise by Onuphrius called Balbina : contraire to Polydor who (Hist. xxiii.), affirmeth him to be cardinalited by pope Nicholas I.' Perhaps both statements were correct, or was Kempe ('*bis cardine functus*') ever a ' cardinal ' of St. Paul's ?

[1] W. Maskell, *Monumenta Ritualia* ed. 2, ii. 347.
[2] One Clement Maydeston is mentioned in Peck's *Desiderata Curiosa* ii. 242. He deposed that he and his father (Thomas Maydeston, esquire) had heard one of the household of K. Henry IV. solemnly aver, when taking refreshment af the House of Holy Trinity, Hounslow, that the body of that King was cast into the water near Gravesend, not really buried at Canterbury. Enquiry in the present century has proved that their informant told them false.

No doubt it was our Clement who wrote the account of Abp. Scrope which is printed by Henry Wharton. Cf. Maskell *Mon. Rit.* (1882), ii. 346–9. Clementis Maydestone *Historia de martyrio* Ricardi Scrope *archiepiscopi Eboracensis*, A.D. 1405. Wharton's *Anglia Sacra*, pars 2, pp. 369–372. " Deus omnipotens est testis et iudex ; quod ego Clemens Maydestone uidi uirum illum et audiui ipsum iurantem patri meo Thome Maydestone omnia predicta fore uera." (p. 372). There is a touch of *Crede michi* in this deposition.

generous and pious Founder before they had been Wykehamists a full year.

Two among Clement's contemporaries were destined, after passing through their studies at Oxford, to rise to positions of eminence in the church :—Nicholas Oslebury as Warden of New College, and Thomas Bekyngton (who was tutor to the King) as Bishop of Bath and Wells.

One of their schoolmates entered upon some secular office ('*ad obsequium*') on leaving Winchester. But not so Clement Maydeston. It was the rule for William of Wykeham's scholars or 'children,' as each reached his fifteenth birthday, to take the oath of fidelity to the College, and a year later to receive the first tonsure. The number which left the College to enter religious houses hardly averaged one a year. *Three* lads, however, of those who had entered in 1403, and among them Clement Maydeston the senior on the roll, left school '*ad religionem*,' or in other words became monks, following the example of a certain Richard Hoker of Hampton-on-Thames, who had been elected the year before them.[1]

It is not recorded how long Clement remained at Winchester ; perhaps he may have stayed long enough to see John Maydeston (presumably his younger brother) following his example by heading the roll of 1406.

In 1414, the year when Henry Chicheley, a Wykehamist bishop, was advanced from St. David's to Canterbury, Twickenham, in the royal manor of Isleworth, was to become the site of the new Augustinian House of Brigittine nuns, founded by K. Henry V. under the name of 'Syon.' On Sunday, being St. Martin's Day, 11 November, 1431, the convent removed into their newer buildings of Isleworth proper, but their first professions had been taken on the 21st of April, 1420, by Archbishop Chicheley, who solemnly dedicated their chapel and admitted twenty-seven Sisters, five Priests, and two Deacons and three lay Brethren.[2] It was part of the Brigittine constitution, which had been revealed to their foundress in a vision, that the sixty sisters of the house should have associated with them in their convent thirteen brethren in Priest's order (corresponding to the college of the twelve Apostles together with St. Paul the Apostle of the gentiles) and likewise four Deacons, after the similitude of SS.

---

[1] See T. F. Kirby's *Winchester Scholars*, p. 29. *John* Maydeston of Isleworth remained at the School for four years.

[2] K. Henry V. had laid the first stone on the feast of St. Peter's Chair, 22 Feb. 1415, in the presence of Ri. Clifford, Bp. of London. The Duke of Bedford laid the stone of the new building at Istillworth on St. Agatha's day, 5 Feb. 1426.

Ambrose, Augustine, Gregory and Jerome, the four chief Doctors of the Church.

It was as a " Deacon " of the Syon Convent that Clement Maydeston found his vocation : and as ' *Dñs Clemens Maydeston diaconus* ' his death is recorded (9 September, 1456) in the Obit-Book of the Brethren of Syon which, after following the Sisters through their strange vicissitudes and their repeated dissolutions and exiles at Zealand, Antwerp and Lisbon, right through the earthquake and the siege in the last-named city, has now a place among the manuscripts in our British Museum.[1]

It is expressly permitted by the Brigittine statutes that the " Deacons " of such a house as Syon may, without prejudice, be advanced to the Priesthood if they will.[2] Of this permission Clement Maydeston availed himself, as he mentions incidentally in his pathetic address to his brother priests at the end of his *prologus* to his *Directorium* (reminding us of the pleading of Joseph in the dungeon) ; and he styles himself expressly ' *Beate Brigitte. . . in religione professor indignus.*'

Isleworth parish church, though now in the patronage of the Dean and Canons of Windsor, continued till the time of K. Henry VIII. to belong to Winchester College, and as such it may not improbably have been addicted to the use of Sarum at the time of Clement Maydeston's childhood. It was, however, situated in the diocese of London, and, as Collier tells us, it was by an order of Bishop Clifford in 1414 (the very year when preparations were being made for the first foundation of the Brigittine monastery, and only two or three years after Clement Maydeston left school) that the old Breviary of St. Paul's was laid aside to make way for Sarum use in saying and singing,[3] though we are expressly assured in the *Defensorium* (cap. 41 ; cf. cap. 22) that the canons still retained the local *ceremonial.*

At Winchester College, without doubt, Clement Maydeston must have become familiar with the Sarum rite, as all the school were required by statute to attend surplice-chapel at first and second Vespers, as well as Mattins, Masses, Processions and other canonical Hours every Sunday and festival, *secundum usum et consuetudinem ecclesie Cathedralis Sarum.* The *missa de die* was to be celebrated ' *secundum ordinale et usum ecclesie Sarum.*' The mass of the Blessed Virgin likewise was to be ' *secundum*

---

[1] *Martyrologium et Obituarium de Syon* : sec. xv. Brit. Mus. Add. 22,285. fo. 55. An account of this MS. is given by Mr. Dewick in his Introduction to the *Martiloge* of Ri. Whytford, a brother of the House at Syon.
[2] See the evidence given by Mr. Dewick in the *Martiloge*, p. xxx.
[3] Collier *Eccl. Hist.* i. 649 ; and Dugdale *Hist. of St. Paul's*, p. 22, cited by Maskell *Ancient Liturgy* (ed. 3), p. lxvi.

*usum Sarum ecclesie'* (as also were the Childermas offices, which the boys were to read and sing themselves). Only they were to be independent in some ceremonial matters such as the peals at evensong, the ruling of the choir, and such things as usually serve to differentiate a Collegiate from a Cathedral service.

One of the exceptions is worth particularizing in this place. It was required by the Statutes of the College of St. Mary Winton, at Winchester, that in place of the *Chapter Mass*, prescribed by the Sarum rubrics (see *Defensorium Directorii*, cap. 3), a mass *de 'Requiem,'* should be celebrated in the College Chapel daily.[1] The place of the *Missa de 'Requiem'* at Sarum immediately after the 'Commendations' to the exclusion of the collect '*Tibi, Domine, commendamus'* is specified in this tract as one of the points in which 'Sarum use' was totally distinct from the ceremonial of the cathedral choir at Salisbury (cap. 11).

We ought, perhaps, to take the exclamations, made by Clement Maydeston (assuming that he was the author of the 'Defence' of his own 'Guide'), against the blindness or gross darkness of the once brilliant church of Sarum, with some spice of caution. Nevertheless, the middle of the fifteenth century was by no means the most brilliant epoch for their Chapter. William Aiscough, the Bishop, murdered at Edyngton, in Jack Cade's rebellion, 29 June, 1450, met his fate (it was said) because he did not live in his own city. Many of the stalls were at that time held by ecclesiastics connected with distant churches, such as Lincoln, St. Paul's, or York. The system of papal provisions was in force, so that George Nevyll, brother of the famous Richard, Earl of Warwick, and subsequently Bishop of Exeter and Archbishop of York, held a sub-deacon prebend at Salisbury at the age of eleven years, in 1442.

I have spoken of the '*Defensorium*' as a 'controversial pamphlet.' If that were its entire character, it would have no place among the publications of our Society. Its claim upon our attention rests on more sterling qualities. The work of a competent ritualist, the author of the *Directorium Sacerdotum* himself, as we believe, it tells us what the Sarum *Ordinale* was, and what it was not ; it criticizes or explains various rubrics ; and it comments incidentally upon a considerable number of passages in the service books of olden time.

A Table of Contents which we give (p. 23) will show sufficiently what the passages and topics are. I am quite unable to trace the train of thought which led the author Clement Maydeston

---

[1] *Statuta Collegii B. Mariae Winton, prope Winton* (11 Sept. 1400), rubr. 29, ap. Kirby *Annals of Winchester College*, pp. 501, 502, 504.

to marshal them in the peculiar order which they occupy in his little book.

How far Clement Maydeston's opinion is to be treated as final and conclusive I cannot presume to say. In one point at least it is clear (as Canon W. Cooke has pointed out to me) that he failed to impress it upon those who came after him. He did not cure people of speaking of Low Sunday as the 'Octave of Easter' (*Defens. Direct.* cap. 57). In spite of the weight of Durandus' *dictum* on his side, the Sarum missal printed at Paris for F. Regnault in July, 1527, gives '*Dñica in octa. pasche*' as the heading of the service '*Dominica in octaua pasche*' at the top of fo. lxxxi–b. though '*Dominica .i. post pascha,*' on fo. lxxxii. and then '*Ebdomada post octa.*'

To speak of the octaves of Easter and Pentecost was an old established custom in this country. Thus we find both '*in octauis pentecosten*' and '*in octauis pasce*' in the compilation from the Rule of St. Æthelwold, Amalarius, St. Benedict, &c., which the abbot Ælfric made to the monks of Eynsham, cir. 1005 (see Miss Bateson's contribution to the Dean of Winchester *Obedientiary Rolls.* 1892. pp. 191, 194, 195).[1] The last of these passages contains a statement which is of great interest to us as Englishmen, as giving an early evidence of the introduction of Trinity Sunday :

"in octauis pentecostes legimus et canimus de sancta trinitate."

The *Concordia Regularis* of St. Aethelwold, which probably belongs to the year 996, has likewise the phrase, "vespera vero octauarum pasce," Dugdale *Monast.* i. p. xli, and Ælfric quotes it (*ubi supra* p. 190), adding "De omnibus sanctis una antiphona canatur, usque in *octauas pentecosten.*"

## § 12. THE CREDE MICHI.[2]

The '*Defensorium Directorii*' is followed in the present volume, as in the appendix to the original edition of Clement

---

[1] Modern authorities, as Miss Bateson has kindly pointed out to me, have come to the conclusion that Ælfric the abbot and grammarian (cir. 955–1205), who wrote the Homilies, the Pastoral, the English version of Donatus, &c. &c., and instructed monks at Cerne (987–990), and Eynsham (cir. 1005), having been himself a monk under Æthelwold at St. Swithun's, Winchester (cir. 971–84), must be distinguished from the Abp. of Canterbury of the same name, and from Ælfric, abbot of St. Albans, as well as from Ælfric Puttoc, Abp. of York.

[2] "*Crede Michi*" is a convenient title for a trusty guide of any description. It is the descriptive name belonging to a collection of Charters, bulls, &c., gathered into one volume about the year 1275, and now in the custody of the Archbishop of Dublin. See *Ireland and the Anglo-Norman Church*, by Prof. G. T. Stokes, pp. 26, 108.

Maydeston's '*Directorium,*' by a second tract of somewhat greater length.

Occupied as the '*Crede Michi*' is with the discussion of passages from the rubrics, similar to those which pass under review in the '*Defensorium,*' it lacks almost entirely the controversial element. It gains accordingly in point of more careful and scientific arrangement and completeness, while it may lack something of the piquancy of an argumentative defence. Where the controversial element begins to appear it is at once entirely subordinated to the practical purpose of providing a trustworthy guide for liturgical requirements.

I have found it convenient to divide the previous tract into sixty chapters, or at least to put numbers to the original paragraphs: and in like manner I have numbered the sections of the '*Crede Michi*' from 1 up to 196.

Though all these sections are based upon one authority, the Sarum *Ordinale* or body of rubrics, I find in the treatise before us the evidence of a three-fold authorship.

As it has become the custom to treat the whole as the work of one author, Clement Maydeston, I will at once proceed to explain my meaning, and will then add the considerations on which my opinion is based.

Now that the little book is accessible and printed in a modern form, it will be at once evident that it opens with a series of 'articles' or 'opinions' similar in character to that one which as we have seen was spoken of in the '*conclusio finalis*' of the '*Defensorium*' as having been put in writing on the subject of the scripture lessons in the Breviary.

Only, whereas in the *Defensorium* we are merely told about the gist and nature of that single opinion or article drawn up by Sarum experts, here in the *Crede Michi* we have no less than forty-two of such opinions or articles exactly as they were propounded to the Canons of Salisbury as a question proposed (usually introduced by a quotation from the rubric or *Ordinale*) and all (with a very few exceptions)[1] resolved in the form of the deliberate '*Responsio*' or answer pronounced by the Chapter on the question or difficulty proposed to them.

The Canons of Salisbury (about the year 1440–50, it may be, or earlier) I therefore consider to have been in part at least authors of the *Crede Michi.*

---

[1] In §§ 1–42 it will be found that seven, viz. Nos. 12, 22, 30, 32, 33, 35, and 36, lack the formal "*Responsio.*" In some of these instances this may be possibly due to a want of editorial precision in the original edition, but in the case of § 22 it is expressly stated that question remained *unsolved;* and of that in § 30, that it was open to dispute.

But their '*responsiones*' do not in every instance in this treatise represent the 'last word' upon the questions proposed.

In several instances a person with a decided opinion of his own has found something further to say upon the matter in hand.

In the very first section he adds his censure upon the Canons' conclusion in these words, ' *This answer does not content me,*' and again (after letting their second conclusion pass without note or comment) he brings their answer upon the third question to book with a reference to the *Ordinale*, and bluntly adds, ' *therefore I don't believe what they say.*'

We are not left long in doubt as to the personality of this writer, who disposes of vain opinions with the confidence and ease of a St. Thomas Aquinas. In Sections 12, 13, and 18 he gives his name: "*I* Clement Maydeston *say that clerks of this class are not bound to do thus ; nor parish priests either.*" "*This reply* (of the Canons) *will never do (Clement).*" And when the Canons argued as if the services of St. Mary Magdalene and St. Anne were *in pari materia,* he remarks that "*to compare the two, is frivolous, vain, and futile ;* quoth Clement."

Thus Clement Maydeston appears in this document as a censor of the decisions of the Sarum experts of his day. I do not find indeed that he is the author of the greater part of these articles. He at most quotes the majority of them with allowance ; while to a few he thus appends his own criticisms and amendments.

To his pen I am inclined to assign one or two other sections besides the five criticisms already indicated. I refer to Sections 40, 41. The parties diversely taking the matters in question here are not as in the earlier instances ' *multi,*' ' *quidam,*' or ' *alii,*' nor are they ' *multe ecclesie de usu Sarum,*' nor the '*collegiati*' or '*clerici collegiorum*' or even '*alii experti in usu Sarum*' *;* but they are said to belong to a class nowhere else specified in the book, viz. ' *Clerici ecclesie Sarum.*' If I am not mistaken, Clement Maydeston himself here takes up the character of Respondent (or shall we rather say of Moderator) and adds a couple of conclusions of his own, putting the Sarum folk into the box as opponents, in order to overturn their futile arguments. The summing-up in Section 40, with its biblical phraseology and its light opinion of the Sarum clerks, is thoroughly Clementine, reminding us of the controversial *Defensorium* more perhaps than any other passage in this longer treatise.

When the reader observes that these very same passages are expunged in Clerke's revised editions (in and after 1497)—where every trace of Clement is carefully suppressed, and where almost everything else is left untouched—he will perhaps allow that the opinion which I have treated as to the authorship of these sections has gained some confirmation. At all events it seems plain, that these two sections can hardly be due to the Canons of Salisbury themselves.

One or two questions are left unsolved, as appears in Sections 22 and 30.

The phrase *ordinale quoddam* (§ 23) will perhaps receive elucidation hereafter from some competent student.

When the reader has passed beyond the forty-second section he will soon observe, as he proceeds with the treatise, that he is living in a different atmosphere. There is (somewhat to change the metaphor) a distinct alteration in the *dialect,* as we may call it—the phraseology—of the two portions of the book.

In §§ 1–42 we have had formal "*articuli ventilati et approbati*" each (with very rare exceptions[1]) concluding with its formal "*Responsio,*" followed in three or more instances by the critical *dicta* of Clement Maydeston. But from § 43, onwards, the *Responsiones Canonicorum* vanish. Another person is speaking for himself, and using naturally the language of the rubrics and the correct copies from which his opinions are derived. He 'speaks like a book,' or ' by the card.'—' *Sciendum est,*' ' *Sciendum quod,*' ' *regula pro choro,*' ' *similiter,*' ' *similiter fiat,*' ' *regula specialis,*' ' *vera regula Sarum,*' ' *nota quod,*' ' *nota quando,*' ' *regula generalis,*' ' *dicendum est*' ; and ' *respondendum est*' (once) in § 80 ; such is now the manner of speech. But ' Responsio,' so common an expression in the first forty or forty-two sections, does not occur at all in the remaining hundred and fifty-four sections. These are (as we shall find they have in fact been called long ago) ' *select rubrics,*' and notes on doubtful points.[2]

Not only the dialect but the manners and customs are quite different. In Sections 1–42 (as in the *Defensorium*) the sequence between one topic and the next is by no means obvious. If there is any order in the questions discussed, or in the articles brought forward, it is at least not such as to be obvious to the present writer. But a glance at our Table of Contents to *Crede Michi* (pp. 83-9) will suffice to show that in §§ 43-126 the writer of that portion of the treatise follows (roughly speaking) the common order of the service-book *de Tempore* from Advent to

---

[1] The exceptions where *no Responsio* has been cited in the earlier portion of the *Crede Michi* are, § 22 ' que nondum soluitur,' § 30 ' dubitatur.' See also §§ 32, 35, 36 ; but in these last it seems possible that the word ' *Responsio*' has been only inadvertently omitted.

[2] ' *rubrice . . . excerpte,*' see p. 40*n* ; and '[*Nota dubia diuersa.*]' see p. 66.

Corpus Christi, and the *Rubrica Magna*, and season after Trinity. Then §§ 127–180 discuss and solve some doubts which had arisen about Saints' Day services from St. Andrew's Day onward throughout the year, *de Sanctorali*. And the remainder of the treatise (§§ 180–195) is devoted to some supplemental questions which may have occurred to the writer too late to be included in the body of his work in their proper order ; or else these may have been thought by him to be better suited for a sort of general appendix.

§ 13. The question now arises, Were these later sections (43–195) composed by Clement Maydeston himself, in some period of quiet work, when he was not distracted by the heat of controversy? That he was capable of sustained and orderly constructive work we have proof positive before our eyes in the elaborate " Priest's Guide," which is expressly ascribed to his authorship in the edition printed by Caxton, who was only about twenty years his junior.

However, we must answer this question in the negative, on the very simple, but sufficient ground, that we find another writer avowing the authorship ; whereas it has never (so far as I am aware) been claimed for Clement Maydeston until comparatively modern times.[1]

Some years ago the late Mr. F. H. Dickinson kindly drew my attention to a manuscript in the British Museum (Add. 25,456) which he found to have some connexion with the *Crede Michi*, although the time at his disposal had not allowed of his ascertaining the precise relation of the one to the other. For many years I found no convenient opportunity for acquainting myself with the manuscript itself. My delight may be imagined, when I found that beside a 'pie of two commemorations' just to regulate the beginning of the history *'Deus omnium'* after Trinity, in churches where the Octaves of Corpus Christi are observed with Rulers of the Choir (for which Mr. Dickinson's note had prepared me),[2] it proved to contain, with some omissions, a copy of the self-same sections of the printed *Crede Michi* (Nos. 43–195, or at least to § 192), not indeed absolutely identical with it, line by line, but yet sufficiently close to be considered

---

[1] So far as I know, the first writer to assert that Maydeston was the author of *Crede Michi* was Dr. Thomas Wagstaffe who, having been Chancellor of Lichfield, and rector of St. Mary Pattens, was consecrated a Bishop among the Nonjurors in 1693. For a knowledge of his notes I am indebted to the Rev. Canon William Cooke, who proposes to edit them in his volume containing the *'Directorium.'*

[2] For a specimen of this Pie, see Appendix I. pp. 119–126 below.

the original edition. It has, moreover, the same title at the end, coupled with its writer's name, as follows :

" Explicit Tractatus vocatus *Crede Michi* quod Raynton."

He introduces the Pie with the simple heading,

' Ista regula est breviter compilata de Inceptione historie *Deus omnium*, vbi octaue Corporis Christi fiunt cum regimine chori, et due fiunt commemorationes."

Having gone through thirty-four, but what, as I find, were intended to be thirty-five, rubricated rules from 1A. to 5G.,[1] he ends that document on leaf 93ᵇ with simple colophon

" Expliciunt quod Raynton I[ohannes]."

He proceeds then at once to the other piece, which here concerns us especially, and starts with the following dedicatory address :—

" ⁋ Venerabili doctori et *Reverendissimo* patri Magistro Thome G sequentes rubrice verissime de Ordinali Sarum excerpte tradantur propter declarationem sue consciencie, et ad destruccionem falsarum rubricarum que in libris ponuntur valde diffuse.

Quodcunque festum in dominica ii. iii. vel iiij. Aduentus Domini contigerit, differatur in crastinum, nisi fuerit festum dedicacionis," &c., &c.

The question naturally arises, Who is ' the very reverend father, Mr. Thomas G.' ? The conclusion of the book lets us into the secret :

" *Iste liber compilatus fuit utiliter ad instanciam Reuerendi Doctoris Magistri Thome Gasgan', tractus de Ordinali Sarum.*"

§ 14. THOMAS GASCOIGNE of Oriel College Oxford, D.D., was Vice-Chancellor of the University of Oxford in the years 1434 and 1439. He was Chancellor of York Cathedral 1432–42, Chancellor of the University of Oxford 1442–45. And he died 13 March, 1457–8. It will be remembered that Maydeston (assuming *him* to be the author of the *Defensorium*) has cited him (cap. 58) as a living authority on ceremonial, and has styled him ' doctor devotissimus ' of the province of York.[2]

It appears, therefore, that this leading Oxonian (canon of York as he was) was conscious of the importance of Sarum use within his own jurisdiction, and charged one John Raynton to compose

---

[1] The scribe of MS. Add. 25,456, has omitted on lf. 89 his *regula* Tercium B. *Quando luna currit per* xvij. xij. ix. i.

[2] C. Boase, *Regist. Univ. Oxon.* I., referring to Anstey's *Index;* James E. Thorold Rogers' edition (1881) of Gascoigne's *Loci e Libro Veritatis;* J. Griffith's *Wills proved in the Court of the University* (1862).

a treatise out of the Sarum *Ordinale* to refute and to correct the false rubrics which had crept into the books in circulation, and which he, no less than Clement Maydeston himself, desired to reform.

The result of this charge is to be seen in the British Museum manuscript called *Crede Mihi*, which Mr. Warner dates about the third quarter of the fifteenth century. It may be the original, written cir. 1450–55.

Of the author, JOHN RAYNTON, I have hitherto been able to learn nothing but his name.[1]

Like others before and since, he felt that he could finish with a verse :

"Explicit Tractatus vocatus **Crede micḡi** quod Raynton

Si **Jḡo** ponatur et **ḡan** simul accipiatur.

Et **nec** Jungatur, qui scripsit sic nominatur.

*Iste liber compilatus fuit utiliter*," &c. (as quoted above).

I conclude then that the *Crede Mihi*, as we find it printed in 1487 and later years in the fifteenth and sixteenth century, and reprinted in this present volume, is in reality a composite document, consisting of about 101 sections of John Raynton's compilation cir. 1450 subsequently increased to 154 (not improbably by Maydeston cir. 1455) and preceded by about 42 sections or articles agreed upon by a conference of Canons of Salisbury, and in some points revised and criticized by Clement Maydeston.

Gascoigne died early in 1458 and Maydeston about two years before him, so that neither of them lived to see the first printed edition of the work in which they had taken a smaller or greater part. Cardinal Kempe and John Goode (both of them mentioned in the *Crede Michi*) had also passed away.

The work very soon made its way, and had penetrated to Scotland by 1492.[2]

Two English editions at least appeared in Caxton's lifetime (besides another at Antwerp) ; and another after Caxton's death

---

[1] *Raynton* or *Radyngton* appears as a family and place name in Enfield and the neighbourhood in the 14th and 17th centuries. Lyson's *Environs of London*, ii. 300, 313, 314.

[2] Among the donations of Mr. W. Howe to the Church of St. Nicholas Aberdeen in 1492 we find :—

"A silver chalice gilt, in the custody of Sir John Strachin, with a small book called *Crede michi*, a corporal and two phials, to the Altar of St. Thomas the Apostle of Aberdeen." *Cartularium Eccl. S. Nicholai Aberdonensis* (New Spalding Club, ed. J. Cooper, D.D., 1892) vol. II. p. 245.

came from the press at Westminster, the edition by Wynkyn de Worde (1495) which forms the basis of our text.

After that date there appears to have been some call for a revision ; and the work was done by a Cambridge man, William Clerke.

§ 15. WILLIAM CLERKE, who undertook to revise the Ordinal[1] (and presumably the tracts appended to it, for we find that they were somewhat curtailed or expurgated in 1497) had been elected from Eton to King's College, Cambridge, in 1467. He gave up his fellowship and become chanter of the college chapel, after which he was a domestic to Abp. Rotheram, who had likewise been fellow of King's. It would seem that Clerke was a layman, or at least not in the higher orders, and was married, and that he and his wife died 4 Aug. 1509 ; and they are commemorated by the following inscription which is in the nave of York Cathedral :

> Sub hoc lapide iacent Willielmus Clerke et
> Alicia vxor eius qui obierunt iiij. die mensis
> Augusti, Añ. Dñi. 1509.   Quorum anime in
> pace requiescant.[2]

It was at the appointment of the University of Cambridge that Clerke amended and corrected the pie.   His patron Abp. Rotheram had been Chancellor of Cambridge in 1469, 1473, 1475, 1478, and 1483, having been master of Pembroke Hall at the last of these dates as well as Archbishop, while on the third and fourth occasions (1475-78) he had held the see of Lincoln as well as the Great Seal of the realm.   It is quite possible that he continued to exercise some influence at the University after he ceased to be Chancellor.

But I think it a significant fact that the Chancellor of Cambridge in the years 1494-6, when we must suppose that the order or resolution to revise the ordinal was taken, was in fact a nephew of Abp. Rotherham and was none other than John Blythe, LL.D., Master or Warden of King's Hall 148-898.   He had been an Archdeacon in the dioceses of York and Lincoln, and in 1492 was Master of the Rolls, but since 1493-4 had been *Bishop of Salisbury*.[3]

---

[1] The '*animaduertendum*' or preface of 1501 tells us that Clerke carefully compared (*collationauit*) his book with the *verum ordinale Sarum.*

[2] I have had no opportunity for attempting to verify the identification of these persons. I state it upon the authority of Cooper's *Athenæ Cantab.* i. 13, where reference is given to Alumn. Eton. 112.   Herbert's *Ames*, 246, 249. Drake's *Eboracum*, 501.

[3] John Blyth had been Preb. of Leighton Ecclesia Lincoln, 1482-85. Arch. of Stow, 1477 ; Archd. of Huntingdon, 1478-93.   Also Archdeacon

It is I think not unreasonable to suppose that the Bishop of Salisbury was not well pleased with some of the reflexions published in the early editions of the *Defensorium ;* and that he took occasion, at the call for a fresh edition, not only to instruct William Clerke to amend what errors had been discovered, but to put his pen through the caustic remarks, which were being circulated under Maydeston's name, to the discredit of the Illustrious Church of Sarum.

The edition from which we print our text is that of 1495 by Wynkyn de Worde '*in domo Caxton*,'[1] the latest printed before Clerke's revision. We have shewn the alterations and modifications or omissions which that revision entailed by notes introduced within square brackets in a manner which we hope will be sufficiently perspicuous without distracting the reader.

The system which we have pursued in editing the text will be found sufficiently explained in a note near the bottom of p. 3 below. We have retained the old punctuation including the use of marks of parenthesis, sometimes the single " hook," sometimes in pairs, which the old printer used where we might now put a comma or an inverted comma.

The text, in beautiful black type without rubrications, runs on consecutively, broken, as a rule, only by the ordinary black-letter paragraph-marks. There are however four places where a scanty space is left blank, and these, I have no doubt, have some reference to an original (manuscript) copy with musical notation.[2] The passages are as follows :

(1) In *Defensorio Directorii*, fo. ꝓ 6ᵃ lines 1-3. See p. 14, cap. 38.

¶ Sequens cantus nunq*uam* cantat*ur* ad Prima*m* alicuius sancti in choro Sar*um*　　　　　Iam lucis orto sydere)

¶ Item qua*n*do missa domi*n*icalis in die domi*n*ica. Vel in

(2) *Ibid*, fo. ꝓ 7ᵃ lines 15-17. See p. 18, cap. 55. in comme-moratio*n*e sa*n*c*t*i Pauli. in laudibus dicitur sequens cantus.

Exultet celum laudibus

¶ In om*n*ibus festis duplicibus in. xl. co*n*tingentib*us*

of Richmond, 1485-93. Preb. of Masham, York, 1484-93. He was buried under the confessional chair at the back of the high altar at Salisbury (in sight of the ' *Salve*' Altar) 'thwart-over' north and south. The recumbent effigy said (in 1733) to be Bp. Blyth's and removed by Wyatt to the Great North Transept, has a canopy over it.

¹ A facsimile of the last page, executed for us by Messrs. Walker and Boutall, will be found at p. 82 below.

² Although the printer allowed too narrow space for anything beyond a musical staff in miniature, it is evident that space had originally been allowed

(3) In *Crede Michi*, fo. C., last lines.   See p. 64, § 120.

❡ In prima die & dom*i*nica infra octauas. & in octa.
die dicitur hic cantus                    ❡ Venite

(4) *Ibid*, fo. C iiij^b top lines.   See p. 71, § 155.

❡ In die ap*osto*lorum Petri & Pauli iste erit Cantus siue
hymm*us* in laudibus.          Exultet celum laudib*us*.

§ 16. It may have been by a mere coincidence and nothing
more that about 1509, the year in which Clerke and his wife
died, the sale of the *Directorium* came virtually to an end.

Four, or more, editions of Maydeston's *Directorium*, and seven,
or more, of Clerke's own revision thereof, may have been found
quite sufficient to supply any reasonable demand for copies
of a technical book of rules, which had a strictly limited use,
especially when in past generations a few *Ordinalia* in manuscript had tolerably well supplied the need.   At all events the
call for fresh editions does not appear to have continued after
the death of the reviser of the book, and we find an Archbishop
of Canterbury (Cranmer) some forty years later making use of
a copy which Pynson had printed in 1501.

Shortly before Clerke's death there had been moreover a new
departure taken in the development of the *Ordinale :* and this
must further have checked the sale of the ' Priest's Guide.'

§ 17. On the 21st of June 1507 Wynkyn de Worde, who had
been one of the chief printers of the *Directorium*, issued in two
little pamphlets adapted to the two liturgical half years, a shorter
edition of the pie.

He had an octavo Breviary printed for him in Paris, and he
issued the two volumes under one and the same date "Londoniis,
1507, xj. Kalendas Julij."

No copy of either part of this pamphlet *Pica Sarum* itself has
been preserved ; but the trade announcement, and directions for
binding it, are extant ; and they are sufficiently interesting to be
quoted here.   They represent an advance in the mystery of .
printing since Caxton's placard advertisement of the old
*Ordinale* was struck off and posted up in 1477-8.

The later advertisement to which we now refer is printed at
the back of the title page of " Portiforii ad vsu*m* Sarum iamdu-
dum castigatissimi : volume*n* primu*m* / vulgo pars hyemalis
nuncupata " (21st June 1507).

in his exemplar for some musical notation of the *cantus ;* and in point of
fact, Raynton's MS. of *Crede Michi* actually supplies the musical stave in the
3rd instance.

## " Admonitio ad Emptores.

❡ Animaduerte emptor diligenter et ·incunctanter crede ;
Inprimis esse portiforium hoc cum pica ceteris omnibus antehac
impressis (vt paucis dicam) excussis nebulis breuius : compre-
hensione tamen sufficientius : intellectione clarius : lectione de-
nique verius.

❡ Que vero ex magna rubrica desunt : commodius ordinata
quere in tabula de festorum diuisione. quam post commune sanctorum reperies. Cetera passim inculcat pica. Poteris autem ad
placitum in vno habere volumine totum portiforium sine pica.
Picam autem ipsam seorsum ligare totam. Aut in duobus
voluminibus : portiforium cum pica[1] Singulo volumini : suam
in fine subnectendo picam. i[*d est*]. parti hiemali suam : et esti-
uali suam. fitque ad picas singulas / a sua cuiusque hystoria : per
numeros marginales remissio.

❡ Postremo *et* hoc scito te psalterium magna diligentia
castigatum. non verbis solis. verum etiam in punctis / vt versus
calleant singulos qui in choro canunt : inter psallendum amodo
sine dissonantia distinguere. Sintque hec nostra quocunque
locorum venerint psaltaria : ceteris quibusque corrigendis exem-
plaria / ijs maxime : que in choris antiphonaria vocant.

❡ Vos igitur o emptores / o domini sacerdotes / o clerici
omnes charissimi : adhortor in visceribus Iesu christi / vt rubricas has in vestrum alieno sudore commodum paucas breues
lucidasque effectas ./ vna cum prefata tabula / nonmodo vigi-
lantes perlegatis : verumetiam tenaci commendatis memorie.
Picam quoque secundum anni cursum diligenter perlegere stude-
atis ante primas vesperas cuiusque dominice. Si cui autem hec
grauia videantur erubescat potius ille / ac plangat ignauiam suam.
Simul et recognoscat ocius debitum suum. ne si deuians iuxta
professionem horas rite persoluere nesciat : illud a deo audiat.
quoniam ignorans ignorabitur.[2] Valete."[3]

Although the only surviving copy of the edition of the portos
containing the foregoing *admonitio,* is one of those bound in one
volume separate from the *Pie* which is now lost, we may conclude that W. de Worde found that his customers practically
decided in favour of binding the two halves of the Pie, each with
its own (winter or summer) services. For we find that in less

---

[1] *Portiforium cum pica :* It will be seen in Appendix II. below that the
earliest Sarum Breviary of which we have a complete example (1483) had
made the experiment of printing certain *regulae de historiis* (such as some of
the MSS. had contained), and this was a step in the direction of a breviary
with the pie.

[2] The reference is to I *Cor.* xiv. 38.

[3] *Portif. Sarum* 8ᵗᵒ 1507, Bodl. Oxon. Gough Missals 73. leaf Iᵇ.

than three years (22 Dec. 1509) Wynkyn had adopted a modification of that plan. He employed Hopyl at Paris to print for his English customers a breviary in two volumes, but with the short *pica* cut up and placed at the head of each season of the *Temporale* in the form familiar to us at least in every edition of the Sarum Breviary from 1509 onwards.[1]

Recent enquiry has led me to the conclusion that this improvement was not by any means a new invention originated in 1509.

Apart from the fact that the earliest known edition which survives in a complete state (that of 1483) contained some sort of pie,[2] following in this some of the still earlier MSS., it appears that J. Philippe printed at Paris for J. Huvyn of Rouen a portos with a pie identical with those of 1509 onward, so far as it went, as early as 16 Aug. 1501.[3] This pie is not a separate pamphlet but an integral part of the book, like that incorporated in later editions. As in the case of so many other sets of the Sarum *portiforia*, the *pars estivalis* now alone remains. It opens with a leaf of benedictions for the lessons at mattins, and then the leaf signed 'a.ii.' commences thus :—

" *In festo sancte trinitatis*
¶ In Dei nomine amen. Breuiarii una cum ordinali secundum usum Sarum pars estiualis incipit.

1 *A.* ¶ In die trinitatis totum seruitium de festo. Ad .ii. ves. de trinitate solennis memoria de comemo. feria .ii. iii. et iiii de comemo. et memo. de oct. cum an. de noc. fe. v. de corpore xp̃i."

This continues for 9½ pages to the end of 5*G.* for Trinity week and Corpus Christi, just like the later book, as in the Cambridge edition of the Breviary of 1531, fasc. i. pp. mxxix–mxliii. It ends in the middle of the 9th page of pie (= sig. a. vjᵃ.).

" . . . missa de vigilia cantetur ad summum altare post .vi. et me. de sancta etheldreda " and continues in the next line of the same page with the opening of the *Temporale*,

---

[1] Three specimens of Hopyl's Sarum *portiforium* with the pie, printed for Wynkyn de Worde, are preserved in England, two at the Bodleian Library, Oxford, and one at St. John's College, Cambridge, all of them being the summer half-year volumes. The portion of the Pie prefixed to the Aberdeen Breviary in 1510, in the *pars hyemalis* volume, is familiar to us in Mr. Blew's reprint. It is there called *canon* and *directorium*, but it does not get beyond the ' Historia *Aspiciens*,' for Advent.

[2] The Pie of 1483 is given below in Appendix II. pp. 140–148 ; 148–151.

[3] This *portiforium*, P.E. 1501, is at St. Marie's College, Oscott. I owe to the courtesy of Rev. Dr. Parkinson and of Mr. Isidor Kuner, the assistant librarian, the information given above. Like later portoses it differs from the Great Breviary of 1531 in not containing the twofold pie for the latter ' histories.' It has *e.g.* that which begins at the foot of p. mccxliii., but not the rule beginning on p. mccxli. of the Cambridge edition.

"⁋ *In festo scē trinitatis
ad veš. super psalmos an.*
Gloria tibi trinitas equalis," &c.

It contains also the pie for nine Sundays after Trinity, extending to nearly 27 pages, and shorter sections for the " histories " *Si bona,*[1] *Peto Domine, Adonay, Adaperiat,* and *Vidi Dominum.*

It is clear that the Pie in the Breviary cannot pretend to be a complete directory. It is a useful guide in the chief cases of doubt, but does not afford an exhaustive list of all festal or other services falling within each week.

While they who used the *Directorium Sacerdotum,* or the earlier *Ordinale,* would need to turn to the kalendar but seldom, and in some weeks might go through without referring to it at all, they on the other hand who had only the shorter Pie of three Commemorations, which the Breviary provides, would be in danger of missing half their Saints' day services, unless they took the precaution of consulting also the kalendar for every week.

§ 18. As regards the question, What were the authority and the auspices under which the Breviary *Pica* was produced ?—it seems evident from the terms of W. de Worde's advertisement that it was a private venture ; and I can find only the very slightest indication of the influence under which it was brought out. When printing had been introduced, the living authority of Salisbury had already somewhat declined. Perhaps the powers there were too well satisfied with the traditional forms (whose excellence had been so widely recognised) to venture, or to care, to take any steps in order to guide contemporary efforts for improvement. It is a remarkable fact that the printed Missals (and the *Legenda* of 1516) take no notice whatever of a weekly commemoration of St. Osmund, although lessons and a mass are provided in some copies of the Breviary at least as early as 1519. That more respect is shown for the local requirements of Lichfield than for those of London[2] in the printed Sarum books, may be due perhaps to the fact that St. Paul's had only in later generations submitted to Sarum customs, and then had done so with reservations (it may be) rather than with perfect satisfaction. Though

---

[1] The pie of 1501 gives a peculiar, and probably an incorrect, day for commencing the lessons from Job, for Sunday letter *A*. " 6 *A* ⁋ *Si bona* Littera do. *A.* in xxii. septe*m*bris tota ca*n*tetur hyst.'

[2] *Brev. Sar.* ii. 317, 319, iii. 193 ; St. Erkenwald's days are 30 April and 14 Nov. M. Sam. Berger informs me that the kalendar of the Sarum Breviary of 1483 (the earliest printed breviary now complete) omits all mention of St. Osmund both at 16 July and at 4 December. Also St. Erkenwald, at 14 Nov. is unnoticed.

Lincoln retained its own use until 1556, the Sarum books had made no provision either for the weekly commemoration of St. Hugh which was used in certain important Colleges, or for the feast of his Translation on St. Faith's day, 6th October. The shorter pie does however refer to this last in several places, and once it goes so far as to mention '*dyocesis Lincoln*' by name.[1] This, so far as I have observed, is a greater concession to Lincoln requirements than the *Directorium* of Clement Maydeston &c. allowed ; but we have no proof that even after 1509 this special Lincoln service was provided in print, although it had been thus allowed or prescribed.

There was however one place which, as we have already noticed, had (since the invention of printing) taken up the work of liturgical improvement which Sarum and Oxford had begun. It is evident that the persons who were engaged in writing and printing Sarum books, while they made light of the Translation of St. Frediswide of Oxon (11 Feb.) and of St. Hugh of Lincoln (6 Oct.), fully realised that they were catering for the men of Ely. St. Etheldreda has her two feasts regularly in Sarum use,[2] but it cannot have been with a view to home requirements at Salisbury that an order for a weekly commemoration of St. Audrey is provided in the *portiforia* from 1494 (if not earlier) to 1557, or almost from first to last. The influence of John de Burgh (author of *Pupilla Oculi*,[3] chancellor of Cambridge, 1384) Woodlark, Rotheram, J. Blythe and W. Clerke did not wane when Fox and Fisher ruled at Cambridge. And it is a significant fact that where the *Directorium* of 1495, speaking of July 18th (St. Arnulph's day), had merely spoken of places 'where there are three commemorations,' the shorter Pie of 1509 and later years has under the Sunday Letter C the notes

"tamen in diocesi Eliensi, et ubi celebretur festum sancti Osmundi, tota cantetur hystoria." and

" Et nota quod in diocesi Eliensi tota cantetur hystoria in die sancti Arnulphi."[4]

---

[1] A *MS.* breviary, written in 1416, does provide for this festival of St. Hugh in an appendix. St. John's Coll. Cam. MS. F. 9. See *Brev. Sar.* Appen. iii. p. xxii. *Brev. Sarum* i. pp. mcccxxiii-xxxiv., mccclxxi-lxxiv. *Ibid.* i. mccclxxiii.

[2] The earliest (complete) printed Sarum Breviary now extant (1483) while mentioning the feast of St. Etheldreda (17 Oct.) adds, in the kalendar, 'sed non Sarum.'

[3] John de Burgh tells us that he based his *Pupilla Oculi* upon an earlier manual called *Oculus Sacerdotis*. This consisted of various portions with fancy names, '*dextra pars oculi*,' '*sinistra pars*,' '*cilium oculi sacerdotis*' &c. Hence we frequently find in inventories, wills, and catalogues '*Pars Oculi*' as the title of a manuscript.

[4] *Brev. Sar.* i. pp. mcxxviii-mcxxxii.

A list of various editions of the Sarum ORDINALE and DIRECTORIUM is given immediately below. Any further remarks which it may be necessary to make upon it will be brought forward in Canon Cooke's edition of the work itself. For the present, therefore, it only concerns us to say with regard to the little volume before us that the tracts '*Defensorium*' and '*Crede Michi*' were attached to all seven editions of Clerke's revision (1497–1508) as well as to the four editions of Maydeston's unrevised *Directorium* (1487–95). It is perhaps hardly necessary to tell the reader that we do not suppose that the tracts here printed were included in Caxton's quarto *Ordinale* of 1477 of which fragments only now remain. We think it highly probable that Caxton himself was not aware of the existence of Maydeston's work until after he had printed that which its author had intended it to supersede. Subsequently, when after ten years a fresh edition was required, Caxton printed Maydeston's *Defensorium*, with the tracts, in preference to reprinting the older work which he had printed before.

Mr. Lunn, who some years ago compared the third Pynson (1501) with the first edition produced by the same printer in 1497, observed that the former ("*P*3.") is an exact reprint of the other ("*P*."), page for page, and (with a few exceptions) line for line.

It remains for me to name those who have afforded assistance in the present book. Mr. Alfred Rogers has collated the *Defensorium Directorii* of 1499 at Cambridge (Henry Bradshaw's own copy of Wynkyn de Worde's second edition, "*W* 2," which is one containing Clerke's revised text) with Gerard Leeu's Antwerp quarto of the unrevised Maydeston 1488 ("*L*."). Miss Parker has supplied the various readings from the last working edition of 1508 ("*P* 5.") from the Bodleian Library, Oxford. And Canon William Cooke has kindly furnished me with his collation of my own text (W. de Worde's unrevised, 1495, or "*W*.") with three or four copies in the British Museum: Caxton 1487 (" *C*.") Leeu 1488, (" *L*.") and (for the *Defensorium*) Pynson's 1497 and 1501 (" *P*." and " P 3 "). For some knowledge of this last named edition I have also had the advantage of consulting a transcript made by the Rev. J. R. Lunn, B.D., whose notes upon the Pie, communicated to me twelve years ago, have been helpful in the present undertaking. His perfect knowledge of the kalendars has likewise saved me from some errors. I have expressed my acknowledgments to the Rev. Stephen Phillips, D.D., and to Dr. J. Wickham Legg, in another place. I have also been under some obligation to Mr. Francis Jenkinson, the Cambridge University

Librarian, and to Mr. Falconer Madan of the Bodleian Library, Oxford, and to Mr. E. Gordon Duff and Mr. E. G. Fawke at Manchester.

I have above all to thank Canon W. Cooke for carefully reading over the proof sheets with the texts of 1495, even when ill-health must have made the task difficult. To him also are due some of the references given in the notes. The Rev. Francis Procter has also kindly read over some of the sheets, thus happily reviving the companionship of former years. The Rev. E. S. Dewick has been ever ready when I have asked him both to give his sound advice and to render every assistance in his power.

CHR. WORDSWORTH.

Tyneham Rectory.
Rogation-tide, 1894.

# A LIST OF EDITIONS OF THE PRINTED SARUM PIE.[1]

| | (i.) 'ORDINALE,' or 'PICA SARUM.' | | | | |
|---|---|---|---|---|---|
| Note. | Date. | Size. | Place. | Printer. | Owner, &c. |
| O. | (1487–8) | 4<sup>to</sup> | (Westminster.) | W. Caxton. | 8 leaves. British Museum, Case 40. l. 1. |

(ii.) CLEMENT MAYDESTON'S 'DIRECTORIUM SACERDOTUM' with Kalendar, '*Defensorium Directorii*,' and '*Crede Mihi*.'

| Note. | Date. | Size. | Place. | Printer. | Owner, &c. |
|---|---|---|---|---|---|
| C. | (1487) | folio | Westminster. | W. Caxton. | British Museum,[2] Case 10. b. 16. |
| ... | ... | ... | ... | ... | 2 leaves. Lincoln Cath. |
| L. | 1488 | 4<sup>to</sup> | Antwerp. | Ger. Leeu. | British Museum, Case 35. f. (wants kalendar). |
| ... | | ... | | | Bodleian Oxford Auct. 1 Q. 5. 8. |
| ... | ... | ... | ... | ... | Bodl. 8<sup>o</sup> D. 1 Th. BS. |
| ... | ... | ... | ... | ... | Univ. Lib. Cambridge. |
| ... | ... | ... | ... | ... | St. John's College Camb. T. 9. 12. |
| C2. | (1489) | folio | Westminster. | W. Caxton. | Bodleian Oxford Auct. QQ. supra 1. 7. |
| ... | ... | ... | ... | ... | 1 leaf. British Museum? |
| W. | 1495 | 4<sup>to</sup> | Westminster. | W. de Worde. | British Museum, Case 35. f. 4. |
| ... | | ... | | | Rev. Chr. Wordsworth, Tyneham (imperfect). |

\*\*\* The PICA OF YORK USE was printed at York in 1509, by Hugo Goez. There is one copy of this edition in the Minster Library at York, and a second at Sidney Sussex College, Cambridge.

[1] The above list is taken from that which has been printed, from HENRY BRADSHAW'S papers, in the Cambridge edition of the Sarum Breviary.

[2] C. Stolen from Cambridge Univ. Library.

# A List of Editions of the Printed Sarum
## Pie—*continued.*

#### (iii.) W. Clerke's Revision of Maydeston's 'Directorium,' &c.
The Marquis of Bath has 6 leaves of an early Pynson edition.

| Note. | Date. | Size. | Place. | Printer. | Owner, &c. |
|---|---|---|---|---|---|
| P. | 1497 | $4^{to}$ | London. | R. Pynson. | British Museum, Case 35. f. 6. |
| ... | ... | ... | ... | ... | 1 leaf. Corpus Christi Coll. Cambridge. |
| P2. | 1498 | $4^{to}$ | London. | R. Pynson. | Ryland's Library Manchester (Althorp Collection). |
| W2. | (1499) | $4^{to}$ | (Westminster.) | (W. de Worde.) | Univ. Libr. Cambridge (Bradshaw Collection). |
| P3. | 1501 | $4^{to}$ | London. | R. Pynson. | British Museum,[1] Case 35. f. 7. |
| ... | ... | ... | ... | ... | Ripon Cathedral. |
| P4. | 1503 | $4^{to}$ | London. | R. Pynson. | Bodleian, Gough Missals 142. |
| ... | | ... | | | Magd. Coll. Cam. Pepys' Collection, 1700. |
| W3. | 1504 | $4^{to}$ | London. | W. de Worde. | Bodleian, Gough Missals 149. |
| P5. | 1508 | $4^{to}$ | London. | R. Pynson. | Bodleian 40 S. 33 Th. Seld. |
| ... | | ... | | ... | Bodl. Gough Missals 111. |

[1] *P3.* formerly Abp. Cranmer's copy.

# DEFENSORIUM

# DIRECTORII SACERDOTUM.

Aᵒ Dñi 1495.

The printed editions collated (or examined) for the present reprint are as follows (those which have been only partially examined being noted in brackets) :—

### Clement Maydeston's Directorium Sacerdotum.

C.=Caxton's folio (1487) usually followed closely by ' L.'
L.=Leeu's quarto, 1488.
W.=Wynkyn de Worde's quarto, 1495, supplies our text.

### Clerke's revision.

P1.=Pynson's first quarto (1497).
(P2.=Pynson's second quarto, 1498.)
W2.=Wynkyn de Worde's second quarto (1499).
P3.=Pynson's third quarto, 1501.
(P4.=Pynson's fourth quarto, 1503.)
[W3.=Wynkyn de Worde's third quarto, 1504, not examined.]
P5.=Pynson's fifth quarto, 1508.

'*Caxton*' is specified in full when the edition of 1487 is *not* followed by Leeu ; but when we give the abbreviation C. it may be inferred that Leeu agrees with his reading. In other words "C" (*per se*) = 1487 + L.; but '*Caxton*' = 1487 *alone*.

P3. may be taken to include P2., of which it is, as Mr. E. Gordon Duff kindly informs us, a page for page reprint. Likewise P2. is a reproduction of P1.

As regards the pagination, there is *none* in the W. de Worde of 1495. I therefore can only note the signature from the foot of the leaf ( ꝑ ij., ꝑ iij., &c.), where one occurs. I have employed the *arabic* numerals 5—8 for the corresponding leaves which do not bear a signature on the face of them in the quires of W. de Worde's quarto.

I have departed from the original of 1495 in three or four particulars :—

(1) I have used capital letters for Divine Titles and for all proper names, in which W. de Worde had no fixed rule. Possibly large initials were scarce in his fount of type. In many *MSS.* of that date large initials were consistently used for proper names. (2) I have used *italic type* for rubrics quoted, and the like. Though W. de Worde used no rubrication (nor, of course, italics), but kept to the sombre *colores picae*, I have not thought it incumbent on me to deny the reader the help which such distinctions of typography minister to the mind through the eye. Now and then the 15th century printer made use of hooks (marks of parenthesis) partly as a device to mark quotations. These I have retained (along with other punctuation) as a curiosity, exactly as he used them. Sometimes he omitted the convex hook, sometimes the concave. Sometimes he prints 'octa.', sometimes 'octa' without a point. He was feeling his way. (3) I have expanded the very few contractions which are found in the original, noting them by italics only in cases where any shade of doubt (or variety of reading) is conceivable. (4) The only contractions which I have myself employed are 'b.' (very rarely) for 'beatus' and its cases, and 'sc̄tus' 'sc̄a and other cases of 'sanctus,' occasionally.

# DEFENSORIUM DIRECTORII.

[W. de Worde
A.D. 1495.
Fo. ꝑ ij. lin. 14.]

/⬤ INCIPIT DEFENSORIUM ¹DIRECTORII [SACER-
DOTUM]. IN NOMINE DOMINI.¹

[1.] ⬤ SCIENDUM quod in Ordinali² Sarum) due sunt species
Rubricarum. Quedam sunt rubrice generales) que
ponuntur in libris ad instruendum qualiter antiphone et Responsoria sunt dicenda, et quomodo memorie sunt habende) et tales
Rubricas quilibet institutus infra sacros ordines tenetur obseruare.
Alie Rubrice sunt³ cerimoniales. que solum obligant clericos
ecclesie Sarum. et omnes illos qui se sponte obligauerunt ad tales
cerimonias custodiendas et non alios (vt inferius latius patebit).⁴

[2.] ⬤ *Sciendum⁵ quod due sunt cause que cogunt missam
dominicalem ab vna dominica in aliam omnino differri.* Videlicet
*prolixitas temporis et euentus Assumptionis vel Natiuitatis Marie⁶
seu Dedicationis ecclesie in dominica.*

/⬤ Prima pars huius Rubrice est vera et generalis [ꝑ ij.b.
pro omnibus ecclesijs. quia ibi vera est necessitas⁷ quando sunt
xxvi. vel. xxvij. dominice.

---

¹⁻¹ In the edition printed by W. de Worde at Westminster in 1495, from
which our text is taken, this tract begins on the same page as that on which
sextum G.' of the Directorium or Pye ends, thus (lines 12-15) :

⬤ Explicit libellus (quod Directorium
sacerdotum appellatur) Feliciter.
⬤ Incipit Defensorium eiusdem
directorij. In nomine domini.

W2' ' P3' (W. de Worde's 2nd quarto, 1490, and Pynson's 3rd quarto,
1501) read 'Incipit defensorium eiusdem directorii. in dei nomine.' The
earlier edition by Caxton, 1487 (' C ') has 'Explicit directorium sacerdotum |
Et incipit Defensorium eiusdem directorii in nomine domini.' Similarly 'L'
(Leeu, 1488) only omitting 'Et' and commencing a fresh page with
'Incipit.'

² ordinale : *Caxton.*                   ³ Sunt alie Rubrice : C. W2.
⁴ et non ad alios ut inferius patebit : W2. P3. P5.
⁵ Sciendum est : C. Locus iste, quem *litteris italicis* nos notauimus,
desumptus est e *Rubrica magna de Dominicis et Festivitatibus* in Breviario
Sarisburiensi (ed. Cantab. 1882) I. col. mcxcvi.
⁶ beate Marie : C. Festum Assumptionis B. Mariae (15 Aug.) cadit in
littera dominicali C., et Nativitas ejusdem (8 Sept.) in F.
⁷ est vera necessitas : C. P5. (1508) *omit* 'vera.'

❡ Sed[1] secunda pars non est generalis sed cerimonialis vel specialis pro ecclesia Sarum tantum. Quia clerici illius ecclesie non possunt cantare missam dominicalem infra octa cum regimine chori. secundum statuta illius ecclesie. Ideo ex necessitate oportet ipsos dominicam differre. aliter perderent sex solidos et octo denarios. Sed quia talis necessitas non capit nos nec cogit. Ideo cum sana conscientia possimus[2] habere memoriam de dominica sub silentio in die Assumptionis beate Marie. vel dedicationis ecclesie. sicut in die Omnium sanctorum (quando cadit in dominica).[3]

[3.] ❡ Item illa Rubrica (que loquitur de missis in capitulo dicendis)[4] non est generalis sed cerimonialis. pro illis tantum qui obliguerunt se ad tales missas cantandas. Nam clerici Collegiorum Wintoñ. et Oxonie[5] (qui prestant iuramentum ad seruandum vsum Sarum) in horis et missis nihil curant de missis in capitulo dicendis. sed semper habent missam de (*Requiem eternam*)[6] pro missa capitulari.

[4.] ❡ Item illa Rubrica que scribitur pro psalmo (*Deus venerunt gentes*)[7] non est generalis sed tantum cerimonialis pro ecclesia Sarum. Nam clerici ecclesie Sarum.[8] habent pro psalmis illis. xl. marchas annuales.[9]

[Capp. 5–10 in edd. 1497, 1498, 1499, 1501, 1503, 1504, et 1508, non inveniuntur.]

[5.] ❡ Item illa Rubrica que scribitur in die sči. Theodori martyris (quando cadit in .iij. feria) non est generalis sed cerimonialis tantum pro illis ecclesijs que non habent festum loci.[10] Nam ubi agitur de festo loci. Illa Rubrica vacat.

[6.] ❡ Etiam illa Rubrica (que dicit) quod in exequijs quotidianis mortuorum Prima collecta erit *pro episcopis*)[11] non est

---

[1] *omit* 'Sed' C. P1. W2. P3. P5.          [2] Ideo possumus : C.
[3] Dies Omnium Sanctorum (1 Nov.) cadit in dominica sub lit. Dom. D.
[4] De Missis in Capitulo, videas Appendicem, sicut et de Collegiis.
[5] 'Oxonieñ' L. W2. P2. *Clerici Collegiorum.* Cf. *Annals of Winchester College*, ed. T. F. Kirby, pp. 501–504. *Statuta Coll. S. Mariae Winton apud Oxon.* vulgo '*New College*' appellati, A.D. 1400 *rubr.* xlii[a]. Item *Coll. Omnium Animarum, Oxon.* A.D. 1443, cap. xxii. (Similiter in temporibus sequioribus *Stat. Coll. Corporis Christi* Oxon. A.D. 1517, in Exequiis ; Item *Cardinal Coll.* A.D. 1527 ; et *Coll. Divi Johannis Praecursoris Statuta,* A.D. 1555, vsum Sarum in divinis officiis iniungunt.)
[6] 'requiē.' 1501. *Omit* 'eternam' P1. P3. P5.
[7] Ps. *Deus venerunt* lxxviij. dicitur in precibus in prostratione in choro Sarum. *Missale Sar.* p. 631.          [8] illius ecclesie : C.          [9] 'annuale.' 1501.†
[10] Festum S. Theodori M. (9 Nov.) cadit in iij feria quando lit. dom. est C. Vide infra ad *Crede Michi* § 175. Habet Inuitatorium simplicem secundum kal[r]. *Missalis Sar.*
[11] *Rubrica de exequiis cotidianis.* 'Videlicet quando corpus non est presens, vel dies anniversarius vel tricennalis non habentur,' *Brev. Sar.* i. p. xlvii. Ad missam ferialem in capitulo pro defunctis, in *Missali Sarum*, p. 861*, primum locum obtinet *Oratio* Deus qui inter apostolicos *pro Episcopis.*

† h.e. circiter x.s. per hebdomadam.

generalis pro omnibus ecclesijs./ Sed solum pro illis [ꝑ iij. que habent episcopos fundatores. Nam clerici Collegiorum domini regis de Ventomorbido.¹ et sc̄i. Stephani apud Westmonasterium. et sc̄e. Katherine. iuxta turrim Londoñ. in omnibus obsequijs et missis habent primam vel secundam Collectam pro regibus et reginis. et nunquam pro episcopis.

Et certe quilibet vicarius vel sacerdos parrochialis plus tenetur habere Collectas primas vel ijᵃˢ in omnibus obsequijs et missis pro suis parrochianis defunctis quam pro episcopis Sarum. Et hoc secundum sanam conscientiam est verum.

[7.] ⁋ Item illa Rubrica que scribitur in multis libris² (quod *in omnibus exequijs mortuorum pro corpore presenti et in anniuersarijs et trigintalibus semper erunt quatuor orationes.* nisi *pro rege vel regina vel episcopo*) est falsissima. quia in ordinali scribitur scilicet³ pro rege vel regina.

Ecce quomodo illud verbum *nisi*) peruertit totum sensum ordinalis et facit infinitos errare.⁴

[8.] ⁋ Item illa Rubrica est viciata et falsa. que scribitur in die sc̄i. Syluestri.⁵ fere in omnibus libris nouellis (qualiter Responsoria in festis trium ˙lectionum. debeant cantari vel dici) Nam si *festum vnius confessoris et pontificis.* in .ij. feria contigerit. et in .iij feria *festum vnius confessoris et abbatis. in ij° festo dicuntur Responsoria de j° nocturno* secundum ordinale Sarum.

[9.] ⁋ Similiter fiat si festum vnius martyris et festum vnius abbatis in vna hebdomada contigerint. et in omnibus fere⁶ libris scribitur (quod *in ij° festo dicant⁷ Responsoria de ij°. nocturno.*) quod est expresse contra ordinale.

[10.] ⁋ Item illa Rubrica est falsa que scribitur in multis missalibus quod in trigintalibus et anniuersarijs quorumcunque dicetur Euangelium (*Dixit Martha ad Iesum*)⁸ Cum secundum ordinale in omnibus trigintalibus et anniuersarijs dicetur euangelium secundum ordinem feriarum. nisi in trigintalibus et anniuersarijs episcoporum tantum.

---

[11.] ⁋ Item quotienscunque exequie mortuorum siue solen-

---

¹ de Ventomorbido, *hoc est* Windsore, iuxta Thamesim, in comitatu Berks.
² Rubrica in multis libris. Cf. rubricas in Manuali ad usum Sarum (apud *Manuale Ebor.* ed. Henderson, in Appendice pp. 62,* 67*). 1. Deus cui proprium, *pro corpore presenti* (Deus cui . . . propitiare, *in trigintali ; vel* Deus indulgentiarum, *in anniuersario.* 2. Deus qui inter, *pro Episcopis.* 3. Deus venie, *pro fratribus et sororibus.* 4. Fidelium Deus, *oratio generalis pro omnibus fidelibus defunctis.*
³ licet : C.                         ⁴ Cf. Tractat. *Crede Michi,* § 47.
⁵ In die S. Sylvestri (Dec. 31) vide rubricam in Temporali *Brev. Sar* cclxxvi. cclxxvii. quae bene se habet secundum ordinale.
⁶ quasi : C.                         ⁷ dicent : C.
⁸ De Evangelio *Dixit Martha,* vide plura in tractatu *Crede Michi.* § 7.

nes sint siue quotidiane. dicuntur.[1] in choro. vel extra/ [ꝑ iij.b
Chorum. totiens[2] per totum annum dicetur commendatio secundum
vsum Sarum.

Nam Oratio (*Tibi Domine commendamus*)[3] nunquam dicitur in
choro Sarum. quia post commendationem statim sequitur missa
(*Requiem*)[4] Sed predicta Oratio dicitur post commendationes que
dicantur extra chorum.

[12.] ❡ Item illa Rubrica que scribitur pro psalmo (*Leuaui*)
creditur a multis non esse generalis sed cerimonialis.

Nam in ecclesia[5] Wellensi. psalmus (*Ad te leuaui*) et[6] psalmus
(*Leuaui*) omnino tacentur nec dicuntur sicut in vsu Sarum.[7]

[Sequens capitulum in edd. 1497-1508 non invenitur.]

[13.] ❡ Si dedicatio alicuius ecclesie in aliqua dominica a
festo sc̄e Cuthburge virginis vsque ad festum sc̄or. Cosme et
Damiani contigerit Oportet de necessitate[8] quod dedicatio illius
ecclesie fiat sine regimine chori. propter tres historias inchoandas
et cantandas.[9]

---

[14.] ❡ Si commemoratio Animarum in dominica contigerit.[10]
differatur in secundam feriam secundum vsum Sarum. Et in .iiij.
feria celebretur festum sc̄e Wenefrede virginis.[11] Et in dominica
tota cantetur historia *Uidi Dominum*) et memoria tantum[12] de
martyribus.[13]

[15.] ❡ Ponitur in multis missalibus missa *pro vigilia
Natiuitatis beate Marie.* et in multis Rubricis ponitur quod
℟. *feriale dicetur in vigilia predicta* et totum falsum est. Nam

---

[1] dicantur : P1.
[2] tociens : W2. *Mox* 'dicetur commemoratio' P5.
[3] Or. *Tibi Domine commendamus.* Vide *Brev. Sar.* i. p. xlviii.; ii. p. 283.
[4] missa de Requiem : C.    [5] ecclesia cathedrali : L.
[6] *om.* 'et' W2. P3. P5.
[7] In usu Sarum, tam ante quam post psalmum *Quicunque vult* "there
was an Anthem ; and, whenever Ps. *Ad Te levavi* cxxii. was said at Lauds,
then at Prime was recited Ps. *Levavi oculos meos* cxx." a custom " confined to
Salisbury choir itself." D. Rock, *Church of our Fathers* iii. pt. 2. p. 126.
[8] ex necessitate : C.
[9] De Dedicatione ecclesiae inter Aug. 31 et Sept. 27.—Versus metrici
*de Historiis inchoandis* proferuntur in quibusdam kalendariis de usu Sarisburiensi, viz.:—

    Post Augustinum doctorem [Aug. 28] Job lege justum.—*Si bona.*
    Thobiam dictum post Prothum et Iacinctum [Sep. 11].—*Peto Domine.*
    Subiungas Judith : post Vigiliamque Mathei [Sep. 20].—*Adonay.*
    Post sanctum Cosmam [Sep. 27]: dabis hystoriam Machabei.—*Adaperiat.*

[10] Commemoratio Animarum, Nov. 2, Lit. Dom. E.
[11] Dies S. Wenefredae in kalendariis breuiarii et missalis Sarum est Nov. 3[io].
[12] *omit* 'tantum' P5.
[13] Memoria de SS. Eustachio et sociis eius martyribus.

festum Natiuitatis beate Marie¹ et festum sancti Matthie apostoli²
non habent vigilias in ecclesia Sarum. sed tantum ieiunium.

[Sequens capitulum non invenitur in edd. 1497–1508.]

[16.] ❡ Multis libris modernis de vsu Sarum. quarta antiphona in laudibus in die Ascensionis Domini scribitur sic (*Exal-
tare regem regum*) et tantu̶m³ in Ordinali scribitur *Exaltate*.⁴

[17.] ❡ Hec est vera Rubrica Sarum *post octa Pasce non fiat
obsequium mortuorum in conuentu*. Nisi corpus presens fuerit. Uel
nisi fuerit dies trigintalis aut⁵ anniversarium *et nisi seruicium
triginta dierum fuerit inperfectum*.

Et alia Rubrica sequens dicit *post octa. Pasce quando inchoetur
officium mortuorum*. ⁶*semper a primo nocturno incipiatur.*⁶

Ecce patet manifeste/ quod hec Rubrica non loquitur [ɔ iiij.
de exequijs quotidianis dicendis in tempore pascali. sed tantum
de imperfectione seruicij .xxx. dierum.

[18.] ❡ Item illa Rubrica est falsa que scribitur in nouellis
missalibus.

*Quando corpus est presens dicitur Gradale* (Si ambulem)⁷
Quod nunquam dicetur nisi in missis pro episcopis tantum.

[Capp. 19–22 in edd. 1497–1508 non inveniuntur.]

[19.] ❡ ⁸Item illa Rubrica⁸ est abijcienda seu refutanda.
que ponitur in octa. Corporis Christi cum regimine chori. *psalmi
feriales ad vtrasque vesperas.*⁹

Nam nunquam fuit in ordinali Sarum inuentum aut exempli-
ficatum quod psalmi feriales dicerentur in octa. alicuius festi
(Nisi prius dicti¹⁰ fuissent in ipso festo.

[20.] ❡ Item illa Rubrica non est vera que scribitur sic
(*In octa. Corporis xpi cum regimine chori omnia fiant vt supra
vbi octa. fiant sine regimine chori.*

---

¹ Festum Nat. B. Mariae, 8 Sept.
² Festum S. Mathiae Apost. 24 Feb.   Cf. *Crede Michi* §§ 5, 6.   'mathei
appostoli': P1. P3. P5.
³ tantum : *Caxton*.   tm̄ : 1495.   tamen : 1488, *ed.* Maskell.
⁴ In Brev. Sar. 1531 p. dcccclxiii. an. 4. de Laudibus in die Ascensionis
Domini est *Exaltate regem regum.*
⁵ *omit* 'aut' P5.   De officio speciali Mortuorum post oct. Paschae vide
rubricam in *Brev.* i. p. xlv.
⁶—⁶ Haec verba in *Defensorii* edd. pynsonianis 1497, 1498, 1501, 1503,
1508, sicut et in W2 (1499) non citantur.   Cf. vero *Brev. Sar.* i. p. xlvi.
⁷ De Grad. *Si ambulem*, vide Miss. Sar. p. 863*.
⁸—⁸ Rubrica illa : (*omit* Item) C.
⁹ Rubricas de Oct. Corporis Christi, mendosas olim, emendatas iam
fuisse ante Breviarium Sarum editum A.D. 1531, ex eodem obseruare possumus (i. p. mcv.).   Cum Defensorio Directorii concordat generaliter tractatus
*Crede Michi* §§ 3, 121 ; huius tamen auctor testatur rubricam a se improbatam
de psalmis ferialibus decantandis inueniri posse eo tempore in libro quodam
*Ordinali Sarum* uocari solito.   ¹⁰ dicta : *ed.* 1495.   decantati : L. (1488).

Nam quod dicit (*Omnia fiant*) apertam continet falsitatem; quia tunc oporteret omnino ad vtrumque completorium habere hymnum (*Te lucis*) cum antiphona *Salua nos.* cum psalmo *Ad te leuaui.* et (*Credo*) quod nullus sane mentis vult¹ affirmare.

Mirabile est valde quomodo tanta cecitas contingit in ecclesia Sarum (que solebat totius Anglie esse clara lucerna).

[21.] ❡ Item illa Rubrica non est vera que dicit (*Sacerdos benedicens candelas seu palmas. stabit* versus austrum) Cum Ordinale Sarum dicit, *ad orientem.*²

❡ Similiter dicendo Orationes super populum. feria .iiij. cinerum³ et in Cena Domini.⁴ *stabit versus orientem vsque ad* (Absoluimus vos) *et tunc conuertit se ad populum.*

[22.] ❡ Questio habetur inter multos qualis hymnus vel ℣. habendus est ad ijᵃˢ vesperas in octa. Corporis Christi vbi fiunt cum regimine chori. ❡ Ad hanc questionem quidam affirmant. quod hymnus (*Verbum supernum*) cum ℣.⁵ *Posuit fines.* sicut verba Ordinalis videntur sonare. quod omnia fiant sicut in octa. sine regimine chori. preter ℞.⁵ ❡ Sed hanc opinionem simplicem et male intellectam/ Venerabiles Cardinales ecclesie [ꝓ iiij.b. sc̄i. Pauli destruunt et refutant. tanquam erroneam in hec verba.

*Si* (inquiunt) *in octa. Corporis Christi omnia fiant sicut in prima die. preter ℞. ergo de necessitate oportet concedere quod dicitur hymnus* Sacris solennijs. ⁶*et versiculus* Panem de celo. (*qui dicebantur*⁶ ad ijᵃˢ vesperas in prima die)

Et vera istorum assertio censetur fere⁷ verissima et ab omnibus obseruanda. sinautem verba ordinalis non sunt vera (quod dicere est absurdum).

[23.] ❡ Item in vigilia Epiphanie. In laudibus semper dicitur Capitulum. (*Apparuit benignitas*) secundum ecclesiam Sarum.⁸

¹ vult hoc : C. Vide *Crede Michi* § 121.

² In statione dum benedicuntur Rami stat sacerdos conversus '*ad australem,*' in *Missale Sar.* 1526 ; '*ad austrum*' Process. Sar. 1508 (ed. Henderson, p. 45). '*ad orientem*' : 1507, cum *Missalibus* A.D. 1492, 1498. Item ad candelas in Purificatione Mariae *ibid.* p. 139. Vide plura in tractatu *Crede Michi* nuncupato, § 134. Et cf. *Missale Sarum* pp. 255 n., 696 n.

³ Feria iiii. Cinerum. Vide *Processionale Sarum* (ed. Henderson 1882) p. 26, *conversus ad orientem.* Et *Missale* similiter. Sed *Gradale* ' australem.' Vide in *Missali Sarum* p. 131 *n.*

⁴ In Cena Domini. Vide *Processionale Sarum* p. 56 (*Process.* 1517, ad orientem. *Process.* 1508, *ad australe.*) In *Missalibus* 1492, 1494, 1498 '*orientem*' ; sed *Miss.* 1526, '*australem.*'

⁵ In Brev. Sarum 1531 (I. p. mlxxiv) ad ijᵃˢ vesp. in festo Corporis Christi ubi fiant cum regimine chori ponitur Hymnus *Sacris solenniis* cum V. *Panem de celo.*

⁶—⁶ cum versiculo Panem de celo que dicebantur : C.　⁷ fore : L

⁸ De Vigilia Epiphaniae vide tractatum *Crede Michi* § 23. et *Brev. Sar.* I, p. cccxii.

[24.] ⁋ Item in die sc̄i. Quintini ad omnes horas dicitur Oratio (*Sancti martyris tui Quintini*). Et si dominica fuerit, tunc in summa missa dicitur de sancto Quintino Oratio (*Deus qui ecclesiam tuam.* secundum Sarum.[1]

[25.] ⁋ Item in die sc̄i. Nichomedis martyris[2] in mense'Junij[3] ad omnes horas dicitur Oratio (*Deus qui nos beati Nicomedis* &c. sed ad missam omnes Orationes de communi unius martyris[4] secundum Sarum.

[26.] ⁋ Item ad memoriam sc̄i. Aniani.[5] in die sancti Hugonis. ad vesperas et matutinas Oratio. *Deus qui nos beati Aniani*) sed ad missam dicatur[6] Oratio. *Deus qui sanctam* [*nobis*][7] *huius diei*) secundum Sarum.[8]

[27.] ⁋ Item illa Oratio que scribitur in diuersis missalibus et portiforijs (In die sc̄i. Machuti pontificis)[9] non est Sarum. sed illa[10] sequens oratio ad omnes horas et in missa est dicenda. Oratio (*Omnipotens sempiterne Deus populi tui preces*[11] *exaudi. vt intercessione b. Machuti confessoris tui atque pontificis. cuius hodie annuam festiuitatem recolimus, cum temporalibus incrementis eterne prosperitatis capiamus augmentum. Per Dominum.*)[12]

[28.] ⁋ Item quodcunque festum sanctorum infra octa. cum regimine chori contigerit.[13] semper illud festum habebit vtrasque/ vesperas (nisi[14] quando in sabbato euenerit[14]) [15]tunc [p 5. vespere erunt de dominica. et memoria de festo.[15] Nisi tale fuerit, festum quod primas vesperas habere non potuit. [16]Et nisi quando tale festum contigerit in sabbato infra octa. Ascensionis, tunc vespere erunt de festo. et memoria de octa. Nihil[17] de dominica.[16] [18]

[29.] ⁋ Si festum Omnium sanctorum in dominica contigerit.

---

[1] Festum S. Quintini, 31 Oct. 'S. Quintini martyris' *Brev. Sar.* iii. 957.
[2] Festum S. Nichomedis, 1 Jun. *Brev. Sar.* iii. p. 309.
[3] Invi. : P3. Inuita. : P4. Inuit. : P5.
[4] *Missale Sarum*, 670*. Cf. *Crede Michi* § 148.
[5] Item meō : P4. P5. (*omit* 'ad') Ad memoriam B. Aniani (17 Nov.) *Brev. Sar.* A.D. 1531 (iii. p. 1060) profert orationem missalis, sed *Deus qui sanctam nobis huius* incipiendo. Vide *Crede Michi* § 180.
[6] dicetur : L.
[7] 'Deus qui nos scā' : P1. W2. P3. P4. P5.       [8] Darum : P3.
[9] In die S. Machuti (15 Nov.) *Brev. Sar.* 1531 (iii. p. 1047) habet istam, quam laudat Defensorium, collectam ; nisi tantum quod '*preces populi tui*' legit.       [10] ista : C.
[11] 'preces populi tui' *Brev. Sar.* 1531. *Mox* 'incercessione' P5.
[12] Cf. *Crede Michi* § 179.
[13] contingentium : C. contingerit : W2. *Mox* illū festū : P4. illum festum : P5.
[14] nisi quando die immediate ante octa. euenerit : P1. W2. P3. P4. P5. ('nsi' P5.)
[15]—[15] *Omitt.* P3. P4. P5.  [16]—[16] *Omitt.* P. W2. P3. P4. P5.  [17] et nihil : C.
[18] De ii. vesp. festorum infra octa. cum regimine chori, vide rubricam in *Brev. Sarum* p. dcccclxviii.

tunc sub silentio fiant due memorie. scilicet de dominica et de Trinitate. secundum ordinale Sarum.[1]

[30.] ⁜ Similiter in die Omnium sanctorum quacunque feria contigerit. vespere matutine et omnes hore de sc̃a. Maria dicuntur[2] extra chorum cum memorijs consuetis.[3]

[31.] ⁜ Quandocunque per totum annum fit plenum seruitium de commemoratione beate Marie semper dicuntur[3] ad matutinas prime benedictiones absque vlla variatione.[4]

[Cap. 32 non inuenitur in editt. 1497-1508.]

[32.] ⁜ In dominicis semper dicitur missa dominicalis. Nisi in tempore pascali. et nisi festum cum regimine chori impediat. tunc missa dominicalis dicitur in aliqua feria per hebdomadam.[5]

⁜ Si vero nulla feria vacauerit. tunc si aliquod festum trium lec*tionum* in illa hebdomada contigerit. totum officium fiat de festo vsque ad missam que erit de dominica. Et secunda Oratio erit de festo. et hoc per totum annum. nisi aliqua dominica differatur.

---

[33.] ⁜ Si dedicatio alicuius ecclesie a die Circu*n*cisionis Domini vsque ad octauam diem Epiphanie inclusiue. forte contigerit. tunc ad vtrasque vesperas dedicationis dicuntur[6] antiphone. *Tecum principium.* et cetere sequentes. cum psalmis eisdem appropriatis. Et cetera omnia fiant de dedicatione preter completorium (quod dicetur secundum exigentiam temporis) siue de Natiuitate Domini[7] siue de octa. Epiphanie. Et octaue dedicationis fiant sine regimine chori. vsque ad octauam diem. et ibi fiant .ix. lectiones ['si post octa Epiphanie euenerit' *add*. P. W2. P3. 'euenerint' P5.][8]

[34.] ⁜ Si aliqua ecclesia consecrata et[9] /Dedicata [ρ 5.b.

---

[1] Festum Omnium Sanctorum (1 Nov.) in Dominica contingit sub lit. Dom. D. Cf. *Crede Michi* § 172.

[2]—[2] dicantur extra chorum : L.

[3] dicantur : L.

[4] De Benedictionibus in Commem. B. Mariae vide in *Brev. Sar.* ante vel post kalendarium. Est uero pericope de Benedictionibus in Ordinali Sarum. Vide etiam *Crede Michi* § 20.

[5] De Missa Dominicali differenda vide *Brev. Sarum* i. pp. mcxlviii. (5E), mclxxi. *rubr.*, mcxcvi—mcxcix. in rubrica magna, ubi duae causae, quae cogunt missam dominicalem in aliam Dominicam differri, exponuntur. De missa dom. *Omnis terra* vel *Adorate* in feria cantanda vide p. ccclxii. rubr. Item p. ccclxxxvi. hebd. 4 post oct. Epiph. lit. dom. 5A. et p. dccclxxxiii. in albis.

[6] dicantur : L.        [7] *omitt.* Domini C.

[8] De Dedicationibus ecclesiarum inter diem i. et diem xiij. mensis Januarij contingentibus, vide *Brev. Sar.* p. mcccclxxx.

[9] vel : W2.

fuerit in honore alicuius sancti.[1] qui habet octa. sine regimine chori in ecclesia Sarum. Adinstar sancti Johannis baptiste. et sancti Martini.[2] Tunc in illa ecclesia octaue illius festi erunt cum regimine chori. Et completorium quotidie dicitur[3] sicut in prima die. Et dies octaua habebit Inuitatorium triplex .ix. lectiones. cum regimine chori.[4]

[Cap. 35 in editt. 1497-1508 non inuenitur.]

[35.] ¶ Item illa[5] Rubrica est vera secundum Sarum. (*Quando festum sči. Lamberti in dominica contigerit. fiant medie lectiones de festo.*)[6] Et tamen vbi agitur de festo loci Rubrica non habet locum. quia oportet ex necessitate vt ibi tota cantetur historia.

[36.] ¶ Item illa Rubrica[7] que communiter ponitur in missalibus pro missa (*Salus populi*) cantanda[8] est generalis pro omnibus ecclesijs. diuerso tamen respectu celebranda. Nam clerici ecclesie Sarum. cantant istam[9] missam pro fratribus et sororibus et benefactoribus illius ecclesie. ¶ Ita[10] quilibet sacerdos parrochialis tenetur dicere missam illam pro parrochianis suis. Et sacerdotes stipendiarij[11] pro amicis et benefactoribus suis. a quibus accipiunt stipendia sua.

[Quae sequuntur usque ad finem cap. 37ml in edd. 1497-1508 non invenimus.]

Hoc dico secundum opinionem meam Et dico assertiue et certius est omni certo quod Omne collegium totius regni plus tenetur orare et dicere missam illam (*Salus populi*) pro fratribus et sororibus benefactoribus proprij capituli. quam Sarum seu alicuius alieni. Qui aliter sapit sapiat. Sufficit mihi exonerare conscientiam meam.

[37.] ¶ Item illa duo verba que ponuntur in multis festis sic

---

[1] De Octa. Festi Loci cum regimine chori celebrandis, et de completorio &c. per Octa. Festi Loci, vide *Brev. Sar.* i. p. mcccclxxxi. sed de completorio ii. nihil dicitur nisi de festo Dedicationis, ii. p. 226.

[2] Fest. (Nat.) S. Johannis Bapt. 24 Jun. G. ⎱ vide rubricam in *Brev. Sar.* Festum S. Martini, 4 Jul. lit. dom. C. ⎰ i. p. mcccclxxxi. et fest. S. Trinitatis et Apostt. Petri et Pauli passio (29 Jun. E.) similiter.

[3] et cotidie dicitur completorium : C.

[4] triplex, cum regimine chori et ix lecciones : L.

[5] ista : C.

[6] Rubrica sequens inuenitur in Breviario typis impresso (iii. p. 835): ' Si festum S. Lamberti [17 Sep. Lit: Dom: A.] in Dominica contigerit fiat de ipso memoria ad i. vesp. et ad mat. et medie lec. fiant ubi agitur de S. Maria: tamen ubi agitur de festo loci [? tantum] fiat de eo tantum memoria.

[7] *Omitt.* ' Rubrica' C. (*hoc est* Caxton 1487 + Leeu, 1488).

[8] De missa *Salus populi.* Cf. *Brev. Sar.* i. pp. cĉcclxxxi-ii. *n.*

[9] illam : C.     [10] Item : P1. P3. P5.

[11] stipendarii : P1. P3.

(*Inuitatorium triplex*).[1] Nihil oneris imponunt sacerdotibus qui dicunt officium suum sine nota. sed solum pertinet[2] ad illos qui cantant officium cum nota. Et obligauerunt se ad custumarium Sarum.

[38.] /⟨ Sequens [3]cantus nunquam cantatur ad [p 6. Primam alicuius sancti in choro Sarum    *Iam lucis orto sydere*).[3]

[39.] ⟨ Item quando missa dominicalis in die dominica. Vel in secunda feria cantata fuerit. tunc si tercia feria vacauerit. semper dicatur missa (*Salus populi*) in ipsa tercia feria. Ita tamen quod 'proprie Epistola et euangelium[4] (que pro ferijs intitulantur) propter missam (*Salus populi*)[5] Vel missam (*Nos autem gloriari*) per totum annum non omittantur.

[40.] ⟨ Item[6] quacunque feria per hebdomadam Conceptionis vel Purificationis b. Marie festa contigerint. Nihilominus fiat plenum seruicium de commemoratione eiusdem in alia feria eiusdem hebdomade. Et hoc in sabbato si fieri potest.[7] Ita tamen quod nulla fiat memoria ad ij[as] vesperas festi de commemoratione in crastino facienda.

⟨ Similiter fiat post[8] octa. Assumptionis[9] et Natiuitatis eiusdem. plenum seruicium in eadem hebdomada (si fieri poterit).

[41.] ⟨ Ut autem plura breui sermone concludam. Dico assertiue quod illa que scribuntur in custumario seu consuetudinario ecclesie Sarum.[10]

---

[1] Festorum simplicium quindecim, necnon decem octauarum, inuitatorium triplicem (secundum quosdam) habentium, indicem, ad calcem Breuiarii Sarisburiensis apud Cantabrigiam impressi (iii. p. xlii.) olim exhibuimus Auctoritatem nobis praebuit 'Tabula' ex eodem Breuiario (ii. pp. 465-6) cum kalendariis tam *Missalis Sarum* quam Breuiarii collata.    [2] pertinent: C.

[3]—[3] Sequens cantus (Iam lucis orto sidere nunquam . . . Sarum: 1488. *Omit.* Item: C.   super Iam orto lucis: P1. P3. super Iam lucis orto: P5. (Hymnum videas in *Brev. Sarum* ii. p. 37.)

[4]—[4] proprie epistole et euang.: C.   propria ep*isto*la & eva*n*gelia: P. W2. P3. P5.

[5] *Salus populi* et *Nos autem* (de Cruce) officia sunt ad introitum pro missis ferialibus uotiuis, feriae iii. et vi. assignatis, vel (si illae non uacauerint) feriis quibuslibet aliis uacantibus. Cf. rubricas in *Missali Sarum* 740*, 748*. Missa de S. Cruce assignatur sextae feriae (hebd. ii. post Trin.) in *Directorio* 1 F., Junii 27°.

[6] De Commemoratione B. Mariae infra hebd. Conceptionis (8 Dec. Lit. Dom. F.) vel Purificationis ejusdem (2 Feb Lit. Dom. E.) *Omitt.* Item: C.

[7] Cf. *Crede Michi* § 135.   potest: 1488; pōt: P3.   [8] per: P. W2. P3. P5.

[9] Festum Assumptionis B. Mariae (15 Aug. lit. dom. C). Assaptio*n*is: P3. Natiuitas eius (8 Sep. lit. dom. F.) per octa. Visitationis. per. octa. Assum*p*tionis et Natiuitatis: P1. P5.

[10] In codicibus manuscriptis Consuetudinarii cum Ordinali Sarum inter ceteras rubricellas istae sunt repertae: '*Divisio festorum.*' '*De benedictionibus dicendis ad matutinas per totum annum.*' (Extat rubrica de

de dignitate festorum.
de pluralitate benedictionum.
de termino quatuor temporum.[1]
de velo quadragesimali.[2]
de cereo pascali.[3]
de sepulcro habendo.[4]
sunt generaliter obseruanda[5] in omnibus ecclesijs que non
possunt de congruo omitti.

℟ Cetera vero que in illo scribuntur videlicet de diuersitate
vestimentorum.[6]
de iiij. rectoribus chori habendis.[7]
de processionibus ad altaria faciendis.[8]
de antiphonis in superiori gradu vel inferiori incipiendis.[9]
de Responsorijs a [10]duobus vel tribus[10] cantandis.
de quinque vel quatuor pulsationibus ad vesperas.[11]
solummodo pertinent ad clericos ecclesie Sarum. et ad omnes
qui se voto[12] obligaue*runt* ad talia perficienda.

[Quae sequuntur, usque ad finem huius capituli in edd. 1497-1508 non
inueniuntur.]

/℟ Probatur ista assertio esse vera per venerabiles [ɔ 6.b.
viros et[13] patres canonicos ecclesie sc̄i. Pauli Londoñ. qui totum
benedictionibus in tempore paschali in *Brev. Sarum* i. p. dccclxvii.
Innuit, ut videtur, pericopen liii. *Consuetudinum* nondum typis mandatarum,
de quibus notitiam benignissime nobis suppeditauit vir peritissimus Walterus
H. Frere, A.M.).

[1] *Regula de termino Quatuor Temporum* (Consuet. MS. § 47).
[2] *De velo quadragesimali* vide Consuetudinarium Sarum cap. 102. *Brev.* i.
dccci. Quando cooperiende sunt ymagines per ecclesiam, et de velo
quadagesimali cap. 102. (ed. Magr. Rotul.)
[3] *De cereo paschali*, cf. *Brev.* i. pp. dccciv. dcccxix. Cf. §§ 49, 56 in
Consuetud. MS. &c. cerea : W2. Quando amoueri debet sepulchrum et
magnus cereus paschalis. Item, de accensione Cerei, Cf. etiam *Brev. Sar.* i.
pp. dccciv. dcccvii. dcccxix.
[4] *De sepulcro*, cf. *Brev.* i. p. dcccvii.     [5] abseruanda : 1501.
[6] Rubricae caeremoniales tantum pro Eccl. Sarum : de diuersitate vestimentorum. Est in Consuet. Sarum rubrica (19. et in *Ordinali Exon.* 21-23,
plenius) *De habitu clericorum, et de coloribus.*
[7] de iiij°ʳ rectoribus, 'Rectores secundarii' et 'principales' nominatur in
*Brev. Sar.* i. pp. clxxix. dcccxix. ed. Cantab. Videndi sunt insuper ; iii. p. 18,
indices generales unus et alter ; 'quattuor' i. p. clxxxviii. *De officio recto-
rum chori ecclesie Sarum* est cap. xxiij. in consuetudinario.
[8] de processionibus ad altaria, cf. *Brev. Sar.* iii. p. 3.
[9] de antiphonarum loco incipiendarum, cf. *Brev.* i. pp. l. clxxxviii. &c.
[10]—[10] De Rijs a ii. vel iii. cantandis, cf. *Brev.* i. pp. xxi. l. tribus vel
duobus : C.
[11] De numero pulsationum ad vesperas, sicut et de campanarum pulsatione
in genere, aut nihil, aut perpauca plane narrat Breuiarium. Videndus est
eius fascic. i. ad p. dcclxxi. Dicit tamen nonnulla de pulsatione ad Completorium : et est insuper in consuetudinario MS. Sar. rubricella *de pulsacione
campanarum ad Completorium, et ad Nonam, et ad Collacionem.* § 51.
[12] voto vel iuramento se : C.     [13] ac : C.

diuinum officium[1] in cantando et legendo obseruant secundum vsum ecclesie Sarum.[2] Sed de cerimonijs vel obseruationibus eiusdem nil curantes. sed custodiunt antiquas obseruantias in ecclesia sancti Pauli a primordio illic vsitatas.

---

[42.] . ❡ In die Penthecost. et per hebdomadam infra canonem misse hec est vera *litt*era (*In primis gloriose semper virginis Marie genitricis Dei et Domini nostri Iesu xp̄i*)

Plures libri habent *eiusdem Dei.* et sic[3] est ibi error secundum quosdam.[4]

[43.] ❡ Infra lxx. dicitur Sequentia sic[5] (si contingat). *Letabundus exultet fidelis chorus die⁰ ista.*

[44.] ❡ In omnibus obsequijs[7] mortuorum in ij⁰ nocturno dicitur ♅. sic.[8]

*In memoria eterna erit iustus.* non dicitur *erunt iusti.* in illo loco.

[45.] ❡ Item in iij.[9] lectione mortuorum legatur sic. *Et in puluerem deduces me.* non *reduces me.*[10]

❡ In .v. lectione mortuorum legatur sic *Recede paululum ab eo.* non dicitur *ergo [Secede].*[11]

❡ In[12] viij. lectione mortuorum legatur sic. *Vel* certe *sculpentur*[13] *in silice.* non dicitur[14] *celte.*[15]

❡ In .ix. lectione mortuorum[16] legatur sic. *Dimitte me vt plan-*

---

[1] offic{h}um diuinum : 1488. officium diuinum : C.

[2] Sarum ecclesie : C.      [3] tunc : C.

[4] *Missale Sarum* ed. Burntisland, p. 603 *n.* Cf. *Crede Michi* § 109.

[5] Sequentia sic sic : 1495 ; sic Sequentia si : C.    Sequentia *Letabundus* infra lxx^{mos}. Vocabula '*die ista,*' pro '*alleluia,*' minus congruo, sunt in Missali Sarum, ed. 1498.

[6] de : W2. P5.     [7] exequiis : L.      [8] *Omit.* sic : L.

[9] *Omit* iij. *L.*

[10] Lectio '*reduces*' inuenitur in *Brev. Sarum* 1531, ii. p. 276.

[11] '*Recede* paululum ab eo,' *ibid.* ii. p. 277. Vide *Crede Michi* § 188. 'non dr̄ ergo.' 1501. 'non dr̄ ergo Secede. ❡ Item in . . .' L : non dicatur ergo: C.

[12] Item in : C.     [13] sculpantur : C.     [14] dicatur : C.

[15] Vocabulum 'celte,' non infimae animaduersionis dignum, tam in *Breviario Sar.* A.D. 1531, ii. p. 279, superstitit, quam in *Jobi* xix. 24 editione vulgata, necnon in officio Mortuorum secundum usum Romanum. Cf. in tractatu *Crede Michi,* § 188. Dissertatiunculam de hac re luculentissimam vir doctissimus C. Knight Watson, Antiquariorum Societati londinensium, suppeditauit vii Non. Mai. A.D. 1878 (*Proceedings,* 2S. viii. 394. '*On the Origin of the Word Celt as the Name of an Implement.*') Cui subolet erratum scriptoris, nescio cuius, *celte* pro *certe* ex incuria scribentis fontem et originem vocabuli sequioris protulisse. Huius sententiae suffragati sunt viri clarissimi W. Aldis Wright et R. L. Bensley, Cantabrigienses ; necnon inter Oxonienses desideratissimus W. Maskell, cui interpretatio ista non solum verisimilis videbatur, sed irrefragabilis.

[16] *Omit* mortuorum : L.

*gam paululum.* non dicitur ergo. *neque Domine.* secundum vsum Sarum.[1]

[46.] ⁋ In die Purificationis beate Marie [2 Feb.] in epistola et in capitulo ad vtrasque vesperas et [ad][2] matutinas. legatur sic.

*Ecce ego mitto angelum meum qui preparabit viam ante faciem meam.* non *tuam.*

[47.] ⁋ Item in ij⁰ sabbato Quadragesime in epistola legatur sic.

*Auditis Esau sermonibus patris.* infremuit *clamore magno.* non dicitur *irriguit* neque *irrigijt.*[3]

[48.] ⁋ Item in epistola et[4] ad horas vnius doctoris dicitur sic.

*Et in sono eorum* [5]*fecit dulces* modos. et non *modulos* secundum vsum Sarum.[5]

[49.] ⁋ Item in festis scōr. Edwardi Benedicti Leonardi Egidij et huiusmodi, &c.[6] dicitur in Sequentia sic.[7]

*Aue*[8] *inclyte presul* Edwarde.

Nunquam [enim][9] dicitur (*Aue*[8] *inclyte* confessor) in ecclesia Sarum.

[50.] /⁋ In festis sanctarum Agnetis [Jan. 21] Agathe [ꝓ 7. [Feb. 5] et Katherine [Nov. 25] dicatur Capitulum *Confitebor tibi Domine rex.*

⁋ In festo sancte Agnetis secundo [Jan. 28] dicatur Cap. *Domine Deus meus.*

[51.] ⁋ In festo scē. Marie Magdalene [Jul. 22] ad horam .ix. dicatur ℣. *Adducentur regi virgines.* secundum ordinale expresse.

⁋ In secundo hymno Marie Magdalene dicitur sic.

*Intus plena vero die nescit* vbi *veritas*) secundum Sarum.

Multi libri habent

*nescit* nisi *veritas.*

et[10] falsa est li*tt*era.

---

[1] 'Dimitte . . . paululum' legitur in *Breviario Sarum* ii., p. 279. ('Non dicatur,' Maskell.)

[2] ad *habet* 1488. *Omitt.* P1. P3. P5.

[3] 'infremuit' lectio est in Missalibus Sar. A.D. 1492, '98; 1557. Vide *Missale* ed. Burntisland p. 187 *n.* *Brev. Sarum* i. p. dcxxxvii. 'intremuit' Direct. 1501.—irrugiit : C. Ut in *Missalibus Sar.* multo pluribus, *Missali Rom.* 1506 (Venet.), &c. Vide infra ad *Crede Michi* § 184. *n.* ubi dicitur 'sabbato *tercio* Quadragesime' quod idem sonat quod 'the second Saturday in clean Lent' apud nostrates.

[4] *om.* et W2.

[5]—[5] 'dulces fecit modos non modulos secundum Sarum : C. Editiones nonnullae *Missalis Sar.* (A.D. 1492, '97, '98) legunt 'modos,' Sed 'modulos,' multo plures. Cf. *Crede Michi* § 195. Et *Missale Sar.* 709*.

[6] et : W2.

[7] 'et huiusmodi in sequentia dicitur sic': C. (Vide in sequentia *Adest nobis* in *Missali Sarum,* p. 704*.) Vide infra in Tract. *Crede Michi* § 164.

[8] Aut : W2 (*bis*).     [9] 'enim' *habent* C.

[10] *Omitt.* 'et' P4. P5.

MAYDESTONE.     C

[52.] ⁅ Item in octau*is* apostolorum P[etri] et P[auli][1] dicitur oratio sic.[2]

(*Deus cuius dextera beatum Petrum ambulantem*, &c.) non dicatur *apostolum* secundum Sarum.[3]

[53.] ⁅ Item in die Epiphanie dicitur (*Benedicamus Domino*) cum cantu ℣. *Balaam* qui est septimus versus Sequentie illius diei[4] secundum ordinale expresse.[5]

[54.] ⁅ Item quando extra Quadragesimam di*cuntur* vigilie mortuorum ferialiter cum tribus lectionibus. tunc extra conuentum singillatim et priuatim dicatur commendatio.

[55 ] ⁅ Item in festo apostolorum P. et P. et in commemoratione sc̄i. Pauli. in laudibus dicitur[6] sequens cantus.
*Exultet celum laudibus.*[7]

[56.] ⁅ In omnibus festis duplicibus in Quadragesima contingentibus pulsetur ad completorium vna vice tantum.

⁅ Et in Vigilia Pasce pulsetur ad completorium cum duabus campanis bina vice.[8]

[57.] ⁅ Male scribunt scribentes (*dominica in octa. Pasce*) quia dies Pasce et [dies][9] Penthe*costes* non habent octauum diem. secundum rationale diuinorum.[10] Nam solennitas Pasce incipit in Sabbato Sancto ad (*Gloria in excelsis*). et finitur sabbato sequenti[11] ante missam.

[Quae sequuntur usque ad finem tractatus in editionibus 1497, 1498, 1499, 1501, 1503, 1504, et 1508 prorsus omittuntur, et sic, quod illas adtinet ‘Explicit Defensorium directorii.’]

[58.] ⁅ Pro declaratione dicendorum.

Notandum in primis quod in primordio vsus Sarum vsque ad tempora moderna. commemorationes sancte Marie et festi loci. non habebantur infra Aduentum Domini et Septuagesimam.

---

[1] P. et P.: W. P1.   Petri et Pauli: C. P4. P5.

[2] *Omitt* sic: W2. P4. P5.

[3] Vide Orationem in Octa. Apostolorum (6 Jul.)    [4] die† W2.

[5] ℣ *Balaam* in die Epiphaniae.   Cf. *Crede Michi* § 52.   *Mox* ‘sigillatim’ P4. P5.   [6] dicatur: C.

[7] De cantu *Exultet caelum* Jun. xxix. xxx. cf. *Crede Michi* § 155.

[8] De pulsatione campanarum ad completorium xii. vide *Brev. Sarum*, ed. Cantab. i. p. dcccii. ii. p. 233. Cf. *Crede Michi* § 141. ‘One bell rang for *collatio*, and after an interval rang again for the same. And then one bell rang for Compline: but on double feasts two bells were used instead of one. In Lent this was made only one peal, whether of the single bell or of the pair. On Easter Eve two peals were rung, both by two bells, for Compline.’ (J. R. Lunn.)   Vide infra, pp. 48, 49*n.*, 69.    [9] ‘dies’ *habent* C.

[10] *Rationale Divinorum* Gul. Duranti mimatensis episcopi, li. vi. cap. 107 § 2. ‘Dominica in *Octaua* Pasche’ legimus in *Brev. Sarum* ii. p. 234. et sic etiam in *Missali Sarum*, pp. 3ˢⁱ, &c., ‘Dom. in Octavis Paschae.’ Similiter in *Consuetudinario de Officiis Sarum* cap. lx. ‘Octava die Pasche ad vesperas’ p. 104. et in cod. Harl. 1,001, § 82 de eadem materia, ‘Octauo uero die pasche ad primas vesperas.’ Cf. *Manuale Sar.* in rubrica de *Sponsalibus*.   [11] sequente: C.

ᴜ Veritas huius assertionis patet in omnibus libris antiquis. vbi omni sabbato antiphona super *Benedictus.* habet suum (Euouae) id est se*cu*lor*um* ame*n* vsque hodie annotati*m*.[1] quod frustra fieret si commemoratio ibi fuisset.

/⁋ Patet etiam veritas per exemplum. Nam a prima [ρ 7.b. fundatione ecclesie Eboraceñ. vsque ad tempora magistri Iohannis Kempe. archiepiscopi Eboraceñ. et cardinalis Anglie.[2] In illa ecclesia nulla commemoratio agebatur infra Aduentum Domini.[3] et Septuagesimam. Ipse enim erat primus Archiepiscopus. qui illas commemorationes infra prouinciam suam predictis temporibus instituit (sicut testatur magister Thomas Gascoyne doctor illius prouincie deuotissimus).[4] ⁋ Quando ille commemorationes non agebantur tunc omnes ferie per Aduentum et Septuagesimam. habuerunt suas lectiones cum proprijs titulis (merito annotatur).[5]

Quia vero due commemorationes nunc habende sunt. non est necesse vt tanta pluralitas [6]lectionum fiat scribenda.[6]

[59.] ⁋ Iam sequitur questio. qualiter vel quomodo omnes lectiones de biblia extracte[7] sunt legende.

⁋ Pro ista questione soluenda.

Primo ponenda sunt nuda verba ordinalis Sarum de verbo in verbum. tam pro Aduentu qu*a*m pro (*Deus omnium*). Et postea de similibus simile erit iudicium.

⁋ Rubrica de Aduentu.

*Per totum Aduentum legantur lectiones de prophecia*[8] *Ysaye.* *quando de temporali agitur.*[9] nec maius nec minus scribitur. *nisi in secundo et*[10] *tercio*

---

[1] annotatum : L.

[2] Jo. Kempe Archiep. Ebor. electus 8 Apr. 1426. Cardinalis Eccl. Rom. 18 Dec. 1439. Translatus in sedem Cantuar. primatialem 21 Jul. 1452. 'Bis primas, ter presul erat, bis cardine functus.'

[3] *Omitt.* 'Domini': C.

[4] Thomas Gascoyne, S.T.P., e coll. Oriel Oxon., fuit Vice Cancellarius Acad. Oxon. A.D. 1434 et 1439. Cancellarius Eccl. Cathedr. Ebor. 1432-1442, et Cancellarius Acad. Oxon. 1442-5. Is obiit 13 Mar. 1457-8. (Vide C. Boase *Registr. Oxon.* i. *Locos e libro Veritatis* Gascoigne, ed. J. E. T. Rogers, 1881.)

[5] propriis titulis merito annotatur : *Caxton.* ('annotatis': *Maskell.*)

[6]—[6] fiat lectionum scribend*arum :* C. (ed. Maskell).

[7] In *Legend. Sarum* A.D. 1518 impress., pro historia Regum in singulis hebdomadis lectiones pro ternis tantum feriis ternae (pro quavis insuper dominica senae lectiones) in promptu exhibentur. [8] prophetia : C.

[9] Sequitur Regula in *Brev. Sar.* 1531, i. p. xx.: Dom. I. Aduentus ad Mat., 'Hac die incipiatur Esaias et legatur per totum Aduentum quando de Temporali agitur, nisi in ii. et iii. nocturnis, dominicis diebus, et nisi in iiij. et vj. fe. et Sabb. Quatuor Temporum.' Commemorationes ab Octa. Epiph. usque ad lxx[am] in *Brev. Sar.* (p. lxx.) postulantur. Rubrica de commemorationibus secundum usum Ebor. A.D. 1493 invenitur in *Brev. Ebor.* i. pp. 673-5, ed. 1880. [10] et in : C.

*nocturno diebus dominicis*[1] *et nisi in .iiij. et .vj. feria. et sabbato quattuor temporum.*

❡ Rubrica pro historia (*Deus omnium*).

❡ *Hac die dominica incipiatur Liber Regum. et legatur vsque ad primam dominicam post (quinto kal' Augusti)*[2] nec maïus nec minus habetur in Ordinali Sarum.    *Quando de temporali agitur.*

❡ In legenda Sarum pro dominicis et ferijs per Aduentum ponuntur lxvj. lectiones.

❡ Et pro dominicis et ferijs historie (*Deus omnium*) centum et trigintasex lectiones.

❡ Cum reuera pro/ tota illa historia sufficerent .lxxx. [ꝑ 8. lectiones.[3] quïa est impossibile[4] quod (durante illa historia) fiat septies seruicium de feria.

❡ Quesitum est ergo a clericis in vsu Sarum expertissimis et fide dignis.    Qualiter et quomodo et quo ordine lectiones de temporali per totum annum sint[5] legende.

❡ Et responderunt in scriptis quod omnes lectiones habent legi secundum titulat*ionem* feriarum et dominicarum per totum annum.

Videlicet quod in secunda dominica legantur lecciones de eadem dominica. et in quarta dominica legantur lectiones de .iiij. dominica.

Et sic saltando omittende sunt omnes intermedie lectiones. siue de dominica .iij. siue de ferijs eiusdem tercie dominice.

❡ Sed quod predicta Responsio sit erronea atque stulta.[6] Patet per ipsum Ordinale per omnes Rubricas in prima. quarta feria Aduentus annotatas in hec verba.

❡ *Si aliquod festum sanctorum in aliqua predictarum feriarum contigerit. de quo*[7] *fieri debeat seruicium seu aliqua memoria*[8] *facta fuerit in eisdem Deinceps non seruetur ordo feriarum in lectionibus legendis. et* ℣. *et* ℞*ijs. cantandis in ferijs subsequentibus. sed seruetur ordo* ℣. *et lectionum.*[9]

Ecce quam manifeste ordinale dicit quod *lectiones debent legi secundum ordinem.*[10] et non secundum titulat*ionem* feriarum.

❡ Quod autem lectiones de temporali per totum annum debent legi per ordinem.    Patet palam per verba Ordinalis

---

[1] dominicis diebus : C.

[2] Breviarium Sarum 1531 i. p. mclxxiii. legit '*Hac die incipiatur* . . . ꝓost *quinto Kal. Augusti, quando de temporali agitur.*' Vir doctus tamen W. Maskell, '*prius,*' legendum censet.

[3] lecciones lxxx : C.                    [4] impossible est : C.

[5] sunt : C.            [6] Cf. *Brev. Sar.* i. pp. mclxxv-vi. mccciii.

[7]—[8] sed legit '*unde*' pro '*de quo*' et '*commemoratio*' pro '*memoria.*'

[9] Ista rubrica inuenitur in *Brev. Sar.* i. p. lxii:—

[10] secundum ordinem legi : C.

prius posita. que nullam faciunt mentionem de titul*is* dominicarum neque feriarum.

❡ Confirmatur [1]hoc.

Assertio est vera.[1] per hoc maxime quod quelibet prima:
dominica tantum omnium historiarum per totum annum habet
titulum expressum sue inchoationis sic (*Verba Ysaye*[2] *filij Amos*)..
Vel sic. *Fuit vir*[3] *in Ramatha.* Vel sic. *Vir erat*[4] *in terra.
Hus*).

Cetere vero dominice medie eiusdem historie nullum habent
titulum. excepta sola historia (*Domine ne in ira*).[5]

Ergo necesse videtur et congruum vt omnes lectiones cuius.
libet historie legantur per ordinem. et non per saltum.

/❡ Si quis faceret vnam nouam legendam de vsu Sarum [ᴘ 8.b.
Modo quando due commemorationes communiter habentur. et
aliquando tres et scribi faceret pro historia (*Deus omnium*)
centum .xxxvj. lectiones pro dominicis et ferijs. merito fatuus
diceretur. cum absque dubio lxx. lectiones sufficerent ad plenum
pro historia illa secundum verba ordinalis predicti.[6] et secundum
veram experientiam.

Nam audeo affirmare quod in legenda Sarum (in diuersis
historijs) ponuntur ducente lectiones que nunquam fuerunt
lecte. nec in futurum erunt legende in ecclesia Sarum.

[60.] ❡ Conclusio finalis.

Omnibus premissis sagaciter et diligenter pensatis. consultius
et melius fere dinoscitur sequi verba ipsius ordinalis. legendo
per totum annum omnes lectiones de biblia extractas. secundum
ordinem lectionum Non secundum titulos et Rubricas dominicarum et feriarum neque per saltum.

Quis vero fuerit qui distinctiones lectionum et titulos earum.
Vel qua auctoritate fecerit. vsque hodie ignoratur.

Melius est enim certum tenere quam [7]incertum sequi.[7]

❡ Hoc etiam dico cum affirmatione. quod in omnibus ferijs
et festis trium lectionum sine regimine chori per totum annum
ad vesperas et matutinas de die post memoriam de sancta
Maria. habenda est etiam memoria de festo loci.

❡ Et istam opinionem sequitur Dñs Iohannes Goode.

---

[1]—[1] Confirmatur hec assertio est vera : L. . . esse vera : *ed. Maskell.*

[2] *Visio* Ysaie : *Brev. Sar.* i. p. xx.

[3] Fuit vir *unus : Brev. Sar.* i. p. mclxxiii.

[4] Vir erat : *Brev. Sar.* i. p. mccclxxx.

[5] Dominica prima historiae *Domine ne in ira* incipit Epistola D. Pauli ad
Romanos ; (*Brev. Sar.* i. p. ccccvii) et sic Dom. 2 post Oct. Epiph. titulum
exhibet '*Lectiones de Epistola Pauli ad Chorin. i.*' (*Brev. Sar.* i. p.
ccccxxxv.) &c.

[6] predicta : C.

[7]—[7] sequi incertum : C.

cardinalis sancti Pauli Londoñ[1]    Et capella siue ecclesia sancti
Martini de graunde.[2]

Cum fuerint .xxij. dominice. et littera dominicalis C.

Quere istam Rubricam post (*Deus omnium*) Et ibi inuenies
quod *missa dominicalis debet cantari in festis trium lectionum.*[3]

[4]❡ Impressum est hoc Directoriu*m* cum defensorio
eiusde*m* p*er* wynandu*m* de worde, apud Westmonas-
teriu*m* mora*n*tem [In domo Caxton ... a*n*no domini
.M.cccc. nonagesimoquinto.][4]

[1] Ds. Jo. Goode Succentor fuit et Cardinalis Eccl. Cath. D. Pauli London.,
Eleemosynarius etiam et Custos eiusdem.   Obiit 10 Dec. 1450, et in ala
australi ecclesiae sepultus est.

[2] Inter decanos nominatissimae Ecclesiae collegiatae S. Martini le grand
numerantur Rogerus de Saresbiria, et Henricus Blesensis; necnon Will. ille
de Wykeham ; et Will. Alnewyke, Norwicensis, et postea Lincolniensis,
episcopus.

[3] De consuetis Memoriis post *Deus omnium* vide in Brev. Sarum Psalterio
ad pp.' 92–95.   Item in Rubrica Magna eiusdem Brev. post Trinit. i.
p. mclxxxvi–mcxcv.

[4]—[4] 'Impressum est hoc directorium cum defensorio eiusdem per William
Caxton apud Westmonasterium prope London ./'' *Caxton*, 1487. 'Explicit
Defensorium Directorii.' *Leeu*, 1488.

# [CONSPECTVS CAPITVM
## IN DEFENSORIO DIRECTORII
## CONTENTORVM.[1]

1. Distinctio Rubricarum (a) generalium et (b) caerimonialium.
2. Exemplum ducitur de Rubrica Magna de Dominicis de causis quae Missam differunt dominicalem.
3. Item de Rubrica de Missa in Capitulo.
4. Item de Rubrica pro Ps. *Deus venerunt* in prostratione in choro.
* 5. De die S. Theodori (ix. Nov.) in iij feria contingente.
* 6. De prima Oratione in Exequiis cotidianis.
* 7. De quatuor Orationibus in Exequiis et anniuersariis et trigintalibus.
* 8. De Responsoriis in festis iij. lectionum (ex. gr., S. Syluestri).
* 9. De Responsoriis pro fest. Mart. et fest. Abbatis in eadem hebdomada contingentibus.
* 10. De Euangelio *Dixit Martha*. in trigintalibus Episcoporum tantum dicenda.
11. De Or. *Tibi Dñe commendamus* tantum extra chorum dicenda.
12. De Ps. *Leuaui*, cxx.
* 13. De fest. Dedicationis Ecclesiae sine regimine chori infra dies Septembris i–xxvii.
14. De Commemoratione Animarum (ii. Nov.) in Dominica non celebranda.
15. De Nat. B. Mariae (viii. Sept.) et fest. S. Mathiae (xxiiii. *vel* xxv. Feb.) quae non habent vigiliam.
* 16. De Ant. *Exaltate* iiij. de Laudibus in die Ascensionis.
17. Quod officium cotidianum Mortuorum non inchoandum sit post Pascha, sed tantum officium Mortuorum speciale.
18. De grad. *Si ambulem* pro Episcopis tantum dicendo.
* 19. De psalmis ferialibus non dicendis in Octa. Corporis Christi.
* 20. De alia rubrica in Octa. Corporis Christi. Item de caecitate ecclesiae Sarum.
* 21. Quod sacerdos benedicens candelas seu palmas stabit orientem versus. Item de Oratione super populum.
* 22. Censura Cardinalium S. Pauli Lond. de Hymno et Versu in Octa. Corporis Christi cum regimine chori.
23. De Cap. *Apparuit* in Laudibus in Vigilia Epiphaniae (v. Januar.).
24. De Oratione in die S. Quintini (xxxi. Octob.).
25. De Oratione in die S. Nicomedis (i. Junij.).

---

[1] Hanc Tabulam in lectoris commodum editioni nostrae subiecimus, Aº S. 1894.
* Capitula per Magistrum Johannem Clerke (in recensione sua cir. annum 1497) reiecta asterisco notauimus.

26. De Memoria S. Aniani in die S. Hugonis (xvii. Nov.).
27. De Oratione in die S. Machuti (xv. Nov.).
28. De festis vtrasque Vesperas habentibus.
29. De Memoriis in festo Omnium Sanctorum.
30. De horis de B. Maria V. extra chorum in eodem festo.
31. De benedictionibus ad lectiones in Matutinis in Commemoratione B. Mariae.
* 32. De Missa dominicali.
33. De festo Dedicationis Ecclesiae infra dies Januarii i–xiii contingente.
34. De ecclesia cuius festum Sancti Loci habet Octa. sine regimine chori.
* 35. De rubrica in festo S. Lamberti (xvii. Sept.).
† 36. De missa *Salus populi.*
* 37. De festis Invitatorium triplex habentibus in ecclesia Sarum.
38. De hymno *Iam lucis orto sydere.*
39. De missis votiuis *Salus populi,* et *Nos autem* (de Cruce).
40. De Commemoratione B. Mariae infra hebd. Conceptionis uel Purificationis uel post Octa. Assumptionis uel Natiuitatis eiusdem.
† 41. De Rubricis in Consuetudinario Sarum generaliter obseruandis. Item de Canonicis eccl. S. Pauli London. diuinum officium secundum vsum Sarum obseruantibus, sed de caeremoniis Sarum nihil curantibus.
42. In die Pentecost. infra canonem.
43. De Sequentia in Septuagesima.
44. De ℣. in Obsequiis Mortuorum in ij°. nocturno.
45. De iij$^a$. v$^{ta}$. viij$^a$ et ix$^a$ lectionibus Mortuorum.
46. De Epistola et Cap. in festo Purificationis (ii. Feb.).
47. Item de Epistola in ij°. Sabbato Quadragesimae.
48. Item de Epistola vnius Doctoris.
49. De Sequentia in fest. SS. Edwardi, Benedicti, &c.
50. De Cap. in fest. SS. Agnetis, &c.
51. De festo S. Mariae Magdalene (xxii. Jul.).
52. De Oratione in Octa. Apostolorum Petri et Pauli (vi. Jul.).
53. De *Benedicamus* in die Epiphaniae (vi. Jan.).
54. De Commendatione extra Quadragesimam.
55. De cantu *Exultet celum laudibus* de Apostolis P. et P. (xxix, xxx. Jun.).
56. De pulsatione campanarum in festis infra xl$^{mam}$.
57. Quod dies Paschae Octauum diem non habeat.
* 58. Pro declaratione dicendorum de Commemorationibus infra Aduentum Domini et Septuagesimam.
* 59. De lectionibus de Biblia secundum ordinem legendis, et non secundum titulationem, neque per saltum.
* 60. Conclusio finalis. De memoria de festo loci, decisio iuxta D. Jo. Goode.]

        \* Capitula per Jo. Clerke reiecta.
        † Capitula per eundem amputata.

# CREDE MICHI.

Aº Dñi 1495.

The printed copies collated for the present edition of the *Crede Michi* (pp. 27–81) are as follows :—

## *Clement Maydestone's Text of* "Crede Michi."

*Caxton.*=W. Caxton's folio (1487). British Museum, Case 10. b. 16.
    L.=Ger. Leeu's quarto, 1488. British Museum, Case 35. f. Where
        *Caxton* and *L* agree, they are cited jointly in the notes as '*C.*'
    W.=Wynkyn de Worde's first quarto, 1495, which supplies our text,
        and is usually cited in the notes, where necessary, as '*ed.* 1495.'
        British Museum, Case 35. f. 4, and Rev. Chr. Wordsworth.

## *J. Clerke's Revision.*

P3.=R. Pynson's third quarto, 1501. British Museum, Case 35. f. 7.
    (Abp. Cranmer's copy.)
P5.=R. Pynson's fifth quarto, 1508, the latest edition before our own.
    The Bodleian Library, Oxford, Gough Missals, 111. (also 4°. S.
    33. Th. Seld.)

(P1., Pynson's first quarto, 1497, Brit. Mus. Case 35. f. 6. and P4 his fourth quarto, 1503, Bodl., Gough Missals 142, have been examined for a few passages.)

For a list of all the editions, founded upon HENRY BRADSHAW'S researches, see above p. 3.

For the collations made in London we are indebted almost entirely to Canon W. Cooke. Those at the Bodleian have been done by Miss A. F. Parker, and the *Defensorium Directorii* was collated with W. de Worde's second quarto (1499), represented by the unique copy in the Henry Bradshaw Collection at Cambridge, by Mr. Alfred Rogers.

'*R.*' indicates John Raynton's manuscript, written for Dr. T. Gascoigne, cir. 1450, now in the British Museum, MS. *Add.* 25,456, and collated for pp. 40–80, the portion which it has in common with our tracts. [The editor has introduced some additions and collations from Raynton's *Crede Michi* in square brackets and inverted commas, marked with Raynton's initial. He has also inserted a few other *memoranda* in square brackets to save the reader the trouble of constant searching in a kalendar or index of names.]

# CREDE MICHI.

[W. de Worde
A.D. 1495.
Fo. Aj.

## ¹/⚏ INCIPIT LIBELLUS PERUTILIS (QUOD CREDE MIHI VOCITATUR) FELICITER.¹

⚏ Sequentes articuli ventilati sunt et approbati per Canonicos ecclesie Sarum.

[1.]   Et primo² de octa. Corporis Christi. &c.

SCIENDVM est quod multe ecclesie de vsu Sarum (vbi oct. Corporis Christi fiunt cum regimine chori) dicunt quotidie infra predictas octauas. *Gloria tibi Domine qui natus*. de quocumque fiat seruicium ad vesperas matutinas et ad omnes alias horas (si metrum sustineat)

Et ad primam ℣. *Qui de virgine.*

Et allegant pro se hymnum. *Saluator*) et alium (*Lucem tuam*) qui cantentur³ quotidie ad honorem ipsarum octauarum.

⚏ Alii dicunt⁴ quod predictus ℣. *Gloria tibi Domine*) non debet dici nisi quando de octa. fit seruicium tantum.

Et isti allegant pro se Rubricam in die Natiuitatis Domini. que loquitur solum de octa. sine regimine chori.

⚏ Responsio. (*Gloria tibi Dñe*) et ℣. *Qui de virgine*) non debent dici⁵ in festis .ix. lec. infra octa. Quia si dicerentur. oporteret quod Responsoria super *hymn*os dicerentur cum *Alleluia*. quod non potest fieri. quia esset contra ordinale.

Ista responsio non placet mihi. quia contrarium patet in Conuersione sancti Pauli [25 Jan. *D.*].

[2.]   ⚏ De festo .ix. lec. infra oct. Corporis Christi contingente.   Item vbi octaue Corporis Christi fiunt cum regimine chori.   Si festum .ix. lec. infra octa. predictas contigerit.⁶ Quidam dicunt quod tale festum habebit vesperas vtrasque.⁷

Quidam⁸ dicunt quod tale festum habebit primas vesperas

---

¹—¹ *Omitt.* C. . . . Crede Michi . . : P5.

² *Omitt.* §§ 1–6 edd. 1497–1508, quae primordium capiunt ex his verbis "Incipit . . . Sarum. ⚏ De evangelio 'Dixit Martha'" (sicut patebit inferius in § 7.)

³ que cantantur : C.          ⁴ Et alii dicunt : C.
⁵ *Omitt.* nisi : C.          ⁶ contingerit : *Caxton.*
⁷ utrasque vesperas : C.          ⁸ Et quidam : C.

tantum. et secunde vespere erunt de octa. sicut in festis .ix. lec. vbi sequitur aliud festum.

❡ Responsio. Verum est quod tale festum habebit vtrasque vesperas (nisi in sabbato contigerit. Et illa regula est diu vsitata in ecclesia Sarum et approbata.

[3.] /❡ De psalmis dicendis in octa. Corporis [fo. Aj.b. Christi.

Item vbi fiunt octaue cum regimine chori. scribitur expresse in ordinali Sarum, quod in octa. die ad vtrasque vesperas dicuntur psalmi feriales.

Sed viri experti in ordinali dicunt. illa regula sit falsa. nec omnino debet admitti. quia omnes psalmi debent dici in oct. sicut in prima die.

❡ Similiter dicendum est de hymno. et ℣. in secundis vesperis octa.

❡ Responsio. secundum Ordinale Sarum.

In oct. psalmi feriales dicuntur ad vtrasque vesperas      .

, Secundum[1] ordinale Sarum nunquam dicuntur[2] psalmi feriales in octa. nisi prius dicuntur in festo.[3] ideo non credo dictis eorum.

[4.] Item quidam dicunt. si festum trium lec. habens proprias lec. in dominica infra octa. vel in ipsis octa. contingen̄.[4] fiant medie lec. de festo.

Sec alii dicunt quod de huiusmodi festis trium lec. fiat tantum memoria (nisi festa[5] trium lectionum adiuncta fuerint.

❡ Responsio. In octa. fiant medie lectiones de festis trium lectionum que habent proprias lectiones tantum.

[5.] ❡ De Vigilia sancti Mathie apostoli.[6] [23 Feb. *E.*]

In vigilia sancti Mathie Apostoli oritur magna questio. an videlicet debent celebrari cum nocturno et cum missa de Vigilia (sicut multe ecclesie faciunt).

An sine aliqua mentione de vigilia. preter ieiunium (prout alii tenent) eo quod Rubrice Sarum nullam de vigilia faciunt mentionem.[7]

❡ Responsio. Ecclesia Sarum nihil facit de illa vigilia nisi ieiunium tantum.

[6.] ❡ De vigilia Natiuitatis beate Marie. [7 Sept. *E.*]

In multis missalibus ponitur specialis missa pro vigilia Natiuitatis beate Marie. Et in antiphonarijs scribitur quod ℞. feriale dicetur in vigilia Natiuitatis beate Marie.

Tamen ordinale Sarum et multe ecclesie nihil dicunt de illa

---

[1] Secundum enim : C.                 [2] dicantur : L.
[3] Vide infra § 121, et cf. *Defens. Direct.* cap. 19.
[4] contigerit : L.      [5] festis : C.          [6] *omitt.* apostoli : C.
[7] Cf. *Defens. Direct.* cap. 15.

vigilia. sed habent ibi plenum seruicium de sc̄a Maria. [*Cf.* Defens. Direct. cap. 15.]

❡ Responsio. In ecclesia Sarum dicitur ibidem plenum seruicium de sancta Maria.

---

[7.] /❡ De euangelio (*Dixit Martha ad Iesum*).[1] [fo. Aij.

Item in quibusdam missalibus ponitur talis Rubrica. quod euangelium (*Dixit Martha ad Iesum*[2]) legatur in omnibus trigintalibus et anniuersarijs quorumcunque. tamen secundum[3] ordinale Sarum illud euangelium nunquam[4] legatur nisi in trigintalibus et anniuersarijs episcoporum tantum. et quando corpus est presens. et in dominicis. et in[5] secundis ferijs.

❡ Responsio. nunquam legatur (*Dixit Martha*) nisi quando corpus est presens. et in missis episcoporum et in dominicis et in secundis ferijs.[6]

[Pericopas duas proxime sequentes omittunt R. Pynson et W. de Worde in edd. 1497, 1498, 1501, 1503, 1508, retenta solum Responsione in § 9.]

[8.] ❡ De versicul. infra octa. Corporis Christi.

Item ad memoriam de octa. Corporis Christi. in festis sanctorum nouem lectionum. quidam ad vesperas dicunt ℣. *Panem de celo.* Qui quidem ℣. habetur quotidie ad vesperas octa.

Sed alij dicunt quod ℣. *Posuit fines* erit ℣. tam ad vesperas quam ad matutinas.

❡ Responsio. Nequaquam. sed ℣. *Panem de celo*) dicitur ad vesperas. et[7] ℣. *Posuit fines*) ad matutinas.

[9.] ❡ De psalmis et Responsorijs infra octa. Ascensionis.

❡ Si festum sancti Augustini Anglorum apostoli in dominica infra octa. Ascensionis euenerit. [26 Mai, Lit. Dom. 4*F.*] tunc in secunda feria sequenti quidam dicunt antiphonas et Responsoria de sabbato. infra octa. predictas vt verus ordo antiphonarum et Responsoriorum obseruetur.

Sed[8] alij affirmant quod Responsoria et antiphone de sexta feria debent iterum repeti. et post antiphone et Responsoria de sabbato. et antiphone et Responsoria non dicuntur[9] secundum ordinem vt videtur.

Et valde inconueniens videtur quod tali anno diceretur ter de sexta feria. et semel de sabbato. vbi verus ordo potest obseruari.

---

[1] *Evang.* Dixit Martha (*Johan.* xi. 21–7). Cf. *Missale Sarum*, p. 865*. et vide *Defens. Direct.* cap. 10. Hic incipiunt articuli in tractatu *Crede Michi* nuncupato iuxta editiones 1497 (P1.), 1498 (P2.), 1499 (W2.), 1501 (P3.), 1503 (P4.), 1504 (W3.), et 1508 (P5.), secundum recensionem magistri Johannis Clerke. [2] *omitt.* ad Iesum : C. [3] cum secundum : L. [4] non : P5. [5] *Omit.* 'in' P5. [6] Cf. *Defens. Direct.* cap. 10. [7] *Omit* et : L. [8] *Omitt.* Sed : C. [9] dicantur : L.

Immo quando Ascensio Domini. contingit.[1] ij. die Maij [*h.e.*
*sub* Lit. Dom. 1*F.*] tunc antiphone et Responsoria de sabbato
debent [omitti] in illo[2] anno. et Responsoria sexte ferie que cantantur in sabbato iterum debeant cantari in eadem hebdomada.
vt dictum est.[3]

---

/¶ Responsio.[4]  Si due vel tres ferie post domini- [fo. Aij.b.
cam infra octa. Ascensionis vacauerint. tunc in primo loco ibidem
vacante. dicuntur[5] antiphone et Responsoria de .vi. feria. licet in
hebdomada precedenti dicta fuerint. deinde[6] de sabbato.

¶ Sed cum due ferie vacauerint tantum[7] infra predictas[8] octa.
Vna ante[9] dominicam. altera post[10] dominicam.  Tunc in ipsa
feria vacante post dominicam dicentur antiphone et Responsoria
de sabbato ne omittantur.

[Sequens pericope omittitur in edd. a Jo. Clerkio recensitis, A.D. 1497-1508.]

[10.]  ¶ De commemoratione Festi loci ante .lxx.
Item quando dominica .lxx. cadit in die scē Prisce virginis.
[18 Jan. Lit. Dom. 1*D.*]    Multi experti in ordinali Sarum
dicunt quod tunc in hebdomada precedenti dicetur seruicium
de festo loci.    Ita quod missa tercie dominice dicatur in
capitulo.
Alij affirmant quod non dicetur de festo loci illa hebdomada.
sed de feria.  Prout Rubrice Sarum videntur sonare.  Et hoc
videtur mirabile cum illis[11] tribus ferijs nulla fiat mentio de
historia dominicali.

¶ Responsio.  Prima opinio est vera. scilicet quod fiat commemoratio festi loci.

---

[11.]  ¶ De Sequentijs beate Marie dicendis.[12] a (*Domine ne*
*in ira*) vsque ad aduentum Domini.
Dicunt quidam collegiati[13] quod ille sex Sequentie solummodo
cantande sunt que intitulantur infra octa. Assumptionis beate
Marie.
Sed alij affirmant quod non. sed est in beneplacito Cantoris
in huiusmodi commemorationibus accipere qualemcunque
Sequentiam sibi placentem de beata Virgine.

¶ Responsio. iste sex dicantur et non alie in choro Sarum.[14]

[1] contigit : L.          [2] omitti illo : C.  debent in illo : *ed.* 1495.
[3] debeant iterum cantari in eadem dominica. ut dictum est : *omitt.* C.
[4] Nota quod : P1. P3. P5.                              [5] dicantur : L.
[6] demum : C.  fuerit deinde : P5.          [7] tantum vacauerint : C.
[8] predicta : P5.       [9] aña : P3.       [10] dicantur : L.       [11] in illis : C.
[12] *Add.* In commemorationibus beate marie : C.
[13] Quidam collegiati dicunt : C.
[14] Vide *Brev. Sar.* pp. 516-520 ; *Missale*, pp. 870 875, 769*, 775*.

[12.] ❡ De collectis ad (*Placebo*).

Item in obsequijs quotidianis mortuorum per totum annum secundum regulam Sarum tres Collecte tantum modo¹ habende sunt. scilicet pro episcopis. pro fratribus et sororibus. et pro omnibus defunctis²

Sed clerici Collegiorum (vbi reges et principes sunt fundatores) dicunt in huiusmodi quotidianis exequijs primam Collectam habendam pro huiusmodi fundatoribus.

/❡ Sed quod omnes sacerdotes parrochiales facere [fo. Aiij. similiter tenentur. quia plus obligantur³ orare pro suis parrochianis quam pro episcopis Sarum fundatoribus. [Responsio. clerici sarum concedunt quod oratio fiat pro fundatoribus]⁴ in omnibus exequijs post orationem pro episcopis.⁵

[Quae sequuntur usque ad finem § 13 omitt. edd. 1497-1508.]

❡ Ego clemens maydeston dico. quod clerici huiusmodi non tenentur habere aliquam memoriam pro episcopis. nec sacerdotes parrochiales.

[13.] ❡ De anniuersarijs regum.

Item Collegiati vbi reges et principes sunt fundatores obseruant eorum dies anniuersarios. simpliciter tanquam pro canonico Sarum. quia Rubrice Sarum nullam faciunt mentionem pro huiusmodi fundatore.

Alij⁶ affirmant quod vbi reges sunt fundatores eorum dies anniuersarij teneri debent cum omnibus obseruantijs solenniter. tam ad exequias quam ad missam. cum eisdem epistola tractu et euangelio sicut in anniuersario episcoporum Sarum.

❡ Responsio. Non latet vestram discretionem quin hoc esset contra ordinale Sarum.

(*Clemens*) Ista Responsio non valet. quia si episcopi Sarum fundatores habent solennes exequias more duplicis festi. quare non reges monasteriorum fundatores. cum de similibus simile erit iudicium.

---

[14.] ❡ De memoria sancti Iohannis baptiste in commemoratione sĉi Pauli. [30 Jun. *F.*]

In omnibus libris de vsu Sarum.⁷ in commemoratione sancti Pauli ad matutinas. pro memoria sancti Iohannis scribitur ant. *Inter natos.*

Sed viri experti⁸ in vsu Sarum dicunt quod illa antiphona male intitulatur ibidem. quia in festo apostolorum Petri et Pauli non fit memoria de sancto Iohanne. neque in audientia neque sub

---

¹ 'tātū°.' 1495.     ² Cf. *Brev. Sarum* ii. p. 273.     ³ obligatur : P5.
⁴ [*habent* C.]. *omitt.* 1495 : P5.     ⁵ Cf. *Defens. Direct.* cap. 6.
⁶ Sed alii : C.     ⁷ libris secundum Sarum : P5.     ⁸ experti valde : C.

silentio. Ideo ant. *Puer qui natus est* cantabitur in die sancti Pauli. vt ordo antiphonarum[1] seruetur.

℈ Responsio. In ecclesia Sarum ant. *Inter natos* intitulatur.

[Sequens pericope in edd. 1497–1508 omittitur.]

[15.] ℈ De antiphonis memoriarum de omnibus sanctis. in ferijs[2] et festis .iij. lectionum ad vesperas a[nte][3] *Domine ne in ira* vsque ad caput ieiunij. /Et aña[4] (*Deus omnium*) [fo. Aiij.b. vsque ad Aduentum Domini.

Quidam dicunt[4] quod quatuor antiphone de omnibus Sanctis decantari habent semper secundum ordinem incipiendo qualibet hebdomada a prima ant.[5]

℈ Alii experti in vsu Sarum dicunt quod est ad placitum cantoris accipere quamcunque sibi placentem[6] Nam aliter quarta ant. scilicet (*O quam gloriosum*) nunquam cantabitur ad vesperas vbi agitur de festo loci.

℈ Responsio. Omni hebdomada incipiantur a prima ant. et sic dicuntur per ordinem.

[16.] ℈ De officio[7] in vigilia Assumptionis Marie.[8] [14 Aug. *B.*]

Collegiati dicunt quod in Vigilia Assumptionis officium debet terminari cum *alleluia* quacumque feria contigerit. eo quod ℣. *Beata es.* que solebat aliquando cantari in illa vigilia iam penitus omittitur.

℈ Alij[9] dicunt quod non terminabitur cum *alleluia.* nisi quando vigilia in dominica contigerit.[10]

℈ Responsio. Non finiatur cum alleluia in vigilia nisi dominica fuerit. sed alias semper nisi in Septuagesima.

[17.] ℈ De Ant. (*Lauda hierusalem* [Sabb. ad Vesp.])

Multi collegiati habent in vsu istas antiphonas (*Sperat*[11] *israel.* et ant. *Clamaui* [ad Vesp. in fer. ii. et iv.]) et ceteras illius quarti[12] toni post psalmos repetere in *Elami*[13]

Alij viri[14] valde experti dicunt quod hec sola ant. *Lauda*[15] non debet repeti in *Elami*[13]

℈ Responsio. Non est vera. sed omnes antiphone illius variationis. incipiantur in *Elami.*

[18.] ℈ De versiculo. ad Nonam in die sancte Marie Magdalene.[16] [22 Jul. *G.*]

---

1 animarum : P5.                 2 sanctis. In omnibus feriis : C.
3 ā : 1495, L.; a : C.               4 aña : 1495 ; ā : L.
4—4 et a Deus omnium usque ad Adventum domini quidam dicunt : C.
5 Cf. *Brev. Sarum* ii. p. 94.        6 quamcunque sibi placuerit : C.
7 De officiario : P3. P5.       8 *Omitt.* Marie : C.     9 Et alii : C.
10 Cf. *Missale Sarum,* p. 864.     11 Speret : P5.     12 *Omitt.* quarti : C.
13 Eleuaui : P5.              14 Et alii viri : C.
15 Ant. *Lauda, Brev. Sar.* ii. 198, 204, 219? Lauda ierusalem : C.
16—16 magdalene. In die sancte marie magdalene ad horam ix. dicitur ℣. Adducentur regi : C. P5.

Ad horam ix. dicitur ℣. *Adducentur regi*[1] quia sic habetur in multis libris.

Alij dicunt quod. ℣. *Dimissa sunt ei.* vel ℣. *Elegit eam* deberet dici.[2]

et sic habetur magna diuersitas.

❡ Responsio. *Adducentur regi.* dicitur in die sancte Marie Magdalene. Quia licet sancta Maria Magdalena et sancta Anna sint equalis dignitatis in ecclesia Sarum. tamen dignum est quod sancta Anna ob honorem filie scilicet virginis Marie. precedat[3] Magdalenam. cum ℣. /*Elegit eam.*[1]  [fo. Aiiij.

❡ In ordinali. Sarum Magdalena habet[4] symbolum in missa, quacunque feria contigerit. [5]non sic de sċa Anna. ergo earum comparatio est friuola vana et cassa. quod Clemens.[5]

[19.] ❡ De ordine nocturnorum ad (*Dirige*)

In anniuersarijs trigintalibus in tempore pascali[6] contingentibus. quidam Collegiati tenent quod omni hebdomada incipiendum est a[7] j°. nocturno. et sic per hebdomadam dicuntur[8] Responsoria per hebdomadam per ordinem nocturnorum.

❡ Alij dicunt quod in tempore pascali[6] post primam inceptionem non seruabitur ordo nocturnorum sed dierum.

❡ Responsio. Seruabitur ordo dierum non[9] nocturnorum per totum tempus pasce nisi corpus sit presens.

[20.] ❡ De benedictionibus in commemoratione beate Marie.[10]

Item per totum annum quando fit seruicium de commemoratione Marie.

Multi collegiati dicunt quod per singulas hebdomadas benedictiones ad mat̃. debent variari sicut infra Oct. Assumptionis & natiuitatis eiusdem.

Alij affirmant quod per totum annum in ipsius commemoratione .iij. prime benedictiones tantum habende sunt absque variatione.[11]

[1]—[1] 'Ad horam ix. . . . *Elegit eam*': *omitt.* P3. P5.
[2] ℣ '*Dimissa sunt*' est ℣ post hymnum *O Maria noli flere* in die S. M. Magd. apud *Brev. Sar.* iii. 525. '*Adducentur*' vero est ℣ post hymnum *Jesu corona* in Nat. V. Mart. de Communi, *ibid.* ii. p. 448, et post *Ad Sacrum* in Communi unius Matronae non Sarum, ed. Seager, p. 165. Sed ℣. '*Elegit*' tam ad hymnum *Omnes fideles* in Praesentatione B. Mariae ii. p. 344, locum habet, quam ad hymnum *Felix Anna* iii. p. 554.
[3] precellat : C.
[4] In ordinale Sarum. magdalena habet . . . : P5.
[5]—[5] 'non sic . . . Clemens.' *omitt.* 1497, P3. P5.
[6] pasche : C. paschali : P5. [7] *Omit.* 'a': P3. P5. [8] dicantur : L.
[9] *Omit.* 'non' P5.
[10] quando fit plenum seruicium in commemoratione beate marie : C.
[11] De Benedictionibus in '*Alma Virgo*,' '*Christus Mariae*,' et '*Sancta Dei*' in commem. B. Mariae sine variatione dicendis vide *Brev. Sar.* i. in initio post kalendar., et ii. p. 461. Item *Defens. Directorii*, cap. 31.

❡ Responsio.   Semper dicantur tres prime.

[21.]  ❡ De memoria de Trinitate.

Item quando infra octa. Corporis Christi. propter prolixitatem temporis differtur dominica.

Quidam collegiati dicunt quod memoria de Trinitate similiter[1] differri debet. Ita quod nulla fiat memoria de Trinitate sicut nec de[2] dominica.

Sed alij experti in vsu Sarum dicunt quod quamuis dominica differatur. tamen oportet quod fiat memoria de Trinitate ad vesperas ad mat. & ad missam propter octa. diem.

Et si istorum assertio sit vera tamen male intitulatur. Ad vesperas ant. *Spes nostra.* & ad mat. *Libera nos.* Nam ex consequenti sequeretur quod antiphona. *O beata*) in dominica diceretur super psalmum (*Quicunque vult*)

Quod est expresse contra Ordinale Sarum.

❡ Responsio.   Quando differtur[3] dominica differatur memoria de Trinitate semper.

[Pericopas 22–24 omittunt edd. 1497–1508.]

[22.]  /❡ De fontibus in monasterijs.[4]          [fo. Aiiij.b.

Item in prioratibus monasterijs & collegijs de vsu Sarum vbi sunt fontes nec baptismus puerorum.   Nunquid consecratio fontis cum Letanijs & Prosa (*Rex sanctorum*) possunt[5] licite omitti secundum conscientiam.

Multi dicunt quod sic. quia fratres mendicantes. & canonici regulares. habent[6] consecrationem fontium.

& tamen cessante causa cessare debet & effectus.

(Vt quid fiat consecratio fontium vbi non est baptismus.)

Alij affirmant quod fiet fons qui non durabit nisi per octo dies.

quorum assertio videtur friuola.

Nam edificare fontes. & consecrare aquam nulli vsui aptandam eo quod nullus est baptisandus. videtur magna similatio. immo

---

[1] simul : L.    [2] *Omit.* 'de' P3.   *Omit.* 'nec' P5.    [3] differatur : P5.

[4] *Brevarium Ebor* (i. 407–8), *in die S. Pasche* habet rubricam hanc : 'ad processionem ad fontes in ecclesiis exterioribus scilicet simplicis parochie. Ant. Alleluya ter.' Caeremonias nihilominus de fontibus in monasterio exhibet *Officium Ecclesiasticum Abbatum secundum Usum Eveshamensis Monasterii,* ed. H. A. Wilson (ex cod. MS. cir. 1300), col. 93. Cf. notulam eiusdem editoris *ibid.* p. 200. Inter statuta *Collegii* Canonicorum, atque Militum ad inopiam uergentium, Beatae Mariae, et Sanctorum Georgii atque Eadwardi Confessoris *apud Windsor,* Saresbiriensis dioceseos, A.D. 1352 ordinatum est quod in capella "fons Baptismalis existat, compositus ornatu decenti, in quo Regum et Magnatum aliorum liberi, si ad hoc ipsorum accedat deuocio, valeant baptizari." (Cap. 36.)

[5] possint : *Caxton.*

[6] non habent : C.   Videas insuper in *Missali Westmonasteriensi (cir.* 1365), ed. J. Wickham Legg, col. 583.

quedam irrisio sacramentalium. et simulacrum irrisoriumque in
ecclesia Dei.

(Ista questio nondum soluitur.)

[23.] ❡ De capitulo in laudibus in vigilia epiphanie [5 Jan.
*E*.]

In vigilia epiphanie in laudibus. multi libri habent capitulum
*Apparuit gratia Dei*) Et sic scribitur in quodam ordinali.

❡ Alij affirmant quod in illa vigilia capitulum (*Apparuit
benignitas*) dicitur[1] in laudibus tantum. et hoc videtur mirabile.
quia capitulum quod habetur in laudibus solet dici ad terciam

❡ Responsio. *Apparuit benignitas*) dicitur in laudibus in
vigilia epiphanie secundum ordinale Sarum.[3]

[24.] ❡ De Annunciatione Marie[3] contingente. feria .ij. pasce
[25 Mar. *G.*, sub Lit. Dom. 1*F*.]

Item si festum Annunciationis in .ij. feria in hebdomada[4]
pasce contigerit. Quidam dicunt quod festum celebrabitur in
prima die mensis Aprilis.

Alij affirmant quod debet celebrari .xvj. die Aprilis. Sinautem
Dominica in albis. non habebit ij[s]. vesperas.

❡ Responsio. Festum celebrabitur quinto ydus Aprilis
absque vllo preiudicio. [9 April. vt in Pica Sarum sub 1*F*.]

---

[25.] ❡ De capitulo in die[5] sancte Agnetis ij°. [28 Jan. *G*.]

Multi dicunt quod in festo sancte Agnetis ij°. Ad vesperas
matutinas et ad terciam. dicitur capitulum *Dñe Deus meus.*

/Alij dicunt[6] quod non sed capitulum. *Confitebor.* quia [fo. A5.
Rubrica in illo festo dicit sic.

Ad .iij. vj. et .ix. omnia fiant sicut in alio festo.

❡ Responsio. Tamen in ij°. festo dicitur cap. *Dñe Deus
meus.*

Ecce quam manifeste dicunt contra ordinale Sarum.

[26.] ❡ De festis contingentibus in hebdomada penthe*costes.*
Si duo festa duplicia in hebdomada penthe*costes* contigerint[7]
Nunquam possunt celebrari in .iij. et .iiij. feria post festum
Sancte Trinitatis cum singulis ves*per*is.[8]

Quidam dicunt quod sic quia in tali casu sufficit quod duplex
festum habeat primas ves*peras.*

. Sed alij dicunt quod non possunt ibidem celebrari. quia
Rubrica Sarum dicit.

vbi conuenientius possunt celebrari debent differri. scilicet[9] vbi
habere possunt vtrasque vesperas.

---

[1] diceretur : C.          [3] Cf. *Defens. Direct.* cap. 23.
[3] *Omitt.* 'Marie': C.          [4] secunda feria ebdomade : C.
[5] in festo : C.          [6] *Omit.* 'dicunt' P5.          [7] contingerint : P5.
[8] Ỹis : 1495 ; ves*per*is : L. P3 (diserte).          [9] sed : P5.

D 2

Sed istud dictum videtur inconueniens. scilicet differri[1] festum duplex vsque post duas hebdomadas quando potest celebrari infra octo dies.

℩ Responsio. Si duo festa duplicia ibi contingant. Primum celebretur in .iij. feria post Trinitatem. Et aliud festum celebretur in aliqua hebdomada sequente[2] cum vtrisque vesperis. non obstantibus octa. cum regimine chori.

Nam quando festum maius duplex differtur vltra crastinum. semper debet differri vbi poterit habere vesp. vtrasque.[2] quamuis post duas hebdomadas.

[27.] ℩ De memoria festi trium lectionum cum memoria beate Marie.

Si duplex festum in .iij. feria post Trinitatem celebretur. tunc ad ij[s]. vesp. post memoriam de sancta Maria. scilicet *Sub tuam.* Nunquid potest fieri memoria de festo trium lectionum. & de octa. Trinitatis. an non.

Quidam dicunt quod talis memoria erit solennis propter memoriam beate Marie.

Alij dicunt quod fiet sub silentio cum memoria de octa.

℩ Responsio. Memoria de festo trium lec. & de octa. erunt sub silentio.

[28.] Si medie lectiones fiant vbi festum scī Hugonis est duplex [17 Nov. *F.*].

Quidam dicunt quod medie lec. erunt de sancto Aniano sicut habetur exemplum in /exaltatione sancte Crucis.      [fo. A5.b.

Alij affirmant quod nihil fiat de sancto Aniano nisi memoria tantum sub silentio. cum memoria de octa sancti Martini.

℩ Responsio. Isti verum dicunt quod nunquam fiant medie lectiones. si sit festum duplex.

[29.] ℩ Differentia[4] inter festum principale & maius duplex.

Item si aliqua differentia in ecclesia Sarum inter principale festum[5] et maius duplex.

Vel equalis cerimonia habenda est in vno que[6] nō in alio.

℩ Responsio. In festis principalibus quatuor erunt rectores chori[7] de superiori gradu. Sed in maioribus duplicibus duo principales rectores de superiori gradu. & alij duo de inferioribus.[8]

[30.] ℩ De thurificatione chori a dyacono.[9]

Dyaconus thurificans altare debet thurificare medium altaris non cornua secundum vsum Sarum.

---

[1] videlicet differre : C.
[2] ebdomade sequentis : C.
[3] utrasque vesperas : C.
[4] Differentia est : P5.
[5] festum principale : 1501. (De divisione festorum vide *Brev. Sar.* ii. p. xxi.)
[6] 'q̄': P3.
[7] quatuor rectores chori erunt : C.
[8] de ferioribus P3.
[9] dyabolo : P5.

sed quot[1] iactus dubitatur.
aliqui[2] dicunt .vij.
quidam .xij.[3]
[31.] ❧ De epistola sancti[4] Clementis [23 Nov. *E.*].
In festo sancti Clementis in ecclesia Sarum. legitur sic in epistola [*Ad Philippens*, iv. 2.]
(*Adiuua illos qui mecum laborauerunt*)
et tamen dicunt quod[5] vera littera in biblia est (*Adiuua illas que mecum*[6]) et refertur ad duas mulieres. scilicet Euchodiam et Sinticen) que erant due matrone ministrantes Paulo et Clementi necessaria quando predicabant.[7]
❧ Responsio. vera est littera *illos*[8] et *qui*.
[32.] ❧ De Collectis in exequijs mortuorum.
In die sepulture quorumcunque, siue regis siue cardinalis in exequijs[9] dicuntur .iiij. collecte, & in missa .v. secundum vsum Sarum
[33.] Pax non detur[10] in missis pro defunctis.
Sacerdos celebrans pro defunctis non debet post (*Agnus Dei*) pacem ab altari accipere. nec a calice secundum vsum Sarum.
[34.] ❧ De terminatione collecte de Trinitate.
Oratio de Trinitate secundum regulas determinatas. debet terminari cum (*In qua viuis*)
Tamen multi dicunt quod in ecclesia Sarum terminatur cum (*Qui vivis*).[11]
/Et si sic detur *causa* si placet. [fo. A6.
❧ Responsio. Regule tractantes de terminationibus orationum causantur[12] in ordinali nostro. sed Rationale diuinorum in tractatu de conclusionibus 'orationum. dicit quod oratio directa ad Patrem habita mensione de Trinitate. vt in oratione predicta (*Omnipotens sempiterne Deus qui dedisti*) terminatur cum (*Qui viuis et regnas Deus*)
Et oratio directa ad Patrem habita mensione de Filio. in fine ⁹concluditur cum (*Per eundem.* siue. *Qui tecum*) vt in oratione. *Famulorum tuorum.*[13]
[35.] ❧ De Sequentia octa. Corporis Christi.

---

[1] quod : P5.  [2] quidam : C.  [3] 'ix': P3. P5.  [4] in die sancti : C.
[5] quam : P5.
[6] In *Missali Sar.* p. 977. Lectio vulgata est 'eas quae': 'illas que' *Missale Sar.* edd. *Lond. et Venet.* 1504 ; 'eos qui' *edd.* 1497, '98, 1526.
[7] mecum etc. : P5.  [8] illo : P5.
[9] exexquiis : 1495.  [10] non dicitur : C.
[11] 'Qui viuis' *Missale Sar.* anni 1515, &c. Sed 'In qua' *edd.* 1494, '97, 1508 (Morin. Rotomag.).
[12] cassantur : C.
[13]—[13] ut in oratione Famulorum tuorum concluditur cum Per eundem siue cum Qui tecum. : C.; *Missale Sarum*, pp. 458-460. 'concluditur *Qui tecum*': P3. P5. (*omittendo* 'cum *Per eundem.* siue.' et 'vt . . . tuorum.')

Quotidie infra octa. et in oct. dicitur Sequentia. *Ecce panis angelorum.* non ex ordinali. sed ex consuetudine.

[Pericopas 36–38 omnino non penitus omitt. 1497–1508.]¹

[36.] ❡ De repetitione lectionum et sequentiarum de sancta Maria post oct. Assumptionis [post 22 Aug.].

Semper reincipiantur lec. et Sequentie de commemoratione beate Marie.

Similiter post oct. Nat[iuitati]s eiusdem [post 15 Sept.].

[37.] ❡ De memoria fienda de dominica in festis duplicibus. in .ij. feria. contingentibus.

Si aliquod festum duplex festum per estatem in .ij. feria contigerit. nunquam memoria de dominica erit solennis. preterquam in Exaltatione sancte Crucis. [14 Sept. *E.* sub lit. dom. *D.*]

❡ Responsio. Nos dicimus quod non. Sed in omnibus festis duplicibus per estatem in .ij. feria. contingentibus. fiat priuatim memoria de dominica. nisi quando vigilia sancti Bartholomei in dominica euenerit [23 Aug. *D.*]. tunc ad primas vesperas de apostolo fiat solennis memoria de dominica.

Et ratio est quod² illa dominica caret vtrisque vesperis.

[38.] ❡ De Responsorijs tempore⁸ Pasce.

Si in dominica post pasca fiat seruicium de dominica & in illis tribus hebdomadis non vacat nisi vna sola feria. Nunquid in illa feria Responsoria de .iij. feria. debeant cantari. vel debeant omitti propter vnum ℟. repetendum.

❡ Responsio. Nos dicimus quod ℟. de .ij. feria debent complete cantari antequam inchoetur ℟. de .iij. feria.

⁴(Nota *ordinem Responsoriorum*)⁴ Nam in hoc tempore ordo Responsoriorum ferialium et non feriarum restat omnino seruandus

⸝Si enim dicerentur Responsoria de .iij. feria ante- [fo. A6.b. quam Responsoria de .ij. feria complerentur. tunc ordo Responsoriorum minime seruaretur.

---

[39.] ❡ De octa. Trinitatis.

❡ Si festa sanctorum Ricardi [16 Jun. 5*F.*] vel Dunstani [19 Mai. 1*F.*] in festo sancte Trinitatis contigerint. & differantur in crastinum Nunquid⁵ medie lectiones erunt de oct. Trinitatis an non.

---

¹ Editiones Pynsonianae quae §§ 36–38 omittunt, habent tamen (loco, ut videtur sectionis 37ᵐᵃᵉ) haec verba interposita : "nota quod si aliquod duplex festum per Estatem in ii. feria contigerit, nunquam memoria de dominica erit solennis, sed sub silentio." (1497–1508.)
² quia : C. ⁸ in tempore : C.
⁴—⁴ *omitt.* C. ⁴ Nunquit : C.

Regula Sarum dicit[1] quod totum erit de festo ergo non fient medie[2] lectiones.

❡ Responsio. Absque dubio quando huiusmodi festa[3] transferuntur. medie lectiones fiant de octa Trinitatis.[4] quia *totum* hic[5] non sumitur hic pro *totalitate* sed pro *principali parte.* sicut sumitur sepe in sacra scriptura.

Similiter fiat de sancto Barnaba [11 Jun. 4*A.*]. et de S. Albano [17 Jun. 5*G.*] quando infra oct. predictas contigerint.[6]

[Duo sequentes pericopas omitt. 1497–1508.]

[40.] ❡ De versu *Qui sedes.*[7]

Clerici ecclesie Sarum dicunt quod maioris meriti est dicere infra octa. Corporis Christi ℣. *Qui sedes ad dexteram*) faciendo mentionem de Christi deitate in qua est patri equalis & immortalis. quam dicere (*Qui de virgine*) habendo memoriam de eius incarnatione. in qua est factus passibilis[8] & mortalis.

❡ Responsio. Si predicta assertio sit vera. tunc ipsi testimonium perhibent sibimetipsis. quod totiens[9] peccant in anno omittendo maius meritum pro minori· quotiens cantent ℣. *Qui de virgine.*

Veruntamen frustra iacitur rethe ante pedes pennatorum. [*Proverb.* i. 17.]

[41.] ❡ De festo contingente in sabbato[10] cum regimine chori.

Quod si festum sancti Barnabe [11 Jun. 3*B.*] vel sancti Ricardi [16 Jun. 4*G.*] in sabbato infra octa. Corporis Christi contigerint.[11] Nunquam tale festum habebit vtrasque vesperas. et memoriam tantum de dominica.

❡ Responsio. Certum est quod vespere erunt de dominica infra octa. & memoria de huiusmodi festo. Nisi tale festum fuerit quod non habet primas vesperas.

❡ Similiter si festum sancti Dyonisij [9 Oct. *B.* sub lit. dom. *C.*] vel sancti Martini [11 Nov. *G.* sub lit. dom. *A.*] in sabbato infra octa. dedicationis contigerit. vespere erunt de dominica & memoria de festo.

---

[42.] /❡ De cantu hymni (*Te lucis*). [fo. A7.

Quidam dicunt quod in vigilia sči Leonis pape [27 Jun. *C.*] ad completorium dicetur cantus ferialis super hymnum· eo quod in crastino habetur nocturnus.

---

[1] sic[t] : P5.  
[2] medidie : P3.  
[3] feste : P5. (*sic.*)  
[4] sancte Trinitatis : C.  
[5] sic : P3.  
[6] quando infra oct. contigerit.: P5.  
[7] ℣. *Qui sedes* est in precibus ad Primam, ut in *Brev. Sar.* ii. p. 51.  
[8] factus est passibilis : C.  
[9] totius : *Caxton.*  
[10] *add.* infra octauas : C.  
[11] contingerint : *Caxton.*

Alij dicunt quod non. sed cantus dominicalis ob reuerentiam octauarum.

❡ Responsio. Certum est quod semper habeatur cantus dominicalis in ecclesia Sarum.

---

[43.][1] ❡ De contingentibus in dominicís Aduentus Domini &c.

Quodcumque festum in .ij. dominica .iij. vel .iiij. Aduentus Domini contigerit. differatur in crastinum.

(Nisi sit[2] festum dedicationis vel festum loci.)

I[s]ta[8] duo festa non debent differri. nisi quando contingunt in prima dominica Aduentus.[4] vel in dominica in Passione Domini &[8] Palmarum. &[5] dominica in Albis.[6] vel in dominica sancte Trinitatis. vel in dominica Reliquiarum.[7]

[44.] ❡ De antiphona. *Aue Maria.* [*Brev. Sar.* i. p. lx.]

(*Aue Maria*) dicitur ad memoriam de sancta Maria. in omnibus dominicis & in festis .ix. lec. per Aduentum ad [primas][8] vesperas tantum.

Similiter ad primas vesperas ['in commemoracione' *R.*] Festi Loci. & quando cantatur primum O.

[45.] ❡ De memorijs omittendis. [*Brev. Sar.* i. p. lxii.]

Ad vesperas et ad[9] matutinas de sancta Maria per totum annum non dicitur memoria de Omnibus Sanctis. quando dicta memoria habetur ad vesperas et ad matutinas de die.

Similiter fiat de festo loci. & per totam hebdomadam Penthecostes. non[10] dicitur memoria de Sancto Spiritu ad vesperas. seu ['ad' *R.* P5.] matutinas de sancta Maria.

❡ De quotidianis vesperis et matutinis de sancta Maria.

---

[1] Per lineas hic transuersas locum designauimus ubi expliciunt *Responsa Canonicorum Sarum.* Ex eodem loco exordium capiunt *excerpta quaedam Johannis Raynton* (Mri Thomae Gascoygne gratia confecta). Illius *articuli* (in codice MS. Brit. Mus. Add. 25, 456, fo. 95[a]) ita intitulantur :

*UENERABILI Doctori et Reuerendissimo patri Magistro thome: G: sequentes rubrice verissime de Ordinali Sarum excerpte tradantur propter declaracionem sue consciencie et ad destruccionem falsarum rubricarum que in libris ponuntur valde diffuse.*

Quodcunque festum in dominica ij, iij, vel iiij Adventus Domini contigerit differatur in crastinum. . . .

[2] fuerit : R = *Raynton.*
[3] Ita duo : ed. W. de Worde 1495, P3. P5. Ista : *Caxton,* 1487. Leeu, 1488. R.
[4] aduentu : P3. Aduentus domini : C. dñica prima aduentus dñi : R.
[5] vel : R.          [6] in albs : 1495.
[7] Dominicam sancte Trinitatis *in loco ultimo posuit* Raynton.
[8] 'primas' *habent* : R. P3. P5.          [9] *Omit.* 'ad' P3. P5.
[10] dõ : P3. dum : P5.

Quotidie per annum.[1] siue[2] in choro siue extra chorum dicuntur vespere et matutine de sancta Maria. absque vlla exceptione secundum Ordinale.

[3]Multi libri tenent contrarium et false.[3]

[46.] ⸿ De lectione in capitulo.

Quotidie per totum annum. nisi duobus diebus ['proximis' R.] ante Pascha post (*Preciosa est*) legatur in capitulo vna lectio de sancto[4] Haymone & semper cum ista benedictione. tam ['in'] duplicibus quam ['in'] pro festis diebus. *Omnipotens Dominus sua gratia nos benedicat*

Nunquam ['enim' R.] legatur lectio alia[5] in capitulo nisi de sancto[4] Haymone /Preter quam[5] per Octa. Assump- [fo. A7.b. tionis et Natiuitatis beate Marie secundum Ordinale.

[3]Multi libri dicunt contrarium sed false.[3]

[47.] ⸿ Quattuor dicantur Collecte tam ad (*Placebo*) quam ad *Dirige*).

⸿ Sciendum[7] quod quandocunque corpus est[8] presens. licet fuerit pro episcopo vel rege vel[9] regina. aut aliquo magnate semper dicantur quattuor collecte[10] tam ad (*Placebo*) quam ad *Dirige*).

Nota hoc verbum *licet*.[11]

[48.] ⸿ De thurificatione corporis defuncti.

Sciendum est. quod in obsequijs pro corpore presenti non incensatur corpus ad *Magnificat*. nec[12] ad *Benedictus*. nisi fuerit corpus regis. episcopi. comitis vel[13] baronis secundum Ordinale.

Sed quando corpus ad ecclesiam deportatur. tunc ad portam cimiterij[14] aqua benedicta aspergatur & incensetur.

[49.] ⸿ Regula[15] pro choro.

Sciendum est quod in commemoratione beate Marie ['virginis' R.]· & festi loci & in omnibus ferijs infra octa. cum regimine chori. videlicet Epiphanie [Jan. 7–12]. Ascensionis. Dedicationis· Corporis Christi.[16] Festi Jesu [Aug. 8–14], Visitationis[16] [Jul. 3–9], Assumptionis [Aug. 16–22] & Natiuitatis [Sept. 10–15] beate Marie. ad vesperas & omnes alias horas de die. seruetur [17]modus minorum festorum[17] simplicium .ix. lectionum cum regimine chori.

---

[1] Cf. *Brev. Sar.* i. p. xxxiv. '*quotidie per totum annum*' &c. Et *Raynton* similiter.

[2] seu : C.  [3—3] *Omit.* R.  [4] *Omitt.* 'sancto': C.

[5] alia lectio : C.  [6] nisi : R.

[7] Sciendum est : C. R.  [8] adest : R.

[9] aut : C. R.  [10] oraciones : R.

[11] Verbum '*nisi*' in quibusdam libris inveniebatur quod 'pervertit totum sensum Ordinalis, et facit infinitos errare' *Defens. Direct.* cap. 7. 'Multi libri habent *nisi pro episcopis*, et hoc falsum est: R. *marg.*

[12] neque : C. et *Bened.*: R.  [13] aut : B.  [14] cimitorii : R. cymiterij : P5.

[15] Rgula : P5 (*sic*).  [16—16] *Omitt.* Festi Iesu *et* Visitationis : C. R.

[17—17] modus festorum : P3. P5.

[50.]   ¶ De impedimento commemorationis beate Marie in sabbato fiende.[1]

Si festa sanctorum Johannis et Pauli [26 Jun. *C.*][2]. Bricij [31 Nov. *C.*]. vel .xj. milium[3] virginum [21 Octob. *A.*] in sabbato contingent.[4] ibi celebrentur.   Et commemoratio beate Marie in aliqua alia feria illius hebdomade celebretur.

[51.]   ¶ De *Benedicamus Domino* cum *alleluya.*

Nota quod per totum annum nunquam dicitur *Benedicamus* cum *Alleluya*. nisi in tempore pascali[5] tantum.

[6]In festis duplicibus. & quando Inuitatorium est triplex. tunc vnum *Benedicamus* tantum.[6]    Et in tribus diebus[7] ['in ebdo.' *R.*] Natiuitatis Domini qui sunt extra regulam.   Et etiam in die Epiphanie. tunc dicitur *Benedicamus*[8] cum cantu ℣. *Balaam.*[9] qui est septimus ℣. Sequentie illius[10] diei.

[52.]   ¶ De Responsionibus versiculorum.          [fo. A8.

Sciendum[11] quod sicut in hebdomada Natiuitatis Domini ad ℟. super horas dicitur *Alleluya.*

In responsionibus tamen[12] versiculorum quorumcunque extra tempus pasce non dicitur *alleluya*. nisi ad[13] (*Verbum caro*) & nisi ad[13] (*Dominus regnauit*) in dominicis. [*Brev.* ii. p. 34.]

[53.]   ¶ De versiculis et[14] Responsorijs ad medias lectiones.

Sequens regula ponitur tam per[15] octa. cum regimine chori quam sine regimine chori. scilicet[16] de Responsorijs habendis vt[17] scribitur in die sancti Syluestri pape [31 Dec. *A.*].[18]

Quandocunque enim fiant medie lectiones de temporali siue de festis sanctorum. semper a versiculo medij nocturni incipiatur[19] huiusmodi seruicium. donec idem perficiatur nocturnus. et hoc ab vna dominica in aliam obseruetur.   Ita tamen quod semper in dominica quando fiunt medie lectiones dicuntur[20] Versiculi et Responsoria de primo nocturno. nisi propria ℟. habeantur. et nisi in Exaltatione sancte Crucis [14 Sept. *E.*]. et nisi infra octa. alicuius festi.[21]   Nam tunc dicuntur[22] ℣. et ℟. secundum ordinem nocturnorum. quotidie infra octa. et etiam in dominica vsque ad octauam diem.

---

[1] fiendi. : P5.          [2] *add* ypoliti : C. R.          [3] milia : C. R.
[4] contigerint : R.     [5] pasce : R.     [6—6] *Omitt.* C.     [7] *Omit.* 'diebus' P5.
[8] '*cum* Alleluia *ad vtrasque vesperas et ad matutinas*' Grad. Sarum, *Missale*, p. 86.   Vide etiam *Defens. Direct.* cap. 53.
[9] versus de *Balaam* : R.          [10] istius : R.   *Omit.* 'diei' P5.
[11] Sciendum est : C.          [12] tamen in Responsorijs : R.
[13] ad versiculum : R.          [14] versiculo cum : P5.
[15] Sequentes regule ponuntur tam pro : R.          [16] videlicet : C. R.
[17] et : R.          [18] Vide *Brev. Sar.* in Temporali, i. p. cclxxvii.
[19] primo nocturni est inchoandum : R.
[20] lectiones medie dicantur : C.
[21] *festi sine regimine chori* : Brev. Sar. 1531.   *Et tunc semper reincipiatur Hystoria* : Brev. 1531.
[22] dicantur : L.

❡ Si aliquod festum trium lectionum vnius Confessoris et Pontificis. de quo fieri debeant medie lectiones in dominica. et festum vnius Confessoris et Abbatis in aliqua[1] feria ipsius hebdomade contigerit. tunc in secundo festo. dicuntur[2] ℣. et ℞ia de primo nocturno (falsi libri habent *de* secundo *nocturno*) vt non omittantur duo ℞ia primi nocturni prius non dicta. propter vnum ℞. [3]eiusdem nocturni[3] prius dictum.

❡ Similiter fiat quando [3]aliquod[3] festum trium lectionum Plurimorum Martyrum. et festum trium lectionum Plurimorum Confessorum in vna hebdomada contigerint.[4]

Similiter fiat quando festum trium lectionum vnius Martyris et festum trium lectionum vnius Confessoris et Abbatis in eadem hebdomada contigerit.

❡ Si festum[5] vnius Confessoris ['et pontificis' *R.*] et festum vnius Martyris ['trium lec.' *R.*] et subsequent.[6] festum vnius ['confessoris et' *R.*] Abbatis trium lectionum in vna et eadem hebdomada contigerit. tunc in festo Abbatis dicuntur Responsoria de ij°. nocturno vnius Abbatis. Ne duo Responsoria prius dicta repetantur propter vnum. ℞. minime dictum.

/❡ [7]Vera regula Sarum. et patet expresse quando [fo. A8.b. oct. Epiphanie in ij.[8] feria contingunt.[7] [Lit. Dom. *F.*]

Quotiens in festo alicuius Confessoris et Pontificis fiunt medie lectiones de vno Abbate. vel[9] in festo vnius Abbatis de vno Martyre. tunc semper ne vnicum[10] ℞. in eisdem matutinis repetatur. dicuntur[11] ℞ia de ij°. nocturno sancti cuius sunt medie lectiones.

[54.] ❡ Regula specialis pro quibusdam festis qualiter ℣. et ℞ia dicuntur.

Si festum sanctorum Iohannis et Pauli [26 Jun. *B.*] in dominica euenerit fiant medie lectiones de sc̄o Iohanne baptista cum duobus primis responsorijs et vno feriali. scilicet (*Priusquam te*).

[55.] ❡ Si festum sancti Ypoliti [13 Aug. *A.*] in dominica euenerit. fiant medie lectiones[12] de Octa. Jesu.[13] et memoria de sancto Laurentio tantum.

---

[1] alia : R.
[2] dicantur : L. Raynton *dicit tantum* 'nisi propria habeantur, et in exaltacione sancte crucis. et nisi infra oct.' et in dominica vsque in octauum diem.' *addendo in margine* 'ffalsi libri habent *de ij̄ nocturno.*'
[3]—[3] *Omit* R.      [4] contigerit : L.
[5] Si aliquod : R. (*omit* 'festum').
[6] subseqñtj : 1495 ; sub sequentis : P3.; subsequentis : C. subsequenter : R.
[7]—[7] *Omit.* R.      [8] in .iij. feria : P3.
[9] et : R.      [10] vicium : P5.      [11] dicantur : L.
[12] de sancto Laurentio cum duobus primis Responsoriis et Responsorio O ypolite. Similiter fiat quando tercia dies a festo sancti Laurencii dominica fuerit : *Caxton* et *Raynton* (*Et mox omittuntur pericopae* 56–58).
[13] de octa. nominis Iesu : P3. de sancto Laurencio : R.

[Sequentem pericopen omittunt edd. 1497-1508.]

[56.] ⁌ Sed quando tercia dies a festo sc̄i Laurentij dominica fuerit. tunc erunt medie lectiones de sc̄o Laurentio cum ℣. et duobus primis Responsorijs de j°. nocturno. et sextum ℞. erit (*O Ypolite*).

---

[57.] ⁌ Nota quando Vigilia sancti Laurentij extra dominicam euenerit. tunc dicatur missa de Octa. Iesu post terciam. cum memoria de sancto Romano. Et post sextam dicatur missa de Vigilia. Vtraque ad principale altare.

⁌ Quando Vigilia sc̄i Laurentij in dominica euenerit [9 Aug. *D.*] tunc dicatur missa[1] de vigilia in capitulo cum memoria de sancto Romano. Et in summa missa de octa.[2] Iesu fiat memoria de dominica et de Trinitate. Nihil de sancto Romano. Et tunc in feria quarta[3] sequenti dicatur missa dominicalis in capitulo.

[58.] ⁌ Item quando vigilia Assumptionis beate Marie extra dominicam euenerit. [14 Aug. Litt. Dom. *A, C, D—G.*] tunc dicatur missa de octa. Iesu post terciam cum memorijs de sanctis Eusebio et Laurentio. Et post sextam dicatur missa de vigilia. Vtraque ad principale altare.

⁌ Quando vigilia Assumptionis Marie in dominica euenerit. [14 Aug. Lit. Dom. *B.*] tunc dicatur missa de vigilia in capitulo. cum memorijs de sanctis Eusebio et Laurentio. Et in summa /missa de octa. Iesu. fiat memoria de dominica. et de [fo. Bj. Trinitate. Nihil de sanctis Eusebio et Laurentio. Et tunc in tercia feria proxima sequenti dicatur missa dominicalis in capitulo.

[59.] ⁌ Item in Exaltatione sancte Crucis [14 Sept.] semper ad medias lectiones dicantur versiculi v Responsoria[4] de secundo nocturno.

[60.] ⁌ In festo sancti Egidij abbatis. [1 Sept.] quando fiunt medie lectiones de sancto Prisco. semper dicuntur ℣. et ℞ia de ij°. nocturno propter ℞. *Iustus germinabit*[5]) prius dictum in eisdem matutinis.

[61.] ⁌ Similiter quando festum sancti Cuthberti a prima dominica mensis Septembris [4 Sep. *B.*] transfertur in [*C.*] secundam feriam tunc ad medias[6] lectiones de sancto Bertino

[1] dicantur ℣. et ℞ia : L.           [2] octo : P3.

[3] quarta feria : P3. P5.

[4] *Legendum videtur* versiculi et Responsoria.—versiculi ℞ia : P3. versiculi et : P5. fiat versic' et ℣ia : *Raynton* (*qui et* 'med. lec' *addit in margine paullo superius*).

[5] *Brev. Sar.* i. p. 374, *de Communi unius Martyris.*

[6] medie : P3.

dicuntur ['versi et.' R.] Responsoria de ij°. nocturno propter ℞. *Euge serue* [*Brev.* i. p. 374]) prius in eisdem matutinis dictum.

[62.] ❡ De euangelio infra octa. Epiphanie.[1]

❡ Si dies dominicus infra octa. Epiphanie non euenerit. [Feb. 7, G—12, E.] tunc in quarta feria infra oct. legatur. euangelium (*Vidit Iohannes Iesum*) ['cum exposicione' R.][2]

[63.] ❡ In octaua die. Octaue cum regimine chori. Secunde vespere erunt de ipsis oct.

❡ Sciendum est quod in octa. Epiphanie Ascensionis et Corporis Christi. vbi fiunt octa. cum regimine chori. et Visitationis,[3] Assumptionis, et Natiuitatis beate Marie. et Dedicationis ecclesie. Vltime vespere semper erunt de octauis. Licet in crastino noua historia vel festum .ix. lectionum contingat.[4]

Nisi tale festum .ix. lectionum fuerit quod ijs. vesperas habere non poterit.

[64.] ❡ Nota istud. quod vespere[5] in sabbato erunt de dominica

❡ Si in aliquo sabbato a (*Domine ne in ira*) vsque ad Passionem Domini. Vel ab octa Pasce vsque ad Ascensionem Domini[6] Vel a festo sancte Trinitatis vsque ad Aduentum Domini. aliquod festum simplex .ix. lectionum euenerit. vespere erunt[7] de Dominica et memoria de festo (*Nisi tale festum fuerit quod in .vi. feria precedenti suas vesperas habere non poterat*).

[65.] ❡ Inter octa. Epiphanie et Septuagesimam dicitur *tempus breue.* quando sunt /Vna dominica vel due domi-[fo. Bj. b. nice aut nulla dominica

(*Equale*) quando sunt tres dominice

(*Prolixum*) quando sunt quatuor vel quinque dominice.

❡ De missis dominicalibus ab octa. Epiphanie vsque ad Septuagesimam.

❡ Si tempus breue fuerit inter octa. Epiphanie et Septuagesimam. tunc differatur festum sanctorum Fabiani et Sebastiani [a 20 Jan. F.] vsque in crastinum Vincentij[8] [23 Jan. B.].

❡ Similiter fiat de sancto Wulstano.[9] [19 Jan. E.] si inter predictas octa. et Septuagesimam vna tantum dominica euenerit.[10] totum seruicium fiat de dominica. et memoria tantum de festo trium lectionum ibidem contingente. In sequentibus

---

[1] titulum de margine, scilicet '*De Epiphania,*' omittit R.

[2] Cf. *Missale Sarum* pp. 87, 88.

[3] *Omitt.* 'et Visitationis C. R. (*Ceteris festivitatibus in hoc loco festum* '*Corporis Christi*' *postposuit* Raynton.)

[4] contigent : L. R.

[5] Nota istud nisi. Quot vespere : C. (*rubricellam, ut saepius, omittit* Raynton). [6] *Omitt.* 'Domini': C.

[7] fiant : R.  [8] Sancti Vincentii : C. R.  [9] vulstano : P5.

[10] Una tantum Dominica est inter Oct. Epiph. et Septuag. in his annis, viz.: 1G. 1A. 1B. 1C. 2D. 2E. 2F.

vero ferijs[1] nihil fiat de feriali seruicio[2]. sed de sanctis vsque ad missam tantum. Et ad missam (que erit de dominica) fiat memoria de festo. Ita quod due misse. scilicet (*Omnis terra* et *Adorate*) in eisdem ferijs cantentur.

⁋ Si vero inter predictas octa. et Septuagesimam nulla dies dominica euenerit [hoc est sub 1*D.* 1*E.* 1*F.*] tunc dominica infra oc. vel in octa. (si dominica fuerit) fiat memoria ad vtrasque vesperas ['et ad' *R.*] matutinas et ad missam. de historia (*Domine ne in ira.* In medijs ferijs fiat feriale[3] seruicium. et nihil de historia dominicali. Et tunc nihil fiat de festis trium lectionum preter memoriam ad[4] vesperas et matutinas de sancta Maria. Et in illis ferijs cantentur tres misse que habent propria officia. Sed tamen Oratio[5] prime dominice scilicet (*Vota quesumus, Domine*) dicatur[6] in illis ferijs ad matutinas et ad omnes[7] horas.

⁋ Si tempus prolixum fuerit. tunc in medijs dominicis · quandocunque[8] festum trium lectionum ibi contigerit. semper fiat [9]memoria et[9] medie lectiones. nisi de sancto Iuliano[10] episcopo tantum · [27 Jan.] secundum vsum Sarum.

[66.] ⁋ De memoria ad quotidianas vesperas et matutinas de sancta Maria

Ad vesperas quotidianas de sancta Maria a[11] (*Domine ne in ira*) vsque ad diem Pasce. Et a festo sancte Trinitatis vsque /ad Aduentum Domini. quando de Omnibus Sanctis fit [fo. Bij. memoria[12] semper dicatur ista Antiphona. *Sancti Dei omnes*[13] cum ℣. *Letamini in Domino* et oratione. *Infirmitatem.* Et ad matutinas quotidianas de sancta Maria semper dicatur ['ista' *R.*] Antiphona. *Exultabunt.* cum ℣. *Mirabilis Deus.* et Oratione *Omnium sanctorum tuorum.*[14]

[67.] ⁋ Quando vero ad vesperas seu ad matutinas de die fit memoria de Omnibus Sanctis, tunc [15]ad matutinas Collecte. et ad vesperas[15] tam Antiphone quam Collecte debent variari. prout ostendetur[16] in ferijs post (*Domine ne in ira*) et *Deus omnium.*

Nulla enim festa ['sanctorum' *R.*] trium lectionum sine regimine chori suas habent ij[s] vesperas. sed nec ['etiam' *R.*] memoriam loco secundarum vesperarum.

[68.] ⁋ De aliquo festo contingente in [17]dominica Septuagesime vel[17] Sexagesime aut[18] quinquagesime.

---

[1] *Omit.* R.   [2] seruicio feriali : A.
[3] equale : R.   [4] et : P3. P5.
[5] cum Oracione : R.   [6] et dicatur : R.   [7] alias : R.
[8] quodcunque : R.   [9]—[9] *Omit.* R.
[10] Spatium pusillum, pro nomine sancti nunquam inserti, vacuum reliquit Raynton in codice MS. Add. 25, 456.
[11] ān.: P3. P5.   [12] fiet memo : R.   [13] Cf. *Brev. Sar.* ii. p. 94.
[14] *Ibid.* ii. p. 93.   [15]—[15] tam ad vesp. quam ad mat. : R.
[16] ostenditur : C. prout liber ostendit : R.
[17]—[17] *Omitt.* 'vel' : C. de : P3. P5.   [18] vel : C.

❡ Quodcunque festum siue duplex siue simplex .ix. lectionum in dominica .lxx^e. lx^e.† aut[1] quinquagesi^e contigerit differatur ['in crastinum' *R.*] (nisi festum Purificationis[2] [2 Feb. 1*E*. 2*E*. 3*E*.]. Dedicationis ecclesie. et Festum loci.

Ista tria festa non debent differri[3]

❡ Si aliquod istorum in aliqua istarum trium dominicarum contigerit.[4] nihil fiat de dominica nisi memoria tantum ad vtrasque vesperas matutinas. et ad missam.

Tamen sine (*Te Deum.* et sine *Alleluya*). Et historia dominicalis per hebdomadam cantetur.

[69.] ❡ De festo sancte Agathe virginis.[5] [5 Feb. *A*.]

❡ Si festum sancte Agathe in dominica Septuagesime vel Sexagesime contigerit [hoc est sub 3*A*. vel 2*A*.] differatur in terciam feriam sequentem.

Si vero in dominica Quinquagesime contigerit. differatur in secundam feriam.

Et fiat ['tunc' *R*.] tantum memoria de [Vedasto et Amando] confessoribus.

Et in .iij. feria fiat commemoratio beate Marie.

Ista regula est vera et raro inuenitur.

[70.] ❡ De festis trium lectionum infra Septuagesimam contingentibus.

Quodcumque festum trium lectionum ab hac dominica vsque ad Caput Jejunij contigerit. totum seruicium fiat de festo[6] cum nocturno. et nulla memoria.

[71.] ❡ De festo trium lectionum in. quarta feria in Capite Jeiunij contingente.

/❡ Si in die Cinerum[7] aliquod festum trium lectionum [fo. Bij.b. forte[8] contigerit. [9]nulla de eo fiat memoria ad vesperas de die[9] in .iij. feria precedenti[10] Sed ad vesperas et[11] matutinas de sancta Maria[12] a .iiij. feria in capite[13] ieiunij vsque in crastinum Oct. Pasce. nec seruicium fiat de festis trium lectionum. neque memoria nisi ad vesperas et[14] matutinas de sancta Maria. que precedet memoriam de sancto Spiritu.

[15]Similiter fiat ad missam de eadem.[15]

[72.] ❡ Feria .iiij. in Capite Ieiunij[16] ante missam post

---

[1] xl^e aut : *ed.* 1495. lx^e vel : R.   [2] Purificac' beate marie : R.
[3] non habent differri : C.
[4] Si aliquod istorum sanctorum in dominica lxx^e. lx^e. vel l^e. euenerit : R.
[5] *Omit.* 'virginis': L.
[6] sancto : Raynton, qui et rubricellam exhibet, '*Feria iiij. in capite Ieiunij.*'   [7] cynerum : P5.
[8] *Omit.* R.
[9]—[9] nulla fiet memo. de ipso ad vesp. vel ad mat. de die.: R.
[10] precedente : C.   [11] et ad : C. P3. P5.
[12] de die.: R.   [13] api^e : *ed.* 1495.   [14] et ad : C. R.
[15]—[15] *Omitt.* P3. P5.   [16] Vide *Missale Sar.* pp. 129–133.

septem psalmos ['penitenciales' *R.*]. et ante (*Ne reminiscaris*) surgens[1] solus sacerdos cum puero librum sibi administrante. et stante[2] conuersus ad orientem (falsi libri habent *ad austrum*) dicat preces et orationes super populum.

(dictis orationibus) vertat se ad populum et eleuata manu sua dextera sine nota prosequatur[3] in audientia hanc absolutionem (*Absoluimus vos vice*, &c.).

Deinde accedat sacerdos ad altare cum suis ministris et ibi in dextera parte ad orientem conuersus (Falsi libri habent *ad austrum*) benedicat cineres[4] (cineribus prius[5] in peluibus argenteis super altare positis)

Quodcunque festum duplex (licet Dedicatio ['ecclesie' *R.*] aut Festum Loci in hac .iiij. feria contigerit) differatur in crastinum.

[73.] ⦿ De prima dominica Quadragesime.

Si[6] festum duplex in sabbato proximo ante primam[7] dominicam .xl⁶. contigerit, ibi celebretur. Et secunde vespere erunt de ipso festo,[8] sed completorium de .xl.[9]

Post primas tamen vesperas dicatur completorium sicut in festo sancte Trinitatis.

[74.] ⦿ De velo quadragesimali, et de imaginibus operiendis. et de quindecim psalmis dicendis.[10] et de[11] exequijs et commemorationibus.[12] Omnia patent.

[75.] ⦿ Sed nota bene regulam sequentem. quia in ea errant multi collegiati.

Pulsato bis ad collationem. sed vtraque vice tam ['in' *R.*] duplicibus festis quam in alijs ['festis' *R.*] [13]cum vna sola[13] campana. dicantur vigilie mortuorum. vel legatur collatio. scilicet /Liber pastoralis.[14]                                          [fo. Biij.

['De pulsacione ad Completorium.' *R.*]

Finita collatione[15] statim pulsetur ad completorium cum vna campana. Sed in duplicibus festis cum duabus campanis.

⦿ Erubescant qui in festo Annunciationis beate Marie pulsant ad completorium cum vna campana.[16]

---

¹ exurgens : R.                          ² stando : C. R. *Mox* 'conuersu' : P5.
³ prosquatur : P5 (*sic*).
⁴ fiat benediccio cinerum : R.                    ⁵ prius cineribus : C. R.
⁵ Quodcumque : R.                        ⁷ aliquam : R.
⁶ de festo illo : R.                          ⁹ quadragesime non mutatur : R.
¹⁰ Regula '*quando cooperiendae sunt ymagines per ecclesiam*' (al. 'in ecclesiis') '*et de velo quadragesimali*' inuenitur in *Consuet. Sarum.* cap. ci. De '*xv Psalmis Graduum, pro omni populo Dei*' dicendis vide *Brev. Sar.* i. p. dlxxxix.
¹¹ *Omitt.* 'de': C.                    ¹² commendacionibus : R.
¹³—¹³ vna cum sola : P3.  cum sola : P5.
¹⁴ Liber pastoralis Gregorii : C. R.                    ¹⁵ collecta : R.
¹⁶ '*De pulsatione campanarum ad Completorium, et ad Nonam, et ad Collationem*

[76.] ⁋ De .ij. dominica Quadragesime. et de Cruce lignea.
⁋ Dominica secunda. et in¹ omnibus dominicis per .xl.
Excepta prima dominica² ['in processione' *R*.] differatur³ crux
lignea· rubei coloris depicta sine ymagine Crucifixi. Sed in alijs
processionibus festiuis in Quadragesima contingentibus. causa
deuotionis vel causa venerationis. vt⁴ contra Archiepiscopum
legatum. proprium⁵ episcopum. regem vel reginam. vel mortuum
suscipiendum. ordinetur crux sicut in alijs temporibus anni.⁶

[77.] ⁋ Dominica in Passione⁷ Domini.
Si ['autem' *R*.] in sabbato ante Passionem Dñi. vel in
Sabbato Palmarum⁸ duplex festum euenerit. ibi celebretur.

Sed vespere erunt de dominica. et tantum memoria⁹ de festo.
[licet sit festum dedicationis. ut festi loci : *add.* 1501. 'vel festo
loci,' P5.]

⁋ Si Annunciatio beate Marie in dictis sabbatis euenerit. fiat
totum de festo. sed Vespere erunt de dominica. et solennis
memoria de festo. Et tunc vespere et completorium de sancta
Maria dicuntur extra chorum. sicut in alijs¹⁰ ferijs .xlᵉ.

---

¹ Omni die per annum pulsatur semel ad completorium secundum vsum
Sarum ecclesie.
 nisi in die Cene et in die Parasceues tantum.
 in omnibus festis duplicibus dupliciter.
 et in omnibus aliis festis et ferijs, et in Dominicis, simpliciter.
'Ita tamen quod in Vigilia Pasche tantum pulsatur ad Completorium
duobus signis dupliciter vel tripliciter.
'Item in omnibus duplicibus festis per annum pulsatur ad Nonam in
precedenti die dupliciter.
'In omnibus sabbatis uero pulsatur ad Nonam simpliciter.
'Similiter in Vigilia S. Laurentij fiat.
'Item cotidie per totam Quadragesimam vsque ad Cenam Domini post
prandium, nisi in diebus dominicis tantum pulsatur ad Collationem bis
simpliciter, et in festis duplicibus ipso tempore contingentibus.'
          *Ex* Martyrologio MS. *Bodl. Rawl.* A. 371.
¹ *Omitt.* 'in': C. R.
² Lineam, integram hic, per incuriam, iterauit Caxton. Exceptiunculam
omnino non habuit Raynton.
 deferatur : C. R. (differat*ur :* 1495, P3).
⁴ vel : R.                         ⁵ *Omit.* 'proprium' *R*.
⁶ Inuenitur etiam § 73, sed verbis non nihil mutatis, in martyrologio
quodam apud Oxon. hodie conseruato (Bodl. Rawl. A. 371), cuius locum
viro rev. Waltero H. Frere transscriptum debemus :—
'*De cruce lignea quadragesime.*
 Omnibus dominicis xlᵃ, excepta prima dominica, deferatur ante processionem vna crux lignea sine ymagine Crucifixi.
 In omnibus vero alijs processionibus, festis in xlᵐᵃ contingentibus, et in
Annunciacione beate Maria, causa deuocionis vel causa veneracionis, vt
contra Regem vel Reginam vel Episcopum, vel eciam ad hominem mortuum
suscipiendum ordinetur processio per omnia more solito vt in alio tempore
anni.'
⁷ passioue : *ed.* 1495.           ⁸ Ramispalmarum : R.
⁹ solennis memoria : P5.           ¹⁰ *Omit.* R.

MAYDESTONE.                                              E

Similiter fiat quando hoc festum in .iiij. ['.iij.' P3. P5.] feria
ante Pasca contigerit.

[78.] ⁋ De festis .ix. lectionum infra Passionem contingentibus.

Nihil omnino fiat nisi fuerint festa duplicia.

[79.] ⁋ De dominica in Ramis palmarum.

Hac dominica ante benedictionem florum et frondium legatur
lectio deinde[1] sequatur euangelium (*Turba multa*)[2] et legatur
super lectrinam[3] vbi ad missam leguntur euangelia in diebus
ferialibus (diacono[4] ad orientem conuerso) non ad lectrinam
more simplicis festi.

⁋ Finito euangelio et stante executore officij in gradu tercio
ab altari in dextera parte eiusdem altaris ad orientem conuerso
(Nota *ad orientem*[5] secundum Ordinale)[6] positis prius palmis
cum floribus[7] supra /altare pro clericis. Pro alijs [fo. Biij.b.
vero super gradus[8] altaris in parte australi[9] sequatur benedictio et
cetera.

Post distributionem palmarum exeat[10] processio cum cruce
lignea sicut in alijs dominicis quadragesime[11] vsque ad primam
stationem.[11] Deinde lecto euangelio (*Cum appropinquasset*[12]
*Iesus*).[13] feretrum cum reliquijs preparatum.[14] in quo corpus
Christi [11]in pixide[11] dependat obuiam venientem[15] cum cruce
argentea· cum ymagine Crucifixi precedente cum duobus[16]
vexillis et cetera.

Statim vero visa cruce argentea recedat crux lignea. Deinde[17]
dicat executor officij (*Salue quem Iesu*)[18]

⁋ Sciendum est quod ante missam super Crucem non impon-
untur[19] flores vel frondes in die Palmarum apud Sarum. ne
videantur parari[20] crucem Saluatori suo. Nam si talis crucis
adornatio[21] post passionem lectam esset facta. videretur satis
congrue fieri. Nam ex lecte passionis auditu. constat nobis ex
cruore Saluatoris nostri ipsam crucem esse sanctificatam.

---

[1] demum : *Carton.*
[2] Cf. *Missale Sar.* p. 254.   [3] lectrinum : R.
[4] ferialibus a diacono : C. feriis a diacono in orientem conuerso more
. . . : R.
[5] Nõ ad orientem : C.
[6] ordinalem : P5. 'Sacerdos benedicens palmas et flores stabit versus
orientem, secundum Ordinale Sarum.' *Direct.* 1495 sub littera 5G. *Verba
uncinis inclusa non habet* R.
[7] frondibus : R.   [8] gradum : R.   [9] in dextera parte : R.
[10] errat : P5.   [11]—[11] *Omit.* R.   [12] appropinqussett : 1495.
[13] Cf. *Missale Sarum*, pp. 261, 13.
[14] paratum : P3. P5. preparetur : R.   [15] veniente : R.
[16] duabus : P3. P5. precedentibus duobus : R.
[17] Demum : C.   [18] Cf. *Missale Sarum*, p. 259.
[19] ponuntur : R.   [20] parari : 1495 ; parare : C. R.
[21] adoracio crucis : R.

¶ Si quis opponendo dicat
quare adoramus denudatam crucem in introitu ecclesie ante
passionem

¶ Respondendum est quod non crucem sed ipsum Cruci-
fixum adoramus dicendo (*Aue rex noster*)[1]

Finita tercio[2] statione cantore incipiente ℟. *Ingrediente
Domino.* aperiatur ostium ecclesie et intret processio per idem
ostium in ecclesiam[3] sub feretro. et capsula reliquiarum ex
transuerso ostij eleuatur.

¶ Erubescant sacerdotes parrochiales qui percutiunt ostium
cum cruce [4]in introitu[4] ecclesie expresse contra Ordinale.

[80.][5] ¶ In Cena Domini ante missam fiat reconciliatio
penitencium.

Et dicuntur[6] septem psalmi[7] penitenciales sine nota. et dicuntur[8] preces cum orationibus illius diei. Ita quod sacerdos[9]
executor officij dicendo collectas stabit ad orientem /con- [fo. Biiij.
uersus. Non *ad austrum.* secundum ordinale.[10]

Quibus finitis sacerdos eleuata manu dextera conuertat se ad
populum et sine nota dicat (*Absoluimus vos vice* et cetera).

[81.] ¶ In cena ante mandatum[11] omnia altaria sunt abluenda.
Ita quod in primis benedicatur aqua more dominicali extra
chorum priuatim.

Postquam vero executor officij dixerit ℣. et orationem de
Sancto de quo altare est dedicatum. tam ipse quam omnes
clerici priusquam recedant humiliter. et deuote osculentur altare
et eodem modo omnia altaria.

[82.] ¶ In die Parasceues
si corpus presens fuerit non debet illo die tradi sepulture
secundum Rationale diuinorum.[12]

¶ Sciendum quod duo presbyteri hac die cantantes (*Popule
meus*) et duo dyaconi[13] cantantes (*Agyos*) semper si[n]t[14] stantes
et nunquam genuflectentes· quamuis chorus aliter se habeat

---

[1] Cf. *Missale Sarum*, p. 260.

[2] tercio : 1495, P3.  tercia : P5.  iij[a] : R.

[3] in ecclesia : 1495, P3. P5.; in ecclesiam : C. R.

[4]—[4] *Omit.* R.

[5] Raynton non habet §§ 80–85 inclusivas.

[6] dicantur : L.                [7] psalme : P3.

[8] dicantur : L.                [9] 'sacredos' 1495.

[10] *Missalia Sar.* typis A.D. 1492, 1494, 1498 impressa lectionem hic appro-
batam exhibent ; libri ceteri deprauatam. F. H. D. in *Missali*, p. 298,
notula b.

[11] 'manbatum' 1495.

[12] 'Fe. vi. parasceues.  Si cuiuscunque corpus presens fuerit non debet illo
die sepeliri secundum rationale diuinorum.' *Direct.* 1495, sub littera 5G.—
Videas Durandum in *Rationali* vii. 35. 31.

[13] dyacone : P3.

[14] sit : 1495, P3.; sint : *Caxton.* P5.  *Mox* genuflectentes : P5.

cantando (*Sanctus*). Nam tribus vicibus in vna responsione debet genuflectere. Vt liber ostendit.

Item sacerdotes cum cruce sedentes dum a choro adoratur ad tercium gradum altaris cantent *Crux fidelis*. Chorus idem repetat post vnumquemque ℣. interim stando secundum ordinale. Falsi libri habent *sedendo*.[1]

[83.] ❡ Eodem die ad missam.

postquam sacerdos dixerit (*Confiteor*.[2] *Misereatur* et *absolutionem*) cum precibus et orationibus *Aufer a nobis*) Post lotionem manuum dicat sacerdos *In spiritu humilitatis*. sed non dicat (*Orate fratres et sorores*) vertendo se ad populum. Sed incipiat. *Pater noster* et cetera.

Item posito corpore Christi in sepulcro solus executor officij incipiat Responsorium. *Estimatus sum*. Solus sacerdos incipiat Responsorium. *Sepulto Domino*.[3] Sed sepulcrum thurificetur a duobus sacerdotibus.

Similiter sacerdos incipiat antiphonas sequentes secundum ordinale [scilicet *In pace factus est.*, et Ant. *Caro mea : add.* 1501.]

[84.] /❡ Sabbato sancto. in vigilia Pasce. [fo. Biiij.b.

duo clerici cantant hos versus sequentes (*Inuentor rutili*) Chorus idem repetat post vnumquemque versum. et dum versus cantent stent gradibus fixis vna cum toto choro. Et quando chorus prosequitur cantando *Inuentor rutili*) omnes simul procedant.

Quod et obseruetur dum canitur (*Rex sanctorum*)

Dyaconus ante consecrationem cerei pascalis accipiat benedictionem ab episcopo. vel ab executore.

❡ In hac Vigilia legatur euangelium cereis extinctis.[4] Et cantetur (*Ite missa est*) cum sua propria nota.[5]

[85.] ❡ In Die Pasce ante matutinas.

et ante pulsationem campanarum conueniant clerici et cetera.

Deinde[6] excellentior persona solus[7] et cum alta voce incipiat (*Christus*[8] *resurgens*).

Deinde[6] procedant ad altare sancti Martini· iunioribus prece-

---

[1] Vocabulum '*sedendo*', hic improbatum, exhibent omnes libri ab F. H. Dickinson inspecti apud *Miss. Sar.* p. 330. Quinetiam *Rubrica Missalis* (p. 331) doctrinae clementinianae, in § 80ᵃ prolatae, prorsus contradicit.
[2] confitebor : P3. P5.
[3] Quaere hoc R. (ex Graduali) apud *Missale Sar.* p. 333 *n.* ubi etiam de cereo ante sepulchrum ardente.ı Regula de amotione sepulchri sc. 'Die .vj. in ebdomada Paschae ante Primam' (sicut etiam cerei paschalis in die Veneris scilicet in crastino Ascensionis ante missam) inuenitur in Martyrol. MS. Bodl. Rawl. A. 371.
[4] 'In vigilia pasce legatur euangelium cum cereis extinctis. Et pulsetur ad completorium in vigilia pasce cum duabus campanis bina vice.' *Direct.* 1495 sub littera 5G.
[5] Cf. *Missale Sarum*, pp. 355, 358.  [6] Demum : *Caxton.*
[7] sonus : P3.  [8] Crhistus : P3.

dentibus more solito. Ita quod predicti excellentiores persone cum predicta cruce in fine processionis sequantur.[1]

℗ In hac die post aspersionem aque benedicte ordinetur processio sicut in die Natiuitatis domin[ice].[2]

[86.] ℗ Regula generalis.

Quotienscunque cantatur[3] (*Salue festa dies*) percantetur primus versus in medio chori a tribus clericis antequam procedat processio. Chorus repetat prius[4] vnumquemque versum *Salue festa dies*) ita videlicet ['quod' *R*.] dum clerici cantant versus stent gradibus fixis. choro interim eunte. Et dum chorus prosequitur[5] primum versum procedant dicti clerici.[6]

Quod etiam obseruetur in omnibus Prosis per annum. nisi per hebdomadam Nativitatis Domini.[7]

[87.] ℗ De cruce sine vexillo.

In ecclesia Sarum. et secundum Ordinale Sarum.[7] nunquam ad processionem portatur crux cum vexillo. sicut habetur in multis ecclesijs

Sed in tempore pascali portatur crux cum berillo[8] vsque ad Ascensionem Domini.

[88.] ℗ Verus ordo Antiphonarum de sancta Maria

In hebdomada Pasce[9] prima ant. *Alma Redemptoris mater.*

/Secunda (*Aue regina*).                               [fo. B5.

Tercia *Anima mea*).

Quarta[10] *Beata Dei genitrix*).

Quinta Ant.[11] *Descendi*).

Sexta Ant.[11] *Speciosa*).

[89.] ℗ De *Benedicamus*.

Quotienscunque dicatur *Benedicamus* a duobus cum *Alleluya*. totiens respondeatur cum *Alleluya*. vsque ad festum sancte Trinitatis.

℗ In omnibus festis duplicibus et per totam hebdomadam Pasce et Penthecost. et de primo *Benedicamus* in festis Sanctorum que habent Inuitatorium triplex. Per totum tempus Pasce[12] Isti sunt versus qui non respondeantur[13] cum alleluya.

*Exurge Domine adiuua nos.* post (*Iesu Christe*).

*Preciosa est.* in capitulo.

---

[1] subsequantur : C.

[2] *Omitt.* 'domini' C. ; domL. : 1495 ; Dñi : P3. domini : P5.

[3] Quocienscunque cantetur : R. (*sententiam repetens ex* § 76.)

[4] chorus idem repetat post : R.             [5] repetat : R.

[6] Cf. *Graduale Sar.* apud *Missale*, p. 357 *n.*

[7]—[7] natalis Dñi in ecclesia Sarum. (*Nota de cruce sine vexillo.*) Nota quod secundum ordinale : R.

  [8] de Verillo : C. de vexillo : P5. de vrullo : R.      [9] ascentis. : P5.

[10] Quarta antiphona : C.                 [11] *omit.* 'Ant.' P5.

[12] quando Inuit. a iij[bus] cantatur per totum hoc tempus : R.

[13] 'versiculi quibus non respondetur cum Alleluya in tempore pasc.': R.

*Custodi nos.* ad¹ completorium.)

*Ostende nobis Domine.* in aspersione aque benedicte.²

[90.] ❡ De *Kyrie.* in hebdomada Pasce et Penthecost.

Feria .v. in hebdomada Pasce et Penthe. dicitur kyrie (*Deus Creator*)³ sine versibus.

Feria .vi. in hebdomada Pasce et Penthe. dicitur⁴ kyrie (*Rex Genitor*) absque versu.

Sabbato in hebdomada Pasce et Penthe. kyrie (*Fons bonitatis*) absque versu.⁵

[91.] ❡ De festo contingente a Cena Domini vsque post oct. Pasce.

Quodcumque festum duplex a Cena Domini vsque ad octa. Pasce⁶ contigerit. differatur vbi conuenientius possit celebrari. ⁷vt vtrasque vesperas habeat.⁷ Et si in prima⁸ hebdomada post Pasca⁹ non poterit hoc obseruari· tunc differatur tale festum vsque in secundam hebdomadam

Tamen si duplex festum in Dominica (in albis) euenerit differatur in crastinum. nisi aliud duplex festum in crastino contigerit.¹⁰

[92.] ❡ Dominica (in Albis)¹¹ ad memoriam de Resurrectione.

non dicitur¹² *Deus qui hodierna die.* sed *Deus qui per Vnigenitum.*)

---

¹ in : R.     ² post aspersionem aque : R.     ³ creatori. : P5.
⁴ *omit* 'dicitur' P5.     ⁴ versu. : P5. ℣. : 1495, P3.
⁵ vsque ad sabb. post diem pasce : R.
⁷—⁷ videlicet ubi utrasque habeat vesperas : C. R.
⁸ Si in proxima : R.     ⁹ oct' pasc' : R.
¹⁰ *Post* § 91 *pericopas hic sequentes inseruit* Raynton *in* Cod. MS. Add. 25, 456, lf. 98.
❡ Quando festum Annunciacionis beate Marie in Cena Domini contigerit. tunc celebrandum est de festo. vj. Idus Aprilis. feria vj. parasceues. vij°. Idus Aprilis.
❡ Sabbato in vigilia pasce viij° Idus Aprilis.
❡ In die Pasc' viij Idus Aprilis.
Fe. ij. v¹⁰ Idus Aprilis.   Fe. iij., kal Aprilis.   Fe. iiij. pridie kal. Aprilis.
❡ Quando festum sancti Marci in die Pasc' contigerit, celebretur iij° Non. Maij. Fe. ij. v° nonas Maij. Fe. iij., vj° Idus Maij. Fe. iiij., vij° Idus Maij. Fe. v, viij° Idus Maij. Fe. vj., ix° Idus Maij. Sabbato, iij° kal. Maij.
❡ Do. in albis v° kal. Maij.
❡ Quando festum sanctorum Philippi et Iacobi contigerit in sabb. ebdomade Pasc' celebrand' est de festo .v°. Idus Maij. Dominica in albis .vj. nonas Maij.
❡ Quando festum sancti Ambrosij contigerit in Cena Domini. celebretur xvi° kal Maij.
Si in die Pasc' Idus Aprilis. Fe. ij. pridie Idus Aprilis. Fe. iij., iij° Idus Aprilis. Fe. iiij., iiij° Idus Aprilis. Fe. v., v° Idus Aprilis. Fe. vj., vj° Idus Aprilis. Sabbato, vij° Idus Aprilis.
[92.] ❡ Do in † oct. Pasc' † ad mem. de Resurreccione, &c. (as § 92).
¹¹ in oct' Pasc' : R.     ¹² non dicatur : L.

❡ Sciendum[1] quod in omnibus festis in quibus chorus regitur. Nisi in Inuentione sancte Crucis [3 Mai. *D.*] et nisi in dominicis

ad vesperas vtrasque[2] et matutinas dicuntur he[3] antiphone solenniter ad memoriam de Resurrectione.

[4]ad vesperas, Ant. *Surrexit Dominus.*

℣. *Resurrexit Dominus.*

Oratio. *Deus qui per Vnigenitum tuum.*

Ad matutinas, Ant. *Cito euntes.*

℣. */Surrexit Dominus vere.* [fo. B5.b.

Oratio, vt supra.[4]

❡ Si[5] festum ['simplex' *R.*] cum regimine chori in hac dominica vel in proxima[6] dominica ante Ascensionem Domini contigerit. differatur in proximam[7] feriam[8] sequentem.

Si duplex festum in proxima[9] dominica ante Ascensionem Domini contigerit, non differatur. sed tunc in .iiij. dominica si vacauerint dicuntur omnes antiphone in laudibus. et ant. *Sedit angelus.* ante missam in processione.

medijs ['vero' *R.*] dominicis quodcumque[10] festum cum regimine chori contigerit. non differatur.

Si duplex festum in aliquo sabbato vel in[11] dominica vsque ad Ascensionem Domini[12] contigerit. tunc ad vesperas ℣ *Dicant nunc.* a duobus in superiori gradu cantetur.

medijs autem dominicis a duobus de .ij. fe.[13]

Excepta dominica .v. tunc enim cantabitur sicut in festo duplici.

Iste due antiphone dicuntur[14] ad matutinas et ad secundas vesperas omnibus dominicis vsque ad Ascensionem Domini. siue de dominica fit seruicium siue non.

nisi in Inuentione sancte Crucis.

Ant. (*Et valde*) ad matutinas. et

Ant. (*Et respicientes* ad .ij. vesperas.

[93.] ❡ Si duplex festum in crastino octa. Pasce contigerit. Secunde vespere in dominica de festo erunt[15] et solennis memoria de dominica. et postea de Resurrectione.

---

[1] Sciendum est : C. R.    [2] ad utrasque vesperas : C. R.
[3] de : P3. due : P5. hec : R.
[4]—[4] scilicet *Surrexit Dñs* et *Cito euntes.* : R.
[5] si sī : Caxton ; si simplex : L.  *Si* festum simplex : R.
[6] prima : P3.    [7] primam : P3.
[8] dominicam : R.    [9] prima : P3.
[10] Quandocunque : C.    [11] *Omitt.* 'in' : C.
[12] *Omitt.* 'Domini' : C.
[13] *Legendum videtur* 'a duobus de secunda forma.'
[14] dicantur : L.
[15] erunt de festo : C. P5. *Hanc pericopen in forma breviori exhibet* Raynton.

In hac hebdomada et in¹ sequentibus Responsoria in ferijs dicuntur² per ordinem.

Si aliquod festum in aliqua feriarum contigerit. deinceps non seruetur ordo feriarum sed ordo ℣. et ℟.³ in ferijs sequentibus. quod obseruetur per singulas ebdomadas vsque ad Ascensionem. a prima⁴ dominica in aliam.

⁵Ita quod Responsoria de .iij. feria non omittantur.⁵

[94.] ❡ Sciendum⁶ quod a Pascha vsque (*Deus omnium*) nulle fiant preces in ferial' ['diebus nec' *R.*] ad vesperas nec matutinas nisi ad primam et⁷ completorium tantum. De quocumque ['festo' *R.*] in ferijs vsque ad Ascensionem⁸ fiat seruicium. nunquam fiat memoria de feria. nisi in .ij. feria Rogacionum. et in Vigilia Ascensionis ['Nam' *R.*] tunc de quocunque fiat seruicium semper fiat solennis memoria de ieiunio ad vesperas⁹ tantum.

['*Nota de festo loci in tempore Pasce*' R. in margin.]

In tempore pascali quando fit commemoratio¹⁰ de Festo Loci. non dicitur t[antu]m¹¹ vna Antiphona super psalmos ante lectiones secundum Sarum.¹²

Similiter fiat in commemoratione beate Marie.

[95.] ❡ Dominica¹³ .ij. /post Pasca.                    [fo. B6.

omnia fiant ad vesperas sicut in precedenti dominica.¹⁴ vsque ad¹⁵ Ant. super Ps. *Magnificat.*¹⁶

Ad matutinas omnia patent. ita quod vltimum ℟. a duobus cantetur quando de dominica agitur tantum.

Si in ista dominica vel in sequentibus fiat seruicium de aliquo Sancto cum regimine chori. tamen in sabbato precedente non fiat alia memoria de Resurrectione quam Ant. (*Christus resurgens.*) cum ℣.¹⁷ post memoriam de dominica.

Si in ista dominica vel in sequentibus fiat seruicium de festo cum regimine chori. tunc ad missam secundum *Alleluya* erit de dominica. scilicet¹⁸ vnum de illis .ix. que¹⁹ intitulantur in festis cum regimine chori post oct. Pasce.²⁰

---

¹ *omit* 'in' P5.          ² dicantur: L.          ³ ℣. ℟.: P3.
⁴ ab vna: *Caxton*, P3.     videlicet ab vna dominica vsque ad aliam tantum quod: P3. P5.
⁵—⁵ tm̄ q*uod Responsor*ia de .iiij.† feria non omitt*a*ntur si tot ſerie vacauerint: P3. P5. ('Ita . . . omittantur.' *Omitt.* C.)
⁶ Sciendum est: C. R.                    ⁷ et ad: C.
⁸ ascensionem domini: C. R.              ⁹ matutinas: *Caxton*, R.
¹⁰ quando dicitur: R.                    ¹¹ nisi tantum: C. R.
¹² usum sarum modernum: C.
¹³ *Pericopas* 95–99 *non habet* Raynton.
¹⁴ in precedente dominica: C.            ¹⁵ *omit.* 'ad' P5.
¹⁶ super Magnificat: C. P3.              ¹⁷ cum suo versiculo: C.
¹⁸ sed: C. P3. P5.                       ¹⁹ qui: P5.
²⁰ Cf. *Missale Sarum*, pp. 390, 391.

[96.] ⁋ Dominica .iij. post Pasca.

In ista .iij. dominica vel hebdomada ad missam in diebus profestis primum Alleluya. scilicet (*Modicum*)[1] dicitur per totam hebdomadam loco gradalis. et alia duo dicuntur alternis vicibus in ferijs et festis trium lectionem.

Quod similiter in proxima hebdomada obseruandum est.

Huic regule fere omnes libri contradicunt. tamen false. nam ista est vera regula.

[97.] ⁋ Dominica .iiij. post Pasca.

In ista dominica omnia[2] fiant sicut in precedentibus cum proprijs ℞.

Si in ista ebdomada .iij.ᵉ[3] ferie vacauerint tunc cantentur (secundum ordinale) et reincipiantur

si .iiij.ᵉ[4] ferie fuerint cum ℞. feriali (*Dicant nunc*).

si vna tantum feria in hac .iiij. ebdomada contigerit. tunc in sequenti hebdomada feria .ij. cantentur Responsoria de .iij. feria. Et in Vigilia Ascensionis ℞. de .iiij. feria. si vacauerint. sinautem pretermittantur pro illo anno.

Si due ferie tantum in hac .iiij. dominica vacauerint. tunc est questio vtrum in .ij. feria propter ordinem Responsoriorum seruandum[5] dicentur ℞. de .iiij. feria.

⁋ Dicendum est quod sic. et in Vigilia Ascensionis dicantur[6] de .ij. feria cum Responsorio (*Dicant nunc*) et tunc ℞ia cantentur[7] secundum ordinem.

[98.] ⁋ Dominica v. post Pasca.

Si duplex festum in hac hebdomada contigerit. ibi cele-bretur.

[8]Si simplex sine regimine chori. in hac hebdomada euenerit. differatur in .iij. feriam et tunc nihil de commemoratione beate Marie fiat in illa hebdomada.[8]

/⁋ Si festum sancti Johannis apostoli hac die [fo. B6.b. contigerit [6 Mai, 2*G*.] differatur in .iij. feriam sequentem. et ad primas vesperas de Apostolo pro memoria sancti Johannis de Beuerlaco dicitur Ant. *Filie Hierusalem.* Et in hac .v. dominica omnes antiphone dicuntur in laudibus. Et in processione ante[9] missam dicitur Ant. *Sedit angelus*) cum suo versu. In introitu chori Ant. *Christus resurgens.* cum suo versu a toto choro.

---

[1] *Ibid.* p. 397.     [2] *omnino* : 1495.     [3] tres : C. P3.
[4] quatuor : C.  'iiij.' P3. P5.     [5] seruandam : *Caxton.*
[6] dicuntur : P5.     [7] cantantur : C.

[8]—[8] Si simplex cu*m* regimi*ne* chori in hac dom*i*nica evenerit. differatur in ii. fer*iam.* et in tercia fer*ia* fiat commemoratio b*e*ate Marie : P3. ; Si simplex cum regimine chori in hac dominica . . . P5. ; Si aliquod festum simplex cum regimine chori in hac ebdomada evenerit, differatur in iii. feriam et tunc nihil de commemoratione beate marie fiat in illa ebdomada : C.

[9] Aña : P3.

[99.] Si festum simplex cum regimine chori in .ij. feria Rogationum contigerit. Vespere in dominica erunt de ipso festo. et memoria de dominica et de resurrectione.

¶ Si aliquod festum sine regimine chori in .ij. feria Rogationum. vel in Vigilia Ascensionis euenerit, Nihil omnino fiat de festo. nisi ad vesperas et matutinas de sancta Maria. nisi festum cum regimine chori coniunctum fuerit.

¶ Si simplex festum cum regimine chori in .ij. feria Rogationum contigerit. totum seruicium fiat de festo. et memoria de festo (si fuerit coniunctum).

Similiter et de resurrectione.[1] De ieiunio vero fiat memoria ad matutinas tantum cum ℣. *Surrexit Dominus de sepulcro.* Oratio (*Presta quesumus*).

[100.] ¶ De Vigilia Ascensionis Domini.

Si aliquod festum de regimine chori in hac vigilia euenerit, non differatur. sed ad matutinas fiat memoria de vigilia tantum (nisi aliquod festum ei fuerit coniunctum).

In hac vigilia quando de feria agitur, legatur euangelium cum sua[2] exposicione. et ℟ia ['dicuntur' *R.*] secundum ordinem prius prescriptum. Tamen si ℟ia de .iiij. feria in precedenti hebdomada vel in .ij. feria non fuerint cantata. tunc cantentur[3] hic. et ℟. feriale omittatur.

Deinceps non fiat memoria de Resurrectione, nec de Cruce vsque ad (*Deus omnium*).

Oratio *Gratiam tuam* non dicitur vsque ad Aduentum Domini.

In hac vigilia ad missam super *Kyrie. Sanctus* et *Agnus*) dicitur cantus sicut in ferijs per estatem.

¶ Si in hac vigilia duplex festum contigerit. tunc ad j[s] vesperas de Ascensione fiat solennis memoria de tali duplici festo.[4]

Si simplex festum cum regimine chori fuerit fiat memoria priuatim.

[101.] /¶ In die Ascensionis Domini, omnia patent.[5] [fo. B7.

Si festum cum regimine chori infra octa. ['Ascensionis' *R.*] euenerit totum seruicium fiat de festo etiam in dominica. Et tunc nihil fiat in[6] dominica nisi memoria que precedet memoriam de Ascensione.

¶ Quando vero extra dominicam fit seruicium de aliquo sancto infra oct. nihilo minus seruetur ordo antiphonarum et ℟iorum de vi. feria et sabbato in ferijs sequentibus. Ita tamen

[1] et resur. : P5. [2] *omit.* 'sua' P5. [3] cantetur : P5.
[4] de festo duplici. : R.
[5] De vera littera Ant. iiij. de Laudibus in die Ascensionis Domini, sc. *Exaltate Regem*, vide *Defens. Direct.* cap. 16. [6] de : C. R.

quod in .ij. feria dicantur antiphone psalmi et R̲ia. de .vi. feria si vacauerit. Deinde¹ per ordinem.

[Sequentem pericopen, vsque ad verba '*de sancto Augustino*' omit. Pynson 1497, 1508. Habet Raynton priorem partem usque ad '*Beverlaco.*']

[102.] ❡ Si festum sancti Johannis apostoli in sabbato infra octa. Ascensionis euenerit [6 Mai. *G.*, sub anno 1*A.*] tunc in .ij. feria sequenti dicuntur³ antiphone psalmi et Responsoria de sabbato precedente quia in dominica fiet seruicium de sancto Johanne de Beuerlaco.

[102.b.] ❡ Similiter³ si festum sancti Aldelmi episcopi in sabbato infra octa. Ascensionis contigerit [25 Mai. *E.*, sub anno 4*F.*]. tunc in .ij. feria sequente dicuntur⁴ antiphone psalmi et R̲ia de sabbato precedente. quia in dominica erit seruicium de sancto Augustino.

---

[103.] ❡ Si festum sancti Dunstani in crastino Ascensionis euenerit [19 Mai. *F.*, feria vj. sub anno 3*A.*]. tunc in sabbato dicuntur⁴ antiphone⁵ et R̲ia de .vj. feria propter ordinem psalmorum. quia in dominica dicuntur⁴ antiphone et psalmi sicut in prima die.

[104.] ❡ Si festum sine regimine chori infra octa. euenerit. Nihil fiat de festo nisi ['tantum' *R.*] memoria ad vesperas matutinas et ad missam de die.

[105.] ❡ Si festum sancti Aldelmi in oct. die Ascensionis euenerit [25 Mai. *E.*, sub anno 3*A.*]. Nihil fiat de eo illo anno.

[106.] ❡ Sciendum est quod *Alleluya.* ℣. *Nonne cor nostrum* dicetur in festo apostolorum Philippi et Jacobi [1 Mai *B.*]. Et *All'a.*⁶ ℣. *Dicite in gentibus.* in festo Inuentionis sancte Crucis [3 Mai *D.*] licet infra octa. Ascensionis euenerit⁷

[107.] ❡ De quocunque fit seruicium infra oct. ['Ascensionis' *R.*] semper fiat solennis memoria de Ascensione licet Dedicatio ecclesie vel Festum loci fuerit.

Et secundum⁸ Alleluya erit (*Dominus in Synay.*)⁹ ¹⁰nisi in dominica infra octa. et in duobus festis predictis.

[108.] ❡ In¹⁰ Vigilia Penthecost.
ante summam /missam ornetur ecclesia sicut in vigilia [fo. B7.b.

---

¹ Demum : C.                    ² dicantur : L.  dicentur : R.
³ *Sequentem regulam non habet:* Raynton.
⁴ dicantur : L.                    ⁵ psalmi : R.
⁶ alia : Caxton.                    ⁷ euenerint : L.
⁸ ad missam : *add.* C.                    ⁹ syuay : *ed.* 1495.
¹⁰—¹⁰ §§ 108, 109. *Pro* §§ 108, 109 *liber* Johannis Raynton *diversam materiam exhibet, ut sequitur :—*
   *De vigilia Pentecost.*
❡ In vigilia Pentecost [ad] summam missam ornetur ecclesia sicut in vigilia Pasc.' vt magis patet in communi ordinali.

Pasce[1] et precedant ministri altaris in solenni apparatu. Et ordo lectionum tractuum et letaniarum serueter sicut in vigilia Pasce.

Exceptis his, quod in hac vigilia datur osculum pacis in principio misse et in fine. Et euangelium legatur cum cereis lucentibus.[2]

℃ Si in hac vigilia et deinceps et[3] vsque ad aliud sabbatum festum duplex euenerit. differatur vbi vtrasque vesperas poterit habere.[4] secundum vsum Sarum. et tunc fiant .ix. lectiones.

Si festum simplex cum regimine chori in hac vigilia euenerit. Nihil de eo fiat nec post nec ante.

℃ De sanctis .iij. lectionum sine regimine chori in hac hebdomada contingentibus.[5] fiat memoria ad vesperas et ad matutinas de sancta Maria immediate post primam Collectam.

Per hanc hebdomadam non fiat[6] memoria de Sancto Spiritu ad vesperas nec ad matutinas de sancta Maria vsque ad vesperas in sequenti sabbato.

[109.] ℃ In die Penthe*costes.*

ad matutinas tres excellentiores persone legant lectiones. Nec curandum est licet omnes sint ex vna parte chori secundum Customarium[7] Sarum.

In die Penthe*costes* incipiat executor officij horam terciam ad gradum chori. et tunc procedant[8] cum ceteris sacerdotibus thuribulis precedentibus ad gradum altaris. Et ibi omnes simul incipiant hymnum. *Veni Creator Spiritus*) genu flectendo. et postquam inceperint terram osculando et genu flectendo. cum[9] surgentes thurificent altare.

℃ Chorus vero cum genu flexione respondeat osculando formulas. et ex vtraque parte simul totum versum stando prosequatur.

℃ Nota *stando.*[10]

Postquam sacerdotes thurificauerint altare omnes simul osculentur illud. Et sic faciendum est in quolibet versu.

*De die Pentecost.*

In die Pentecost' et per hanc ebdom. non fiat memo. de sancto Spiritu ad vesp. nec ad mat. de sancta Maria. vsque ad vesp. in sequent. sabbato.

℃ De festis iiij lec. in hac ebdomada contingent' fiat memoria ad vesp. et ad mat. de sancta Maria que precedet mem. de sancto loci.

℃ Quando festum sancti Angustini in vigilia Pentecost' euenerit, tunc celebretur viij° Idus Junij.

℃ Die Pentecost' pridie Nonas Junij.

Fe. ij., iij°. Nonas Junij. Fe. iij., iiij°. nonas Junij.

Fe. iiij., vj°. Idus Junij. Fe. v., vij°. Idus Junij. Fe. vj., iij°. kalend. Junij.

[1] De Vigilia Paschae vide *Missal.* p. 341†, 342. Et de Vigilia Pentecostes, ibid. p. 418.    [2] 'cereis extinctis' *Missale,* p. 424.    [3] *Omitt.* 'et': C.

[4] utrasque poterit habere vesperas : C.

[5] contingentium : P5. cötingeñ : *ed.* 1495.    [6] fiet : C.

[7] Custumarium : P5.    [8] precedat : C.

[9] tunc : C.      [10] Nota versum. : P5.

❡ In die Pcnthecost.[1] ad missam infra canonem dicatur sic secundum vsum Sarum (*Communicantes et diem sacratissimum Penthe. celebrantes et cetera. In primis /gloriose semperque* [fo. B8. *virginis Marie genitricis Dei et[2] Domini nostri Jesu Christi.* Falsi libri habent *eiusdem Dei*) et male secundum doctores. quia videtur sonare heresim.[3]

❡ Si festum cum regimine chori in crastino octa. Ascensionis Domini contigerit. secundum Alleluya erit (*Non vos relinquam*). Require in dominica infra octa. [*Missal.* p. 416.]

Dicitur etiam de sancta Maria. quando fit ibi plenum seruicium. tamen non dicetur in festo apostolorum Philippi et Jacobi [1 Mai. *B.*]. nec in Inuentione sancte Crucis [3 Mai. *D.*] si ibidem contigerit.

[110.] ❡ In die Sancte Trinitatis

Si duplex festum hac die euenerit. differatur in crastinum. Similiter et festum simplex .ix. lectionum.

❡ Si festum sancti Aldelmi[4] in festo Sancte Trinitatis contigerit. [25 Mai. sub 2*E.*] differatur in terciam feriam sequentem [27 Mai. *C.*]. et fiant ibi medie lectiones de octa. Trinitatis.

❡ Si festum sci Barnabe in die Sancte Trinitatis euenerit [11 Jun. sub. 4*A.*]. differatur in crastinum· et medie lectiones erunt de martyribus [Basilide, Cirino, Nabore et Nazario].

[111.] ❡ Si festum sancti Dunstani [19 Mai. *F.*, sub 1D, 1 E.] vel sancti Albani[5] [22 Jun. *E.*, sub 5B, 5C.] vel sancti Edwardi (quando de eo fiant .ix. lectiones [20 Jun. *C.*, sub 5G, 5A. vel 5B.]) infra octa. Trinitatis contigerit. semper erunt medie lectiones de ipsis octa. vsque ad festum Corporis Christi.[6]

[112.] ❡ In crastino Sancte Trinitatis (si a festo vacauerit) fiat seruicium de Trinitate. et due tantum memorie ad matutinas. et ad missam. scilicet de sancta Maria et de omnibus Sanctis.

[113.] ❡ De [festo][7] Corporis Christi. et de octa*uis* eiusdem festi cum regimine chori. ['et' *R.*] qualiter sint celebrande. et de multis alijs.[8]

[9]Ista regula est bene ventilata.[9]

❡ In prima die ad vtrasque vesperas matutinas et ad omnes ['alias' *R.*] horas omnia fiant sicut in prima die huius festi. Vbi

---

[1] peuthe : 1495.    [2] genitricis et : C.
[3] Cf. *Missal.* p. 603. *Defens. Direct.* cap. 42, p. 16.
[4] albani : R.
[5] aldelmi : R. (Hodie etiam in agro Dorsetiensi promontorium in quo sita est ecclesiola perantiqua sancti Aldelmi abbatis quondam Meldunensis, deinde Scireburnensis episcopi, ex errore consimili apud nostrates, insulares, quos vocant, Purbecianos vulgari sermone vocitatur '*Saint* Alban's *Head.*')
[6] De S. Edwardo fiunt novem lectiones quotienscunque non factae fuerint in Quadragesima eo anno, scilicet 18° Martij.    [7] *Omit.* 'festo' *ed.* 1495.
[8] multis dubiis : C. R.    [9]—[9] *non habet* R.

fiunt oct. sine regimine chori. excepto quod ad ij⁵. vesperas
dicantur psalmi qui ad j⁵. vesperas dicebantur. videlicet (*Dixit
Dominus* [cix.]¹ *Confitebor* [cx.] *Credidi*² [cxv.] *Beati omnes*
[cxxvii.] *Lauda*³ [cxlvii.]) Dicitur⁴ etiam hymnus *Sacris solennijs.*
cum versiculo *Panem de celo.*

❡ Sciendum quod predicti psalmi dicuntur per totas oct. et in
oct. ad vtrasque vesperas quando de oct. fit seruicium.

/❡ Si festum .ix. lectionum infra octa. contigerit. [fo. B8.b.
totum fiat seruicium de festo et memoria et medie lectiones de
oct. Nisi festum alicuius sancti coniunctum fuerit. tunc fiant medie
lectiones de festo.⁵

Sed non dicatur (*Gloria tibi Domine Qui natus*) ad horas⁶ nec
post (*Jesu Christe*) ℣. *Qui de virgine.* nisi tantum quando fit
seruicium de octa.⁷

❡ Ad completorium dicitur hymnus *Saluator mundi.* cum⁸
℣. *Deo Patri.* quando de aliquo sancto fit seruicium.⁹

[114.] ❡ Quotidie ad matutinas Inuita. hymnus antiphone et
psalmi sicut in prima die.

Et¹⁰ Responsoria dicuntur secundum ordinem.¹¹

❡ Ante¹² laudes quotidie dicitur ℣. *Panem de celo* ¹³per totas
octa*uas.*¹⁴

❡ Super *Benedictus*¹⁵ et *Magnificat* (nisi in dominica et in
octa. die) dicuntur antiphone suo ordine que ad primas vesperas
super psalmos dicebantur. cum frequenti repetitione earundem.

❡ Similiter ad memoriam de Corpore Christi. cum de aliquo
sancto infra oct. fit seruicium.

❡ Quotidie ad primam et ad¹⁶ alias horas omnia fiant. sicut in
prima die. preter cantus super hymnos ad terciam sextam et
nonam. et preter Collectam ad primam et Ant. *Te iure.* post octa.
Trinitatis.

Ad vesperas Ant. *Sapientia.* Psalmi vt supra. Hymnus *Sacris
solennijs.* ℣. *Panem de celo.* Super *Magnificat* antiphona prima
de predictis.

---

¹ Ps. cix. *Brev. Sar.* ii. p. 191. Ps. cx. p. 192. Ps. cxv. p. 197. Ps. cxxvii.
p. 202. Ps. cxlvii. p. 219.
² Credidi propter : *Caxton.*
³ Lauda Jerusalem : C.    Lauda J̃rlm : R.         ⁴ Dicatur : C.
⁵ si proprie habentur, sin autem medie lectiones de octa. corporis xpi. :
add. P3. P5.
⁶ ad hōs : 1495. Ad horas : C. P3.         ⁷ *Brev. Sarum,* ii. p. 51.
⁸ Ympnus *Gloria* : Et dicetur cum : R. (*reliquam huius pericopae partem
nec non* § 114, *omittit* Raynton.)
⁹ Cf. *Brev. Sar.* ii. p. 226.             ¹⁰ ℣. et : C.
¹¹ ordinem nocturnorum. : C.         ¹² et ante : C.
¹³—¹⁵ Per totas octauas super Benedictus . . . : C.
¹⁴ acta : P3.       ¹⁶ ab : P5.

❡ Quotidie infra. octa. etiam in dominica dicitur missa sicut in prima die. nisi festum .ix. lectionum intercurrat.[1] sed sine Sequencia et *Credo*.)

❡ Cantus super *Kyrie Gloria in excelsis. Sanctus* et *Agnus* dicuntur[2] sicut infra octa. cum regimine chori.

[115] ❡ Dominica infra octa. si a festo .ix. lectionum vacauerit) ad primas vesperas omnia fiant sicut in alijs diebus infra octa. preter antiphonam super *Magnificat.* que erit *O quam suauis.*

Nulla[3] 'fiat memoria nisi aliquod festum trium lectionum ibi contingat.[5] Vel nisi historia inchoanda[4] fuerit. tunc fiet memoria de dominica. et[6] de trinitate. et processio ante crucem.

[116.] /❡ [7]Si festum trium lectionum in hac [fo. C. dominica euenerit. fiat de eo memoria et medie lectiones.[7]

[117.][8] Ad matutinas omnia fiant sicut in prima die preter .vi. lectiones. que erunt de propria legenda per[9] octa. annotatas.

In laudibus vna antiphona.

Super *Benedictus* dicitur Ant., sicut in prima die.

Ad primam et ad alias horas omnia fiant sicut[10] in ceteris diebus preter antiphonam super psalmum (*Quicunque vult saluus esse*) que erit (*Te iure.*)

Ad ij[s] vesperas omnia fiant sicut in alijs diebus infra octa. preter Ant. super *Magnificat.* que erit (*O sacrum*).

❡ Si in[11] dominica vel in alijs diebus infra octauas festum .ix. lectionum et minime[12] duplex contigerit. totum seruicium fiet de festo. Et de octa. memoria[13] et medie lectiones. et tunc dicuntur[14] ad medias lectiones ℣. et ℟ia secundum ordinem nocturnorum vsque ad .viij. diem.

[118.] ❡ De festis trium lectionum sine regimine chori infra dictas octa. fiat tantum memoria. Nisi festa[16] .ix. lectionum con-

---

[1] intercurat: P3. P5. *Et mox* Credo cum dominica: P3.
[2] dicantur: L.          [3] fiet: C.
[4]—[4] memoria. ❡ Si tempus prolixum fuerit et historia inchoanda: R.
[5] contigerit: C.                    [6] *Omitt.* 'et' P1. P3.
[7]—[7] *Pro sectione* 116, edd. P1. P3. P5. huiusmodi regulam exhibent :—
'❡ Si festum trium lectionum in hac dominica euenerit, fiat de eo tantum memoria.
De sanctis autem trium lectionum sine regimine chori que† infra octauas euenerint, memoria tantum fiat nisi sint sanctis† .ix. lection. cantande.
hec regula † infra octa. Dedicationis.
Item infra octa. Epiphanie.
Item dicitur in magna rubrica quod Dominica infra octauas cum regimine chori plenarie suum habebit seruitium.
ista regula confirmatur immediate postea.
Ad matutinas omnia fiant' &c.
[8] § 117 *non habet* Raynton.          [9] pe: *ed.* 1495.
[10] sicut sicut: *ed.* 1495 (*iterando*).
[11] in hac: C.                    [12] minus: P3. P5.
[13] ad utrasque vesp. et ad missam: add. P3. P5.
[14] dicantur: L.          [15] festis: C. P3. in festis · P5

iuncta fuerint. tunc fiat memoria et medie lectiones de huiusmodi festis etiam in dominica.

❡ Quacunque feria infra octa. festum sanctorum Johannis et Pauli euenerit [26 Jun. *B.*] semper fiant[1] .ix. lectiones et medie lectiones de Corpore Christi. et memoria tantum de sancto Johanne baptista.

[119.] ❡ Dominica infra octa. ad processionem ante missam. ℞. *Respexit Helyas.* cum suo [2]versu in introitu chori. Ant.[2] *O sacrum.* cum ℣. et Oratione sicut in prima die.

❡ Si historia inchoata fuerit cum memoria ad vesperas. tunc dicitur Ant. de Cruce. scilicet (*Adoremus crucis signaculum*). cum ℣. et Collecta.

[Priorem partem huius pericopes omitt. 1497–1508.]

[120.] ❡ Et in introitu chori dicitur Ant. de sancta Maria ℣. *Post partum.* Oratio *Concede nos.* et cetera.[3]

❡ In prima die et dominica infra octauas. et in octa. die dicitur hic cantus. ❡ *Venite.*[4]

[Item quae mox sequuntur omitt. 1501, 1508, et Raynton similiter.]

[121.] /❡ In octa Corporis Christi　　　　　　　[fo. C.b. ad vesperas hec sola Ant. *Sacerdos.* Ps. *Dixit Dominus* [cix.]. Et cetera omnia sicut in prima die
Multi libri habent hic quod dicuntur[5] psalmi feriales. et false.[6]
Ad matutinas dicuntur lectiones et oinnia Responsoria sicut in die.[7] secundum vsum Sarum.
In laudibus omnes antiphone dicuntur.[8]

Ad[8] horas et ad ijs vesperas omnia fiant sicut in octa. die (vbi octaue fiunt sine regimine chori). Ita tamen quod psalmi dicuntur[9] sicut in prima nocte. scilicet *Dixit Dominus* et cetera.[10]

[121*b*.] 'Ad horas et ad[11] secundas vesperas omnia fiant sicut infra octa.' *add.* 1497, 1501, 1508. *non habent* C.]

[121*c*.] ❡ Si festum trium lectionum in octa. die contigerit· fiant memoria et medie lectiones de festo.[12]

---

[1] fiant semper : C.　fiant : R.　§ 119 *non habet* Raynton.　*Mox* Adoramus : P5.　　[2—2] versu.　In introitu chori ant. : C.　　[3] *Omitt.* 'et cetera' C.
[4] Huius cantus ad *Venite* notulas musicas, in editionibus saltem typis aliquando impressis desideratas, descripsit Johannes Raynton in MS. Mus. Brit. Add. 25,456, fo. 100. Quas legimus ut sint *mi-sol-la*, modi (quem uocant) tertii uel quarti.　　[5] dicantur : L.
[6] Cf. *Defens. Direct.* cap. 19.　　　　　[7] in prima die : C.
[8] *Totam pericopen omittit* Raynton.　　　　[9] dicantur : L.
[10] Cf. *Defens. Direct.* cap. 20 quod tangit rubricam quandam deprauatam.
[11] *Omit.* 'ad' P5.
[12] Si proprie habeantur sin autem tantum memoria : *add.* P3.

℟ Si simplex festum .ix. lectionum in octa. die contigerit.
differatur in crastinum. et ad vesperas que erunt de octa. fiat
memoria de festo (nisi tale festum fuerit quod ij⁵ vesperas
habere non poterit) Vt si festum sancti Albani [22 Jun. *E.*] in
octa. die Corporis Christi contigerit [*hoc erit sub.* lit. Dom. 4*A.*].
differatur festum.    Et ad ij⁵ vesperas que erunt de sancto
Albano. fiat memoria tantum de octa. et de sancta Etheldreda.
et tunc dicuntur psalmi feriales.    Ad vesperas et ad completorium dicitur hymnus (*Saluator mundi*) cum (*Deo Patri*) Et ad
matutinas de sancto Albano fiant medie lectiones de [Ethel-
dreda] virgine.

[122.]   ℟ Si festum sanctorum Johannis et Pauli. in octa die[1]
Corporis Christi contigerit [25 Jun. *B.*, sub 5*E.*]· fiant memoria
et medie lectiones de festo cum proprijs ℟ijs.

Sed laudes que proprie habentur eo anno omittantur.[2]

℟ Si octa. [' dies' *R.*] Corporis Christi in Commemoratione
sc̃i Pauli contigerit [30 Jun. *F.*, sub 5*B.*] differatur festum. et
totum fiat[3] de octa.    Ad matutinas memoria de apostolis.
Ant. *Petrus apostolus.*    Vespere erunt de octa et memoria de
Apostolis [Petro et Paulo]. cum Ant. *O Petre*[4] *pastor.*

Et in .vj feria totum de Commemoratione sancti Pauli. et
memoria tantum de octa. sancti Johannis

Et de sancto Petro. Ant. *Petre amas me.*

Secunde vespere erunt de commemoratione beate Marie. et
memoria de Apostolis. Ant. *Gloriosi* ['principes' *R.*] et de
martyribus [Processo et Martiniano] et de sancto Swithuno.[5]

℟ Si octa. sancti Johannis Baptiste in oct. Corporis Christi
euenerit [1 Jul. *G.*, sub 5*C.*]. fiant medie lectiones ['de Sancto
Johanne' *R.*] cum /℟°. *Priusquam te.*[6] et missa in [fo. Cij.
capitulo.[7]

[123.]   ℟ A festo Sancte Trinitatis vsque ad Aduentum
tempus *breue* dicitur. cum sint .xxij. vel .xxiij. dominice que
habent officia propria tantum.

Tempus *equale* dicitur cum sint .xxiiij. vel .xxv. dominice que
habent epistolas[8] et euangelia et propria Alleluya tantum.

Tempus *prolixum* dicitur. cum sint .xxvj. vel .xxvij. dominice.
Iste dominice nihil habent omnino. et ideo vna differatur
infra oct. Corporis Christi. et alia infra octa. Dedicationis, vel
Assumptionis aut Natiuitatis beate Marie.

---

[1] de : P3.                         [2] pretermittantur : C.
[3] fiant : 1495. fiat servicium : R.            [4] petro : 1495.
[5] Swithino : G.  Swythuno : R.
[6] tamen hoc ℟. non dicitur in octa. secundum Ordinale. *add.* P3. P5.
[7] et in capitulo missa dicitur : R.
[8] exposicion. : R.

[124.] ❡ Dominica in qua inchoatur¹ (*Deus omnium*) dicitur²
℟. *Deum time.* et fiat memoria de Trinitate et processio ante
crucem.

[125.]³ Iste antiphone dicuntur⁴ alternatim tam ad vesperas
quam ante missam.

videlicet si Ant. (*Beata Dei*) sit ad vesperas. tunc⁵ Ant. *Aue
regina.* erit ante missam. Nam iste due antiphone (scilicet *Ibo
mihi.* et *Quam pulcra*) nunquam dicuntur ad vesperas sed ante
missam cum Cantori placuerit tantum.³

❡ *Beata Dei genitrix.*
  *Aue regina.*
  *Alma redemptoris.*
  *Speciosa facta.*

[126.] Qualiter vero singule historie sint⁶ inchoande et
qualiter Responsoria ferialia sint⁶ cantanda. patet expresse ex
magna Rubrica⁷ et in alijs specialibus ℟icis que vocantur (*Pica
Sarum*) quarum fidelitas seu veracitas⁸ in opere sequenti. vbi
agitur de quibusdam festiuitatum sanctorum dubijs. manifeste
declarabitur in suis locis.

[' *Nota dubia diuersa in festis
sanctorum.*' R. in margine.]

[127.] Hic consequenter ponuntur et soluuntur obscuritates
seu dubia⁹ que in festiuitatibus sanctorum solent euenire quamuis
breuiter tamen vtiliter omnibus videntibus.

[128.] ❡ De sancto Andrea [30 Nov. *E.*].

Notandum quod cantantes¹⁰ Prosam ad ijˢ vesperas sancti
Andree stent¹¹ omnes conuersi ad chorum vsque (*Gloria Patri*)
¹²et tunc vertant se ad altare.¹² Eodem modo cantentur omnes
Prose tam ad vesperas quam ad matutinas per totum annum.

❡ Quando festum sc̃i Andree in .v. feria non celebratur. tunc
infra octa. Nihil fiat de apostolo. nisi memoria tantum vsque
ad octa diem [7 Dec.] cum antiphonis. *Vidit Dominus.* et
cetera.

/❡ Quando fit seruicium de aliquo sancto infra octa. [fo. Cij.b.
aut de commemoratione. semper memoria de octa. precedet
memoriam de Aduentu. ad vesperas matutinas et ad missam.

¹ historia *Deus omnium* : R.      ² cantetur : R.
  ³—³ Iste antiphone sequentes scilicet, *Beata Dei genitrix, Aue Regis, Alma
Redemptoris* et *Speciosa,* dicantur alternatim per ordinem tam ad vesp. quam
ante missam, viz. quod sic antiphona *Ibo mihi* et ant. *Quam pulcra* nunquam
dicantur ad vesp. in redeundo, 8ʒ ante missam tantum vtcantori placuerit. : R.
  ⁴ dicantur : L.      ⁵ *omitt.* ' tunc ' C.
  ⁶ sunt : C.  § 126 *non habet* Raynton.
  ⁷ ' *Rubrica magna de Dominicis et Festiuitatibus*' continetur in *Brev. Sar.*
i. pp. mclxxxiv.–mcci.      ⁸ variacitas : *Caxton.*
  ⁹ dubia et obscuritates : R.      ¹⁰ cantontes : P3.      ¹¹ stant : P5.
  ¹²—¹² *omit.* R.

⁋ Quando in crastino sancti Andree [h.e. in Kal. Dec. *F.*] vel sancti Thome apostoli [h.e. 22 Dec. *F.*] agitur de Festo loci. tunc ad ij⁵ vesperas de apostolo ad memoriam beate Marie dicitur Ant. *Beata es.* et non Ant. *Aue Maria.*

⁋ Si octa. dies sancti Andree [7 Dec. *E.*] in sabbato vel in dominica aut in die lune contigerit. Nihil fiat de octa. illo anno.[1] nisi memoria et missa in capitulo.

[129.][2] ⁋ Quando Inuitatorium (*Dilexit Andream*) non cantatur in .vi. feria ante Aduentum. tunc cantabitur in eius octa.[3]

[130.] ⁋ De Conceptione Marie[4] [8 Dec. *F.*]. Ad omnes horas omnia fiant sicut in Nat'. eiusdem. mutata[5] dictione[6] *natiuitatis*[7] in *conceptionem.* sed non illa dictio (*ortus*) in istam dictionem (*conceptus* vel *conceptionem*).

[131.][8] ⁋ In quacumque feria hoc festum contigerit fiat processio ante missam sicut in natiuitate eiusdem cum Responsorio *Solem iusticie* et suo ℣.

In introitu chori dicitur Ant. *Conceptio tua.* sicut in Nat' eiusdem.

In [9]festo Conceptionis dicitur sicut in festo Annunciationis[9] cantus super *Kyrie. Sanctus* et *Agnus* sicut in minoribus festis duplicibus.

[132.] ⁋ De sancto Juliano confessore[10] [27 Jan. *F.*]. Capitulum *Ecce sacerdos:* In laudibus Cap. *Benedictionem.*

[133.] ⁋ Quando festum sancti Juliani in aliqua dominica ante Septuagesimam contigerit. nunquam[11] de eo medie lectiones in ecclesia Sarum

[134.] ⁋ De Purificatione beate Marie [2 Feb. *E.*]. Si Purificatio beate Marie in proximo sabbato ante Septuagesimam euenerit. Secunde vespere erunt de festo et sola memoria de dominica. Et dicatur hymnus (*Quod chorus*) quia *Letabundus*) non dicitur[12] infra lxx.

⁋ In die Purificationis et[13] consecratione candelarum. executor officij vertat ['se' *R.*] ad orientem a[14] principio vsque ad[14] finem secundum ordinale.[15]

Falsi libri habent *ad austrum.* et male.[16]

[135.] In quacunque feria hoc festum Purificationis vel Conceptionis contigerit. Nihilominus fiat de commemoratione beate

---

¹ augo : P3.  
³ octa eius : C.  
⁵ inuitata : P5.  
⁷ natiuitatem : R.  
² § 129 *non habet* Raynton.  
⁴ beate Marie : C.  
⁶ illa dictione : C. ista dictione : R.  
⁸ §§ 131–2 *non habet* R.  
⁹—⁹ In isto festo conceptionis sicut in festo annunciationis dicitur : C.  
¹⁰ confessore et doctore : C.  
¹¹ nunquam fient : C.  
¹² dicatur : C.  ¹³ in : C. beate Marie in : R.  ¹⁴ in : R.  
¹⁵ Secundum vsum Sarum. : R.  
¹⁶ Cf. *Defens. Direct.* cap. 21. § 135 *non habet* R.

Marie[1] /plenum scruicium in aliqua feria eiusdem [fo. Ciij. hebdomade. et hoc in sabbato si fieri potest. Ita quod nulla fiat memoria ad ij[s] vesperas huius festi de commemoratione predicta facienda.[2]

Similiter fiat post octa. Assumptionis ['et Visitationis ' *add.* 1501] et Natiuitatis eiusdem.

Si ['festum Purificationis' *add.* 1501-1508] in dominica .lxx[e]. .lx.[e] vel .l[e]. contigerit [h.e. sub 3*E. 2E.* vel 1*E.*]· non differatur.

Similiter si Dedicatio ecclesie vel Festum loci in aliqua dominica a .lxx. vsque ad Passionem Domini contigerit. non differatur. sed fiet memoria tantum[3] de dominica.

[136.] ❡ In die Purificationis beate Marie ad vesperas vtrasque[4] et ad laudes. necnon in missa dicitur sic secundum vsum Sarum. (*Ecce ego mitto angelum meum qui preparabit viam ante faciem* meam) non *tuam.*[5]

[137.] ❡ De festo sancte Agathe virginis [5 Feb. *A.*].

In hoc festo ad vtrasque vesperas matutinas et ad .iij. dicitur Cap. *Confitebor tibi.*

[138.][6] Si hoc festum in dominica .lxx[e]. vel .lx[e]. contigerit. [h.e. sub anno 3*A.* vel 2*A.*]. differatur in terciam feriam sequentem.

Si in dominica .l[e]. [Lit. Dom. 1*A.*] contigerit. differatur in .ij. feriam.

Et tunc tantum memoria de sanctis et fiat commemoratio beate Marie in .iij. feria.

[139.][7] ❡ De Cathedra sancti Petri [22 Feb. *D.*].

hac[8] die non dicitur super (*Te lucis*)[9] cantus sicut in festis apostolorum. sed cantus sicut de vno Confessore[10] Pontifice.

[140.] ❡ Sancti Gregorij pape [12 Mar. *A.*]. Inferius duplex.[11] Ad vesperas Cap. *Ecce sacerdos.* In laudibus Cap. *Benedictionem.*

❡ Similiter in die sc̄i Ambrosij[12] [4 Apr. *C.*].

[141.] ❡ De[13] Annunciatione beate Marie [25 Mar. *G.*].

Si festum Annunciationis beate Marie in aliqua hebdomada[14]

---

[1] beate virginis : C.
[2] Cf. *Defens. Direct.* cap. 40.   [3] fiet tantum memoria : C.
[4] utrasque vesperas : C. *Omit.* 'et': P5. (Vide *Brev. Sar.* iii. pp. 131, 144, 145, in capitulo ad vesperas, &c.)
[5] Vide *Missale* p. 703, in lectione ex Malachiae cap. iii. Et cf. *Defens. Direct.* cap. 46.)
[6] § 138 *non habet* R.   [7] § 139 *non habet* R.
[8] in hac : P5.   [9] super *Iam lucis* : C. P3.
[10] confessore et : C.
[11] Sancti Gregorii duplex festum episcopi et doctoris : R.
[12] Ambrosii doctores, si extra tempus Pasc' celebratur. : R.
[13] In loco § [nis] 141 *habet* Raynton '*Cathedra sancti Petri.* ❡ In Cathedra sancti Petri non dicitur super *Iam lucis* cantus sicut in festis apostolorum, sed cantus sicut de vno confessore et pontifice.'
[14] dominica : P3. P5.

.xle. contigerit [5G. 4G. 3G. 2G.] differatur in crastinum. nisi sit Festum loci. tunc non debet differri. nisi quando contigerit in dominica Passionis Domini vel Palmarum [3G. vel 2G.]. Nam Festum loci est festum principale.

Si hoc festum in Sabbato Passionis Domini vel Palmarum contigerit [? sub 3A. vel 2A.]. vespere erunt de dominica et solennis memoria de festo. Et tunc vespere et completorium dicuntur extra chorum sicut in alijs ferijs .xle.[1]

In hoc festo et in[2] omnibus festis duplicibus in .xl. contingentibus /pulsetur ad completorium cum duabus campanis [fo. Ciij.b. secundum ordinale Sarum. sed ad collationem cum vna campana.[3]

In festo Annunciationis completorium quadragesimale non mutatur. nisi quod in fine hymni dicitur ℣.[4] (*Gloria tibi Domine. Qui natus*). [5]cum extra Passionem euenerit.[5]

[142.] ❡ De sancto Ambrosio [4 April, *C.*].

Quando festum sc̄i Ambrosij post octa Pasce celebratur. tunc de sex proprijs lectionibus fiant tres lectiones. et legantur bine et bine.

❡ Similiter fiat de sc̄o Dunstano [19 Mai, *F.*] Aldelmo [25 Mai. *E.*] Augustino Anglorum apostolo [26 Mai. *F.*] et consimilibus.[6]

Multi libri sic habent[7] (*Legantur tres prime lectiones*, et male.)

[143.] ❡ De sc̄o Marco [25 Apr. *C.*].

Si festum sc̄i Marci in aliqua dominica post octa Pasce contigerit [h.e. 1C. 2C. 3C.] non differatur. sed totum seruicium erit de festo. et memoria de dominica et de Resurrectione. de ieiunio. Et processio que[8] solet fieri post missam nihil fiat eo anno. sed processio ad vesperas fiat more solito.

Nec alia[9] memoria habenda est [10]de Resurrectione ad illas vesperas nisi (*Christus resurgens*) cum suo versu.[10]

Quacunque[11] alia feria. contigerit post octa. Pasce fiat ieiunium et processio post missam. et post processionem dicitur ℣. *Letamini in Domino.* et Oratio (*Infirmitatem*) et idem ℣. cum oratione dicuntur[12] feria ij. iij. et iiij. Rogationum.

---

[1] festis quadragesime. : P5.       [2] *omit* ' in ' P5.
[3] Dicit tamen *Defensorium Directorii* in cap. 26 quod ' In omnibus festis duplicibus in xl. contingentibus, pulsetur ad completorium cum vna vice tantum.' Vide supra p. 18 *n.* ' *De pulsatione campanarum*,' &c.   Cf. pp. 48, 49 *n.*
[4] *quod:* P3. *omit* '℣.' P5.       [5]—[5] *omitt.* P3. P5.
[6] De S. Barnaba quoque, quandocunque ante Pentecost. euenerit, tres fieri lectiones monet *Brev. Sar.* in kalendario ad diem Maij ix.   De lectionibus binatim legendis, cf. *ibid.* iii. p. 494 de Transl. S. Osmundi.
[7] habent sic : C.   [8] Et fiat processio que : P3. P5.   Nescio an legendum sit, ' Et [*de*] processio[*ne*] que solet fieri post missam nihil fiat eo anno. s3 processio ad vesperas fiat more solito.'   [9] aliqua : R.
[10]—[10] de Resurrectione. Ad illas vesperas Cristus resurgens cum suo versiculo : C.  de resurrectione ad primas vesp. quam *Christus resurgens*, cum versu : R.       [11] Quocunque : P5.       [12] idem versiculus dr̄ cum eadem oracione : R.

[144.] ❡ In die Inuentionis sancte Crucis [3 Mai. *D.*] ad ma'utinas fiat memoria de martyribus [Alexandro, Euentio et Theod.] cum Ant. *Lux perpetua.* minor.[1] secundum Ordinale Sarum.

[Sequentem pericopen *omitt.* 1501-1508.]

[145.] ❡ De sc̄o Johanne ante portam latinam [6 Mai. *G.*] Quando hoc festum transfertur a dominica .v. post Pasca in iij. feriam [h.e. in 8 Mai. sub 2*G.*]. Vel a die Ascensionis in sabbatum [h.e. in 8 Mai. sub 1*C.*], tunc ad primas vesperas beati Johannis apostoli fiat memoria de sancto Johanne de Beuerlaco cum Ant. *Filie Hierusalem.*

---

❡ In crastino sancti Johannis ante portam latinam celebratur̉ festum sancti Johannis de Beuerlaco [7 Mai. *A.*] secundum ordinale Sarum.

[146.] ❡ De sancto Aldelmo [25 Mai. *E.*].
Si hoc festum in octa die[2] Ascensionis euenerit [h.e. sub 3*A.*]. Nihil fiat de eo illo anno.

❡ Ad primas vesperas de sancto Augustino (si infra tempus pascale[3] euenerit) /memoria de sancto Aldelmo Ant. [fo. Ciiij. *Lux perpetua.* maior.[4]

[147.] De[5] sancto Augustino. [Oratio.] *Deus qui beatum Augustinum primum doctorem populo concessisti Anglorum.* [26 Mai. *F.*]
Falsi libri non habent hoc verbúm *primum.* ['*primum*, qui principium.': R.]

[148.] ❡ De sancto Nicomede martyre [1 Jun. *E.*].
Collecta ad vesperas et ad omnes horas ['erit oratio propria' 1501, 1508.] et ad missam erit de communi vnius Martyris.
Falsi libri habent propriam orationem.[6]

[149.] ❡ De sancto Albano [22 Jun. *E.*].
Si festum Corporis Christi in die sc̄i Albani contigerit [h.e. sub 5*A.*] differatur festum sancti Albani in crastinum. Et ibi [sc. 23 Jun. *F.*] fiat memoria et medie lectiones de sancta Ethel-

---

[1] *Brev. Sar.* ii. p. 355. §§ 144, 145 *non habet* Raynton.
[2] de : P2. *Mox* Assumpcionis : C.   [3] si infra oct' Ascensionis : R.
[4] Cf. *Brev. Sar.* ii. p. 358.
[5] Oracio de : R. §§ 148, 149 *non habet* R. *Mox* 'Oratio. Deus qui' : P5.
[6] Oratio propria, scil. 'Deus qui nos beati Nichomedis martyris tui meritis' &c., inuenitur in *Missali Sar.* p. 757. Et sic etiam in editt. istius tractatus *Crede Michi* (A.D. 1501, 1508) rursus legitur : 'De Sancto Nicomede martyre. Collecta ad vesperas et ad omnes horas erit oratio propria. et ad missam erit de communi unius martyris.' 'Falsi libri habent propriam orationem.'— *scilicet ad missam.*

dreda. Et ad primas vesperas de sancto Johanne fiat[1] [2]solennis
memoria de sancto Albano. et de octa*uis*. vbi fiunt cum regimine
chori.[2]

ℂ Si octa. dies Corporis Christi in die sancti Albani contigerit.
[h.e. sub 4*A*.]. differatur festum sancti Albani. sed vespere
erunt de sancto Albano. Ant. *Iste sanctus*[3] Psalmi feriales.[4] et
fiat memoria de octa. et de [sancta Etheldreda] virgine. et medie
lectiones. Et ad completorium dicitur hymnus (*Saluator mundi*)
propter octauas.

[150.] ℂ De sancta Etheldreda [23 Jun. *F*.].
Si hoc festum, vel sĉi Leonis pape [28 Jun. *D*.] infra octa.
Corporis Christi (vbi fiunt cum regimine chori) contigerit. fiat[5]
tantum memoria de festo.
[6]nisi in dominica.[6] tunc enim fiant medie lectiones.

[151.] ℂ De sancto Johanne Baptista [24 Jun. *G*.].
Si hoc festum infra octa. Corporis Christi (vbi fiunt cum regimine chori) contigerit.[7] fiat memoria de octa. solenniter ad
vtrasque vesperas[8] et ad missam de festo.

[152.][9] ℂ De sanctis Johanne et Paulo[10] [26 Jun. *B*.].
Si hoc festum infra octa. Corporis Christi (vbi fiunt cum regimine chori) euenerit fiunt semper[11] .ix. lectiones. et medie
lectiones de oc. Corporis Christi et memoria tantum de oct.
sancti Johannis.

[153.] Si autem extra predictas octa in dominica contigerit
fiant medie lectiones de sancto Johanne cum Responsorio
*Priusquam.*[12]

[154.] A[d] primas *vesperas*[13] apostolorum P[etri] et P[auli]
nulla fiat[14] memoria de oc. sancti Johannis in audientia sed sub
silentio nec de oc. Corporis Christi. nisi fuerint cum regimine
chori. tunc fiat solennis memoria ad vtrasque vesperas matutinas et[15] missam.

[155.] /ℂ In die apostolorum Petri et Pauli [fo. Ciiij.b.
[29 Jun. *E*.] iste erit Cantus siue hymnus in laudibus. *Exultet celum laudibus.*

[1] Cf. *Brev. Sar.* ii. p. 355.
[2]—[2] de S. Albano sub silentio memoria et de octa. ubi fiunt cum regimine
chori solenniter : P3. P5.     [3] *Brev. Sar.* p. 371.     [4] p³ ferialis : C.
[3] fiat tantum de festo memoria : C.
[6]—[6] nisi in octa. forte contigerit : P3. P5.
[7] euenerit memoria solenniter de octauis : C.     [8] *add.* matutinas : C.
[9] Loco §§ 151, 152 *liber* Johannis Raynton *dicit* ℂ '*De Sanctis Johanne et
Paulo.* Si hoc festum infra oct' Corporis Christi euenerit, semper fiant ix.
lec. et medie lec. de oct' Corporis Christi et mem. tantum de oct' Corporis
Christi et mem. tantum de oct' sancti Johannis. Si.' §§ 153-156 *non habet*
Raynton.
[10] De festo sanctorum iohannis et pauli. : C.     [11] semper fiunt : C.
[12] Priusquam te. : C.     [13] A j̄s v̄s : 1495.     [14] fiet : C.
[15] et ad : C. P5.

Similiter idem cantus dicitur¹ in Commemoratione sancti
Pauli. [30 Jun. *F.* vide supra in *Defens. Direct.* cap. 55.]

[156.] ❡ De sancto Thoma Cantuar.² [7 Jul. *F.*].

Si Translatio sancti Thome Martyris in sabbato contigerit.
tunc ad primas vesperas Reliquiarum fiat solennis³ ⁴memoria de
sancto Thoma cum Ant. *Salue Thoma.*

Istam regulam falsi libri non habent.　Et tamen est vera.

Etiam in primis vesperis sancti Thome erit memoria de octa.
Apostolorum [Petri et Pauli] privatim.

[157.] ❡ Dominica prima⁵ post festum Translationis sancti
Thome celebrabitur Festum Reliquiarum.⁶ [Jul. viii–xiiij.]

et est celebrandum sub maiori duplici festo vbicunque reliquie
habentur. vel corpora mortuorum humata⁷ sunt.

❡ Nota causam huius festi.

Quia licet sancta Ecclesia in eorum laudibus nihil solennisat.⁸
tamen cuius honoris apud Deum sint ignoratur.

Patet per istam regulam quod merito deridendi sunt qui
delyrando dicunt (*Quorum reliquie in vniuersali continentur
Ecclesia.*)⁴

Quelibet ecclesia tenetur proprias reliquias⁹ honorare.

[158.] ❡ Quodcunque festum in Dominica Reliquiarum
contigerit. nulla de eo fiat memoria nisi priuatim de dominica et
de Trinitate.

❡ Si festum Dedicationis Ecclesie in dominica Reliquiarum
forte contigerit. differatur festum Dedicationis in crastinum. et
secunde vespere erunt de Dedicatione. et solennis memoria de
Reliquijs.

Et fiant octaue Dedicationis cum regimine chori ['per totum
ebdomadam more solito.' *R.*]

---

¹ idem dicitur cantus : C.

² *omitt.* 'Cantuar.' C.　　³ *omitt.* 'fiat solennis' C.　　⁴—⁴ *non habet* R.

⁵ 'proxima' : *Brev. Sar.* 1531 (iii. p. 452 ed. Cantab.).

⁶ 'quod nuper celebratum fuerat in octaua die Nativitatis B. Marie'[sc.
15 Sept.] *ibid.*　　　　　　⁷ humana : P5.

⁸ 'Quia licet S. Ecclesia et clerici in eorum laude nihil solennizent, tamen
·cuius honoris sunt apud Deum nescitur.' *ibid.*

Festum Relliquiarum in ecclesia Sarisburiensi plures mutationes perpessum
esse inuenimus. Seculo enim mediante duodecimo, diem pro hac celebratione ab antiquioribus receptam, utpote minus opportunam, in xv. Kal.
Octobris, hoc est in xvii. Septembris, transtulit Jocelinus Sarum episcopus.
Cui suffragatus est etiam Theobaldus Cantuariensis, Anglorum primas.
(Vide in *Registro sancti Osmundi*, fo. 27b. = i. p. 227.)　In anno Domini 1150,
dominica post octauas Natiuitatis beate Mariae cecidit in xvii. diem Septembris. Rogerus porro de Mortiuallis, Sarum episcopus, per statutum
suum A.D. 1319, iterum transtulit festum Relliquiarum in dominicam proximam
post diem Julii vii. (Cf. *Statuta Sarum*, fo. 23 = p. 68.)

⁹ proprias tenetur reliquias : C.

❡ In die †Dedicationis† Ecclesie[1] ['In die Reliquiarum': R. 1497, 1501, 1508] post processionem ante missam dicitur V. *Letamini in Domino.* et Oratio *Infirmitatem.*[2]

[Sequentem pericopen omitt. 1497-1508.]

[159.] ❡ De sancto Laurentio [10 Aug. *E.*].
Si in die tercia a festo sancti Laurentij dies dominicus euenerit. fiant medie lectiones de sancto Laurentio [h.e. 12 Aug. sub Lit. Dom. 6*G.*]. et ℞. *O Ypolite* erit sextum.

---

[160.] [3]❡ Si Festum sancti Ypoliti in dominica contigerit [13 Aug. Lit. Dom. *A.*]. medie lectiones erunt de octa*uis* Jesu.[4] et memoria tantum de sancto Laurentio.[3]

[161.] Quandocunque /octa. sancti Laurentij in [fo. C5. dominica contigerit [17 Aug. *E.*]. semper dicitur missa de octa. in capitulo. ·

[162.] Et in Vigilia sancti Bartholomei dicitur missa in capitulo [23 Aug. *D.* Lit. Dom. *E.*].

[163.] [5]Epistola de Vigilia[5] sancti Laurentij sic scribitur secundum quod debet legi secundum Ordinale. ['*Confitebor tibi domine rex et collaudabo te deum saluatorem meum.*' add. C.]. *Confiteor nomini tuo quoniam adiutor et protector factus es mihi.*[6] *liberasti corpus meum a perditione. a laqueo lingue inique. et a labijs operantium mendacium.  Et in conspectu persequentium*[7] *factus es mihi adiutor· et liberasti me secundum multitudinem misericordie nominis tui a rugientibus*[8] *ad escam.  De manibus querentium animam meam. et* [9]*a multis tribulationibus.*[9] *et a pressura flamme*[10] *que circundedit me. et in medio ignis non sum estuatus. de altitudine ventris inferi. et a lingua coinquinata. et a verbo mendacij. a*[11] *rege iniquo. et a lingua iniusta* [12]*liberasti me*[12] *Laudabit vsque ad mortem anima mea Dominum quoniam eruis sustinentes te et liberas*[13] *eos de manu angustie. Domine Deus meus.*[14]

[1] *omitt.* 'Ecclesie' C.
[2] Or. *Infirmitatem.* ut in *Processionali Sarum,* pp. 136, 150 (*bis*).  Et cf. memoriam de Omnibus Sanctis, ad matutinas, in *Brev. Sar.* ii. p. 93.  Lectio Jo. Raynton et pynsoniana potior esse uidetur.
[3]—[3] Similiter fiat si festum sancti ypoliti in dominica contigerit. Quandocunque octaua sancti laurencii in dominica contigerit: C. R.  §§ 161-164[a] *non habet* R.
[4] Octava Jesu, *h.e.* Dulcissimi Nominis Iesu. (octauis Jesu: 1501.)
[5]—[5] Et in vigilia: P3. P5. ·
[6] 'et liberasti': C. cum *Missali,* p. 856.
[7] 'astantium' *ibid.* ex edd. 1513, '15, '26, '55.
[8] 'preparatis ad': C. cum *Missali.*
[9]—[9] 'multis tribulationibus.'        [10] flamine: P5.        [11] *Omit* 'a,' P5.
[12]—[12] *omit. Missale* ed. 1513, '26, '55.
[13] libera: P3. P5.        [14] Cf. *Missal,* p. 704*.

74    *CREDE MICHI.*

❡ Qui legunt epistolam pro hac vigilia sicut habetur in Communi vnius Virginis errant.

[164a.]  ❡ De sancto Egidio [1 Sept. *F.*].

Quando festum sc̄i Egidij in dominica contigerit [Lit. Dom. *F.*]. differatur in crastinum. et feria .iij. de Festo loci. Et in sabbato erit plenum seruicium de commemoratione beate Marie.

❡ Hic pica Sarum est falsa que dicit (*In sabbato dicitur*[1] ℞ *feriale.*)

[164b.]  In die sancti Egidij quando fiunt medie lectiones de sancto Prisco. semper dicuntur [℞] de² ij°. nocturno ['vnius martiris.' *R.*] in ecclesia Sarum.

Sequentia *Adest nobis*)³ dicitur in festis sanctorum

Egidij [1 Sept. *F.*]
Leonardi [6 Nov. *B.*]
[' Iheronimi ' *add.* C. R. (30 Sept. *G.*)].
Edwardi regis et confessoris [13 Oct. *F.*]

et semper³ dicitur sic (*Aue inclyte presul Hieronyme*)⁴ *Aue inclyte presul Edwarde.*   Nunquam dicitur in ecclesia Sarum. (*Aue inclyte* confessor) sed semper *presul.*⁵

Versus.  *Presul pre alijs et princeps dicitur esse.*

[(164c.)  ❡ Pica illa que dicit quod in die sanctorum Ciriaci sociorumque eius martyrum (8 Aug. *C.*) fiat commemoratio beate Marie si in vi. feria contigerit (*h.e.* lit. dom. *E.*) falsissima est quia illi sancti habent propriam epistolam et proprium evangelium et propriam communionem, ideo in v. feria fiat commemoratio predicta quia ibi est conuenientius.' *add.* C. = 1487, 1488.]

[165.]  ❡ De Vigilia Natiuitatis beate Marie [7 Sept. *E.*]. Quacunque feria extra dominicam hec⁶ Vigilia contigerit semper fiat ibi ple/num seruicium de commemoratione beate [fo. C5.b. Marie. et nihil fiat de vigilia nisi ieiunium tantum.

[166.]⁷  ❡ In Exaltatione sancte Crucis [14 Sept. *E.*] ad vesperas de Sancta Maria dicitur vna antiphona de nocturnis. et ad matutinas de die (si dominica non fuerit) dicitur alia secundum ordinem nocturnorum.   Et alia antiphona que dicitur ad matutinas de die non dicitur ad matutinas de octa. sed alia secundum ordinem nocturnorum.

In Exaltatione sancte Crucis ad primas vesperas in processione dicitur oratio *Deus qui pro nobis Filium tuum.*

---

¹ diciur : P5.                    ² Responsoria de : C.
³⁻³ ❡ In sequencia *Adest nobis* in festis sanctorum Egidij, Leonardi, Ieronimi, Edwardi regis et conf. semper : R. Cf. *Defens. Direct.* cap. 49. (De fallacia Picae Sarisbiriensis vide etiam §§ 169, 173.)
⁴ Ieronyme : P3.   Dies Sept. xxx. est fest. Dedic. Eccl. Sarum.
⁵ sed *presul* : R.   vide in *Missali*, p. 704* *n.*
⁶ hac : C.  1495, P3. P5.              ⁷ §§ 166, 169, 170, *omit.* R.

[167.] ❡ De Sancta Tecla [23 Sept. *G.*] :
['In die sancte Tecle' *R.*] ad Missam Offertorium *Offerentur·*
maior.[1] (Falsi libri habent contrarium.)
[168.] ❡ Sancti Michaelis in monte tumba [16 Octob. *B.*].
ad vtrasque vesperas dicitur hymnus (*Tibi Christe*)
Falsi libri habent
ad secundas vesperas hymnus. *Christe sanctorum.*

[Sequentem pericopen omitt. Raynton et edd. 1497–1508.]

[169.] ❡ Littera dominicalis E. [in][2] .iiij. dominica mensis
Octobris.
Feria .iiij. dicitur de Festo loci.
Feria .vj. de sancta Maria. et
Sabbato .ix. lectiones de martyribus [Crispino et Crispiniano].
cum medijs lectionibus de sancto Johanne de Beuerlaco.
❡ Hic pica Sarum est falsa. quia dicit *Sabbato de sancta*
*Maria.*[3] et erit de sanctis Martyribus sequentibus.[3]

———————

[170.] De sanctis[4] Crispino et Crispiniano [25 Octob. *D.*]
Oratio secundum Sarum,[5] *Deus qui sanctis martyribus tuis*
*Crispino et Crispiniano ad hanc gloriam veniendi. copiosum munus*
*gratie contulisti.*[6] *da nobis famulis tuis. nostrorum veniam pecca-*
*torum.*[7] *vt sanctorum tuorum intercedentibus*[8] *meritis· ab omnibus*
*mereamur aduersitatibus*[9] *liberari. Per Dominum.*

[171.] ❡ Item[10] si festum Vndecim Milium[11] Virginum in
dominica contigerit [21 Octob. *G.*]. fiat memoria et medie
lectiones.
Si[12] in sabbato euenerit [Lit. Dom. *A.*]. tunc fiat[13] seruicium de
festo.[14] Et commemoratio beate Marie in iv. feria precedenti[15]
fiat.

[172.][16] ❡ De festo Omnium Sanctorum [1 Nov. *D.*].
Si hoc festum in dominica contigerit. tunc sub silentio ad
vesperas et ad matutinas. fiat memoria de dominica. et de
Trinitate secundum Sarum [cf. *Defens. Direct.* cap. 29.]
/Falsi libri non dicunt *de Trinitate.*                    [fo. C6.

---

[1] Although it is common in Sarum rubrics to write 'Psalmus ipsum,' we do
not find *offertorium* Offerentur *majus* (but *maior*). In the present instance
the *longer* of the offertories with this commencement '*Offerentur*' is prescribed in the printed Missals of 1494, '97, '98—*Miss. Sar.* pp. 914, 723*.
[2] in iiii dominica : C.        ⌐⌐' *omitt.* C.        [4] sancto : P5.
[3] In *Missali Sar.* p. 945 Oratio de SS. Crispino et Crisp. incipit 'Deus qui
. . . . . Crispiniano *coronam martyrij prestitisti*' nec alias concordat cum
formula praescripta.
[6] *Omit.* 'contulisti' P5.                    [7] pecatorum tuorum : P5.
[8] intercessionibus : P3. P5.                  [9] aduersantibus : P3.
[10] *omitt.* 'Item' : C. R.        [11] milia : R.        [13] et si : R.
[12] fit : P5.        [14] de eis (*omit.* 'tunc') : R.
[15] precedente : C. fiat in vj. fe. presedente : R.        [16] § 172 *omit.* R.

❡ In die Omnium Sanctorum de[1] lectionibus legendis et Responsorijs cantandis fiat ordo preposterus.

Primum ℞. a duobus excellentioribus cantetur. Et sic fiat descensus sicut lectorum ordine non mutato Octauam lectionem legat puer.

Nonam[2] lectionem sacerdos. Et nonum ℞ a tribus sacerdotibus cantetur.

Octauum ℞ a quinque pueris.

[173.] ❡ In[3] die Animarum [2 Nov. *E.*]

Si Commemoratio Animarum in dominica contigerit differatur in crastinum. Et festum sancte Wenefrede ['dicatur' *R.*] in feriam .iij. Et in illa dominica (inchoetur Historia *Vidi Dominum*). Et memoria tantum de sanctis [Eustachio sociisque suis] martyribus.

⁴❡ Hic pica Sarum est falsa. quia dicit medias[5] lectiones esse *de martyribus.*⁴

[174.] ❡ In die sancte Wenefrede virginis [3 Nov. *F.*].

Ad Missam Officium (*Loquebar*)

Epistola secundum Sarum.[6] Lectio libri Sapientie.) [Ecclesiastici xxiv. 1–5, 21, 22]

⁷*Sapientia laudabit animam suam. et in Domino honorificabitur.*[8] *et in medio populi exaltabitur et in ecclesijs Altissimi aperiet os suum. et in conspectu virtutis illius glorificabitur.*⁹ *In medio populi*¹⁰ *exaltabitur. et in plenitudine sancta admirabitur. In*¹¹ *multitudine electorum habebit laudem et inter benedictos benedicetur dicens. Ego ex ore Altissimi prodij*¹² *primogenita ante omnem creaturam. Ego quasi libanus non*¹³ *incisus vaporaui habitationem meam. et quasi balsamum non mixtum*¹⁴ *odor meus. et quasi terebinthus*¹⁵ *extendi ramos meos· et rami mei honoris et gratie.*⁷

(Gradale) *Specie*¹⁶ *tua.* Alleluya. *Diffusa.*¹⁷

Sequentia *Exultemus.*

Euangelium *Simile est regnum celorum thesau.*

Offertorium. *Offerentur* maior.

Communio. *Feci iudicium.*

[175.]¹⁸ ❡ Quotienscunque littera dominicalis est B. tunc in

---

¹ in : C.                    ² et nonam : C.                    ³ De : C.

⁴—⁴ *omit* R.                    ⁵ medie : P5.

⁶ secundum ordinale : C. (Cf. *Missale Sarum*, p. 962 *n.*)

⁷—⁷ Epistola Sapiencia laudabit animam meam &c. : R. (*et nihil amplius.*) De fallacia *Picae Sarisburiensis* vide supra §§ 164. a., c., 169.

⁸ Deo honorabitur *Vulg., Mis. Sar.* 720*.

⁹ gloriabitur. Et in : *id.*          ¹⁰ populi sui gloriabitur : *id.* sui : *id.*

¹¹ et in : *Vulg.*          ¹² prodiui : *Vulg.*          ¹³ *Omit.* 'non' P5.

¹⁴ mistum : *Vulg.*          ¹⁵ terebintus : C. P3. P5.

¹⁶ Sapientia : P5.          ¹⁷ et gradale ℣. diffusa est. :

¹⁸ §§ 175, 176 *omit.* R.

dominica qua[1] inchoetur historia (*Vidi Dominum*) cantetur ad matutinas .ix. ℟. *Summe Trinitati*. quia illa est vltima dominica ante Aduentum· quantum ad officium dominicale.

Similiter ante missam dicitur[2] idem Responsorium in processione.

[(175b.) '℘ De sancto Theodoro martyre. Quando hoc festum in iii feria contigerit (9 Novemb. lit. dom. *C.*) tunc in iiii feria dicitur de festo loci. et in vi feria de commemoratione beate Marie.' *add.* 1487, 1488. cf. *Defens. Direct.* cap. 5.]

[176.] /℘ De sancto Martino [11 Nov. *G.*]            [fo. C6.b.

Quando infra octa sancti Martini non potest haberi seruicium de eo[3] tunc Ant.) *Martinus adhuc.* et cetere sequentes post Ant. *Sacerdos Dei*) et post Ant. *Sacerdos Martine.* ad memoriam de eo dicuntur cum hoc ℣. *Ora pro nobis.*

'(Nota hoc verbum *post.*)[4]

℘ Quando octaue sancti Martini [18 Nov.] in dominica vel in sabbato contigerit[5] [Lit. *G. vel A.*]. nulla fiat missa de octa. in capitulo.

In octa. sancti Martini quando de octa fit seruicium. vel quando fiunt medie lectiones de octa. tunc dicuntur ista Responsoria.

*Hic est*[6] *Martinus.* ℟. *Dum sacramenta.*

℟. *O beatum.* et non alia secundum vsum Sarum.

(Falsi libri habent ℟ia de iij°. nocturno (si in quinta feria contigerit [7]de sancto Grisogono[8] martyre.[7]

[177.] ℘ De sancto Griso[go]no martyre [24 Nov. *F.*].

Quando festum sci Grisogoni martyris in dominica contigerit. tunc dicuntur de eo ℟ia[9] de primo nocturno.

[178.] ℘ De sancta Katherina [25 Nov. *G.*] ad vtrasque vesperas ['et ad ' *R.*] matutinas et ad terciam dicitur capitulum. *Confitebor tibi.*[10]

[179.][11] ℘ De sancto Machuto [15 Nov. *D.*]

Oratio secundum Sarum. *Omnipotens sempiterne Deus. populi tui preces exaudi. vi intercessione beati Machuti confessoris tui atque pontificis. cuius hodie annuam festiuitatem recolimus. cum temporalibus incrementis eterne prosperitatis capiamus augmentum· Per Dominum.*[12]

---

[1] que : P3. P5.
[2] dicatur : C.
'—' *omitt.* 1497. P3. P5.
[5] Responsorium Hic est : C.
[7]—[7] *omitt.* C.
[10] *omit* ' tibi ' P5. (Liber Johannis Raynton, in hac parte mutilus §§ 183, 181, 182 inter §§ 177–180 posuit.)

[3] Vide *Brev. Sarum* iii. p. 1029.
[4] contingat : C.

[8] 'Grisono' : 1495.            [9] *omit.* ℟ia : R.

[11] §§ 179, 180 *omit.* R.
[12] Oratio de S. Machuto apud *Missale Sar.* p. 968 est 'Omps. S. D. populi . . . qui *B. Machutum confessorem tuum atque pontificem virtutis gratia*' &c. Cf. *Defens. Direct.* cap. 27.

[180.] ⁋ ¹In die sancti Hugonis [17 Nov. F.]¹
De sc̃o Aniano Oratio. *Deus qui nos beati Aniani confessoris tui atque pontificis· natalicia gloriosa celebrare concedis. tribue quesumus eius nos semper² beneficijs preueniri. et orationibus adiuuari. Per Dominum.*³

    [181.] ⁋ De⁴ sancto Dauid [1 Mar. D.].
        Missa⁵ (*Statuit ei*)
        Epistola⁶ *Ecce sacerdos.*
        Gradale. *Domine preuenisti.*
        Tractus. *Beatus vir qui.*
        Euangelium (*Homo quidam peregre proficiscens*).
        Offertorium. *Veritas mea.*
        Communio. *Beatus seruus* [Missal. p. 717.]
    secundum Ordinale

    [182.] ⁋ De⁷ sancto Cedda [2 Mar. E.]
        Missa (*Sacerdos⁸ Dei*).
        Epistola. *Dilectus Deo et.*
        Gradale. *Ecce sacerdos.*
        Tractus. *Beatus vir.*
        /Euangelium. *Videte vigilate et orate.*      [fo. C7.
        Offertorium.⁹ *Inueni Dauid.*
        Communio. *Domine quinque* [*talenta*].¹⁰

    [183.] ⁋ In simplicibus missis Mortuorum dicitur Communio *Lux perpetua* [*luceat eis Dñe ineternum: R.*] absque versu *Requiem eternam.* et absque repetitione (*cum sanctis tuis*).

    [184.]¹¹ ⁋ In die sancti Edmundi confessoris. in mense Nouembris [die xvi.]
    Septima lectio legatur ad matutinas¹² sic secundum Sarum.
    Secundum Matheum

---

¹—¹ *omitt.* C.        ² semper et : C. P5.
  ³ Ista Oratio de S. Aniano non nisi in ed. A.D. 1492 inuenitur apud *Missale* p. 971 *n.* scil. '*Deus qui* [*nos*]' &c. Cf. *Defens. Direct.* cap. 26.
  ⁴ Missa de : C.        ⁵ Officium : C.
  ⁶ 'Eptaa.' W. de Worde, 1495.        ⁷ Missa de : C.
  ⁸ Officium Sacerdotes ('Dei') R. *Caxton.*
  ⁹ Officium : *ed.* 1495.
  ¹⁰ Cf. *Missale Sarum* p. 718.—Post § 182 liber Johannis Raynton regulam inseruit de '*missa de sancto Johanne Beuerlaco episcopi et confessore.*'
  ⁋ Officium *Statuit ei.*
  Oracio de communi. Epistola *Justum deduxit.* Gradale, *Domine, preuenisti.* Alleluya *Amauit* [*eum Deus*]. secundum alleluya erit vnum ex illis que intitulantur in festis cum regimine chori post oct' pasche. [Cf. *Missal.* p. 390, 703*.]
  Sequencia de communi.
  Euangelium *Ego sum vitis.*
  Offertorium *Veritas mea.*
  Communio *Fidelis seruus.*
  (Et mox addit pericopen de *missa de sancta Wenefrida* ut in § 173.)
  ¹¹ § 184 *omit.* R.        ¹² ad matutinas legatur : C.

*In illo tempore. Dixit Jesus discipulis suis parabolam hanc.* Homo quidam peregre proficiscens. vocauit seruos suos. et tradidit illis bona sua. *Et reliqua.*

Non dicitur Omelia. sed[1] sic procedat *Verum cum adhuc*[2] *viuens Dei ecclesia* et cetera.[3]

[185.]  ❡ In Die Natalis Domini [25 Dec. *B.*].

Collecta ad omnes horas finiatur sic. *Qui tecum viuit et regnat in vnitate Spiritus Sancti Deus. per omnia secula seculorum.*

Falsi libri habent *Per eundem* [*Dominum nostrum*].[4]

[186.]  ❡ De sancta Maria ❡ [' Collecta ' *R.*] de sancta Maria [scilicet *R.*] Oratio *Famulorum tuorum* [*quesumus, Domine, delictis ignosce,* &c.][4] finiatur sic. *Per eundem Dominum*) vel *per eundem Christum Dominum nostrum.*[5]

[187.]  ❡ Feria Sexta Parasceues.

In passione legatur sic[6] hec clausula) *Adducunt ergo Jesum a Caypha in pretorium.*

Hec est vera littera secundum doctores.[7]

[188.]  ❡ In tercia lectione Mortuorum legatur sic. *et in puluerem deduces me,* non *reduces.*[8]

In sexta lectione sic *Quis mihi tribuet*[9] non dicitur *hoc.*

❡ In octaua lectione sic. *Aut plumbi lamina vel certe.* non *celte.*[10]

Gregorius in originali. et antique biblie habent (*certe*) et nullus sanctorum expositorum posuit aliud.

❡ In nona lectione legatur sic. *Dimitte me vt plangam.* non dicitur *ergo.*[11] neque *Domine.*

[189.]  ❡ In festo sancti Petri ad Vincula [1 Aug. *C.*]

In .iij. lectione legatur sic [' *hodierna* ' R.]. *Solennitas specimen et decus contulit.*[12] non *speciem.*

[190.]  ❡ In die Natiuitatis beate Marie [8 Sept. *F.*] et in Conceptione eiusdem [8 Dec. *F.*] in .v. lectione[13] legatur sic. *O presbyter Ysaya,* non *pater.*

---

[1] set : *Caxton.*            [2] *omit.* ' adhuc ' *Brev. Sar.* 1531.

[3] Cf. *Brev. Sarum* iii. p. 1057. hoc est, ' de proprietate sancti, sine omelia, hac die tantum, legatur lectio vii.'

(In hoc loco addunt edd. 1487, 1488, " In iii sabbato quadragesime ad missam In Epistola legatur sic, Auditis Esau sermonibus patris infremuit clamore magno ; non dicitur [' dicatur ' 88] irrugiit neque irriguit."—*sed ista in edd.* 1495, 1501, *omittuntur,* utpote alias in *Defensorio Directorii* cap. 47 sufficienter ventilata).            [4] *habet* P5.            [5] *Brev. Sar.* p. 93.

[6] *omit* ' sic ' P5.            [7] Et sic habetur in *Missali* p. 320.

[8] Cf. *Defens. Direct.* cap. 45.            [9] tribuat : C. P5.

[10] Vocabulum tamen ' *Celte* ' retinetur in *Brev. Sar.* A.D. 1531, typis impresso, et in versione vulg. *Iobi.* xix. 24.

[11] g° : 1487.

[12] *contulit et decus* : R. (In Breviario A.D. 1531 lectio est quarta, fasc. iii. p 774 ed. Cantab. vbi vera est littera secundum Clementem Maydeston.)

[13] in iiii lectione : C.

[191.] ❡ In die sancti Augustini doctoris [28 Aug. *B.*].
/Septima lectio.¹ *Vos estis sal terre. Sal appellantur* [fo. C7.b.
*apostoli.* Et legatur ista omelia in die² sancti Augustini tantum
secundum vsum Sarum.

[192.] ❡ In die sancti Hieronymi³ [30 Sept. *G.*] legatur
Omelia sicut in die sancti Ambrosij. videlicet *Predixerat
Dominus* ['&c.' *R.*]

[193.] ❡ In vtroque festo ⁴sancti Edwardi Regis et Confes-
soris⁴ [5 Jan. *E.*, et 13 Octob. *F.*]

Ad Missam. Officium (*Gaudeamus omnes*)⁵ Psalmus *Exaudi
Deus orationem meam cum deprecor.* [lxiii] et cetera.⁶

[194.] ❡ In vtroque festo sancti Ricardi [3 Apr. *B.*, et 16
Jun. *F.*]

Ad Missam. Offertorium (*Inueni Dauid*).⁷ et Communio.
*Fidelis seruus.*

[195.] ❡ In Epistola vnius Confessoris, et Doctoris,
scilicet (*Dedit Dominus confessionem*) legatur sic. *Dulces fecit
modos.* non *modulos*⁸ et cetera.⁹

['Finis': 1501–1508.]¹⁰

[196.] QUia¹¹ uero in hoc opere seu libello non scribitur
aliqua regula nisi sit vera secundum Ordinale
Sarum et bene ventilata. ac peritorum virorum testimonio ac

---

¹ lec. .vij. : R.     ² festo : R.     ³ Ieronimi : R.
⁴—⁴ Sancti Edwardi Confessoris et Pontificis : C. [q. d. Edmundi.]
⁵ Plenius exhibet P5.     Officium *Gaudeamus omnes in Domino, diem
festum celebrantes sub honore beate Edwarde†* &c.
⁶ De Missa in festis S. Edwardi R. Conf. non concinit *Missale Sar.* pp. 80,
933.
⁷ Officium Inveni David : C.
⁸ Cf. *Missal.* pp. 708*, 710* *n. Defens. Direct.* cap. 48.
⁹ *omitt.* 'et cetera' C.     ¹⁰ *non habent* 1487, 1488, 1495.
¹¹ *Liber Johannis Raynton* post § 192 (omissis §§ 193, &c.) sic finem operi
imponit :—

❡ Quodcunque Festum ix lec. cum regimine chori infra oct' cum
regimine chori euenerit ; prime et secunde vespere erunt de festo nisi fuerit
dies dominica vel octaua dies.
❡ *Hec regula generaliter obseruetur* infra oct' cum regimine chori.
     ❡ Explicit Tractatus vocatus.
         Crede Michi quod Raynton.
     Si **Jʃo·** ponatur et **ʒon** simul accipiatur.
     Et **neʃ** Iungatur qui scripsit Sic nominatur.
     *Iste liber compilatus fuit vtiliter ad Instanciam
     †Reuerendi doctoris Magistri Tho* († '*Magistri*' ex errore.)
     *me Gasgañ tract. de Ordinali Sarum.*
     Editioni supremae, A.D. 1508 impressae, colophonem imponit Pynson, ut
sequitur :

sigillis confirmata. Ideo presens opusculum (*Crede mihi*) vocatur.[1] Nam qui predictas regulas memoriter tenet vix poterit errare in seruicio diuino. Deo Gratias. Finis

In domo Caxton wynkyn fieri fecit.[2]

/⁋ In domo Caxton.     [fo. C8.

Explicit libellus· quod Crede michi appellatur. perutilis Sarum cleris. ac peruigili opera correctus. et impressus in westmonasterio per wynkyn de worde. anno domini. M.cccc. nonagesimo quinto.
*Cuius ventilabrum in manu eius. et purgabit aream suam.* Verba hec quamuis euangelica sint· Mystice tamen et allegorice comparari isti libello possint sic. vt predictum est Ad laudem ventilatoris. sic. *Cuius in manu ventilabrum.* id est. libellus iste. *purgabit aream suam.* id est. conscientiam in orando.

|[device.]

"⁋ Exaratum est presens opus per me Richardum pynson (Regis impressor expertissimus) Londoñ ad intersignium diui Georgij. iuxta ecclesiam sancti Dunstani. in vico nuncupato fletestrete. commorantem Finit feliciter. Anno domini. Millesimo quingentesimo octauo. decimo kalendas Decembris."     Et, verso folio, signum suum consuetum exhibet.
[1] vocatur Crede michi : L.
[2] 'Caxton me fieri fecit.' : 1487.' ;
'Explicit ordinale secundum usum sarum. Impressum Antwerpie per me/ Gerardum Leeu Anno domini MCCCC lxxxviii' : Leeu 1488.

¶In domo Caxton.

Explicit libellus. quod Crede michi appellatur. perutilis Sax cleris. ac peruigili opera correct9. ꝛ impressus in westmonasterio per wynkyn de worde. āno domini. M. cccc. nonagesimoquinto.

Cuius ventilabꝛ in manu eius. ꝛ purgabit areā suā. Uerba hec quāuis euangelica sint. Mystice tamē ꝛ allegorice comparari isti libello possint sic. vt predictū est Ad laudē ventilatoris. sic. Cuius in māu vētilabꝛ. id est. libellus iste. purgabit areā suā. id est. gscientiaꝛ ī orando.

FACSIMILE OF WYNKYN DE WORDE'S COLOPHON, 1495.

[CONSPECTUS CAPITUM

IN TRACTATU " 𝕮𝖗𝖊𝖉𝖊 𝕸𝖎𝖈𝖍𝖎 " VOCATO

CONTENTORUM.[1]

[1] Hanc Tabulam in lectoris commodum huic editioni nostrae addidimus, A°. S. 1894. Quae vel omiserit, vel amputauerit, aut alias immutauerit Iohannes Clerke, cir. A.D. 1497, denotauimus : prout sequitur :—
 * Capitula per Io. Clerke omissa.
 † Capitula per eundem breuiata.
 ‡ Capitula per eundem alias submutata.
 Ab § 43ᵃ, usque ad finem tractatus, illas sectiones quot quot *in libro Johannis Raynton* inueniantur per litteram ' *R.*' notauimus.

§ 20. De variatione Benedictionum in commemoratione beatae Mariae. Cf. *Defens. Direct.* cap. 31.

§ 21. De memoria de Trinitate differenda.

§ 22. De fontibus in monasteriis, non liquet. (*nondum soluitur* Cl.)

\* § 23. De capitulo *Apparuit* in Laudibus in Vigilia Epiphaniae. (5 Jan.) Cf. *Defens. Direct.* cap. 23.

\* § 24. De Annunciatione Mariae sub lit. Dom. 1F. (25 Mar.)

§ 25. De capitulo in die S. Agnetis 2$^{do}$. (28 Jan.)

§ 26. De festis ab hebdomada Pentecostes vel per ii hebdomadas differendis.

§ 27. De memoria festi iii lectionum, et de octa. Trinitatis, sub silentio dicendis post memoriam beatae Mariae in festo duplici.

§ 28. De mediis lectionibus de S. Aniano omittendis (17 Nov.) ubi festum S. Hugonis est duplex.

§ 29. De differentia inter festum principale et festum maius duplex.

§ 30. De thurificatione chori a diacono dubitatur.

§ 31. De Epistola *ad Philippenses* iv. 2, in die S. Clementis. (23 Nov.)

§ 32. De numero Collectarum in Exequiis Mortuorum.

§ 33. Quod in Missis pro Defunctis pax non detur.

§ 34. De terminatione collectae de Trinitate.

§ 35. De sequentia pro octa. Corporis Christi.

\* § 36. De repetitione lectionum et sequentiarum de commemorationibus beate Mariae post oct. Assumptionis et Natiuitatis eiusdem. (22 Aug. : Sept. 15.)

\* § 37. De memoria fienda de dominica in festis duplicibus in feria ij. per Aestatem. *omit* Cl.

† § 38. De Responsoriis ferialibus in tempore Paschae secundum ordinem ipsorum cantandis.

§ 39. De lectionibus de S. Ricardo (3 Apr. vel 16 Jun.) aut de S. Dunstano (19 Mai.) infra Octa. Trinitatis omittendis. Et de S. Barnaba et S. Albano similiter.

\* § 40. De $\bar{V}$. *Qui sedes.*

\* § 41. De festo (sanctorum Barnabae, Ricardi, Dionysii, vel Martini) contingente in Sabbato cum regimine chori.

§ 42. De cantu hymni *Te lucis* in Vigilia S. Leonis. (? 27 Jun.)

[(ii.) *Tractatus vocatus* Crede Michi, *per* Jo. Rayntoñ *compositus, et per* Clem. Maydestoñ, *ut videtur, reuisus.*]

§ 43. De festis in Dom. ii. iii. vel iiii. Aduentus Domini Passionis, Palmarum, in Albis, S. Trinitatis, uel Reliquiarum, contingentibus et differendis in crastinum. *R.* (Excipiuntur festum Dedicationis et Festum Loci.)

\* Capitula per Io. Clerke omissa.
† Capitula per eundem breuiata.
‡ Capitula per eundem alias submutata.
Ab § 43$^a$, usque ad finem tractatus, illas sectiones quot quot *in libro Johannis Raynton* inueniantur per litteram '*R.*' notauimus.

§ 44. De Ant. *Aue Maria* ad memoriam in vesperis. *R*.

§ 45. De memoriiis omittendis : et quod cotidianae Vesperae et Matutinae de S. Maria non omittantur. *R*.

§ 46. De lectione in capitulo. *R*.

§ 47. Quattuor collectae dicantur, tam ad *Placebo*, quam ad *Dirige*, pro corpore praesenti. *R*. Cf. *Defens. Direct.* cap. 7.

§ 48. De thurificatione corporis defuncti. *R*.

§ 49. Regula pro choro (pro commemorationibus et pro feriis infra Oct. cum regimine chori). *R*.

§ 50. De impedimento commemorationis beatae Mariae in sabbato fiendae. *R*.

§ 51. De *Benedicamus Domino* cum *Alleluya*. *R*. Cf. *Defens. Direct.* cap. 53.

§ 52. De Responsionibus Versiculorum cum *Alleluya*. *R*.

§ 53. Regula de Versiculis et Responsoriis ad medias lectiones pro octauis. *R*.

§ 53b. Item de Responsoriis quando iii lectiones pontificis cum abbate concurrunt, vel martyrum cum confessoribus, vel martyris cum confessore aut abbate.

§ 54. Regula specialis pro quibusdam festis, qualiter ℣. et Responsoria dicantur :
Et primo de SS. Johanne et Paulo. (23 Jun.) Cf. *R*.

* § 55. Item de S. Hippolyto. (13 Aug.) *R*.

§ 56. De iii. die a festo S. Laurentii. (12 Aug.)

§ 57. De Vigilia S. Laurentii. (9 Aug.)

§ 58. De Vigilia Assumptionis. (14 Aug.)

§ 59. In Exaltatione sanctae Crucis. (14 Sept.) *R*.

§ 60. De festo S. Egidii. (1 Sept.) *R*.

§ 61. De SS. Cuthberto et Bertino. (4 Sept.) *R*.

§ 62. De Euangelio *Vidit Johannes* infra Oct. Epiphaniae. *R*.

§ 63. Quod secundae Vesperae (si habeantur) in octaua die Octauarum sine regimine chori erunt de ipsis octauis. *R*.

§ 64. Quod Vesperae in Sabbato erunt de Dominica. *R*.

§ 65. Quidnam sit tempus *breue, aequale, prolixum*, inter Octa. Epiphaniae et Septuagesimam. *R*.

§ 66. De memoria ad vesperas cotidianas et matutinas de sancta Maria. *R*.

§ 67. De variatione Collectarum atque antiphonarum, quando fit memoria de Omnibus Sanctis. *R*.

§ 68. De aliquo festo contingente in Dominica Septuagesimae, Sexagesimae, vel Quinquagesimae. *R*.

§ 69. De festo S. Agathae virginis. (5 Feb.) *R*.

§ 70. De festis iii lectionum infra Septuagesimam. *R*.

§ 71. De festo iii lectionum in die Cinerum contingente. *R*.

§ 72. Regula de feria iiij. in Capite Jejunii. *R*.

§ 73. De prima Dominica Quadragesimae. *R*.

§ 74. De velo quadragesimali, et de imaginibus, &c., satis liquet. *R*.

§ 75. De pulsatione ad collationem et ad completorium. *R*.

§ 76. De ii. Domininica Quadragesimae, et de cruce lignea. *R*.

§ 77. Dominica in Passione Domini, &c. *R*.

* Capitula per Io. Clerke omissa.

† Capitula per eundem breuiata.

‡ Capitula per eundem alias submutata.

Sectiones quot quot *in libro Johannis Raynton* inueniantur per litteram ' *R.*' notauimus.

§ 113.  Regula de festo Corporis Christi, et de Octa. cum regimin: chori, et de multis aliis. *R.* (sed breuius).

§ 114.  Per octauas Corporis Christi.

§ 115.  Dominica infra Oct. Corporis Christi. *R.*

§ 116.  Item de fest. iii lectionum in eadem Dominica. *R.*

§ 117.  Item de eadem ad matutinas et ad vesperas.

§ 118.  De fest. iii lectionum sine regimine chori infra oct. *R.*

† § 119.  Ad processionem in Dominica infra oct.

[\*] § 120.  Item de eadem in introitu chori. (*Omitt.* P3. P5.) De cantu *Venite* in *mi-sol-la.* *R.*

† § 121.  In Octaua die Corporis Christi. *R.* (sed breuius). *pauca omit.* Cl. Cf. *Defens. Direct.* cap. 19, 20.

[§ 121b. pauca etiam add. J. Clerke.]

§ 122  De SS. Johanne et Paulo, (26 Jun.), Commemoratione S. Pauli apostoli (30 Jun.), vel Oct. S. Johannis baptistae (1 Jul.), in Octa. die Corporis Christi. *R.*

§ 123.  Quidnam sit tempus *breue, aequale, prolixum,* a festo sanctae Trinitatis ad Aduentum. *R.*

§ 124.  De Dominica in qua inchoatur historia *Deus omnium. R.*

§ 125.  De Antiphonis *Beata Dei genitrix, Aue regina caelorum,* &c. *R.*

§ 126.  De Rubrica Magna, et de Pica Sarum.

§ 127.  ¶Soluuntur obscuritates et dubia, prout sequitur in festis sanctorum ;—*R.*

§ 128.  De S. Andrea. (30 Nov.) *R.*

§ 129.  De Inuitatorio *Dilexit Andream.*

§ 130.  De Conceptione beatae Mariae. (8 Dec.) *R.*

§ 131.  De processione in eadem festiuitate.

§ 132.  De S. Juliano confessore. (27 Jan.)

§ 133.  Item de mediis lectionibus non dicendis in dominicis ante Septuagesimam. *R.*

§ 134.  Ad consecrationem candelarum et de hymno in Purificatione beatae Mariae. (2 Feb.) *R.* Cf. *Defens. Direct.* cap. 21.

§ 135.  De pleno seruitio de beata Maria iuxta festum Purif. vel Concept., Assumpt. [Visitationis *ed.* 1501] et Natiuitatis eiusdem. Cf. *Defens. Direct.* cap. 40.

§ 136.  De capitulo et lectione ex Malachia propheta in die Purificationis. *R.* Cf. *Defens. Direct.* cap. 46.

§ 137.  De festo S. Agathae virginis. (5 Feb.) *R.*

§ 138.  De festo S. Agathae differenda.

§ 139.  De Cathedra S. Petri. (22 Feb.)

§ 140.  De S. Gregorio. (12 Mar.) *R.* et de S. Ambrosio. (4 Apr.) *R.*

§ 141.  De Annunciatione beatae Mariae. (25 Mar.) *R.* Cf. *Defens. Direct.* cap. 56.

§ 142.  De S. Ambrosio. (4 Apr.), et de SS. Dunstano. (19 Mai.), Aldelmo. (25 Mai.), et Augustino Anglorum apostolo. (26 Mai.) *R.*

§ 143.  De S. Marco. (25 Apr.) *R.*

§ 144.  In die Inuentionis sanctae Crucis. (3 Mai.)

\* § 145. De S. Johanne ante portam latinam. (6 Mai.)
  § 146. De S. Aldelmo. (25 Mai.) *R.*
  § 147. De S. Augustino. (26 Mai.) *R.*
+ § 148. De S. Nicomede martyre. (1 Jun.) Cf. *Defens. Direct.*
        cap. 25.
+ § 149. De S. Albano. (22 Jun.)
  § 150. De S. Etheldreda. (23 Jun.) *R.*
  § 151. De S. Johanne baptista. (24 Jun.) *R.*
  § 152. De SS. Johanne et Paulo. (26 Jun.) *R.*
  § 153. De eodem festo extra octauas in Dominica contingente.
  § 154. Ad vesperas apostolorum Petri et Pauli.
  § 155. In die Apostolorum Petri et Pauli. (29 Jun.) Cf. *Defens.*
        *Direct.* cap. 55.
  § 156. De S. Thoma Cantuariensi, martyre. (7 Jul.)
  § 157. De festo Reliquiarum. (Dominica post 7 Jul.) *R.* (sed
        breuius).
  § 158. De festo in Dominica Reliquiarum contingente. *R.* Cf.
        *Defens. Direct.* cap. 55.
\* § 159. De S. Laurentio. (10 Aug.) *R.*
  § 160. De S. Hippolyto. (13 Aug.) *R.*
  § 161. De Octa. S. Laurentii in Dominica. (17 Aug., lit. *E.*)
  § 162. De Vigilia S. Bartholomei. (23 Aug.)
  § 163. De epistola in Vigilia S. Laurentii. (9 Aug.)
  § 164. De S. Egidio. (1 Sept.)
  § 164b. Item de vocabulo *"praesul"* in Sequentia *Adest. R.* Cf.
        *Defens. Direct.* cap. 49.
  § 164c. De S. Cyriaco. (8 Aug.) *add.* Cl.]
  § 165. De Vigilia Natiuitatis beatae Mariae. (7 Sept.)
  § 166. In Exaltatione sanctae Crucis. (14 Sept.)
  § 167. De S. Tecla. (23 Sept.) *R.*
  § 168. De S. Michaele in monte tumba. (16 Octob.) *R.*
\* § 169. De pica mensis Octobris sub littera dominicali *E.*
  § 170. De SS. Crispino et Crispiniano. (25 Octob.)
  § 171. De festo SS. Undecim milium virginum. (21 Octob.) *R.*
  § 172. De festo Omnium Sanctorum. (1 Nov.) Cf. *Defens. Direct.*
        cap. 29.
  § 173. In die Animarum. (2 Nov.) *R.* (sed breuius).
  § 174. In die S. Wenefredae. (3 Nov.) *R.*
  § 175. De responsorio *Summae Trinitati* ante Aduentum Domini.
        Cf. *Defens. Direct.* cap. 5.
[§ 175b. De S. Theodoro. (9 Nov.) *ex add.* 1487, 1488. *add.* Cl.]
  § 176. De S. Martino. (11 Nov.)
  § 177. De S. Grisogono martyre. (24 Nov.) *R.*
  § 178. De S. Katherina. (25 Nov.) *R.*
  § 179. De S. Machuto. (15 Nov.) Cf. *Defens. Direct.* cap. 27.
  § 180. In die S. Hugonis. (17 Nov.) Cf. *Defens. Direct.* cap.
        26.
  § 181. De S. Dauid. (1 Mar.) *R.*
  § 182. De S. Cedda. (2 Mar.) *R.*
[§ 182b. Missa de S. Johanne Beuerlacensi. *n.* Raynton.]

§ 183.  In simplicibus missis Mortuorum.  *R.*  (*sed ante* §§ 181, 182.)

§ 184.  In die S. Edmundi confessoris in mense Novembri.  (16 Nov.)

[§ 184*n.*  De Epistola in Tertio Sabbato Quadragesimae.  *ex edd.* 1487, 1488. *omitt.* ed. 1495, et J. Clerke.]  Cf. *Defens. Direct.* cap. 47.

§ 185.  In Die Natalis Domini.  (25 Dec.)  *R.*

§ 186.  De terminatione orationis *Famulorum*, de sancta Maria.  *R.*

§ 187.  Feria vi. Parasceues.  *R.*

§ 188.  In iii., vi., viii., et ix. lectionibus Mortuorum.  *R.*  Cf. *Defens. Direct.* cap. 45.

§ 189.  In festo S. Petri ad Vincula.  (1 Aug.)  *R.*

§ 190.  In die Natiuitatis beatae Mariae.  (8 Sept.)  *R.*

§ 191.  In die S. Augustini doctoris.  (28 Aug.)  *R.*

§ 192.  In die S. Hieronymi.  (30 Sept.)  *R.*

§ 193.  In utroque festo S. Edwardi Regis et confessoris.  (5 Jan. *et* 13 Octobr.)

§ 194.  In utroque festo S. Ricardi.  (3 Apr. *et* 16 Jan.)

§ 195.  In Epistola unius Confessoris atque Doctoris de Communi.  Cf. *Defens. Direct.* cap. 48.

[§ 195b.  Regula de festo ix lectionum cum regimine chori infra Oct. cum regimine chori.  Quod *Raynton.*]

*[§ 196.  De appellatione libri *Crede Michi.*

❡ Westmonasterii, A.D. 1495.]

---

\* Capitula per Io. Clerke omissa.

† Capitula per eundem breuiata.

‡ Capitula per eundem alias submutata.

Sectiones quot quot *in libro Johannis Raynton* inueniantur per litteram ' *R.*' notauimus.

FRAGMENTS OF

# Ordinale Sarum

PRINTED BY

## William Caxton.

[1477–8.]

About 1474-5 William Caxton (who had learnt printing at Cologne, and practised it with Colard Mansion at Bruges) entered the service of Margaret, Duchess of Burgundy, sister of K. Edward IV., and acted as her secretary. When the Duke was killed in January 1477 (or possibly a month or two before that disaster, as Blades supposed), Caxton returned to his native land, and set up his press at the Almosnery or Almonry at Westminster, south west of the Abbey Church, where the Lady Margaret, one of his patronesses, built certain almshouses.

The original of the fragments which are given as the text of the following pages was printed probably in the first year after his return to England in 1477-78. It is the subject of the famous *cedula* or advertisement, which is quoted below, on page 97, and of which a facsimile may be obtained from Mr. Froude at the Clarendon Warehouse, Amen Corner, E.C.

# THE CAXTON FRAGMENTS.

A.D. 1477-78.

Before we speak of Caxton's work and its remains, it may be well to prefix a few words of explanation upon the Pie itself.

## ON THE NATURE AND CHARACTER OF "THE PIE."

The following observations are offered to any student who may be unfamiliar with the structure and purpose of the Pie :—

*Easter Day may fall* on any day in the five weeks from March 22nd to April 25th : in other words it may fall, in one year and another in the course of a long cycle of years *on thirty-five different days.*

Consequently a collection of thirty-five different almanacs will make a complete *Pica* or Directory sufficient to serve for every possible contingency.

But such a collection will involve some needless repetition, and will be unnecessarily bulky, especially if the fulness of its rules requires more than a single page (and, as in the case of the Sarum *Pica*, many pages) to be devoted to the regulations of each year.

It is found that for many consecutive weeks in the year (*i.e.* from July or August to the New Year or the following Epiphany) a set of directions which has done duty for any year which begins (let us say) upon a *Sunday* ('littera dominicalis A.') will serve again equally well for every one of the four other possible years in the collection on which January 1st is on a Sunday. And so in like manner in the case of the other Sunday-letters.

Three courses were open to the constructors of the book. (1) They might have printed the kalendar and rules of each of the thirty-five years out at length, regardless of repetitions and reckless of expense and bulk. But this, clearly, they did not choose to do. (2) They might have printed the ' common ' or overlapping piece (serving for the fall of the year) once for all for its own Sunday-letter on the first occasion on which it occurred in the collection ; and then, on subsequent occasions, they might have spared repeating it, by the simple device of a cross reference.[1] (3) But instead of this they preferred to print the ' common ' piece for each Sunday-letter under a heading to itself, distinct from all the five variable pieces to which it was adaptable, and to mark it with the number 6, or else to distinguish it by the absence of any numeral.

These ' common ' or ' sixth ' sections (one of them for each of the seven Sunday letters) make up the additional seven in the " 35 + 7 sections " noticed in the text. It chances that of the six years to which our four Caxton fragments bear reference, one third relate to these ' common ' or ' sixth ' sections (viz. to sextum D., and sextum F. respectively) and only four of the thirty-five variable portions (viz. 4D., 3F., 4F., and 5F.) are partially represented.

Supposing that it had been decreed for us that Easter Day should always be (like Christmas) upon one fixed day in the kalendar, *e.g.* upon the 27th of March, a single kalendar or almanac might be made to serve for every year in perpetuity with just a note to apply in case of a leap year coming round.

Or, if (on the ground that it is essential that we should keep Easter Day always upon a Sunday) it were further agreed to observe it either upon the 27th of March if that chanced to be the Sunday or upon the Sunday which fell next after it, in that case it would be requisite to make seven kalendars. In the first of these, New Year's day would fall on Saturday, in the next on Sunday, in the third on Monday, and so on, and a collection of seven almanacs in one volume, each being denoted by a single letter as follows, would (on these suppositions) suffice for every emergency.

[1] In the *York* Pie, printed in 1509, the kalendars 1A, 2A, 3A, 4A, run from 1 January to the end of July ; 5A from 1 January to 31 December. The other four give a cross reference to 5A. So for the other Sunday letters. But those in the Sarum book begin with the Sunday after the Octave of Epiphany, and run on to the end of July for each of the 35 almanacks, adding a sixth septett from that time to the Octave of Epiphany following. In the York book the Sunday letters are arranged in what may be called either the natural or the scientific order, A G F E D C B. The Sarum book, which is, by the way, a much fuller work, takes the common alphabetical order A B C D E F G.

B.  Jan. 1, on Saturday, Easter Day on March 27th.
A.    „    „ Sunday,      „      „ April 2nd.
G.    „    „ Monday,     „      „ April 1st.
F.    „    „ Tuesday,      „      „ March 31st.
E.    „    „ Wednesday, „      „ March 30th.
D.    „    „ Thursday,    „      „ March 29th.
C.    „    „ Friday,        „      „ March 28th.

It would then be enough to ascertain, from a table or other-wise, which of the seven almanacs belongs to the current year, and to keep that open before us through the year; and we should find Sundays and holy days all marked, and the number of Sundays after Epiphany would be within an ace the same for every conceivable year,[1] and the Sundays after Trinity would be always six and twenty.

But as a matter of fact, after many searchings of heart, it was once for all determined for the Church that the great Festival of the Resurrection must not only be observed upon a Sunday, but must be the Lord's day following the fourteenth day of the kalendar moon which happens upon, or next after, the 21st of March. The inconstant moon being thus taken for our guide and mistress, it gives us a period of five weeks or thirty-five different days on either of which Easter Day may fall.

We therefore, under existing circumstances and arrangements, need sooner or later no less than five times as many various almanacs as would have sufficed supposing that Easter Day *had* depended upon a fixed day in the kalendar. It may fall upon any day between March 22nd and April 25th, or upon one of those two days themselves.

Instead of there being only one case in which Easter can occur in a year beginning on a Saturday, there are five such possibilities for it to do so, viz. :—

| Either, 1B. | | March 27th | | (No. 6.) |
|---|---|---|---|---|
| or, 2B. | | April 3rd | being | (No. 13.) |
| or again, 3B. | Jan. 1, on | April 10th | Easter | (No. 20.) |
| or else, 4B. | Saturday, | April 17th | Day, | (No. 27.) |
| or lastly, 5B. | | April 24th | | (No. 34.) |

And in like manner each Sunday-letter has five varieties, so that a series of thirty-five is made up between them, one almanac belonging to each of the thirty-five days on which Easter may possibly occur.

The complete ' Book of Almanacs ' edited by Prof. Aug. De Morgan contains this series of thirty-five. The Pie (*pica*) or

---

[1] The Sundays after Epiphany under such a scheme would be *two* for Sunday Letters *F E D C B*, and *three* for *A* and *G*.

*Directorium Sacerdotum* consists of a corresponding set of thirty-five ' *declarationes*,' printed, not in the brief compass of a series of kalendars, but as sections or chapters of regulations in which the service is ordered week by week throughout each of the years in question. Or to speak more exactly, each of the thirty-five varying years is not printed out in full, but only that portion which is more immediately under the influence of Easter. A certain section of each twelvemonth, commencing in the season after Trinity and ending early in the following January, does not fall under the spell of the moon, but is common to all those years which have the same Sunday-letter; and such sections (which are, naturally, seven in number) do not require to be repeated in writing or printing five times over ; but they form by themselves another class of seven, designated indifferently either 6B, 6A, 6G, &c., or simply B, A, G, &c. Thus the thirty-five parts of the Pie are *in proportion* shorter than the thirty-five corresponding almanacs,[1] but their number may be considered to be raised to forty-two if we count these adaptable common pieces as something separate. Of course the complete directory for any year consists of one of the numbered portions together with the (sixth or) unnumbered section which bears the same dominical letter. This last has to serve from August to New Year's Eve and to be continued, in the following year, to the Octave of Epiphany. Then ' Sextum *A* ' would contain, at its end, a fortnight of a year which we should describe as having Sunday Letter *G*, and would be the beginning of one of the *G* Pie Kalendars of York. In the case of a leap-year a change is made on Feb. 25th, which becomes on that occasion the true feast of St. Matthias, and the almanac hitherto in hand is laid aside for the letter immediately preceding it in the alphabet (or in the case of *A*, for *G*).

For further elucidation of this matter we must look to Canon Cooke's forthcoming edition of the Pie or *Directorium* of 1487, which survives in a complete form. Some account of the weekly "commemorations" of Salisbury and other " Uses" will be given in a subsequent appendix.

---

It was then to a " Pie " or collection of these numerous working almanacs for liturgical use—anticipating Francœur (1842) and De Morgan (1851)—that the four Caxton fragments of 1477–8 belonged.

[1] In the *Ordo Perpetuus* Dominici Luchini, printed in Merati's revised edition of Gavanti *Thesaurus* (in Brev. Rom.), a 36th *tabula* is added, for the convenience of those requiring the kalendar for Leap Year *DC*. with the epact xxiv or xxv. The York Pie printed in 1509 has similarly an extra kalendar for Sunday Letter D in such a leap year, *i.e.* when Easter is

## CAXTON, AND HIS EDITION.

The pages which follow are copied from the eight original printed leaves which are preserved in one of the volumes of Caxton Fragments in the British Museum $\left(\dfrac{\text{C. 40. l. 1.}}{5}\right)$.

These are all that now remain to show the character of the book which is the subject of the scarcely less famous early advertisement of which one copy is found in the Douce collection at the Bodleian, Oxford, and another in the Spencer library now at Manchester :—

"If it plese ony man spirituel or temporel to bye ony | pyes of
"two and thre comemoracio*ns* of salisburi vse[1] | enpryntid after
"the forme of this prese*nt* lettre whiche | ben wel and truly
"correct/late hym come to westmo- | nester in to the almonesrye
"at the reed pale[2] and he shal | haue them good chepe .·.

"Supplico stet cedula."

The extant leaves of the pye or *Ordinale* run, or hang together, in pairs or half sheets, each pair of leaves containing four pages of consecutive matter, being, no doubt, in each case the two centre leaves of a quire ; but the context of one pair is not in immediate connexion with the context of the next. The volume when complete doubtless consisted of 35 + 7 divisions, and the surviving fragments give us pieces of 4 + 2 of these.[3] On a rough calculation I conclude that Caxton's *Ordinale* when complete consisted of about 15 quires or 240 pages.

on April 25th. For example A.D. 1736 in Old Style. In New Style it has not happened yet, nor will until the year 3784, the solitary instance before 4000, if it ever comes.

[1] The *original* Sarum Ordinale was probably a Pie of two commemorations suited for that Cathedral, which, being dedicated in honour of the Blessed Virgin, had at the most but two. The *Ordinale* as printed by Caxton in 1477, and likewise the *Directorium* of Clement Maydeston which Caxton printed in 1487, was a pie of two *and* three commemorations, which would serve not only for Salisbury but for any parish church. Here two are treated as the rule, and three as the exception or development. Again, the short *pica* included in the later editions of the printed Sarum Breviary was a pye of *three* commemorations ; but the *rubrics* of the breviary retained traces of the earlier rule, which recognized *one* or *two* commemorations only.

[2] The *red pale* is explained to mean a fence painted red, or perhaps more probably the heraldic sign of the printer's shop, a shield argent, bearing a pale gules. Cf. Mr. Nicholson's description of Caxton's Advertisement.— *Bodleian Facsimiles,* 1892.

[3] The seven additional sections (of which two are partially represented in these fragments) are those which are designated 'Sextum A,' 'Sextum B,' 'Sextum,' &c.

MAYDESTONE.                                                    H

However, though not consecutive,—or, in other words, belonging, as all the pairs do, to different almanacs or years,— these pieces, happily, when placed side by side, make out between them a good and sufficient *working specimen* of the lost book, although no two of the pieces belong to the same year of the *pica Sarum.*

We are in fact (if we may make such a comparison) in the position of an ornithologist who has placed before him a small find of the fossil remains of an extinct species of birds. Femur, tibiæ, phalanges, metatarsus, all belong to separate specimens: but there is not a bone existing in the entire frame but it has here its representative; and yet there is scarcely one of them in duplicate to spare.

The eight leaves, then, preserve (in part) four distinct portions of Caxton's original printed *Ordinale.* These portions relate to parts of six distinct sets of years, as follows :—

(i) Littera Dominicalis *Quartum* D : beginning at the close of Septuagesima week, and ending at the fifth Sunday after Trinity (in July), a period of twenty-one weeks. (4*D* answers to the twenty-second among the thirty-five kalendars in De Morgan's stereotyped ‘ Book of Almanacs.’)

(ii) Littera Dominicalis *Sextum* D : beginning with the Historia *Peto Domine* (*i.e.* the time when the Book of Tobit was read, in September), and reaching through the following Advent to the Octave of Epiphany in the year following, *i.e.* a year having Sunday Letter *C.* This fragment therefore gives rules for about seventeen weeks at a time of year quite distinct from that with which the previous fragment was concerned. (6*D* corresponds with the autumn and winter months at the end of either of the following almanacs in De Morgan's book, Nos. 1, 8, 15, 22, or 29, and a fortnight in January of Almanacs 7, 14, 21, 28, or 35. And 1*E.* is his kalendar No. 2.)

(iii) Littera Dominicalis *Tercium* F : from Palm Sunday to the eighth Sunday after Trinity (in July) and resuming, as was usual in such a case, with the Octave of Epiphany in *Quartum* F., where, after only a few lines of the last named section, this fragment breaks off. This third piece of the book gives eighteen weeks of 3*F.* and one week for 4*F.* It thus corresponds, so far as it goes, with kalendars Nos. 17 and 24 in De Morgan.

(iv) Littera Dominicalis *Quintum* F : from the third Sunday after Easter (12 May) to the sixth Sunday after Trinity (28 July); followed in due course by the opening weeks of *Sextum* F., which breaks off with the Historia *Peto Domine* in September. This fragment gives twelve weeks from 5*F.* and seven weeks from 6*F.* The former of these answers to almanac No. 31 ; the latter is common to Nos. 3, 10, 17, 24, and 31, for the fall of the year.

*In reprinting:* We expand Caxton's abbreviations. Thus we represent his "resp fel' pt'mittat'" by "responsorium feriale pretermittatur."

Letters or words [enclosed] in square brackets are used to indicate passages where the margin is torn or worm-eaten. In such cases the text has been restored by conjecture based upon a comparison with the MS. 'Add. 25,456' in the British Museum and with the printed 'Directorium' of 1495. We have introduced inverted commas to mark words from the services which Caxton's successors would have distinguished by red letters or initials.

'*Gasc.*' or '*Ga.*' is used in the notes to mark various readings derived from the abovementioned MS. which bears the name of Dr. Thomas Gascoigne, for whom it was written by John Raynton. (See the Introduction to this volume.)

We proceed now to give the fragments in order, merely prefixing a few words of introduction or description in each case.

### (i.)

The first of our Caxton fragments begins abruptly with a portion of a note appended to the week of Septuagesima. When the Golden Number is xvii, or ix or vi or i, and D the Sunday-letter, Sexagesima falls on Feb. 15th.

The opening sentence, of which only the latter portion is preserved in this fragment, does not occur in this context in Maydeston's *Directorium*, which came out about ten years later from Caxton's press, but I suppose it agrees in substance with a rule which is preserved elsewhere in the form of a rubric in the Sarum Breviary (i. p. ccccxcviii) '*Quodcunque autem festum iii lectionum in hac ebdomada, vel in duabus sequentibus ebdomadis contigerit, usque ad iiii. feriam in Capite Ieiunii, totum servitium fiat de festo, et hoc cum nocturno, et nulla fiat memoria de feria. A quarta vero feria in capite Jejunii usque in crastinum octavarum Pasche, neque seruitium fiat de festo iii lectionum neque memoria nisi ad vesperas et ad matutinas de sca Maria tantum, que precedet memoriam de sancto Spiritu.*'

We may fairly supply the context from Gascoigne's (or Raynton's) MS. as follows :—

[¶ Dominica in Septuagesima, tota cantetur historia.
Feria v. et Sabbato de commemoracionibus.
Feria ii. iiij. et vj. de feria, cum Responsorijs historie, et in vj. feria dicuntur Responsoria ferialia.
Vbi fiunt iij commemoraciones, in ij. feria fiat vna commemoracio.
Feria iij. de Sca Scholastica cum Nocturno, et sic in omnibus festis trium lectionum sine regimine chori vsque] ad capud ieiunii. . .

**H 2**

## (i.)

### [4D. in Septuagesima.]

/ad[1] capud ieiunij Et a capite ieiunij vsque ad ad pascha [lf. 1ª. nichil fiet de fest. iij. leccionum nisi tantum memoria. Ad vesperas et ad matutinas de sancta maria.

℟ Dominica in lxª de seruicio dominicali. Feria v. et sabbato de comemoracionibus Si fuerint[2] iij comemoraciones in iij feria fiat vna commemoracio.

℟ Dominica in quinquagesima. de seruicio dominicali. et festum sancti Petri differatur in crastinum.

Feria iij. de sancto Mathia et in sabbato dicantur responsoria ferialia.

In anno bisextili fiat seruicium de sancto Mathia. in v. feria. et i[n iij] feria fiat comemoracio beate marie Et ab hac [die] vsque ad incepcionem historie 'In prin[cipio]' Accipietur iij C. pro littera dominicali. et inchoe[tur ad] primam dominicam xlᵉ.

℟ Dominica prima xlᵉ. de [seruicio] dominicali. et festum sancti Dauid differ[atur vsque ad] iij feriam.

Feria ij. de sancto Cedda[3] ix [leccion. oracio &c.][3] de communi vnius confessoris [et] pontificis. et [in vi. feria] dicantur responsoria ferialia.

℟ [Dominica ij. quadragesime.] de seruicio [dominicali.]

[in] iiij feria dicatur primum resp[onsorium feriale] et aliud [in sabbato.] cum responsorio. 'Pater peccaui.'

[℟ Dominica iij. quadragesime. de seruicio] dominicali. in iiij feria [dicatur i. responsorium feriale. et alia] duo in v. feria.

℟ [Dominica iiij. xlᵉ. de seruicio dominicali. et] /in v [lf. 1b. feria dicatur responsorium feriale.

℟ Dominica in passione de seruicio dominicali, et festum sancti Ricardi differatur vsque ad translacionem eius.[4]

et in iij feria[5] responsoria feriale.[6] pariter cantentur.

℟ Dominica in Ramis palmarum de seruicio dominicali. Ad jˢ vesperas que erunt de dominica fiat solennis memoria de sancto Ambrosio.

℟ In die pasche et per ebdomadam tantum[7] fiat de festo. et nichil de sanctis Tiburcio et Valeriano.

---

¹ British Museum Case 40. l. 1. Cf. MS. Add. 25,456, lf. 51ᵇ, li. 10.
² 'Si fueri*nt*': *Caxton.* The MS. of Gascoigne (Brit. Mus. Add. 25,456), written for him by J. Raynton, uniformly reads 'Vbi fiunt,' where Caxton prints this phrase aforesaid.
³—³ Cedda episcopo et confessore. ix lec. oracio & : *Gasc.*
⁴ eiusdem : *Gasc.*    ⁵ iiij. feria : *Ga.*    ⁶ responsoria ferialia : *Ga.*
⁷ totu*m* : *Ga.* (*Italics* are used to indicate letters which are part of an abbreviation in the Ray*n*ton-Gascoigne MS.)

❡ Dominica in oct' pasche. totum fiat de oct. et solennis memoria de resurreccione. nihil fiet de sancto Al[phego].

Feria ij vj de feria. responsoria de ij et iij ferijs.

[Feri]a iij et iiij de comemoracionibus. Si fuerint [iij. comemoratio]nes. in vj feria. fiat vna comemoracio.

[❡ Dominica pri]ma post octa pasche de seruicio dominicali [Ad j<sup>as</sup> vesperas que] erunt de festo. fiat solennis memoria de [dominica. et processio.]

Feria ij. et iiij de feria. responsorium de [. . feria cum missa dominical]i.

Feria v. et sabbato de comemoracionibus

[Si fue]rint iij com[emoraciones] in iiij feria fiat vna [comemoracio.]

❡ Dominica ij. de Cruce. Ad j<sup>s</sup> vesperas [fiat solennis memoria] de martyribus de dominica et processio [Nulla fiat memoria in hac] die de resurreccione :

Feria v [de sancto Iohanne Beuer]laco. cum regimine chori [de communi vnius] Confessoris et pontificis.

/Feria ij. et vj. de feria. responsoria de ij. et iiij. ferijs.   [lf. 2a.

Feria iij. et sabbato de comemoracionibus

Si fuerint iij. comemoraciones in hac ebdomada nichil fiet de iij. comemoracione Et tunc in ij feria dicantur responsoria de iij feria.

❡ Dominica iij. de seruicio dominicali. responsorium 'Si oblitus.' memoria de martyribus et de dominica.

Feria. ij. iiij. et vj. de feria. responsoria de ij. iij. et iiij feria.

Feria v. et sabbato. de comemoracionibus.

Si f[ue]rint iij comemoraciones in vj feria fiat vna [comemoracio.]

Feria iij. de martyribus.   Inuitatorium duplex et sic [in omnibus] festis. sine regimine chori vsque ad [octauam] diem corporis x͠pi.

❡ Dominica iiij. de seruicio dominicali [&] memoria de resurreccione.[1]

Feria ij. de ieiunio re[sponsorium 'Narrabo.']

Feria iiij. de vigilia responsoria 'ym[pnum cantate'] 'Deus canticum' 'Dicant nunc.'

[Si fuerint[2] iij] comemoraciones in ij. feria dicantur responsoria de iij feria [et in iiij] feria dicatur responsorium 'Deduc' cum duobus seq[uentibus et] responsorium 'Dicant nunc' pretermittatur.

[❡ Dominica infra] octa. Ascensionis. de seruicio [octauarum.]

Feria [iij. de sancto Augustino.]

---

¹ In laudibus omnes antiphone dicuntur : *add.* Ga.
² V*bi* fiunt : *Ga.*

¶ In die Pentecostes [et per ebdomadam. totum de solcn-
nitate] festi. et nichil de [festis] ibi[dem contingentibus.]

¶ In die sancte Trinit[atis totum fiat de festo.]

Feria iiij. et sabbato. de [comemoracionibus.]

[Si fuerint] /iij comemoraciones in ij feria fiat vna [lf. 2b.
comemoracio et memorie de sanctis. et de trinitate.    Festum
sancti Barnabe differatur in crastinum.

¶ Dominica prima post festum[1] sancte Trinitatis inchoetur
historia ' Deus omnium ' et medie lecciones de corpore xp̄i. et
memoria de sancto Basilio. que precedet memoriam de corpore
xp̄i.

Feria iiij et sabbato. de comemoracionibus.

Si fuerint iij. [co]memoraciones. in vj feria fiat vna comemoracio. et memoria [de mart]iribus.

¶ Dominica ij. tota cantetur historia.

Feria v [et] sabbato. dc comemoracionibus.

¶ Dominica iij de seruicio dominicali. [et][2] medie lecciones
de sancto Leone. ij° vespere erunt de [apostolis et m]emoria sub
silencio de dominica. nulla fiat [memoria de sanc]to Johanne.

Feria v. de festo loci. et [memoria de] sanctis.

Feria vj de sancta Maria [et memoria] de Apostolis.

Si fuerint iij comemoraciones [in iiij feria] fiat vna comemoracio. et memoria de oct. [Apostolorum & d]e sancto Johanne.

¶ Dominica iiij. de [seruicio dominicali memoria et] medie
lecciones de Apostolis.

Feria v [et sabbato de comemoracionibus.]

Feria iiij dicitur primum responsorium feriale.

[Si fuerint iij comemoracione]s in iiij feria fiat vna comemoracio.

[Dominica v. de Festo] Reliquiarum. et memoria sub [silencio
de dominica et de Tri]nitate.

Feria iij et sabbato[3] .  .  ,


(ii)

The second portion here preserved of Caxton's *Ordinale Sarum*
1477–8 supplies us with a specimen of the pica, or order, for the latter
part of the year for the letter D.    This served in common for all the
years which have this Sunday letter, although the Sunday upon which it
begins to be applicable differs for different years, as will be readily
understood.

Thus in the following fragment of 'sextum D.' as it is called—

---

[1] post oct*auas* : *Ga.*          [3] et ('memoria' *struck out*) et : *Ga.*
[2] The sentence, doubtless, may be supplied from MS. 25,456 by the words
' de commemoracionibus.'

The *second* Sunday[1] of the 'History' *Peto Domine* (or lessons from the Book of Tobit) is fixed, whenever D is the Sunday letter, for 20th Sept., which occurs in the several years for which it is applicable, as follows . . . .

for 1 D. on the xviii[th] Sunday after Trinity.
for 2 D. on the xvii[th] Sunday after Trinity.
for 3 D. on the xvi[th] Sunday after Trinity.
for 4 D. on the xv[th] Sunday after Trinity.
for 5 D. on the xiv[th] Sunday after Trinity.

The Sunday of the 'History' *Adonay* (or lessons from Judith) is on 27th Sept. for the Sunday letter D., *i.e.* . . . . . .

for 1 D. on the xix[th] Sunday after Trinity.
for 2 D. on the xviii[th] Sunday after Trinity.
for 3 D. on the xvii[th] Sunday after Trinity.
for 4 D. on the xvi[th] Sunday after Trinity.
for 5 D. on the xv[th] Sunday after Trinity.

The 1st Sunday of the 'History' *Adaperiat* (or lessons from the Maccabees)[2] is on 4th October for the Sunday letter D., *i.e.* .

for 1 D. on the xx[th] Sunday after Trinity.
for 2 D. on the xix[th] Sunday after Trinity.
for 3 D. on the xviii[th] Sunday after Trinity.
for 4 D. on the xvii[th] Sunday after Trinity.
for 5 D. on the xvi[th] Sunday after Trinity.

The 1st Sunday of the 'History' *Vidi Dominum* (or lessons from Ezekiel)[3] is on 1st November for the Sunday letter D., *i.e.* .

for 1 D. on the xxiv[th] Sunday after Trinity.
for 2 D. on the xxiii[rd] Sunday after Trinity.
for 3 D. on the xxii[nd] Sunday after Trinity.
for 4 D. on the xxi[st] Sunday after Trinity.
for 5 D. on the xx[th] Sunday after Trinity.

---

[1] The *first* week of '*Peto Domine*' is not wholly extant in the fragment.
[2] The lessons from Maccabees last (under this Sunday letter) for four Sundays.
[3] The lessons from Ezekiel last for four weeks, up till Advent.

The 1st Sunday of the 'History' ⎤
*Aspiciens* (or the Advent lessons ⎟
from Isaiah) is on 29th Novem- ⎬
ber for the Sunday letter D., *i.e.* ⎦

⎧ for 1 D. on the i[st] Sunday in Advent.
⎟ for 2 D. on the i[st] Sunday in Advent.
⎨ for 3 D. on the i[st] Sunday in Advent.
⎟ for 4 D. on the i[st] Sunday in Advent.
⎩ for 5 D. on the i[st] Sunday in Advent.

This fragment ends with a small portion of the 'Historia *Domine, ne in ira*' (or lessons from the Epistles of St. Paul) for the 1st Sunday after Epiphany (*i.e.*, 'Dominica infra octauas Epiphaniae') for a fresh section 'primum E,' where the said Sunday occurs on January 12th.

### [6D. in Historia *Peto Domine*.]

/Feria vj[1] et sabbato. de ieiunio. cum responsoriis historie [3a. per ordinem. et responsorium feriale pretermittatur.

❡ Dominica ij. tota cantetur historia.[2] ij[e] vespere erunt de sancto Matheo. et solennis memoria de sancto Laudo. Demum de dominica.

Feria v. et sabbato de comemoracionibus. Si fuerint[3] iij comemoraciones in iiij feria fiat vna comemoracio.[4]

❡ 'Adonay.'

Littera dominicalis D. v° kalendas Octobris. tota cantetur historia. et memoria tantum de martiribus.[5]

Feria ij et sabbato. de comemoracionibus in vj feria fiat comemoracio et memoria de festo. et responsorium feriale pretermittatur.

❡ 'Adaperiat.'

Littera dominicalis .D. [i]iij°.[6] nonas Octobris. tota cantetur historia.[7]

Feria ij. et sabbato de comemoracionibus.

Si fuerint[8] tres comemoraciones in v. feria fiat vna comemoracio.

Nota quod Epistola et Euangelium de .iiij feria. in ebdomada xxiij. per Estatem pertinet ad iiij feriam in ebdomada xvij. cum fuerit tempus oportunum.

---

[1] MS. lf. 55[b], line 2.
[2] In laud*ibus* vna anti*phona* : add. *Ga.*     [3] V*bi* fiunt : *Ga.*
[4] Et *responsorium* feriale *pretermittatur* : add. *Ga.*
[5] In laud*ibus* omnes anti*phone* dic*untur* : add. *Ga.* (Caxton and Rayn*on* say nothing here of the Octave of the Dedication of Salisbury Cathedral, in this week.) The 'martyrs' are Cosmas and Damian.
[6] *Legendum uidetur* 'quarto Non. Octob.' cum *Ga.* &c.
[7] In laudibus oracio dominica dicatur : *add.* Ga.
[8] V*bi* fiunt : *Ga.*

℀ Dominica ij. de seruicio dominicali. et medie lecciones de martiribus.

Feria ij et sabbato. de comemoracionibus. Si fuerint[1] iij comemoraciones in iiij feria fiat vna comemoracio. et memoria de sancto Calixto.[2]

/℀ Dominica iij. de sancto Luca et memoria sub silencio [3b. de sancto Justo de dominica e[t] de trinitate.

Feria iij. et sabbato. de comemoracionibus.

Feria v. dicatur primum responsorium feriale.

Si fuerint[3] iij comemoraciones. in v. feria fiat vna comemoracio. et tunc in ij feria dicatur primum responsorium feriale.

℀ Dominica iiij. de martiribus Crispino et Crispiano. ix. lecciones. iij prime de proprijs Tres medie lectiones de sancto Johanne Beuerlacensi de communi vnius Confessoris et pontificis Tres vltime lecciones de exposicione Euangelij 'Descendens ihesus de monte stetit in loco campestri.' et memoria de sancto Johanne. de dominica de Trinitate.

Feria. ij. et vj. de comemoracionibus.

In v. feria dicatur primum[4] responsorium feriale.

Si fuerint[3] iij comemoraciones in v. feria. fiat vna comemoracio. et tunc in tercia feria dicatur responsorium feriale.[5]

℀ 'Vidi dominum.'

Littera dominicalis .D. Kalend. Nouembr. de festo omnium Sanctorum et historia[6] cum memoria sub silencio Inchoetur.

Feria iij. de sancta Wenefreda ix leccion. oracio &c. de communi vnius virginis et martiris.

Feria v. et sabbato. de comemoracionibus.

Si fuerint[7] iij comemoraciones/ in iiij feria fiat vna [4a. comemoracio.

siue fuerint due comemoraciones. siue iij responsorium feriale pretermittatur.[8]

℀ Dominica ij. tota cantetur historia et memoria de festo et de trinitate.[9]

Feria iij et sabbato. de comemoracionibus.

Si fuerint[10] iij commemoraciones. in v feria fiat vna comemoracio.

℀ Dominica iij ¸de sancto Macuto. et medie lecciones de sancto martino.

Feria v. et sabbato de comemoracionibus.

---

[1] *Notandum est quod in isto loco nihil dicatur de S. Etheldreda in Sabbato.*
[2] Vbi fiunt : *Ga.*        [3] secundum : *Ga.*
[4] cum missa de Vigilia : add. *Ga.*        [5] historia Vidi dominum : *Ga*
[6] Vbi fiunt : *Ga.*        [7] responsoria ferialia pretermittantur : *Ga.*
[8] ix. responsorium *Summe trinitati.* In laudibus omnes antiphone dicuntur : add. Ga.
[9] Vbi fiunt : *Ga.*

Si fuerint iij comemoraciones. in iiij feria fiat vna comemoracio. et memoria de sancto Martino.

❡ Dominica iiij de sancta Cecilia et memoria de dominica [1]et de trinitate.[1]

Feria vj et sabbato. de comemoracionibus.

[2]Si fuerint[2] iij comemoraciones in v feria fiat vna comemoracio. et memoria de sancto Lino papa.

❡ 'Aspiciens.'

Littera dominicalis D. iij° Kalendas Decembr' tota cantetur historia. et nichil de martiribus. missa de vigilia in capitulo dicatur ij⁰ vespere de sancto Andrea et solennis memoria de dominica et de sancta maria.

Feria v et sabbato. de comemoracionibus.

et in vj feria dicantur responsoria ferialia.

Si fuerint iij comemoraciones in iij feria fiat vna comemoracio.[3]

❡ Dominica ij. de seruicio dominicali. et festum sancti Nicholai differatur in crastinum.

Feria ij de sancto Nicholao. et memoria tantum de octauis (sancti andree.)/ et de sancta ma[r]ia. [4b

Feria v. et sabbato. de comemoracionibus.

Si fuerint[4] iij comemoraciones. in vj feria fiat vna comemoracio et responsorium feriale pretermittatur.

❡ Dominica iij. de seruicio dominicali. et festum sancte Lucie differatur in crastinum.

In hac ebdomada nulle fiant comemoraciones in iij feria dicantur responsoria historie per ordinem.

Feria iiij. ad ijs vesperas. responsoria Ferialia.[5] antiphona [s]uper magnificat. 'O sapiencia.'

❡ Dominica iiij. de seruicio dominicali ij⁰ vespere erunt de sancto Thoma et solennis memoria de dominica et de sancta maria.

Feria iij. de festo loci.

Feria iiij de sancta maria.

❡ Dominica infra octa Natiuitatis[6] de sancto Johanne.

---

[1]—[1] cum Ant. *Sustinuimus.* Deinde de trinitate et processio. Oratio *Excita quesumus.* & Exposicio Euangelii *Cum subleuasset* in hoc anno pretermittitur : *Ga.*

[2]—[2] Feria v. dicitur missa dominicalis pro missa de die. Officium *Dicit Dñs.* Oracio *Excita quesumus* & memoria de festo. Epist. *Ecce dies venient.* Euang. *Cum subleuasset* tamen vbi fiunt iij. commemoraciones. . *Ga.*

[3] Nota quod nichil fiat de sanctis Saturnino et Sisinnio qui contingunt infra ad Aduentum, neque de festis trium lectionum nec de octauis sancti Andree. : *add.* Ga.

[4] Vbi fiunt : *Ga.*          [5] ffestiua : *Ga.*

[6] infra octauam Natiuitatis diem : *Ga.*

¶ Dominica prima post circuncisionis[1] de octa sancti Johannis Ad missam dicatur 'Credo' et prefacio de Apostolis.

¶ Dominica infra octauas Epiphanie de seruicio oct.

Feria vj. et sabbato. de comemoracionibus.

Si fuerint[2] iij comemoraciones in v. feria fiat vna comemoracio et memoria de sanctis.

¶ Primum E. xvj. v.

Littera dominicalis E. pridie. Idus. Januarij. totum fiat de octa. et historia Domine ne in ira. cum memoria Inchoetur.

Feria v. et sabbato. de comemoracionibus.

[3]Si fu[e]rint iij. comemoraciones in hac ebdomada nichil fiat de iij. . . . .[3]

(iii.)

Our third fragment of Caxton's *Ordinale* of 1477–8 begins just before Palm Sunday for 3F., in other words for that set of years in which Easter Day is on the 7th of April and Palm Sunday falls on the last day of March.

This fragment thus carries us from the beginning of April to the end of the eighth week after Trinity, *i.e.* to Saturday, August 3rd, the book when complete having, according to its plan, no need to repeat the rules for the remainder of the year in question, as they had been given once for all for the latter weeks on *any* year which had F for its Sunday letter in a section headed 'Sextum F.'

Our fragment accordingly, of express purpose, makes a leap, from the forenamed Saturday in the beginning of the month of August of one year, to the rules for the commencement of another set of years designated 'Quartum F' (which would have Easter Day on April 14th), but, being fragmentary, it carries us no farther than Saturday, February 2nd.

The words requisite to commence the imperfect sentence at the beginning of this piece are '¶ Dominica in passione Domini, de seruicio. . .'

[3F.　Passion Week.]

/dominicali[4] ij[e] vespere erunt de sancta maria. et solennis [5a. memoria de dominica.

et in v. feria dicantur responsoria ferialia.

¶ Dominica in Ramis palmarum[5] et per ebdomadam[5] de temporali et nichil de sancto Richardo.

Festum vero sancti Ambrosij differatur vsque ad iij feriam post oct. Pasche.

[1] post *festu*m Circumcisio*n*is di*e*m : *Ga.*
[2] Vbi fiunt : *Ga.*
[3—3] In hac ebdomada nichi fiat de iij. com*memoracio*ne : *Ga.*
[4] MS. lf. 70[b], li. 15.
[5—5] de seruicio dominicali. et per totam ebd. : *Ga.*

¹℟ In die Pasche et per ebdomadam. de solennitate festi.¹

Dominica in oct. Pasche. totum fiat de oct. et solennis memoria de resurreccione. nichil fiet de martiribus.

Feria iij. de sancto Ambrosio.

Feria ij. et iiij. de feria. responsoria de. ij. et iij ferijs.

Feria v. et sabbato de comemoracionibus.

Si fuerint² iij comemoraciones. in iiij feria fiat vna comemoracio.

Feria vj. de sancto Alphego Inuitatorium duplex. et sic in omnibus festis sine regimine chori vsque ad octauam diem corporis xp̄i.

℟ Dominica prima post oct. pasche. de seruicio dominicali.

Feria iiij et vj. de feria. responsoria de ij. et iij ferijs.

Feria ij. et sabbato de comemoracionibus.

Si fuerint iij comemoraciones. in iiij feria fiat vna comemoracio.

℟ Dominica ij. de sancto Uitale.³ memoria de dominica. et de resurreccione.

Feria ij. et v. de feria. responsoria de ij. et iij. ferijs.

Feria iij. et sabbato de comemoracionibus.⁴

[℟] Dominica iij de seruicio dominicali. responsorium. 'Si oblitus.'

Feria iij. de sancto Johanne Beuerlaco. /episcopo et [5b. confessore. cum regimine chori. omnia fiant de communi.

Feria iiij de feria. responsoria de ij. feria.

Feria v. et sabbato de comemoracionibus.

Si fuerint⁵ iij comemoraciones. in vj feria fiat vna comemoracio. et memoria de martiribus.

℟ Dominica iiij. de seruicio dominicali memoria de martiribus. et de resurreccione.⁶

Feria ij et iiij de feria. responsorium de ij et iiij ferijs.

℟ Dominica infra octa. Ascensionis. de sancto Dunstano.

Feria vj. de sancta maria.

sabbato de vigilia.⁷

℟ In die Pentecostes et per ebdomadam⁸ de solennitate festi. et nichil de sancto Aldelmo.

Festum vero⁹ sancti Augustini. differatur vsque ad iij feriam. post festum sancte trinitatis.

---

¹—¹ Ga. *omit.*      ³ V*bi* fiunt : *Ga.*

² Vitali : *Ga.*

⁴ Vbi fiunt iij commemoraciones, in ij. feria fiat vna : *add* Ga.

⁵ Vbi fiunt : *Ga.*

⁶ In laudibus omnes antiphone dicantur : *add.* Ga.

⁷ Et nichil de S. Aldelmo : *add.* Ga.     ⁸ totum fiat : *add.* Ga.

⁹ et festum : *Ga.*

⁋ In die sancte Trinitatis. totum fiat de festo. et nichil de martiribus.

Feria iij. de sancto Augustino.

Feria ij et sabbato de comemoracionibus.

Si fuerint[1] iij comemoraciones in vj feria fiat vna comemoracio.

⁋ Dominica prima post festum sancte trinitatis inchoetur historia. 'Deus omnium' et festum sancti Edmundi differatur in crastinum. et fiat memoria de martiribus. de corpore xp̄i. de trinitate. et processio ante crucem. Ad matutinas fiant medie lecciones de martiribus.

Feria v[2] et sabbato de comemoracionibus.

Si fuerint[1] iij comemoraciones in iiij feria. fiat vna comemoracio et memoria de martiribus. et tunc in dominica precedente./ tota cantetur historia. et memoria de martiribus.[3] [6a.

⁋ Dominica ij. de sancto Ricardo. memoria et medie lecciones de martiribus.

Feria ij. et vj. de comemoracionibus.

Si fuerint[1] iij comemoraciones. in v feria fiat vna comemoracio.

⁋ Dominica iij. de seruicio dominicali. memoria et medie lecciones[4] de sancta Etheldreda ij° vespere erunt de sancto Johanne Baptista. et[5] memoria sub silencio de dominica. nulla processio ante crucem sed ante altare sancti iohannis si habeatur.

Feria iij. et v. de comemoracionibus.

⁋ Dominica iiij de comemoracione sancti Pauli.

Feria iiij. et vj. de comemoracionibus.

Si fuerint iij comemoraciones in iij feria fiat vna comemoracio. et memoria de sanctis.

et in ij feria dicatur responsorium 'Priusquam.'

⁋ Dominica v. de sancto Thoma. Ad j[a] vesperas fiat memoria sub silencio. de apostolis. de dominica. et de trinitate et nulla processio.

Feria iij et sabbato de comemoracionibus.

Feria v. de sancto Benedicto iij lecciones.

In vj feria dicantur responsoria de ij° nocturno. et responsorium feriale pretermittatur.

Si fuerint iij comemoraciones in vj feria fiat vna comemoracio. et tunc in ij feria dicantur duo prima responsoria ferialia et iij pretermittatur.

---

[1] V*bi* fiunt : *Ga.*
[3] add. tantum : *Ga.*
[5] *omit.* 'et' *Ga.*

[2] Feria vj. : *Ga.*
[4] 'de martiribus' (*struck out*) : Ga.

fiat vna comeõ et meõ de festo. ꝺõ
vij. de seruic̄ ꝺõli. mec lec̄. de festo. Fe iij.
et sao de gm̃ ebz. ꝺõ viij. de seruit ꝺõli
mec lec̄ de festo. Fe iij et iiij de comeõbz.
Si fuerit iij comes m ij fe. fiat vna go.
Ab hac die vñ ad incepcõez histoc. Dñe
ne m ira. accipiet̄ vj F. p lr̄a ꝺõli .

Quartũ F. xvij. xiiij. ix. vj. iij.
Itr̄ ꝺõlis F. xiijo die Januarij. fiat ser
uiciũ de oc̄ Ephie. et medie lec̄. de sancto
Hillario. Fe iij et vj de comeõbz. Si fue
rint iij comeõs m v fe. fiat vna comeõ.
ꝺõ pma post oc̄ Ephie. de martiribz
Fabiano et Sebastiano. et histõ. Dñe
ne in ira. Inchoet cũ meõ. Fe v et sao
de com̃ebz. Si fuerint iij comeõs in iiij
fe. fiat vna com̃o ꝺõ ij. de seruic̄ ꝺõli
et meõ de sácto Juliano. Feria iij et v.
de comeõbz. Si fuerint iij com̃es. in iiij
fe. fiat vna com̃o Sao de Purificac̄ bt̃e
marie. Ad ij̃õ vñ. de festo. fiat meõ de ꝺõ
sub silec̄. et nulla meõ de sancto Blasio.

⟨ Dominica vj de festo Reliquiarum. et memoria sub silencio de dominica et de trinitate.

Feria iij. et vj. de comemoracionibus.

Si fuerint iij comemoraciones in v feria/ fiat vna [6b. comemoracio et memoria de festo.

⟨ Dominica vij. de seruicio dominicali.[1] medie lecciones de festo.

Feria iij. et sabbato de comemoracionibus.

⟨ Dominica viij. de seruicio dominicali medie lecciones de festo.[2]

Feria iij et iiij de comemoracionibus.

Si fuerint[3] iij comemoraciones in ij feria fiat vna comemoracio.

Ab hac die vsque ad incepcionem historie. ' Domine ne in ira.' accipietur vj. F. pro littera dominicali.

⟨ Quartum F. xvij. xiiij. ix. vj. iij.[4]

Littera dominicalis[5] F. xiij°. die Januarij. fiat seruicium de oct. Epiphanie. et medie lecciones de sancto Hillario.

Feria iij et vj de comemoracionibus.

Si fuerint[6] iij comemoraciones in v feria fiat vna comemoracio.

⟨ Dominica prima post octa. Epiphanie. de martiribus Fabiano et Sebastiano. et historia. ' Domine ne in ira.' Inchoet[7] cum memoria.

Feria v et sabbato. de comemoracionibus.

Si fuerint[6] iij comemoraciones in iiij. feria fiat vna comemoracio.

⟨ Dominica ij. de seruicio dominicali[8] et memoria de sancto Juliano.

Feria iij et v. de comemoracionibus.

Si fuerint[6] iij comemoraciones in iiij feria fiat vna comemoracio.

Sabbato de Purificacione beate marie. Ad ij[a] vesperas. de festo. fiat memoria de dominica sub silencio. et[9] nulla memoria de sancto Blasio.

---

[1] ad primas vesperas super Ps. Magnificat. Ant. *Montes Gelboe* : add. Ga.

[2] Ad primas vesperas super Ps. Magnificat Ant. *Rex autem Dauid*. Memoria et medie lectiones de festo : *add*. Ga.

[3] Vbi fiunt : *Ga*.

[4] Gasc. places No. iij before xvij at the head of the Golden Numbers in this passage.         [5] dñicali : *Ga*.

[6] Vbi fiunt : *Ga*.

[7] ' Inchoet' (*Caxton*) *probably for* inchoetur.

[8] In laudibus vna antiphona dicatur : *add*. Ga.

[9] sed : *Ga*.

(iiii.)

The last remaining portion of Caxton's *Ordinale* of 1477-8 comprises the concluding portion of 5F. and the first part of 6F. It is torn and imperfect in the right-hand corner at the bottom of both leaves.

The fragment begins (after the Friday following the Easter Octave) with the rule for the third Sunday after Easter (otherwise called *dominica secunda post Octavas Paschae*) *i.e.* May 12th in the year 5F.; when Easter Day has fallen on the 21st of April; and it carries us on to the sixth Sunday after Trinity (July 28th) in the same year. At the end of that week the year indeed proceeds, but the title is changed from 5F. to what is designated "sextum F." This distinctive heading is used simply because the section which follows was so constructed as to serve in common not for 5F. alone but likewise for all the other years (1F., 2F., 3F., 4F.) which have F. for their Sunday letter.

As regards this last-named section of our concluding fragment it may be convenient here to note that—

The 1st Sunday of the History *In principio*, or lessons from 'Sapientia Ecclesiastici,' for years with Sunday letter F., falls on August 4th, and is .

- for 1F. on the xi[th] Sunday after Trinity.
- for 2F. on the x[th] Sunday after Trinity.
- for 3F. on the ix[th] Sunday after Trinity.
- for 4F. on the viii[th] Sunday after Trinity.
- for 5F. on the vii[th] Sunday after Trinity.

The 1st Sunday of the History *Si bona*, or lessons from the Book of Job, for years with Sunday letter F., falls on 1st September, and is . . . .

- for 1F. on the xv[th] Sunday after Trinity.
- for 2F. on the xiv[th] Sunday after Trinity.
- for 3F. on the xiii[th] Sunday after Trinity.
- for 4F. on the xii[th] Sunday after Trinity.
- for 5F. on the xi[th] Sunday after Trinity.

The 1st Sunday of the History *Peto, Domine*, or lessons from the Book of Tobit, for years with Sunday letter F., falls on the 15th September, and is. .

- for 1F. on the xvii[th] Sunday after Trinity.
- for 2F. on the xvi[th] Sunday after Trinity.
- for 3F. on the xv[th] Sunday after Trinity.
- for 4F. on the xiv[th] Sunday after Trinity.
- for 5F. on the xiii[th] Sunday after Trinity.

· The rule for this last-mentioned 'historia' is practically complete in the present fragment, as it lacks at the end only the four words "ad missam de Jejunio."

It should be observed that another of our fragments (No. ii, see pp. 102-7) commenced with the second Sunday of the Historia *Peto, Domine*, just the very week where this present fragment ends (although, of course, for a different Sunday letter).

On the whole therefore we may congratulate ourselves on our good fortune in the preservation of these fragments, as we cannot have the complete book or even the rule for one year entire by itself.

Failing the perfect specimen, it is something to have the *species* perfectly represented, and no part missing, though the several members are supplied from six imperfect specimens distinct one from another.

## [QUINTUM *F.*]

The words requisite to complete the opening sentences of this fragment may be thus supplied from Gascoigne's MS. <sup>Add MS. 25,456, lf. 74ᵇ. li. 11.</sup>

℣ Dominica prima post octa. Pasche de seruicio dominicali. Feria iij. de S. Johanne beuerlaco Ep. et Conf. cum regimine chori, totum de communi.

Feria v. de S. Georgio.

Feria iiij. et Sabbato de commemoracionibus.

Feria vj. de S. Gordiano. Inuitatorium duplex. et sic in omnibus festis sine regimine chori usque ad Oct. diem Corporis Christi, ⹁ ⸱ ⸱

/nisi in vigilia.                                            [7a.

Si fuerint[1] iij comemoraciones in v[i] feria fiat vna comemoracio.

℣ Dominica ij. de seruicio dominicali[2] memoria de martiribus. et de resurreccione.

F[eria] ij.[3] d[e sancto] Marco.

Feria. iij[4] iiij. et vj. de feria. responsoria de lj iij et iiij [ferijs].

Feria v. et sabbato. de comemoracionibus.

Si fuerint[1] [iij] comemoraciones in iiij feria fiat vna comemoracio.

et[5] in iij feria dicitur responsorium 'Locutus' cum duobus[6] sequentibus.

℣ Dominica iij. de sancto Dunstano. memoria de sancta Potenciana. de dominica et de resurreccione.

Feria ij. iiij. et vj de feria. responsoria de ij iij et iiij ferijs.

Feria iij et v de comemoracionibus.

---

[1] Vbi fiunt : *Ga.*      [2] In laudibus omnes antiphone dicuntur : *add Ga.*
[3] iij : *Ga.*      [4] ij : *Ga.*      [5] et tunc : *Ga.*
[6] duobus responsorijs : *Ga.*

MAYDESTONE.                                                    I

[1]Si fuerint iij comemoraciones. in vj feria fia[t] comemoracio beate marie. et in v feria fiat vna [comemoracio].[1]

❡ Dominica iiij de sancto Augustino [Ad i[e] vesperas] fiat solennis memoria de sancto Aldelmo [et processio.

Feria ij. de feria.] responsorium 'Narrabo.' cum duobus s[equentibus.

Feria iij de] sancta maria. et memoria de san[cto Germano et de] resurreccione.

Feria iiij de vigilia. responsoria ['ympnum cantate'] 'Deus canticum,' 'Dicant nunc.'

❡ [Dominica infra] octa Ascensionis. de seruicio octauarum. [Feria vj. de sancta maria.]

Sabbato. de vigilia. responsoria. ['Non conturbetur.' 'Ego rogabo' &] 'Si enim.'

❡ In die P[entecostes et per ebdomadam de] solennitate festi. et nichil ibi[dem de fest' contingent'.]

/❡ In die sancte trinitatis. totum fiat de festo. et nichil de [7b. martiribus Cirico et Julitta.

Festum sancti R[icardi differatur] in crastinum et ibi fiant medie le[c]ciones de trinitate.

Feria [ii]ij. et sabbato.[2] de comemoracionibus.

Si f[u]erint[3] iij comemoraciones. in iij. feria fiat vna comemoracio. et [m]emoria de martiribus. et de trinitate.

❡ Dominica prima post festum sancte trinitatis Inchoetur historia. 'Deus omnium.' et fiant medie lecciones[4] de, sancta Etheldreda.

[5]Si fuerint iij comemoraciones. in prima dominica tota cantetur historia. et memoria tantum de sancta Etheldreda.[5]

Feria iij [de] sancta maria.

❡ Dominica ij. de sancto Paulo.

Feria [iiij. e]t vj de comemoracionibus.

Si fuerint[3] iij comemoraciones in [iij feria fiat vn]a comemoracio. et memoria de sanctis.

[❡ Dominica iij. de sancto] Thoma. Ad j[s] vesperas [fiat memoria de octa apostolorum] sub silencio. de dominica et de trinitate. [nulla processio.]

[Feria iij.] et sabbato de comemoracionibus. et in [vj. feria dicantur responsoria de] ij[o] nocturno historie dominicalis. et [responsoria ferialia pretermittantur.]

---

[1]—[1] Vbi fiunt iij commemoraciones, in vj feria fiat vna commemoracio(nes *struck out*) *scilicet* B. Marie, et in v. feria aliud. : *Ga.*

[2] Feria iiij. et vj : *Ga.*     [3] Vbi fiunt : *Ga.*

[4] me*moria* et me*die* lec*tiones* : Ga.

[5]—[5] Sextum responsorium *Regnum mundi*. In laudibus omnes antiphone dicantur. Missa de Vigilia in capitulo dicitur cum memoria de S. Etheldreda. Feria v. de Oct*auis*, et medie lectiones de S. Johanne. Sextum responsorium *Priusquam.* : Ga.

Tamen ¹si fuerint¹ iij comemoraciones [in vj. feria fiat vna] comemoracio et tantum in ij feria [dicantur duo prima responsoria] ferialia. et iij pretermittatur.

[❡ Dominica iiij. de festo] Reliquiarum. et memoria sub [silencio de dominica et de trinit]ate.

Feria iiij³ et vj de/ comemoracionibus. [8a.

Si fuerint⁸ iij comemoraciones. [in v.⁴ feria] fiat vna comemoracio. et memoria de sancto Benedicto.

❡ Dominica v. de seruicio dominicali. et medie lecciones de sancta Praxede.

Feria iij et sabbato de comemoracionibus.

❡ Dominica vj. de seruicio dominicali. et medie lecciones de sancto Sampsone.

Feria iij et iiij de comemoracionibus.

Si fuerint⁸ iij comemoraciones in ij feria fiat vna comemoracio.

Ab hac die vsque ad incepcionem historie ' Domine ne in ira.' Accipietur vj F. pro littera dominicali.

❡ Sextum F. ' In principio.'

❡ Dominica prima⁵ iiij⁰. die Mensis Augusti [tota] cantetur historia ' In principio.' et responsorium feriale pre(ter)m[ittatur.]⁶

Feria iiij et v. de comemoracionibus.

Si fuerint⁹ [iij] comemoraciones in ij feria fiat vna comemoracio. e[t memoria] de sancto Oswaldo.

❡ Dominica ij. de seruicio d[ominicali] et medie lecciones de sancto Tiburcio.

Feria [ij. de sancta] maria.

❡ Dominica iij. de seruicio oct. et m[emoria⁷ de sancto] Agapito. de dominica et de trinitate. Ad i[ˢ vesperas] processio.

sabbato de sancto Bartholomeo. [Ad ijˢ. vesperas] fiat memoria. de dominica et de trinitate [sub silencio] nulla fiat processio.

(❡) Dominica iiij [de seruicio dominicali.]

/Feria ij. et sabbato. de comemoracionibus. [8b.

Si fuerint iij comemoraciones. in iij feria fiat ij comemoracio. et memoria de sancto Rupho.

❡ ' Si bona.'

❡ Dominica scilicet primo die mensis septembris. tota cantetur historia ' Si bona.' et memoria de sancto prisco. et festum sancti Egidij differatur in crastinum.

Feria iij. et sabbato. de comemoracionibus.

Feria vj. dicatur responsorium feriale.

¹—¹ vbi fiu*n*t : *Ga.*    ² iij : *Ga.*
³ Vbi fiunt : *Ga.*    ⁴ iij. *error* in Ga. : *corr.*
⁵ Ad primas vesperas super Ps. *Magnificat.* Ant. *Montes Gelboe.* Memoria : *Ga.*    ⁶ premitta [. .] : *Caxton.* frag.
⁷ m . . : *Caxton.* frag.—' meᴬ.' : *Ga.*

I 2

Si fuerint iij comemoraciones in vj feria fiat vna [c]omemoracio. et responsorium feriale pretermittatur.

⁌ Dominica ij. de natiuitate beate marie. et memoria sub silencio de dominica et de trinitate. nisi aliqua dominica debeat differri. tunc nulla fiat memoria de dominica. nec de trinitate.

sabbato [de] cruc[e]

Ad ijˢ vesperas fiat solennis memoria de sancta [maria] et de sancto Nichomede. et historia ' Peto [domine ' in]choetur cum memoria sub silencio.

⁌ ' Peto domine.'

[⁌ Dominica prim]a scilicet. xvº. die mensis Septembris [de octa natiuitatis] beate marie et tantum memoria de sancto Nichomede [de dominica et de trinitate. et processio.]¹

[Feria] iij. de [sancta] maria. et memoria de sancto [Lamberto.]

Feria iiij. v. et vj. de feria. cum responsorio [dominicalis historie scilicet] ' Peto domine.'

et in vj. feria dicantur res[ponsoria ferialia. et nichil in hac²] feria de vigilia. nisi tantum memoria.³  .  .  .

---

¹ In redeundo de omnibus sanctis ad missam : *Ga.*          ² vj. : *Ga.*
³ ad missam de J*eiunio.* : Ga. (MS. 25,456, lf. 76ᵇ lin. 3.)

# APPENDIX I.

---

# REGULA DE HISTORIIS INCHOANDIS.

The following extract, taken from John Raynton's MS. in the British Museum (Add. 25,456), the same which supplies the text of the *Crede Michi*, or the set of articles discussed by experts, in an early form, will suffice to show what was the character of the Pie or *Ordinale* before Caxton undertook to produce it in a printed form.

It gives the rule for a single year when the Sunday letter is *A*, and the golden number either xv, xiij, or vij.

Raynton's MS. may be dated about 1450–55.

Excepting where we mark the variations in the footnotes, we find that this rule corresponds (so far at least as regards the weekly commemorations) with the double set of rules printed in the Sarum Breviary of 1531 (i. pp. mccxli, mccxlv, &c., &c.). In other words it contemplates a commemoration of St. Thomas of Canterbury, as also Caxton's *Ordinale* and Maydestone's *Directorium* do.

# REGULA DE HISTORIIS INCHOANDIS.

---

/ REGULA de omnibus historijs inchoandis de omnibus [fo. II.
R. Responsorijs fferialibus cantandis et de commemoracionibus faciendis per totum annum tracta de ordinali Sarum
per vij<sup>tem</sup> litteras kalendarij[1], Et quelibet littera per se diuiditur
in sex partes et hoc propter festa mobilia et annos bisextiles.

❡ Ideo in primis sciatis que sit littera dominicalis in anno iam
presenti deinde numerum per quem luna currit in eodem anno,
quibus cognitis accipite regulam immediate sequentem et querite
eandem regulam, litteram dominicalem quousque inuenieritis,
predictum numerum lunarem, et predictam litteram dominicalem
simul stantes, quibus inuentis seruate modum regule illius cum
eadem littera per totum illum annum.

### PRIMUM A. xv. xiij. vij

LITTERA DOMINICALIS A. xviij° kalendas Februarij
tota cantetur historia et memoria de sancto Mauro
abbate, deinde de sancta Maria. Ad secundas vesperas fiat
memoria de sancto Marcello martyre, deinde de sancta Maria.
In laudibus omnes antiphone dicant[ur]. Feria secunda de
sancto vsque ad missam que erit *Omnis terra*, et memoria de
festo. Feria sexta dicatur missa *Adorate* in capitulo. Feria
tercia et quarta, de commemoracionibus, et memoria de sanctis,
vbi fiunt tres commemoraciones in secunda feria fiat vna
commemoracio, et memoria de festo. Missa *Omnis terra* in
capitulo dicatur. Sabbato capitulum *Confitebor*.

❡ Dominica in lxx<sup>a</sup>. tota cantetur historia et memoria de
sancta Maria. Festum vero sancti Martini differatur in
crastinum. In v. fe. R̃ia ferialia pariter cantentur. Fe. vi. de
sancto Juliano cum nocturno. Inuitatorium simplex. et sic de
omnibus festis trium leccionum sine regimine chori vsque ad capud
ieiunij. Et a capite ieiunij et vsque ad pascha nichil fiat de festis
iii lec. nisi tantum memoria ad vesperas et ad missas de sancta
Maria. Fe. iii. et sabbato de commemoracionibus. vbi fiunt tres
commemoraciones in v. feria fiat vna commemoracio et R̃ia
ferialia pretermittantur.

[1] 'kalendarijs' : *Raynton.* Cf. *Brev. Sarum*, col. ccclxxvii -viii.

¶ Dominica in lxᵃ. tota cantetur historia, Fe. iij. et sabbato de commemoracionibus, vbi fiunt iii. commemoraciones in ij. feria fiat vna commemoracio.

¶ Dominica [in] lᵃ. tota cantetur hist. et festum sc̄e Agathe differatur in crastinum. Cap. *Confitebor.* et fiat ibidem tunc memoria de sanctis Vedasto et Amando. Fe. iij. de sancta Maria, et in sabb. dicatur ℟. vij. historie cum duobus ℟ijs ferialibus.

¶ Dominica i. xlᵉ. tota cantetur historia, et in iiij. feria et in sabbato cantetur ℟. feriale.

¶ Dominica ii. [xlᵉ.] tota cantetur historia. Feria. v. cantetur primum ℟. feriale, et aliud in Sabbato cum ℟. *Pater peccaui.* ¹Tamen in anno bisextili fiat seruicium de sancto Mathia in sabb. et ijᵐ. ℟ feriale in vj. fe. cantetur. et ℟. *Pater peccaui.*¹ in sabbato in hoc anno omnino pretermittatur et tunc ab hoc sabbato vsque ad incepcionem hist. *In principio* accipietur primum *G.* pro littera dominicali, et inchoetur ad terciam xlᵉ dominicam nisi quando luna currit /per 2. tunc accipietur secundum [fo. 11ᵇ. *A.* pro primo *A.*

¶ Dominica iij. xlᵉ. tota cantetur historia. Fe. iiij. de sancto Dauid episcopo et conf. ix lec., totum de communi. Fe. v. de sancto Cedda episcopo et conf. ix lec. totum de communi. Fe. vj. cantetur primum ℟. feriale, et alia duo in sabbato.

¶ Dominica iiij. xlᵉ. tota cantetur historia. Fe. iiij. et sabb. cant. ℟. feriale.

¶ Dominica in passione tota cantetur historia, et festum sancti Gregorij differatur in crastinum. Ad ijˢ vesperas que erunt de ffesto fiat solennis memoria de dominica. In v. fe. cantetur viij. ℟. historie cum duobus ferialibus. Festa vero sanctorum Edwardi, Cuthberti, et Benedicti differantur vsque in translacionem eorundem.

¶ Dominica in ramis palmarum tota cantetur historia, et festum Annunciacionis beate Marie differatur vsque ad sextam feriam post oct' pasche.

¶ In die Pasche, et per totam ebdom. totum de solennitate festi.

¶ Dominica in oct' pasche totum fiat de oct'. Ad primas vesperas fiat processio ante crucem sine cruce. Ad matutinas fiat solennis memoria de resurreccione, et ad ijˢ vesp. fiat solennis memoria de sancto Ricardo, cum pleno seruicio in crastino, deinde de resurreccione. Fe. iiij. de fe. cum ℣ *Surrexit Dominus vere,* et cum ℟ijs de ijᵃ feria, et missa dominicalis. Fe. vj. de Annunciacione beate Marie. Fe. v. et sabb. de commemoracionibus vbi fiunt tres commemoraciones in iiij. fe. fiat vna commemoracio, et missa dominicalis in alia fe. ebdomade in capitulo dicatur.

¹—¹ Inserted in lower margin.

⁋ Dominica post oct' pasche de seruicio dominicali. ad primas vesperas fiat processio. Ad matutinas et ad ijˢ vesp. fiat memoria de resurreccione. Fe. vj. de sancto Tiburcio. Inuitatorium duplex, et sic in omnibus festis sine regimine chori vsque ad viij. diem Corporis Christi. Fe. ij. iij. et iiij. de feria, cum Ŗ̃ijs ferialibus suo ordine. Fe. v. et sabb. de commemoracionibus ; vbi fiunt iij. commemoraciones, in iij. fe. fiat vna commemoracio et iiij. fe. dicantur Ŗ̃ia de iij. fe.

⁋ Dominica ij. de seruicio dominicali. ad primas vesperas fiat processio. Ad mat. et ad ijˢ vesperas fiat memoria de resurreccione. Fe. ij. v. et vj. de feria. Ŗ̃ia de ij. iij. et iiij. feria dicantur per ordinem. Fe. iij. et sabbato de commemoracionibus, vbi fiunt tres commemoraciones in v. fe. fiat vna com. Et in vj. fe. dicatur ℣. *Surrexit Dominus vere*, cum Ŗ̃ijs de iij. fe.

⁋ Dominica iij. de sancto Georgio, inferius duplex. Ad primas vesperas fiat solennis memoria/de dominica, et processio ad [fo. 12. matutinas et ad ijˢ. vesperas fiat solennis memoria de dominica et de resurreccione. Fe. ij. et iiij. de dominica fe. [?] cum Ŗ̃ijs de ij. et iij. fe. Fe. v. et sabb. de commemoracionibus. Vbi fiunt tres commemoraciones in hac ebdomada nichill fiet de tercia com. et Ŗ̃ia de iiij. fe. omnino pretermittantur.

⁋ Dominica iiij. de seruicio dominicali. Ad primas vesperas fiat processio. In laudibus omnes antiphone dicantur. et ad ij. vesperas, que erunt de apostolis, fiat solennis memoria de dominica et de resurreccione. Fe. ij. ad matutinas de apostolis, fiat in primis solennis memoria de (dominica)[1] Jeiunio, deinde de resurreccione. Fe. iij. de sancta Maria. Missa dominicalis in processione dicatur. Fe. v. de Ascensione Domini. Ad primas vesperas fiat solennis memoria de cruce.

⁋ Dominica infra oct' Ascensionis, de sancto Johanne Beuerlaco cum Regimine chori. oracio et cetera de communi vnius confessoris et pontificis. Ad primas vesperas fiat memoria de apostolo, et de Ascensione. Sed nulla fiat memoria de dominica et nulla processio. Ad matutinas fiat memoria de dominica et de Ascensione. Fe. vj. de sancta Maria.

[⁋] In die Pentecost. et per ebdom. totum fiat de solennitate festi, et nichil in hoc anno de sancto Dunstano.

⁋ In die sancte Trinitatis totum fiat de festo. Fe. iij. et iiij. de commemoracionibus. Vbi fiunt iij commemoraciones in ij. fe. fiat vna. Fe. v. de festo Corporis Christi, et festum sancti Aldelmi differatur usque in sabatum, et fiat memoria et medie lec. de oct', et nichil fiat de sancto Vrbano. Ad ij. vesperas sancti Augustini fiat solennis mem. de sancto Aldelmo, et de oct'.

---

[1] 'dominica' *struck out.*

❡ Dominica prima post festum sancte Trinitatis inchoetur hist. Ad primas vesperas, que erunt de sancto Aldelmo, fiat memoria de sancto Germano episcopo et confessore, deinde de Corpore Christi, de dominica et de Trinitate, et fiat processio ante crucem. Ad matutinas fiant medie lec. de sancto Germano. Fe. iij. et sab. de commemoracionibus. Vbi fiunt iij. comm. in ij. fe. fiat vna commemoracio.

❡ Dominica ij. tota cantetur historia, et memoria de Trinitate, et fiat processio ante crucem. Fe. iiij. dicatur R̹. primum feriale. Tamen vbi fiunt iij. commemoraciones et iiij. fe. fiat vna commemoracio et tunc omnia R̹ia ferialia pretermittantur. Fe. ij. et sabb. de commemoracionibus.

❡ Dominica iij. de sancto Barnaba apostolo. Ad primas vesperas et ad matutinas fiat memoria de dominica et de Trinitate, et processio. Ad ij. vesperas fiat memoria de martiribus, deinde de dominica. Fe. iij. et sabb. be commemoracionibus./ Vbi sunt iij. commemoraciones, in iiij. fe. fiat vna [fo. 12ᵇ. commemoracio, et memoria de sancto Basilio episcopo et confessore.

❡ Dominica iiij. de seruicio dom., memoria et medie lec. de martiribus. vj. R̹. *Hec est vera fraternitas.* Fe. ij. et iiij. de commemoracionibus. Fe. iij. de sancto Edwardo. ix lec. de alio festo.

❡ Dominica v. de seruicio dominicali, memoria et medie lec. de sancto Johanne. vj. R̹. *Priusquam.* Fe. iij. et sabb. de commemoracionibus.

❡ Dominica vj. de seruicio dominicali. Ad primas vesperas de martiribus Processo et Martiniano, de sancto Swythuno confessore, de oct', et de Trinitate ; et fiat processio. Ad matutinas fiant medie lec. de martiribus cum R̹ijs de primo nocturno. Ad ijˢ vesperas fiat memoria de oct' apostolorum cum pleno seruicio in crastino. Fe. iiij. et sabb. de commemoracionibus. Vbi fiunt iij commemoraciones, in ij. fe. fiat vna commemoracio et memoria de oct.

❡ Dominica vij. de festo Reliquiarum, memoria sub silencio de dominica et de Trinitate ; sed nulla processio. Fe. iij. de sancto Benedicto ix lec. Fe. iiij. de fe. cum duobus vltimis R̹ijs ferialibus, et cum missa dominicali. Fe. v. et vj. de commemoracionibus. Vbi fiunt iij commemoraciones, in iiij. fe. fiat vna commemoracio et missa dominicalis in capitulo dicatur, et omnia R̹ia ferialia pretermittantur.

❡ Dominica viij. de seruicio dominicali. Ad primas vesperas Ant. super Ps. *Magnificat. Doleo*[1] *super te.* ijˢ. vesp. fiat memoria. de sancto Kenelmo martire. Fe. iij. et iiij. de commemoracionibus. Vbi fiunt iij commemoraciones in ij. fe. fiat vna commemoracio, et memoria de festo.

---

[1] ' doleat ' written first, then struck out.

❡ Dominica ix. de seruicio dominicali. Ad primas vesperas. super Ps. *Magnificat* Ant. *Rex autem Dauid.* memoria de sancta Maria Magdalene, et memoria et medie lec. de sancto Appolinare martire. Fe. vj. et sabb. de commemoracionibus, et memoria de sanctis. Vbi fiunt iij. commemoraciones in v. fe. fiat vna commemoracio et memoria de martiribus.

Ab hac die vsque ad incepcionem historie *Domine ne in ira* accipietur vj^m. *A.* pro littera dominicali.

[Here ij. *A.*, iij. *A.*, iiij. *A.* and v. *A.* intervene in the MS., fo. 12^b—22^a.]

/*Sextum* A. *In principio.*                                    [fo. 22^b.

L ITTERA DOMINICALI *A.* iij° kal' Augusti tota cantetur historia. In laudibus omnes antiphone dicantur, et memoria tantum de martiribus. Feria vj. et sabbato de commemoracionibus. Vbi fiunt tres commemoraciones, in secunda feria fiat vna commemoracio, et responsoria ferialia pretermittantur.

❡ Dominica ij. de seruicio dominicali et medie lec. de martiribus. ¹Fe. ij. et sabb. de commemoracionibus. Vbi fiunt iij commemoraciones in iij. fe. fiat vna commemoracio et memoria de martiribus.¹

❡ Dominica iij. de sancto Ypolito, memoria de sancto Laurencio, de dominica, de Trinitate, et processio, nisi aliqua dominica debeat differri : tunc nulla fiat memoria de dominica, nec de Trinitate, nec processio. Ad matutinas fiant medie lec. de sancto Laurencio. vj. ℞. *O Ypolite.*²

❡ Dominica iiij. de seruicio Oct., memoria de dominica, de Trinitate, et processio. Fe. vj. et sabb. de commemoracionibus.³

❡ Dominica v. de seruicio dominicali et medie lec. de sancto Rufo. Secunde vespere erunt de festo sancti Augustini et solennis memoria de sancto Hermete, et de dominica. Fe. vj. de sancto Egidio, et medie lec. de sancto Sisto, cum ℣. et ℞. de ij. nocturno vnius martiris. Fe. v. et sabb. de commemoracionibus. Vbi fiunt iij commemoraciones in iiij. fe. fiat vna commemoracio et memoria de martiribus.

L ITTERA DOMINICALI *A.* iij. Non. Septembris tota cantetur hist. [*Si bona*]. In laudibus omnes ant. dicantur. Fe. iiij. et v. de commemoracionibus. Vbi fiunt iij commemoraciones in iij. fe. fiat vna commemoracio et memoria de festo, et ℞ia ferialia pretermittantur.

¹—¹ The Sarum Breviary of 1531 has no commemorations this week on account of the feast of the Transfiguration which had been established by Callixtus III. in 1456.

² There are no commemorations this week in consequence of the Assumption of the Blessed Virgin.

³ The octave of the Assumption and St. Bartholomew's Day preclude the observance of the 'third commemoration.'

¶ Dominica ij. de seruicio Oct'. iij. ℞. *Regale.* vj. *Natiuitas.*
ix. *Ad nutum.* Ad ij[s] vesperas fiat memoria de martiribus :
deinde de dominica.[1]

LITTERA DOMINICALI *A.* viij. kalendas Octobris[2] tota
cantetur historia [*Peto Domine*]. et ℞. feriale pretermittatur.
Fe. ij. et v. de commemoracionibus. Vbi fiunt iij commemoraciones in iij. fe. fiat vna commemoriacio, et memoria de festo.

LITTERA DOMINICALI *A.* xvj. kal. Octob.[3] tota cantetur
historia [*Adonay*] et memoria/ tantum de sancto [fo. 23.
Lamberto. Fe. ij. et iij. de commemoracionibus et ℞. feriale in
iiij. fe. dicatur : nichil de vigilia nisi tantum memoria ad missam
de Jejunio. Sabb. de sancta Tecla, cum nocturno. vsque ad
missam de Jeiunio.

LITTERA DOMINICALI *A.* Kal. Octob. Ad ij[s] vesp. de
sancto Jeronimo fiat memoria sub silencio de sancto Meloro,
de dominica, et de Trinitate: nulla processio. Ad matutinas
tota cantetur historia [*Adaperiat*]. et memoria tantum de
sancto Meloro. In laudibus omnes antiphone dicantur, et
festum sancti Remigij sociorumque eius differatur in crastinum, et
ibi fiant medie lec. de sancto Leodegario. Fe. iiij. dicatur primum
℞. feriale. Fe. v. et sabb. de commemoracionibus. Vbi fiunt
iij commemoraciones in. iiij. fe.[4] fiat vna commemoracio.

Notandum quod Epistola et Euangelium de iiij. fe. ebdo.
xxiij[e] per estatem pertinent ad iiij. fe. in ebdo. xxvij. cum fuerit
tempus prolixum.

¶ Dominica ij. de seruicio dom. Fe. v. et sabb. de commemoracionibus. Vbi fiunt iij. commemoraciones, in iiij. fe.[4] fiat
vna commemoracio.

¶ Dominica iij. de sancto Vulfranno. Fe. iij. et vj. de commemoracionibus. Vbi fiunt iij commemoraciones in v. fe. fiat vna
commemoracio,[5] et missa dominicalis in capitulo dicatur.

¶ Dominica iiij. de seruicio dominicali. Fe. vj. dicitur
secundum ℞. feriale. Fe. iiij. de festo sanctorum Crispini et
Crispiniani ix lec., iij prime lec. de propriis, iij medie lec. de
sancto Johanne Beuerlaco. de communi vnius conf. et pontificis :

---

[1] No commemoration, on account of the Octave of the Nativity of the
Blessed Virgin.
[2] The Breviary of 1531 begins *Peto Domine* a week earlier (xv. kal. Octob.).
[3] The Breviary of 1531 begins *Adonay* a week earlier (viii. kal. Octob.).
[4] 'feria iij.' *Brev. Sar.* 1531.
[5] Where the *festum loci* is observed the Breviary of 1531 places the first
and second commemorations on Friday and Saturday, and omits the third.
The kalendar of 1483 had not taken notice of the *depositio Frideswidae* on
the Thursday, and had described the *translatio S. Etheldrede* as 'non
*Sarum.*'

iij. vltime lec. de exposicione Euangelij *Descendens Jhs de monte,*
*stetit in loco campestri.* Fe. iij. de festo loci. Fe. v. de sancta
Maria. Vbi fiunt iij. commemoraciones in ij. fe. fiat vna commemoracio et memoria de festo.

L ITTERA DOMINICALI *A.* iiij. kal Nouembris tota
cantetur historia [*Vidi Dominum*]. Ad primas vesperas,
que erunt de Apostolis, fiat memoria sub silencio de dominica et
de Trinitate : nulla processio. Fe. vj. [de] sancta Wenefrida/
virgine et martire, ix. lec. de communi. Fe. ij, et sabb. [fo. 23ᵇ.
de commemoracionibus.

¹Dominica ij. de seruicio dominicali. Fe. iij. et vj. de commemoracionibus Vbi fiunt iij. commemoraciones iiijᵃ. vel in,
Vᵃ. fe.² fiat vna commemoracio.¹

Dominica iij. de seruicio dominicali. Ad primas vesperas
memoria de sancto Martino et de Trinitate. Ad matutinas
fiant medie lec. de sancto Martino cum ℣. et ℞ijs. de primo
Nocturno. Fe. iij. et sabb. de commemoracionibus, et ℞ *O*
*beatum virum* pretermittatur.³

Dominica iiij. de seruicio dominicali, memoria et medie lec.
de sancto Lino martire. Ad primas vesperas super Ps. *Magni-*
*ficat* Ant. *Regnum Celorum.* Oracio *Excita quesumus.* Ad mat.
legatur exposicio Euangelii *Cum subleuasset.* ix. ℞. *Summe*
*Trinitati.* In laudibus omnes antiphone dicantur. Super Ps.
*Benedictus,* Ant. *Cum subleuasset.* Ad missam Officium *Dicit*
*Dominus.* Oracio *Excita quesumus.* Epistola *Ecce dies veniunt.*
Euangelium *Quum subleuasset.*

Si fuerint plures misse dominicales cantande : in ij. fe. cantetur vna earum, et alia in vj. fe. pro missa de die. In ij. fe. ℞ia.
ferialia pariter cantentur.⁴ Fe. iij. et sabb. de commemoracionibus. Sabb. dicitur *Gloria in excelsis* cum versibus. Vbi
fiunt iij. comm., in ij. fe. fiat vna commemoracio et ℞ia. ferialia
pretermittantur.⁴ Fe. vj. de seruicio Oct. et missa *Salus populi.*
memoria de oct' nisi alique missa dominicalis fuerit ibidem
celebranda.

¹—¹ Inserted in upper margin. (There is ' nihil de tertia commemoratione '
this week.) The Cambridge edition of the Sarum Breviary of 1531 gives
here (fasc. ii. p. mccclxii) ' sexta feria et sabbato.'
² The Breviary of 1531 gives ' fe. iij. v. et vj.'
³ ' nihil de tercia commemoracione ' this week.
⁴—⁴ The Breviary of 1531 gives this rule ' fe. iij. et sabbato ' where there
are two commemorations ' secundum usum Sarum ; in aliis, fe. vj. et sabbato '
to a *fifth* week of this ' history,' with ' fe. ij. iij. et sabbato ' where there is a
third commemoration. For the fourth week it has ' feria iij. et vj. (nihil de
tertia commemoratione).'

LITTERA DOMINICALI *A.* iij. die Decembris tota cant. hist. [*Aspiciens*]. Fe. ij. dicatur ℞. *Aspiciebam* cum ℞ijs. ferialibus, et missa *Salus populi.* Memoria de Oct. Fe iij. et sabb. de commemoracionibus. Vbi fiunt iij. commemoraciones in ij. fe. fiat vna commemoracio, et ℞ia. ferialia pretermittantur.

ℂ Dominica ij. de seruicio Dominicali. Fe. vj. dicatur ℞. feriale. Fe. iij. et sabb. de commemoracionibus. Vbi fiunt iiij. commemoraciones, in ij. fe. fiat vna commemoracio.

ℂ Dominica iij. de seruicio dominicali et in hac ebdo. nulle fiant commemoraciones. Ad primas vesperas ℞. *Qui venturus.* /super Ps. *Magnificat.* Ant. *O sapiencia.* Fe. ij. et. iij. [fo. 24. dicantur ℞ia. dominicalia per ordinem. Fe. iiij. nichil fiat de vigilia, nisi tantum mem. Ad missam de Jejunio.

ℂ Dominica iiij. totum fiat seruicium de dominica vsque ad tercium 𝕍. nocturni. Inuitatorium *Hodie scietis.*

ℂ Dominica infra Oct. Natiuitatis, de sancto Siluestro et medie lec de Natiuitate, cum 𝕍. et ℞ijs. de ij. nocturno.

ℂ Dominica infra Oct. Epiphanie de seruicio Oct. et memoria de martiribus Luciano sociorumque eius.


Lit. Dom. B. xvij. Kal. Feb. . . . &c., &c. fo. 14ᵃ, line 7 — Sextum G, which ends on fo. 87ᵃ.

ℂ *Explicit pica de ij*ᵇᵘˢ *commemoracionibus, quod G.*


fo. 87ᵇ is blank. Then


/Ista regula est breuiter compilata de Incepcione   [fo. 88. Historie *Deus omnium* vbi Oct' Corporis Christi fiunt cum regimine chori, et due fiunt commemoraciones.

*Primum A. xvj. xiij. v. ij.*

QVANDO LVNA currit per xvj. xiij. v. ij. et littera dominicalis est *A.* tunc xijᵐᵒ Kalendas Junij erit festum Sancte Trinitatis. Et abhinc vsque ad Aduentum Domini erunt xxvij. dominice.

Dominica prima post festum sancte Trinitatis totum fiat de Octauis Corporis Christi, et memoria tantum de sancto Germano, et ibidem tunc differatur vna dominica. Fe. vj. et Sabb. de commemoracionibus.

This rule proceeds with the other Golden Numbers, Secundum *A.*, Tercium *A.*, &c., &c., through the five sets of each Sunday letter, ending at the foot of fo. 93ᵇ with quintum G.

*Expliciunt: quod: Raynton: J.*

folios 94ᵃ— 103ᵃ are occupied with the collection of *Rubrice verissime de Ordinali Sarum excerpte* dedicated to Dr. Thomas G[ascoigne], on whose instance they were collected by J. Raynton, and called *Crede michi.*

---

## Note on St. Osmund and the 'Ordinale.'

The following extracts will show how St. Osmund's name has been connected with the Sarum Ordinale and Custom-Book.

(i.) Ex litteris sane venerabilis fratris nostri [Ric. le Poer] episcopi, et capituli Sarum, intelleximus, &c. . .

Sicque honestavit ipsum [Osmundum] Dominus in laboribus suis, et compleuit labores illius, quod eius Instituta adhuc pro maiori parte Anglicana Ecclesia imitatur.

> *Letter of Pope Gregory IX.* (Assisi, 30 May, 1228) to the Bishops of Bath and Coventry. *Osmund Reg.* ii. p. 88.

(ii.) *Tenor verborum Cronice Cestrencis de prefato Osmundo mensionem faciens talis est:*

Hoc anno id est A.D. 1077 Hermannus primus episcopus Sarisburiensis obijt. Cui successit Osmundus Regis Cancellarius .xxiiij. annis. qui ecclesiam novam ibidem construxit, clericos insignes tam litteris quam cantu aggregavit. Ita ut ipsemet episcopus libros scribere, ligare. et illuminare non fastidiret. Hic quoque composuit librum ordinalem quem consuetudinarium vocant, quo fere nunc tota Anglia, Wallia, utitur, et Hibernia; dictavit etiam vitam sancti Aldelmi.

> *Miscellanea et Statuta quoad Sarum* fo. 30ᵃ, 30ᵇ.

See the above sentences in J. Bromton (p. 977) and H. de Knighton's Chronicle, book ii. and compare Ra. Higden's *Polychronicon* vii. 3.

(iii.) *Testimony of* John Golde, *chaplain of the Free Chapel in Sarum Castle:* 'ex dictis et relatibus parentum ac maiorum et seniorum suorum fidedignorum.'

"Composuit insuper idem Osmundus vsum divini officij ipsius ecclesie Sarum, per quem vsum fere omnes ecclesie regni Anglie gubernantur : et ordinauit in eadem ecclesia plura bona et laudabilia consuetudines et statuta. (*Miscell. et Stat.* fo. 31ª.)

(iv.) *Consilium dñi* Pauli de Pontauis, *scilicet* de Ordinali Sarum.

'Qui erudiunt plurimos ad iusticiam, erunt quasi stelle in perpetuas eternitates' *Daniel.* xij.—et hic vir sanctus Osmundus librum ordinalem diuinorum officiorum constituit, quo fere tota Anglia, Scotia, et Hibernia vtitur, vnde eidem illud aptatur Ambrosij. ' Quicquid in sancta hac plebe potest esse virtutis et gracie, de hoc enim quasi de quodam puritatis fonte manauit.'

(*Miscell. et Stat.* fo. 31ª, 31ᵇ·)

(v.) As a specimen of the later Chronicles we may cite Raphael Holinshed, on William the Conqueror.

'In this kings daies also liued Osmond the second bishop of Salisburie, who compiled the church seruice, which in times past they commonlie called after Salisburie vse.'

*Chronicles,* 1587, iii. p. 15ᵇ·

# APPENDIX II.

---

## THE *REGULA DE VII. HISTORIIS*, THE *PICA DE ADVENTU*, Etc.

### FROM AN EARLY PRINTED COPY OF THE SARUM BREVIARY. (VENICE, 1483.)

The following account of the Sarum Breviary of 1483 appears in one of HENRY BRADSHAW'S small note-books, written about 26 January, 1866 :—

Breviarium Sarum Venetiis 1483.
8°. Mark at the foot ' B.' at the head ' Inventaire B. 6325.'
abcdefghi (not signed) k (not signed) lmnopqrst $\frac{a}{n}$ u $\frac{11}{a}$ ; 164 leaves, 2 columns, 40 even lines,
s1ᵃ 2ᵇ 3ᵃ 4ᵇ 5ᵃ 6ᵇ 7ᵃ 8ᵇ have not received any red printing.
1 blank 2ᵃ (signed a ij) — 164ᵇ, *Temporale*, complete. uᵉ is signed u v; otherwise, the sheets are only signed b c d &c. on the first leaf of each.

+ $\frac{a}{n}$, 8 leaves, 1 blank ; 2ᵃ–7ᵇ *kalendar* ; 8 blank.
On the recto of 1ᵃ is written 1520.

So far in Tom. I. Page 1ᵃ bearing marks of being next the boards—2ᵃ having C–14—remaining of our [Cambridge Univ. Library] mark, the last page of the volume is quite clean.

ABCDEF $\frac{a}{n}$ ; 48 leaves.
*Psalter* and *Litanies.*

aa bb cc dd ee ff gg hh ij kk (signed k) ll (not signed) mm nn oo pp qq $\frac{a}{n}$ rr (5 signed rr v) $\frac{11}{a}$ ; 140 leaves.

aa 1ᵃᵃ–qq 1ᵇᵃ li 33 *Proprium sčorum ;*
qq 1ᵇᵃ ˡⁱ ᵃᵃ–rr ᵃᵇ li 30 *Commune sčorum*
li 31, 32, blank :
li 33,

       Explicit breuiarium secundu3
       ordinē sarū magna diligentia
       Venetijs impressum per magi
       stru3 Reynaldu3 de noui ma-
       gio alamanum . Anno do mi-
       nice incarnationis . M.cccc.
       lxxxiii. x. kalen. Octobris.
          Deo gratias.

11ᵇ–12ᵃ : Registrum huius operis.
12ᵇ blank. In the Registrum no account is taken of the kalendar which comes before A.

The first page of Tom. 2 is clean—the last bears marks of the boards.
Early in the xviᵗʰ century . . . [&c. *as quoted* pp. 135–6.]
So much for Dr. Combe's conscience.

# THE *REGULA DE VII. HISTORIIS*, THE *PICA DE ADVENTU*, Etc.

## BEING A 'PYE OF ONE AND TWO COMMEMORATIONS.'

## FROM AN EARLY PRINTED COPY OF THE
### SARUM BREVIARY. *Venice*, 1483.

---

### PRELIMINARY NOTE.

IT should be observed that the following rules *de Historiis* are part of a 'Pye of one and two commemorations,' to serve (that is) at once *ubi non agitur de festo loci* (as at Salisbury Cathedral), and likewise *ubi agitur de festo loci*, as in the majority of churches, viz., those with a dedication other than that of the Blessed Virgin Mary.

The reader will see at once that this rule was drawn up before the time when a weekly commemoration of St. Thomas of Canterbury, the martyr, had been introduced ; in other words, these regulations belong to the period when the Cathedral Church of Salisbury had only a single weekly commemoration, that of the Blessed Virgin, and no other church had more than two.

He will be surprised to notice how sparingly any commemoration at all is noted for the weeks covered by these rules either in the sections devoted to Salisbury and to other Churches which like it were dedicated in honour of St. Mary (" ubi *non* agitur de festo loci "), or in the other sections suited to the majority of parochial and other churches which owned some other dedication (*ubi agitur de festo loci*). I must leave it to the reader not only to investigate the causes such as may have occasioned the omission of commemorations in certain cases (where whole weeks appear to have been left entirely devoid of them), but also to discover, if it be possible, the reasons which assigned to the particular day or days in each week such commemorations as do occur.

The following rules may be thus summarized so far as they concern the weekly commemorations ; but it must be borne in mind that these supplied only one portion of their *raison d'être*.[1] The silence, therefore, of these rules about commemorations in any week does not prove *conclusively* that there was *none* in the week in question.

The sections corresponding to the several 'histories' of the latter portion of the summer half year when lessons at mattins were read from

---

[1] See pp. 119, 166. *Brev. Sarum*, I. ccclxxvii.

various Old Testament books, may be indicated by numerals as
follows :—

1 *In principio* (Wisdom).        2 *Si bona* (Job).
3 *Peto Domine* (Tobit).        4 *Adonay* (Judith).
5 *Adaperiat* (Maccabees).       6 *Vidi Dominum* (Ezekiel).

| Historia. | Sunday Letter. | Weekly Commemorations. | | |
| --- | --- | --- | --- | --- |
| | | At Salisbury. | Elsewhere. | |
| | | DE BEATA MARIA. | | DE FESTO LOCI. |
| 1. | C | Thursday[1] | [? Thursday] | [? Wednesday] |
| 2. | F | ? | Thursday | Tuesday |
| 3. | A | Tuesday | Tuesday | Monday |
| | B | Monday | Monday | *none* |
| | C | *{none* | *none* | *none*][2] |
| | D | Thursday | Thursday | *none* |
| | E | Thursday | Thursday | [*none*] |
| | F | Tuesday | Tuesday | *none* |
| | G | Tuesday | Tuesday | *none* |
| 4. | A | Thursday | Thursday | Monday |
| | B | Wednesday | Wednesday | Tuesday |
| | C | Tuesday[3] | Saturday | Tuesday |
| | D | Monday | ? Saturday | ? Monday |
| | E | [Saturday] | Saturday | Thursday |
| | F | [Saturday] | Saturday | Tuesday |
| | G | Friday | Friday | Monday |
| 5. | A—G | [Saturday] | [Saturday] | [Saturday] |
| 6. | A—G | [Saturday] | [Thursday] | [Thursday] |

### ON THE FEAST OF THE DEDICATION OF SALISBURY CATHEDRAL.

In other churches dedicated in honour of St. Mary, her com-
memoration will be on Saturday, Oct. 2nd, but at Salisbury itself on
Tuesday, Sept. 28th, because the octave of the anniversary of the
Dedication of the Cathedral Church in that place would have begun by
October. Such is the rule on p. 145, *lit.* C.

As we have observed already of the Feast of Relicks at Salisbury
(p. 72 *n.*), so also there is a difficulty about fixing the date of the
dedication day. The altar of the Ever Blessed Trinity and All Saints,
in what in modern times would be called the pro-cathedral, now the

---

[1] This is Thursday in the *fourth* week of '*In principio*,' viz., August 26th.
[2]—[2] See *Brev. Sarum*, 1531 (ed. Cantab.) fasc. i. p. mccxci. '*nulle fiant
commemorationes*,' probably on account of the Octave of the Nativity of the
Blessed Virgin, and the Ember days.
[3] See next section.

Lady Chapel, was dedicated on Sept. 28th, 1225.[1] The feast of the Dedication of the Church, after the high altar was built, is (naturally) not mentioned in the Custom Book of Bishop Ri. Poore, although in later revisions of it there are some incidental references to the festival, in capp. 19, 21. It is somewhat strange that most kalendars of Sarum Use do not record the actual *Festum Dedicationis*, although the service-books abundantly testify to the fact of its celebration.

Fortunately, however, there is at least a single exception. In the calendar of a MS. Sarum Processionale of the fifteenth century, now in the Chapter Library, Salisbury (No. 148), under Sept. 30th, after 'Sči Jeronimi' is written 'Dedicatio ecclesie cathedralis Sarum.'[2] Whytford also, in the Syon *Martiloge* (1526) *fo.* cviii., informs us that 'the dedicacion of the chirche of Salisbury' was observed on Sept. 30th, following (as Mr. Dewick tells us) the latin *Martirologium* of his House (now *Brit. Mus.* Add. MS. 22,285). On the other hand a manuscript, Lives of English Saints, in the Cambridge University Library (Add. 3041), assigned by Mr. Jenkinson to Nicholas Roscarrock (about 1600), has in the kalendar prefixed to it

New Salisburie church. Sept. 20th, 1258.

And this is the date given by Rich. Jones (*Fasti Sarisb.*, p. 89).

A tablet noticed by Leland says that the church was begun April 29th, 1219 (rather April 28th, 1220), and finished March 25th, 1260.

A rubric in the Sarum Breviary, i. p. mcxcvii., indicates the date somewhat mysteriously when it tells how in the year of our Lord 1383 (littera dominicali 1 D.) the feast of St. Jerome was translated (from Sept. 30th), to (or on) the morrow of the octave of the dedication of the church of Salisbury, which, if the MS. *Processionale* is correct, would mean October 8th.[3] The rubric from the Breviary is of special interest as a

[1] 'Quarto igitur kal. Octob. [28 Sept. 1225] scilicet in Vigilia sancti Michaelis, qui quidem fuit dies dominicus [lit. dom. *E.*] venit [Ric. le Poer] episcopus Sarum mane, et dedicauit in noua basilica tria altaria.' *Osmundi Regist.* fo. 66ª. The later dedication, 1258, iij. kal. Oct. (30 Sept.). *Flores Historiarum*, iii. 249.    [2] The Salisbury *Processionale* (MS. 148) was written about 1445, in Clement Maydestone's life time.

[3] The passage in the Sarum rubric runs thus :—"Similiter extra chorum Sarum, ubi dicitur seruitium [semel] in ebdomada de festo loci, potest alia missa dominicalis differri infra octauas Corporis Christi, dicendo in crastino octauarum de festo loci, vel vltima ebdomada dicendo de feriali seruitio in vj. feria cum oratione precedentis dominice, et missa de Cruce. ⁋ Cum autem xxvij dominice fuerint, et littera dominicalis *D*, tunc vna missa dominicalis infra octauas Assumptionis, et altera infra octauas Dedicationis ecclesie Sarum differatur, vt videlicet si festum sancti Hieronymi [30 Sept.] sit in crastino octauarum Dedicationis translatum, quod fuit Anno Domini M.ccc.lxxxiij." This probably implies that St. Jerome's Day was postponed till Thursday, October 8th, when it would not interfere with the Dedication Octaves *cum regimine chori*, ending Oct. 7. See below, p. 145, notes 4, 5.

If Salisbury dedication were on Sept. 20th, the morrow of its octave would be the 28th, which could hardly affect St. Jerome's day. If on the 22nd, its octave would be Michaelmas Day, which might conceivably displace St. Jerome, a lesser double. But if on the 30th, *D* is Octob. 4.

Mr. Owen in his *Sanctorale Catholicum*, p. 393, gives September 28th for the dedication day of the Cathedral of 'St. Peter' at Salisbury, 1258, on the authority of 'Sarum Martyr.' This, however, must be due to an oversight.

landmark in the history of that service-book, because the case to which it refers (1 D.) occurred only in the years 1136, 1383, 1478 and 1573. We may safely then date the *Rubrica Magna*, or at least this portion of it, between 1383–1478.

The passage about '*lit. dom.* D.' is not found in the Sarum *portiforium, P.E.*, printed by J. le Blanc for Merlin, Paris, 1557. It is contained however in part in the book printed for Aberdeen in 1510, only the words '*ecclesie Sarum* . . . . mccc.lxxxiii.' are naturally omitted and the paragraph ends, with the page, '*altera infra octa dedicacio. differtur.*'

The 28th was the day of the dedication of the altar at the extreme east in 1225.

The *Directorium* (1495) has two notes near Trinity Sunday, under 2 D. (where there are xxvi. Sundays after Trinity), as follows :—'Vna sola dominica differatur per estatem.    Scilicet infra octa. Assumptionis beate Marie' (viz., Aug. 16th, lit. dom. *D.*).    And, 'Tamen hic potest bene vna dominica differri. nisi vbi Dedicacio Ecclesie in dominica contigerit.'    But under 1 *D.*, where there are xxvii. Sundays, the rule is, 'Due Dominice per estatem differantur.    Vna infra octa. Corporis Christi, et alia infra oct. beate Marie' (*i.e.*, on May 24th, and Sept. 13th).    Clement Maydeston has told us that the rule about the dedication occurring on a Sunday refers really only to Salisbury itself. (See above, pp.125–133), so that we are precluded from supposing that the exception noted in the *Directorium* related only to other churches. Hence we may conclude that at Salisbury the feast fell upon letter D. in September in Clement Maydeston's time.    And this would fit Sept. 20th (the Vigil of St. Matthew) the date given in the Cambridge MS. (Add. 3041) mentioned above.    On the other hand it is impossible to doubt such an authority as the Kalendar of the Canons' *Processionale* at Salisbury, which places the Feast ten days later (*littera* G), and thus we are driven to suppose that the date of the Dedication Festival, as well as that of the feast of Relicks was, upon some occasion, altered.

The date given in the MS. *Processionale* is further established by some rules for the 'historia *Adonay*' under the Sunday Letters *C* and *D*, in a fourteenth century MS. Sarum Breviary now at Peterhouse, Cambridge.

"Responsorium feriale non dicatur *in choro Sarum* quia in iij. feria [28 Sept.] fiat commem. beate Marie ibidem propter Oct. Dedicacionis ecclesie Sarum, que sunt cum regimine chori.    Sed alibi dicatur [℞. feriale] in iij. feria."    This implies that Saturday, October 2nd, would be a day within the Dedication Octave *cum regimine chori*.    Again, "Lit. Dom. *D.* v. Kal. Octob. tota cantetur historia.    ℞ feriale non dicatur in choro Sarum, et feria ii. [28 Sept.] fiat commem. beate Marie ibidem, propter octa. dedicacionis ecclesie Sar.    Sed alibi dicatur in ij. feria."    This implies that at Salisbury, Saturday, October 3rd, would be a day within the Dedication Octave *cum regimine chori*. Therefore at that date the Dedication Festival may have been September 30th, and cannot have been September 20th.    It is noticeable also that the portos of 1519 in the pie for *Adonay*, lit. Dom. *D*, gives only two commemorations, Monday and Saturday, and omits that on Friday, October 2nd.    However, to serve for Salisbury, it ought to have omitted the Saturday as well.

In 1536 the 1st Sunday in October was by Convocation appointed to be kept in place of any other Dedication Feast throughout the realm.[1] And this was ratified by the King's first Injunctions, No. 1.

The 'Commemoration of Founders, Benefactors, and Worthies of the Cathedral Church of the Blessed Virgin Mary of Salisbury' is now observed annually on the Tuesday after All Saints' Day.

---

ALTHOUGH the well known short pie was not introduced into our breviaries until 1501, and was still treated as a supplement as late as 1507, I find that the earliest complete copy of any printed edition[2] contains a rule of the same character, which it describes in such terms as may, perhaps, be taken to imply that it was a new composition at the end of the 15th century.

Early in the 18th century, Thomas Baker, the famous anti-quary and *socius eiectus* of St. John's College, Cambridge, made some notes on a fly-leaf in his copy of W. de Worde's Sarum *portiforium, pars estivalis*, 1509 (now in the library of that College, T. 8. 25), specifying the Mozarabic missal and breviary of 1500 and 1502, as 'Two scarce Books, and hard to be met with.' He notes also,

'Breviarium secundum ordinem Sarum magna diligentia Venetiis impressum per Magistrum Reynaldum de nouiomagio Alamannum. anno Dom. Incarn: MCCCCLXXXIII. x. Kal: Oct. Membran: 8ᵛᵒ in Bibliotheca publica Cant : Class : C : 14 : 31. Wᶜʰ I take to be the first edition of this Breviary.'

At some subsequent time this vellum breviary of 1483 was stolen from the Cambridge University Library: and having passed into the hands of Count de MacCarthy, it found its way (by purchase, about 1825) into the great library at Paris, where, re-bound in two volumes, it is, 'Vélins 1685, et 1686.'

In 1866, HENRY BRADSHAW discovered what other searchers had in vain tried to find, namely, the clue to its identity, and was thus enabled to enter in his note book,

"Sarum Breviary, Venice, 1483. Leaf 2*a* has C. 14 remaining of our mark . . . Early in the 16th century some one has written on the last page of text—

[1] A uniform Dedication Day (3 Oct.) had been appointed for London and the suburbs as early as 1523. Wilkins *Conc.* iii. 702.

[2] Fragments of an earlier edition of the Sarum Breviary (? Cologne, 1475) are preserved at Cambridge, B.N.C. Oxford, and Lincoln. A specimen in *facsimile* of one of these fragments (from the *Commune Apostolorum temporis Paschalis*) is given by Mr. E. Gordon Duff, in *Early Printed Books*, 1893, opposite p. 127. The Breviary was a quarto printed in two columns, with thirty-one lines to the column, and was possibly printed for Caxton, or produced through his means. Mr. Jenkinson assures me that the type occurs in no book, so far as he knows, that can be certainly ascribed to a particular printer.

'Væ tibi qui rapida librum furabere palma,
Nam videt antitonans cuncta futura deus.'

So much for Dr. Combe's conscience."[1]

As we have irretrievably lost the original, it is with the greater pleasure that I offer the Society a fairly full description of the volume with such extracts as either belong to our present subject, or, like the *rubrica de graciis*, relate to Bradshaw's favourite studies.

We are fortunate in having a transcript of the title, and a brief description of the two volumes from the eminent author of *Histoire du Bréviaire Romain*, the Abbé P. Batiffol, Doct.L. Also M. Samuel Berger, whose labours on the text of the Sacred Scriptures are likewise highly appreciated in this country, has very kindly undertaken the work of transcribing such portions as I desired, with some assistance from M. César Meyer.

*Breviarium Sarum.* Venetiis. Reynald. de Noviomagio, 1483. Edition en lettres de somme (gothiques) avec signatures, sur 2 cols. de 40 lig. chacune; cont. 357 f. Les 6 premiers (derniers par le faute du relieur)[2] renferment le calendrier.

Tome I. *sig.* a–v.—Le 7ᵉ commence au recto : première col. par ce sommaire en rouge.

\*In nomine sancte et indiui                    [* *sig.* a. ij.
due Trinitatis. Amen. Inci-
pit ordo Breviarii : secundum
morem et consuetudinem Ecclesie Sarum : Anglicane.

| Dominica pri | Añ. sup. ps. fe- |
|---|---|
| ma in aduen | ria[le]s Bñdic- |
| tu dñi ad v[e]s[peras] | tus. |

C'est le temporel; immédiatement à la suite du temporel, l'office de la dédicace. A la suite de l'office de la dédicace, rubriques.

*Sciendum est quod per totum annum solet fieri seruitium in choro de festo loci* . . . [ut in ed. Brev. Sarum Cantab. fasc. I. pp. lxii–lxix, paucis omissis.]

*Quotienscunque fuerint nouem lectiones per totum annum dicuntur* [vide infra., p. 140] *iste sex benedictiones* . . . [ibid., fasc. ii., col. 459.]

*Summa in Anglia.* Versus de S. Maria [*vide infra*, p. 140].

*Regula de Historiis* [vide infra, p. 140]. *Hic incipit pica de adventu Domini scilicet* Aspiciens [*vide infra*, p. 148].

¹ *Memoir of Henry Bradshaw*, by G. W. Prothero, p. 102, *cf.* p. 267. For Charles Combe, M.D., see Bradshaw's *Collected Papers*, p. 93, note.

² Mr. Jenkinson suggests that when the book was in a single volume it ran in this order (as is common in service-books of English use) *Temporale*, Kalendar, Psalter, *Sanctorale*, and when the French binder divided it into two volumes the kalendar came at the end of vol. I., *but still in its natural order.*

Hec sunt festa duplicia principalia in ecclesia Sarum. [concordat cum Brev. 1531, ii. p. 463.]

Hec sunt festa maiora duplicia, &c. [*sicut ibidem*, festis saltem novis 'Visitationis' et 'Nominis Jesu' non memoratis].

Hec sunt festa minora duplicia, &c. [*deest* 'Transfiguratio '].

Hec sunt festa inferiora duplicia. [*nihil dicitur de* S. Jacobo Ap. &c. *usque de* S. Georgio M.]

Hec sunt festa cum regimine chori secundum usum Sarum.

Solet autem chorus regi omni die dominica et in omni duplici festo : et in omni festo ix. lectionum per totum annum, et a primis uesperis Natiuitatis Domini usque ad octa. Epiphanie, et in ipsis octauis : nisi in uigilia Epiphanie cum extra dominicam euenerit : et quottidie per hebdomadam pasche et penthe. et in quibusdam festis iij. lectionum in tempore pasche, in his scilicet

> Sancti Ricardi episcopi
> Vitalis
> Johannis ante portam latinam
> Johannis beuerlaci
> Dunstani
> Adelmi
> Augustini anglorum apostoli
> Edwardi (*leg.* Edmundi) archiepiscopi, et
> Barnabe apostoli.
> Quotidie per oct. et in oct. Ascentionis Domini
> Assumptionis, et
> Nat. B. Marie : et

in singulis commemorationibus eorundem per totum annum : et quotidie per octa. et in octa. dedicationis ecclesie ubi per estatem, uel tempore paschali contigerit.

> et in octa. Corporis Christi : et
> Apostolorum Petri et Pauli et cetera.

*Rubrica de gratiis dicendis tam ad cenam quam ad prandium per totum annum*, &c. [vide infra, p. 152].

*A lxx^{ma} usque ad octa. pasche. et tribus hebdomadibus ante festum sancti Iohannis baptiste. Et ab aduentu Domini usque ad epiphaniam nuptias celebrare non oportet quod si factum fuerit, separentur. xxxiiij.* [legendum videtur, ' xxxiij.'] *q. iiij. non sed adde. c.* capellanus *extra.* de feriis.[1]

---

[1] In Cap. 4, '*Capellanus tuus*,' in Decret. Greg. lib. 1. lit. 9, '*De feriis.*' Clement III. explains that the 'three weeks' before St. John Baptist's Day, in which the Canon prohibits the celebration of marriages, end with the 7th day of Whitsuntide which has no octave. The rubric in the text is cited almost verbatim from the Canon Law (ex concilio Ilerdensi), Decreti 2^{da} pars., causa 33, quæst. 4, cap. 10. So Lyndewood *Provinciale*, iii. 16. *De decimis.* Gloss on the words '*nubentium solenniis*,' § 1.

Sex nonas maius octobris iunius et mars
Quatuor. et reliqui tenet idus quilibet octo.[1]

Kalendarium : sans titre.   Les ff. ne sont pas numérotés.
Jours égyptiens du calendrier, qui est relié à la fin : En tête,

*Iani prima dies et septima fine timetur.*

en bas,

Si toñ. mense ianuarij, ventos validos et abundantiam frugum
et bellum significat.

Février: *Quarta subit mortem : prosternit tercia fortem.*
[&c. sicut in kalendario Brev. A.D. 1531.]

In kalendario Brev. Sarisburiensis A.D. 1483, *adduntur nomina quaedam,* viz.

Scī. Antonij abbatis.   17 Jan.
S. Bernardini.   20 May.
Scī. Antonini patauini.   12 Jun. (*loco* SS. Basilidis, &c.).
SS. Processi et Martiniani.   2 Jul.
Scī. Rochi.   16 Aug.
Scī. Vilfridi non Sarum.   12 Oct.
Scī. Bolderanni epī et conf.[2]   15 Oct.

*Desiderantur vero haec nova festa. &c.*

Transl. S. Nicholai.   9 Mai.
Basilidis Cirini &c.   12 Jun.
Festum Visitationis.   Jul. 2—9.
Transl. S. Osmundi.   16 Jul.
Fest. Transfigurationis.   6 Aug.
Dulcissimi Nominis Iesu.   Aug. 7—14.
Ordinatio S. Gregorii.   3 Sept.
Leodegarii.   2 Oct.
Frideswide.   19 Oct.
Transl. S. Erkenwaldi, synodale.   14 Nov.
Depositio S. Osmundi.   4 Dec.

Et ad Octob. xvii. de festo S. Etheldredae dicit, "sed non Sarum."

Tome II.   sig. A—Y.

*Incipit ordo psalterii se
cundum ritum et consuetudinem
Ecclesie Sarum.   Anglicane.*

---

[1] This rule, serving for a *memoria technica,* occurs in a rather more intelligible form in the *compotus* at the end of the later editions of the Sarum *Manuale* (1523–55).
    ¶ *Quot nonas, idus, et kalendas.*
Sex Mayus *nonas,* October, Iulius, et Mars :
Quattuor et reliqui : tenet *idus* quilibet octo.
Inde dies reliquos omnes dic esse *kalendas.*
[2] Possibly a mistake for 'Volfranni,' or 'Wulfranni.'

*Inuitatorium.* Preoccupemus
faciem dñi. Et in psalmis iubi
lemus ei. *Hymnus.* . .

C'est le psautier disposé selon les heures canoniques et les
jours de la semaine. Il se termine par les litanies fériales, avec
les saints du nord de la France et les saints anglais.

sig. aa—rr.

*Incipit proprium sanctorum.*

*In vigilia sancti Andree*
*apostoli ad i. v[espera]s. super p[salmo]s feri-*
*ales an.* Unus ex duobus. . .

C'est le sanctoral. Il prend fin au fol. 99ᵛᵒ.

*Explicit proprium sanctorum Sar. Notandum*
*est quod quecunque sit dominica propinquior*
*ante vel post festum sči Andree.*

Le commun de saints suit le propre, sans distinction et sans
titre. Les premiers mots sont :

*In natali unius apostoli siue unius evangeliste uel plurimorum*
*apostolorum paschalis temporis.*

Fin (avant la souscription)

Proxime eius afferentur tibi. *Oratio ut supra.*
(sans commun d'une matron.)

Au recto du fol. avant dernier, immédiatement à la suite du
commun des vierges : 2ᵉ col.

Explicit breuiarium secundũ
ordinẽ Sarũ magna diligentia
Venetijs impressum per magi-
strũ Reynaldũ de noui ma-
gio alamanum. Anno domi-
nice incarnationis. M.cccc.
lxxxiii. x. kalen. Octobris
Deo gratias.

Le verso du fol. avant dernier et le recto du dernier contient :
Registrum huius operis.

Pas d'accentuation pour la prononciation du latin,
L'*Accentuarius* n'y-est pas. Pas d'offices miscellan. ni d'extraits
du missel.

L'office de la Vierge n'est pas donné *in extenso*, mais il est
marqué immédiatement à la suite du 1ᵉʳ dimanche de l'Avent,
dans le temporel :—

Deinde dicuntur mat. de sca Maria sine no[ta]. Et sciendum
est quod per totum annum dicuntur vespere et matutine de
sca Maria statim post mat.

Suit l'indication des psaumes, les leçons, etc.

De même à la suite de l'office de la vierge ci-dessus, est marqué l'office des défunts :—

*Dictis autem vesperis de s̄ta Maria dicuntur vigilie mortuorum. an.* Placebo. . .

mais sans les leçons, ni les répons, qui sont donnés *in extenso* à l'office du 2 novembre du sanctoral.

Tome II. cahier rr. v.    3ᵉ feuillet après les bénédictions.

*Summa in anglia de ecclesiis preter abbatias et prioratus et capell' xlv. mill. xj.*

*Summa uillarum preter ciuitates et castra. lxij. mill. viij.*

*Summa feodorum militum lx. mill' xv.    Unde et religiosi habent xxviij. mill' et octo feod'.*

Tome I. cahier v. v.

Isti uersus de sancta Maria.

Virgo parens uixit sexaginta tribus annis
Quatuor atque decem fuit in partu benedicta
Et triginta tribus cum nato vixerat eius.
Sexque decem sola, postquam Deus astra petiuit.

[Regula de hystoriis]

Tome I.

[(i.) Nihil dicitur hic de prima historia, scilicet *Deus omnium.*]

[ii.] Dominica prima post quinto kal. augusti semper incipienda est hystoria *In principio.*

Et notandum est quod inuenta est una regula que deseruit ad inueniendam hystoriam a mense augusti usque ad aduentum domini : et quando incipienda est cum memoria propter aliquod festum duplex impediens : et quando tota hystoria cantabitur : et quando responsorium feriale dicetur : et quando dicendum est de sancta maria : et quando de festo loci : et quando aliquod festum nouem lectionum differetur in crastinum vel in secundam feriam propter inchoationem hystorie.

[1]Regula de historia *In principio.*

Ubi non agitur de festo loci [2]per hebdomadam sed solum modo de sancta maria ut in ecclesiis dedicatis in honore sancte marie.[2]

Littera dominicalis *A.* iij. kalen. augusti tota cantetur hystoria in prima dominica : et memoria tantum de sanctis martyribus[3] abdon et senen. [4]et responsorium feriale in sexta feria post festum sancti bartholomei cantetur.[4]

Littera dominicalis *B.* ij. kalend' augusti inchoetur hystoria et [2]memoria et[2] medie lectiones fiant[3] de sancto germano : et re—

---

[1] Here the Pie in the Peterhouse MS. Sarum Breviary (Sec. xiv.) = " P."
begins.        [2]—[2] *omit.* P.            [3] *omit.* P.

[4]—[4] Responsoria ferialia feria vi. post festum s. Bartholomei cantentur : P.

sponsorium de secundo nocturno [1]dominice hystorie in[1] sexta feria post festum sancti bartholomei cantetur, et responsorium ferial' in crastino sancti egidii cantetur.

Littera dominicalis *C.* kalen. augusti inchoetur hystoria cum memoria tantum. et in sequenti dominica tota cantetur hystoria. et memoria tantum de sanctis fiat[1]: et in crastino sancti bartholomei cantetur responsorium ferial' et in quinta feria sequenti[2] fiat commemoratio beate marie.

Littera dominicalis *D.* [iiii.] nonas augusti ['in i. dominica' *P.*] tota cantetur hystoria: et memoria tantum de sancto stephano. et responsor' ferial' in crastino sancti bartholomei cantentur.

. Littera dominicalis *E.* iii. no. augusti inchoetur hystoria. et festum novem lectionum differatur[1] in crastinum.[1] et responsor' ferial' in tertia feria post festum bartholomei cantentur.

Littera dominicalis *F.* [ii.] no. augusti tota cantetur hystoria : et responsoria ferialia in secunda feria post festum sancti bartholomei cantentur.

Littera dominicalis *G.* [iiii.] kalen. augusti inchoetur hystoria et medie lectiones de sanctis fiant. [1]et in[1] ultima dominica tota cantetur hystoria et responsoria ferialia omnino[1] omittantur.

Alia regula [1]est ista s[*cilicet*][1] de eadem hystoria [1]*In principio.*[1] Incipienda, ubi agitur tam[1] de festo loci semel in hebdomada [3]quam etiam[3] de sancta maria.

Littera dominicalis *A.* iii. kalen. augusti tota cantetur hystoria in prima dominica. et memoria tantum de sanctis Abdon et Sennen : et responsorium ferial' pretermittatur.

Littera dominicalis *B.* ii. kalen. augusti tota cantetur hystoria et memoria tantum de sancto germano et[1] responsorium† ferial post festum sancti bartholomei cantentur.

Littera dominicalis *C.* kalend. augusti inchoetur hystoria cum memoria tantum : et in sequenti dominica tota cantetur hystoria : et memoria tantum de sanctis, et responsor' ferial' pretermittatur.

Littera dominicalis *D.* iiii. non. augusti tota cantetur historia et[1] in i. do. memoria tantum de s. stephano et[1] responsorium[4] ferial' pretermittatur.[5]

Littera dominicalis *E.* iii. non. augusti inchoetur[6] hystoria. et festum ix. lec. differatur in crastinum et responsorium[4] ferial' post festum sancti bartholomei cantentur.

Littera dominicalis *F.* [ii.] non. augusti inchoetur hystoria, et responsorium[4] ferial' pretermittatur.[5]

---

[1] *omit.* P.    [2] sequenti ti 1483.    [1—1] sicut : P.
[4] responsoria : P.    [5] pretermittantur : P.
[6] tota cantetur : P.

Littera dominicalis *G.* iiii. kalen. augusti inchoetur hystoria, et medie lectiones de sanctis fiant, et in ultima dominica tota cantetur hystoria, et[1] responsorium[2] ferial' pretermittatur.[3]

['In mense Septembri recitabuntur singulis annis he tres historie. scilicet. *Si bona. Peto Domine.* et *Adonay.* Sed *Si bona* semper per quindecim dies durat. *Adonay* semper per octo. *Peto Domine* vero non singulis annis .xv. dies, neque octo. sed aliquando xv. aliquando octo dies durat.' *P.*]

[(iii.) 'Regula de historia *Si bona.* incipienda, ubi non agitur de festo loci, ut supra.' *P.*]

Dom.[4] i. post v. kal. illo anno Septembris incipiatur hyst. *Si bona.*

Littera dom. *A.* [iii.] non. Septembris tota cant. hyst. et ℞ feriale in[4] crastino s. Bertini abbatis[5] cantetur.

[1]Et ista regula intelligitur ubi non agitur de festo loci.[1]

Lit. dom. *B.* ii[6] non. Sept. tota cant. hyst. et festum differatur si fuerit cum ix. lec. et ℞. ferial' in[7] crastino s. Bertini abbatis vel in[7] iiii. fe. cantentur.

Lit. dom. *C.* iiii. kal. Sept. inchoetur hyst. cum memo., et in sequenti do. tota cant. hyst., [et] memo. tantum de festo. et ℞. ferial' in[5] crastino s. Bertini abbatis[5] cantentur.

Lit. dom. *D.* iii. kal. Sept. inchoetur hyst., et medie lec. de sanctis fiant.[1] et in ii. do. tota cant. hyst., et ℞. feriale pretermittatur.[8]

Lit. dom. *E.* ii. kal. Sept. tota cant. hyst., et memo. tantum de s. Cuthburga,[9] et ℞. feriale in [1]iii. et[1] iiii. feria cantetur.

Lit. dom. *F.* kal. Sept. tota cant. hyst., et[10] festum s. Egidii abbatis differatur in crastinum et tunc festum habebit exposi-

---

[1] *omit.* P.    [2] responsoria : P.    [3] pretermittantur : P.
[4] Compare here the Caxton fragment (1477) lf. 8[2]. p. 113. Having printed thus far as a specimen of the first edition of the Sarum Breviary (1483), letter for letter (only inserting a few additions, *in brackets*, from the Peterhouse MS.), we shall for the remainder make use sometimes of the following abbreviations :—

| | |
|---|---|
| cant. = cantetur. | lit. = littera |
| commem. = commemoratio | mat. = matutine |
| do. = dominica | memo. = memoria |
| dom. = dominicalis | ℞., ℞ia. = responsorium, —ria. |
| fe. = feria | s. = sanctus. |
| hist. } = historia | sabb. = sabbato |
| hyst. } | ℣. = versiculus |
| lec. = lectiones | |

[5]—[5] vigilia nat' beate Marie : P.
[6] pridie : P.    [7]—[7] *omit.* P.    [8] in vigilia nat. beate Marie cantetur. : P.    [9] cathburga : 1483.
[10]—[10] memo. tantum de s. Prisco, et fest. s. Egidii diff. in crast. : P.

tionem evangelii: et in ipsa do. fiat tantum memo. de s. Prisco et[10] R͞/. feriale in vi. fe.[1] cantetur.

Lit. dom. *G.* iiii. no Sept. in[3] prima do. tota cantatur hyst., et[3] in sexta fe. sequente R͞/. ferialia cantentur.[3]

Alia regula de predicta hystoria scilicet.[4]
Ubi agitur tam[2] de festo loci[3] quam de s. Maria.[2]

Lit. dom. *A.* iii. no Sept. tota cant. hyst., et [5]R͞/ia. ferialia pretermittantur ubi in quarta feria dicitur de festo loci.[5]

Lit. dom. *B.* ii.[6] no Sept. tota cant. hyst. et festum differatur si[7] sit festum[7] cum ix. lec. et [8]R͞/ia. ferialia non dicuntur ubi in iii. fe. dicitur de festo loci.[8]

Lit. dom. *C.* iiii. kal. Sept. inchoetur hyst. cum memo., et in sequenti do. tota cantetur hyst. et memo. tantum de [9]sancto et R͞/ia. ferialia pretermittantur.[9]

Lit. dom. *D.* [10][iii. kal. Sept., hyst. inchoetur, et memo. et medie lec. de sanctis, et in sequenti do. tota cant. hyst., et R͞/. feriale in vigilia beate Marie cantetur.

Lit. dom. *E.*][10] ii. kal. Sept. tota cant. hyst., et memo. [tantum] de s. Cuthburga et R͞/ia. ferialia in iii. fe. et in iii. fe. cantentur.

Lit. dom. *F.* kal. Sept. tota cant. hyst., et memo. [tantum] de s. Prisco, sed[11] festum s. Egidii differatur[12] nisi ubi fuerit duplex festum, tunc[12] hyst. cum memo. inchoetur, et in ii. fe. [et in] vi. [et in] sabbato[13] tota cant. hyst. [Fe. iii. fiat commem. de festo loci] et [in][13] v. fe. fiat commemoratio b. Marie [et] memo. de s. Bertino.

Lit. dom. *G.* iiii. no Sept. [et in] prima do. tota cant. hyst., et [14]R͞/ia ferialia pretermittantur ubi dicitur de festo loci tantum.[14]

['Regula de historia *Peto D͞n͞e*, ubi non agitur de festo loci.' *P.*]

[iiij.] [15]Dominica prima post iii. Idus Septembris semper incipienda est hystoria scilicet. *Peto domine.*[15]

Lit. dom. *A.* xv. kalen. Octobris inchoanda est[16] hyst., et medie lectiones de s. Lamberto, et iii. fe. fiat commem. de s. Maria,

---

[1] in sabbato : P.                          [2] *omit.* P.
[3] et R͞/. feriale cantetur in vi. fe. sequenti. : P.
[4] de eadem hist. inchoanda : P.
[5] R͞/. fer. in v. fe. cantetur. : P.            [6] pridie : P.
[7] fuerit : P.                          [8] R͞/. fer. in iiii. fe. cantetur. : P.
[9] festo et R͞/. fer. in vigilia beate Marie cantetur. : P.
[10] Lit. Dom. *E.* manque dans le texte du brév. 1483.        [11] et : P.
[12] in ii. feriam. R͞/. fer. in sabbato cantetur. Ubi vero festum s. Egidii fuerit duplex : P.                          [13] *omit.* P.
[14] R͞/. feriale cant. in vi. fe. sequenti. : P.
[15] *omit.* P.                          [16] inchoetur : P.

[1]et ista regula tenet ubi non agitur de festo loci et[1] [2]R̊ia ferialia non dicentur.[2] In sabbato [matutine] de s. Tecla erunt[3] et missa de quattuor temporibus.

Lit. dom. *B.* xiiii. kalen. Octob. tota cant. hyst. In[3] ii. fe. fiat commem. de s.[4] Maria, et in sabbato [5]cantentur R̊ia ferialia.[5]

Lit. dom. *C.* [6]ii. id. Sept.[6] tota cantetur hyst. et in vi. fe. [5]R̊ia ferialia cantentur.[5]

Lit. dom. *D.* idus Septembris hyst. inchoetur cum memo., et in v. fe. fiat commem. b. Marie, et in ii. do. tota cantetur hyst., et in vi. fe.[7] R̊. feriale cantetur.

Lit. dom. *E.* xviii. kal. Octob. inchoetur hyst. cum memo., et in ['iiii. fe.' *P.*] vi. fe. et in sabb. cantentur R̊ia de hyst. cum R̊. feriali, et in v. fe. fiat commem. b. Marie, et fest. s. Lamberti eo anno omnino pretermittatur.

Lit. dom. *F.* xvii. kal. Octob. hyst. [8]inchoetur cum memo.,[8] et in iii. fe. fiat commem. beate Marie, et memo. de s. Lamberto, et in iiii. et in v. et in vi. feria cantetur R̊.[9] de hyst. cum R̊iis ferialibus.[10]

Lit. dom. *G.* xvi. kal. Octob. hyst. inchoetur[11] et memo., tantum de ss. Luciano et Eufemie† et fest. s. Edithe differatur usque[12] in crastinum et fe. iii. fiat commem. b. Marie, et in v. fe. cantetur R̊. feriale.

Alia regula est ista de eadem hyst. incipienda ubi agitur tam de festo loci quam etiam de s. Maria.

Lit. dom. *A.* xv. kal. Octob. tota cantetur hyst. et memo. tantum [12]de s. Lamberto et[12] fe. ii. fiat commem. de festo loci, et fe. iii. commem. beate Marie, et R̊. feriale in iiii. fe. cantetur [in i. nocturno hystorie], et in sabb. [fiant] mat. de s. Tecla, et missa de quattuor temporibus.

Lit. dom. *B.* xiiii. kal. Octob. tota cant. hyst., et in ii. fe. fiat commem. beate Marie, sed nulla [13]fiat commem. de festo loci,[13] et[12] in sabb. cantetur R̊. feriale.

Lit. dom. *C.* xiii. kal. Octob. [14]tota cant. hyst. et in vi. fe. R̊ia ferialia cantentur et in v. fe. fiat commem. de festo loci et mem. tantum de s. Tecla.[14]

Lit. dom. *D.* Idus Septembris inchoetur hyst. cum memo., et in v. fe. fiat commem. beate Marie et [memo. de s. Lamberto. Nulla fiat commem. de sancto loci in illa ebdomada, et] in ii. dominica

---

[1]—[1] *omit.* P.      [2] inchoetur : P.      [3] *omit.* P.      [4] beate : P.
[5]—[5] c. R̊. feriale. : P.      [6]—[6] xiii. kalen. Octob. : 1483, perperam.
[7] .v. fe. : P.      [8]—[2] cum meo. inchoetur : P.      [9] cantentur R̊. : P.
[10] R̊. feriali. : P.      [11] tota cant. hist. : P.
[12] *omit.* P.      [13]—[13] commem. de festo loci fiat : P.
[14]—[14] histo. cum memo. inchoetur et in sequenti do. tota cant. hist., et in ii. fe. proxima R̊. feriale dicetur. : P.

tota cant. hyst., et Ŗia ferialia,[1] ubi agitur de festo loci, pretermittantur.[1]

Lit. dom. *E.* xviii. kal. Octob. hyst. cum memo. inchoetur, et in
iiii. fe. et in vi. fe. et in sabb. Ŗia de hyst. cantentur cum Ŗ.
feriali. et v. fe. fiat commem. b. Marie. et fest. s. Lamberti eo
anno [omnino] pretermittatur.

Lit. dom. *F.* xvii. kalendas Octobris hyst. inchoetur cum
mem., et in iii. fe. fiat commem. beate Marie, et in iiii. fe. v. et
vi. cantentur Ŗia de hyst. cum Ŗ. feriali. ['Nulla commem.
de sancto loci in hac ebdomada fiat.' *P.*]

Lit. dom. *G.* xvi. kal. Octob. inchoetur hyst. et memo.
tantum de [sanctis] Luciano et Eufemie† et festum s. Edithe
differatur in crastinum, et fiant medie lec. de s. Lamberto, et
in iii. fe. fiat commem. beate Marie, et v. fe. Ŗ. feriale cantetur ['et
nulla commem. de sancto loci in hac ebdomada fiat.' *P.*].

['Regula de hystoria *Adonay*, ubi non agitur de festo loci.' *P.*]

[v.] ²Dominica prima post xii. kalen. Octobris semper
incipiatur hystoria *Adonay.*²

Lit. dom. *A.* viii. kal. Octob. tota cant. hyst., et Ŗ. feriale non
dicitur. ['Fe. v. fiat commem. beate Marie.' *P.*]

²Et ista regula intelligitur ubi agitur non de festo loci sed
solummodo de sancta Maria.²

Lit. dom. *B.* vii. kal. Octob. tota cant. hyst., et memo. tantum
de s. Firmino episcopo. ³Ŗ. feriale non dicetur. ['In iiii. fe. fiat
commem. beate Marie.' *P.*]

Lit. dom. *C.* vi. kal. Octob. tota cantetur hyst., et⁴ mem. tantum
de sanctis Cypriani et Iustine†. Ŗ. feriale non. dicetur.⁴

Lit. dom. *D.* ⁵v. kal. Octob. tota cant. hyst., et memo. [tantum]
de sanctis Cosme† et Dami*ano* martyribus et Ŗ. feriale non dicetur
['in choro Sarum. et feria ii. fiat commem. beate Marie ibidem,
propter Oct. dedicacionis ecclesie Sarum. Sed alibi dicatur (Ŗ
feriale) in ii. fe.' *P.*]

Lit. dom. *E.* xi. kal. Octob. inchoetur hyst. cum. memo., et in
iii. iiii. et vi. feriis cantentur Ŗia de hyst. cum Ŗ. feriali, et ⁶fes-
tum iii. lectionum in his feriis contingens omnino pretermittatur.⁶

---

¹—¹ fer. pretermittatur, ubi dicitur de sancto loci. : P.
²—² *omit.* P.      ³ *omit.* P.
⁴—⁴ medie lec. de sanctis ibidem contingentibus. Ŗ. feriale non dicatur in
choro Sarum, quia in iii. fe. fiat commem. beate Marie ibidem propter
octauas. Dedicacionis ecclesie Sarum, que sunt cum regimine chori. Sed
alibi dicatur [Ŗ feriale] in iii. fe. : P.
⁵ Compare with this the second Caxton fragment (1477), p. 104.
⁶—⁶ festa in hiis feriis contingencia omnino pretermittantur. : P.
Saturday Octob. 2nd (or 3rd, sub lit. dom. *D.*) would fall within the Octave
of Salisbury Dedication Feast (Sept. 30–Octob. 7) and would therefore not be
available for the *plenum servitium de beata Maria.*

MAYDESTONE.                                                        L

Lit. dom. *F.* x. kal. Octob. tota cant. hyst., et festum differatur in crastinum, et memo. de s. Tecla, et in iii. fe. dicetur ℞. feriale.

Lit. dom. *G.* ix. kal. Octob. tota cant. hyst., et memo [tantum] de s. Tecla, et in ii. fe. ℞. feriale dicetur, et in vi. fe. dicitur commem. beate Marie.

Alt*er*a regula[1] est ista de inceptione hyst. *Adonay.* ubi agitur tam de festo loci quam et de sancta Maria.[1]

Lit. dom. *A.* viii. kal. Octob. tota cantetur hyst. [et ? ii. fe. et iiii. fe. fiat commem.] et ℞. feriale non dicetur.

[2][Lit. dom. *B.* vii. kal. Octob. tota cant. hyst., et memo. [tantum] de s. Firmino episcopo [et iii. fe. et iiii. fient commem.] et ℞. feriale non dicetur.[2]

Lit. dom. *C.* vi. kal. Octob. tota cant. hyst. et memo de sanctis et ℞. feriale non dicetur.

Lit. dom. *D.* v. kal. Octob. tota cant. hyst. et memo. de sanctis Cosme† et Dami[ano] et ℞. feriale non dicetur ubi agitur de festo loci.

Lit. dom. *E.* xi. kal. Octob. inchoetur hyst. cum memo. et iii. et iiii. et vi. fe. ℞. de historia : cum ℞. feriali[3] cantentur, et festa in his feriis contingentia omnino pretermittantur. Et in v. fe. fiat commem. de festo loci : et in sabb. de s. Maria.

Lit. dom. *F.* x. kal. Octob. tota cant. hist., et festum [sancti Mauricii, &c.] differatur in crastinum, et fiat memo. tantum de s. Tecla. Et in iii. fe. fiat commem. de festo loci : et [ideo] ℞. feriale non dicetur.

Lit. dom. *G.* ix. kal. Octob.[4] tota cant. hyst. et memo. tantum de s. Tecla, et in ii. fe. fiat commem. de festo loci, et in vi. fe. fiat commem. beate Marie et ℞. feriale non dicetur.

['Regula de historia *Adaperiat* incipienda, ubi agitur de festo loci, vel ubi non.' *P.*]

[vi.] Dominica prima post v. kalend. Octobris semper incipiatur hystoria *Adaperiat.*

Lit. dom. *A.* kal. Octob. tota cantetur hyst., et memo. [tantum] de s. Meloro. Festum vero[5] sanctorum differatur in crastinum, et fient[6] medie lectiones de s. Leodegario, et[5] in eadem hebdomada cantetur unum ℞. feriale : et aliud in iii. vel. iiii. hebdomada cantetur.

---

[1]—[1] de eadem historia incipienda, ubi agitur de festo loci.: P.

[2]—[2] Lit. dom. *C.* manque dans le texte (1483).

[3] responsoria ferialia : 1483.

[4] octrobris : *Brev.* 1483.

[5] *omit.* P.          [6] fiant : P.

Lit. dom. *B.* vi. no. Octob. inchoetur hyst., et[1] medie lec. de s. Leodegario, et ℞. de ii. nocturno in eadem hebdomada cant. ['Et ℞. ferialia in iii. vel in iiii. ebdomada divisim cantentur.' *P.*]

Lit. dom. *C.*v. no. Octob. tota cantetur hist. Et ℞ia ferialia in iii. et in iiii. hebdomada divisim cantentur.

Lit. dom. *D.* iiii. no. Octob. tota cant. hist., et ℞ia ferialia in iii. et in iiii. hebdomada divisim cantentur.

Lit. dom. *E.* iiii. kal. Octob. tota cant. hist., et ℞ia ferialia in iii. et in iiii. hebdomada divisim cantentur.

Lit. dom. *F.* iii. kal. Octob. inchoetur hyst. cum memo., et in iiii. dominica tota cant. hist., et in iiii. hebdomada ℞ia ferialia cantentur.

Lit. dom. *G.* pridie kal. Octob. hist. cum mem. inchoetur, et[1] ℞ia de i. nocturno et [de] ii. [nocturno] in eadem hebdomada cantentur., et in iii. et in iiii. hebdomada ℞ia ferialia divisim cantentur

[1]Et hec regula tenet in ista historia et in sequenti hist. ubi agitur de festo loci semel in hebdomada: vel non et sic non indiget ut dividetur.[1]

['Regula de historia *Vidi Dominum* incipienda ubi non agitur de festo loci, ut supra.' *P.*]

[vij.] [1]Dominica prima post v. kal. Novembris semper inchoabitur historia. *Vidi Dominum.*[1]

Littera dominicalis *A.* iiii. kal. Novemb. tota cant. hist. : et in eadem hebdomada unum[2] ℞. feriale : et aliud in v. hebdomada cantentur.

Lit. dom. *B.* iii.[3] kal. Novemb. inchoetur[4] hyst. : et vi. fe. [proxima] sequente ℞ia ferialia pariter cantentur.

Lit. dom. *C.* ii. kal. Novemb. inchoetur hist., et medie lec. de s. Quintino, et in proxima dominica tota cant. hyst. : et ℞. feriale pretermittatur.[5]

Lit. dom. *D.* kalend. Novembris hyst. cum memo. inchoetur : et in duabus[6] feriis per hebdomadam ℞. de i. ii. et iii. nocturno [cantentur] cum uno ℞. feriali : et aliud [℞. feriale] in crastino octa. sci. Martini[7] ubi agitur de festo loci. ℞. de iii. nocturno non dicuntur in hac hebdomada. et tunc ℞ia ferialia pretermittantur.[7]

Lit. dom. *E.* iiii. no. Novemb. inchoetur hyst. et medie lec. de martyribus fiant[8] : et Commemoratio Animarum differatur [in crastinum].[9] et ℞. ferial. in iii. iiii. et vi. fe. divisim cantentur.[9]

[1]—[1] *omit.* P.
[2] primum : P.      [3] i. : 1483.      [4] tota cantetur : P.
[5] ℞. ferialia pretermittantur : P.
[6] tribus : P.                         [7]—[7] cantetur.
[8] *omit.* P.        [9]—[9] ℞. ferial' in vi. fe. pariter cantentur. : P.

L 2

Lit. dom. *F*. iii. no. Novemb. tota cant. hyst., et in eadem hebdomada ℞. feriale cantetur[1]

Lit. dom. *G*. ii. no. Novemb. tota cant. hyst.: et in eadem hebdomada cantetur primum[2] ℞. feriale: et aliud in iiii. hebdomada cant.

[Here the Peterhouse MS. Breviary (sec. xiv). adds another rule :—

Alia regula de eadem historia (sc. *Vidi Dñm*) incipienda ubi agitur de festo loci, ut supra.

Lit. dom. *A*. tota cantetur histo., et in eadem ebdomada cant. ℞. primum feriale, et aliud in v. ebdomada cant.

Lit. dom. *B*. tota cant. hist., in proxima vi. fe. cant. unum ℞. feriale, et aliud in ii. fe. ebdomade sequentis.

Lit. dom. *C*. histo. inchoetur, et medie lec. de s. Quintino, et proxima dominica tota cant. hist. ℞. ferialia pretermittantur.

Lit. dom. *D*. hist. cum memo. inchoetur, et in duabus feriis per ebdomadam ℞ia de i. nocturno et ii. cantentur, et non plura. ubi agitur de festo loci ℞ia ferialia omnino pretermittantur.

Lit. dom. *E*, inchoetur histo., et medie lec. de martyribus. commem. Animarum differatur in crastinum. ℞ia ferialia omnino pretermittantur.

Lit. dom. *F*. tota cant. histo. et in eadem ebdomada ℞ia ferialia cantentur.

Lit. dom. *G*. tota cant. histo., et in eadem ebdomada cant. unum ℞. feriale, et aliud in iiii. ebdomada cantetur.]

Et sic plenarie patet per regulam predictam de hystoriis predictis et de earum per totum annum inceptionibus.

[viij.]   Hic incipit pica de Adventu Domini scilicet *Aspiciens.*

Et notandum est semper. quod incipienda est predicta hystoria post festum Lini videlicet in proxima dominica post predictum festum in hunc modum.

Littera dominicalis *A*. ii. no. Decembris tota cantetur hystoria et responsoria ferialia in iii. feria cantentur. Ubi non dicitur de festo loci :

Sed ubi dicitur de festo, ibi responsoria ferialia in ii. feria cantentur, et fiat commemoratio de festo loci in iii. feria, et sabbato de sancta Maria.

---

[1] ℞. ferialia cantentur. : P.      [2] unum : P.

Dominica secunda tota cant. hyst., et R̃ia ferialia v. fe. cantentur, ubi non dicitur de festo loci.

Sed ubi dicitur de festo loci in iii. feria dicatur, et in sabb. de s. Maria.

Dominica iii. tota cant. hyst. : et tunc in ii. et iii. feria cantentur R̃ia de hyst. dominicali. iiii. fe. et vi. fe. et sabb. de quatuor temporibus dicuntur : et habent propria R̃ia. : et tunc nulla fiat commem. de festo loci nec de s. Maria in illa hebdomada.

Dominica iiii. tota cant. hyst. dominicalis usque ad V̄. iii. nocturni qui erit *Constantes estote.* Ante pronunciationem evangelii. deinde omnia ut prenotatum est in ordinali.[1]

Lit. dom. *B.* v. kal. Decembris tota cant. hyst. et R̃ia ferialia in vi. fe. cantentur et fiat commem. de festo loci v. fe., et sabb. de s. Maria.

Do. ii. tota cant. hyst. et R̃ia ferialia dicuntur in vi. fe. et fiat commem. de festo loci in ii. fe., et sabb. de s. Maria.

Do. iii. tota cant. hyst. : et tunc iv. et vi. fe. et sabb. dicuntur de quatuor temporibus. et habent propria R̃ia. nulla fiat commem. de festo loci nec de s. Maria hac hebdomada.

Do. iiii. tota cant. hyst. : et nullum habet R̃. feriale : et fiat commem. de festo loci. fe. v., et fe. vi. de s. Maria.

*C.* lit. dom. iiii. kal. Decemb. tota cant. hyst. : et R̃ia ferialia vi. fe. cantentur : et fiat commem. de festo loci. v. fe., et sabb. de s. Maria.

Do. ii. tota cant. hyst. et R̃ia ferialia vi. fe. cantentur : et fiat commem. de festo loci fe. v., et sabb. de s. Maria.

Do. iii. tota cant. hyst. : et in iii. et iiii. feriis dicuntur R̃ia de hist. dom. : iiii. vi. et sabb. dicuntur de quatuor temporibus. nulla fiat commem. de festo loci : nec etiam de s. Maria hac hebdomada.

Do. iiii. tota cant. hyst. et nullum habet R̃. feriale : et fiat commem. de festo loci iiii. fe., et v. fe. de s. Maria.

*D.* lit. dom.[2] iii. kal. Decembris tota cant. hyst. et R̃ia ferialia dicuntur vi. fe. ubi dicitur de festo loci :

Sed ubi non dicitur de festo loci, ibi R̃. feriale v. fe. cant., sed ubi fiat commem. de festo loci v. fe., et sabb. de s. Maria.

Do. ii. tota cant. hyst. et festum s. Nicolai differatur in cras-

---

[1] This may possibly refer to Caxton's Ordinale, printed in or about 1477, but it seems more probable that the directions to which reference is here made were contained only in the MSS. *Ordinalia.* If the person who directed the printing of the Breviary in 1483 had been acquainted with Caxton's work it seems hardly probable that he would have remained content to print this old fashioned pye of one and two commemorations, instead of the more modern two and three commemorations which Raynton, Maydeston and Caxton gave.

[2] Compare with this section the Caxton fragment given above, p. 106.

tinum : et tunc [nichil] fiet de oct. nisi tantum memo., et R̃ia ferialia v. fe. dicuntur ubi non agitur de festo loci :

Sed ubi dicitur de festo loci R̃ia ferialia iiii. fe. dicuntur : quia fiet commem. de festo loci v. fe., et sabb. de s. Maria.

Do. iii. tota cant. hyst. : et festum s. Lucie differatur in crastinum : et iii. [et] v. feriis dicuntur R̃ia de hyst. dom., et iiii. et vi. et sabb. de quatuor temporibus dicuntur.

nulla fiat commem. de festo loci nec de s. Maria hac hebdomada.

Do. iiii. tota cant. hyst. et nullum habet R̃. feriale : sed fiet commem. de festo loci iii. fe., et iiii. fe. de s. Maria.

*E.* lit. dom. ii. kal. Decemb. tota cant. hyst. : et festum s. Andree differatur in crastinum : licet fuerit duplex festum : et R̃. feriale iiii. dicatur fe., et fiat commem. de festo loci iii. fe., et vi. fe. de s. Maria.

Dominica ii. tota cant. hyst. : et tantum mem. de oct. s. Andree. et dicitur missa de oct. in capitulo. et R̃. feriale iiii. fe. cant., et fiat commem. de festo loci in v. fe., et vi. fe. de s. Maria.

Do. iii. tota cant. hyst., et iiii. vi. et sabbato[1] de iiii. temporibus dicuntur : et nulla fiat commem. de festo loci : nec de s. Maria.

Do. iiii. tota cant. hyst. : et festum s. Thome differatur in crastinum : licet duplex festum fuerit. nullum R̃. feriale dicetur, neque fiet commem. de festo loci : sed tantum de s. Maria et hïc dicetur fe. iii.

*F.* lit. dom. kal. Decemb. tota cant. hyst. : et tunc in sabb. precedenti dicuntur vespere de Aduentu : et tantum memo. de s. Andrea : et R̃ia ferialia dicuntur iiii. fe., et v. fe. fiat commem. de festo loci : et in sabb. de s. Maria.

Do. ii. tota cant. hyst. : et festum conceptionis beate virginis differatur in crastinum, licet sit duplex festum : et R̃ia ferialia vi. fe. dicuntur. et iii. fe. fiat commem. de festo loci, et sabb. de s. Maria.

Do. iii. tota cant. hyst. iiii. vi. et† de quattuor temporibus : et sabb. de s. Thoma apostolo.

nulla fiat commem. de festo loci : nec etiam de s. Maria.

Do. iiii. tota cant. hyst. : sed nullum habet R̃. feriale. et tunc fiat commem. de s. Maria, videlicet in ii. fe.

*G.* lit. dom. iiii. no. Decemb. tota cant. hyst., et R̃ia ferialia iiii. fe. cantentur : et fiat commem. de festo loci ii. fe., et iii. de s. Maria.

Do. ii. tota cant. hyst., et R̃ia ferialia vi. fe. dicuntur : ubi dicitur de festo loci :

---

[1] 'sabbatis' 1483.

sed ubi non dicitur de festo loci, ibi R̹. ferial' vi. fe. dicuntur.
ubi dicitur de festo loci vi. fe., sabb. de s. Maria.

Dom. iii. tota cant. hyst. : et iiii. fe. et sabb. de iiii. temporibus :
et vi. fe. de s. Thoma apostolo.

nulla commemoratio fiat per hanc hebdomadam.

Dom. iiii. tota cant. hyst. et nullum habet R̹. feriale : nec ulla
fiet commem. per hanc hebdomadam, sicut superius dictum est.

[With the following compare the memorial lines at the foot of
certain pages in the Breviary Kalendar, A.D. 1531 &c.]

Historia i. inchoabitur
*Post tres personas libros regum dare debes.*
  Deus omnium.

Historia ii. inchoabitur
*Et post Sampsonem sapientem dic Salomonem.*
  In principio.

Historia iii. inchoabitur
*Post Augustinum doctorem Job lege iustum.*
  Si bona.

Historia iiii. inchoabitur
*Thobiam sanctum post Prothum[1] atque Iacinctum.*
  Peto Domine.

Historia v. inchoabitur
*Subiungens Iudith [2]postquam Leui Matthei vigilavit.[2]*
  Adonay.

Historia vi. inchoabitur
*Post sanctum Cosmam dabis historiam Machabeam.*
  Adaperiat.

Historia vii. inchoabitur
*Post Iudam Simonem subiungens Ezechielem.*
  Vidi Dominum.

Historia viii. inchoabitur
*Post Linum papam semper ponas Isaiam.*
  Aspiciens.
  Expliciunt historie omnes.

---

[1] 'prothin' 1483.
[2—2] post uigiliamque Mathei : *Brev.* 1531.

Then after the Table of Feasts, see above p. 137, there follows the *Rubrica de gratiis.*

We print this here partly because it is one of the very few things which some of the Sarum *portiforia* contain in addition to what the Great Breviary of 1531, and consequently the Cambridge edition, supplies: partly also because of the intense interest which HENRY BRADSHAW took in ' *the Grace that shuld be said affore mete and after Mete,*' a topic which would always fire him with animation.

'If your object' (he said) 'is to give people of the present day an idea of the meaning of these things, it is almost useless to print them straight as they are. . . . You may remember that at Trinity even now it takes two people to say what is substantially the same Grace as this.'

The sections are as follows :—

Before Dinner 'all the Times in the Year, on Fisshe Dayes, *in vigilia Pasche, in Die Pasche. Post Prandium* or Common Days, on Fast Days, Easter Eve, Easter Day. Short Graces affore Dyner or on common days. Short grace after Dyner and after Soper bothe. Grace affore Soper, *et post cenam* for Common Days and for Easter Day.' (See H. Bradshaw's *Scheme of Latin Graces* in Furnivall's edition of 'the Babees Book, Manners and Meals in Olden Time.' *Early Eng. Text Soc.* 1868, pp. 382–5.)

    ❡ Rubrica de gratiis dicendis tam ad cenam quam ad
        prandium per totum annum et per omne tempus.

    ❡ In vigilia pasche [ad prandium] hoc modo, scilicet.

[Sacerdos.]  *Benedicite.*
[Resp.]  *Dominus.*
[Ps.]  *Edent pauperes et* [*saturabuntur, et laudabunt Dominum qui requirent eum : vivent corda eorum in seculum, seculi.* (Ps. xxi.)]
*Gloria Patri.  Sicut erat.*
*Kyrieleison.  Christeleison.  Kyrieleison.*
*Pater noster.  Et ne nos.* [Resp.]  *Sed libera nos.*
[Sac.]  *Oremus. Bene*[✠]¹*dic, Domine, nos et dona tua* [*que de tua largitate sumus sumpturi. Per Christum Dominum nostrum.* Resp. *Amen.*]
[Lector.]  *Jube domine benedicere.*
[Sac.]  *Cibo spiritualis almonie* [*reficiat nos Rex eterne glorie*]
*Lectio. Si consurrexistis cum Christo, que sursum sunt querite, ubi Christus est in dexteris Dei sedens.* [Resp.] *Amen.* Ad Coloss. iii.)].

---

¹ The ✠ is here in the Sarum Manual, ed. Lond. 1555, 4to.

Post prandium.

[Sacerdos.] *Deus pacis et dilectionis [maneat semper nobiscum.*

*Tu autem, Domine, miserere nostri.*

Resp. *Deo gratias.*]

[Ps.] *Memoriam fecit [mirabilium suorum misericors et miserator Dominus : escam dedit timentibus se.* (Ps. cx. 5.)]

*Gloria Patri. Sicut erat.*

[Capitulum.] *Agimus tibi gratias [omnipotens Deus, pro universis beneficiis tuis : Qui vivis et regnas Deus per omnia secula seculorum.* Ŗ. *Amen.*]

Ps. *Laudate Dominum omnes gentes [: laudate eum omnes populi.* (Ps. cxvi.)]

*Quoniam confirma[ta est super nos misericordia eius : et veritas Domini manet in eternum.*]

*Gloria Patri. Sicut erat.*

Et statim sequatur.

*Dominus vobiscum. Oremus.*

*Spiritum in nobis tue charitatis infunde. ut quos sacramentis paschalibus saciasti : tua facias pietate concordes : per Dominum nostrum Iesum Christum filium tuum qui tecum vivit et regnat in unitate eiusdem Spiritus sancti Deus per omnia secula seculorum. Amen.*

*Dominus vobiscum. Et cum spiritu tuo.*

*Benedicamus Domino. Deo gratias.*

❡ In die pasche ante prandium hoc modo dicuntur.

[Sac.] *Benedicite [Ŗ.] Dominus.*

[Ps.] *Hec dies quam fecit Dominus : exultemus et letemur in ea.* [*Alleluia.*]

*Gloria Patri. Sicut erat.*

*Kyriel. Christeleyson. Kyriel.*

*Pater noster.* [Sac.] *Et ne nos. Sed libera.*

[Sac.] *Oremus. Benedic Domine nos et do [✠na tua que de tua largitate sumus sumpturi. Per Christum Dominum nostrum. Amen.*]

[Lector.] *Jube domine benedicere.*

[Sac.] *Mense celestis [participes faciat nos Rex eterne glorie.* Ŗ. *Amen.*]

Lectio (1 Cor. v.) *Expurgate vetus fermentum, ut sitis nova conspersio, sicut estis azimi : etenim pascha nostrum immolatus est Christus : itaque epulemur in Domino.* [Ŗ. *Amen.*]

Et legatur omnibus dominicis diebus usque ad Ascensionem Domini.

### Post prandium in die pasche.

[Sac.]   *Qui dat escam omni carni : confitemini Deo celi. Tu autem, Domine, miserere nostri.*

[Resp.]   *Deo gratias.*

Ps.   *Laudate Dominum omnes gentes.   Quoniam confirmata* (ut supra).   *Gloria Patri.   Sicut.*

℣.   *In resurrectione tua Christe.*

℟.   *Celi et terra letentur alleluia.*

[Sac.]   *Dominus vobiscum.*   [℟.]   *Et cum spiritu tuo.*

[Sac.]   *Oremus.   Spiritum in nobis, Domine, tue charitatis* (ut supra) terminando   *Per Dominum nostrum Jesum Christum, filium tuum, qui tecum vivit et regnat in unitate eiusdem Spiritus sancti* [*Deus per omnia secula seculorum.   Amen*].

*Dominus vobiscum.   Et cum spiritu tuo.*

*Benedicamus Domino.   Deo gratias.*

Eodem modo dicuntur gratie per totam hebdomadam pasche cum predicta lectione *Expurgate vetus.*   Et similiter dicitur hec lectio *Expurgate* omnibus dominicis usque ad Ascensionem Domini.

❡ Ad cenam vero per totum annum dicitur hec benedictio.

[Sac. *Benedicite.*   ℟.   *Dominus.*]

*Cenam sanctificet qui nobis omnia prebet.*

*In nomine Patris* [✠][1] *et Filii et Spiritus sancti.   Amen.*

❡ Post cenam vero in die pasche et per hebdomadam hoc modo dicuntur gratie.

[Sac.]   *Hec dies quam fecit Dominus : exultemus et lete*[*mur in ea*].

[Sac.]   *In resurrectione tua Christe :*

Resp.   *Celi et terra* [*letentur.   alleluia*].

[Sac.]   *Dominus vobiscum.*   [℟.]   *Et cum spiritu tuo.*

[Sac.]   *Oremus.   Oratio.   Spiritum in nobis,* ut supra.   *Dominus vobiscum.*   [℟.]   *Et cum spiritu tuo.*

[Sac.]   *Benedicamus Domino.*   [℟.]   *Deo gratias.*

❡ Per reliquum vero temporis totius anni extra tempus pasche dicitur post cenam hoc modo.

[Sac.]   *Benedictus Deus in donis suis.*   [℟.]   *Et sanctus in omnibus operibus suis.*

[Sac.]   *Adiutorium nostrum in nomine Domini.*   [℟.]   *Qui fecit celum et terram.*

[Sac.]   *Sit nomen Domini benedictum.*   [℟.]   *Ex hoc nunc et usque in seculum.*

non dicitur *Dominus vobiscum.* nec *Oremus.* sed dicitur [a Sacerdote].

---

[1] The ✠ is marked here in the Sarum Manual, ed. London, 1555, 4to.

*Retribuere dignare, Domine Deus* [*omnibus nobis bona
    facientibus, propter nomen tuum, vitam eternam. Amen*].
[Sac.] *Benedicamus Domino.* [R̃y.] *Deo gratias.*[1]
    Nunquam enim dicitur psalmus *De profundis* ad
    gratiam post cenam secundum usum Sarum.
❡ In diebus Veneris et in vigiliis : et in quatuor temporibus :
    et quotienscunque est ieiunium preceptum extra tempus
    xl.[2] dicuntur he sequentes gratie per totum annum.
                [Ante prandium.]
[Sac.] *Benedicite* [R̃y.] *Dominus.*
[Ps.] *Edent pauperes et satur*[*abuntur.* &c.] more solito [usque
    ad benedictionem que erit *Cibo spiritualis,* p. 152,] cum
    lectione (2 Cor. xiii.).
*Gratia Domini nostri Iesu Christi et charitas Dei et communi-
    catio sancti Spiritus sit semper cum omnibus nobis.*[3] Non
dicitur ulterius.[4]

                Post vero prandium.

[Sac.] *Deus pacis,* &c.
[Ps.] *Memoriam fecit,* &c.   More solito.
    Nunquam enim dicitur ante hanc orationem *Oremus.*
    Quodcunque enim festum duplex in die veneris contigerit,
extra xl. et hebdomadam pasche : et diem natalis Domini,
dicuntur he predicte benedictiones de ieiunio : et eodem modo
vero dicuntur per totam xl. exceptis diebus dominicis. videlicet
in feriis.
❡ Quodcumque vero festum duplex vel simplex cum hac
lectione sequenti, scilicet (Esai. lviii.)
*Frange esurienti* [*panem tuum, et egenos vagosque induc in
domum tuam : cum videris nudum operi eum, et carnem tuam ne*

---

[1] In the York Breviary (i. p. 386), and likewise in the Balliol MS. which
Bradshaw explained for 'Manners and Meals of Olden Time' (down to
*Meritis et precibus* only), the grace has this continuation :
            Ave Regina Celorum,
            Mater Regis [angelorum
            O Maria, flos virginum,
            Velut rosa et lilium,
            Funde preces ad Filium
            Pro salute fidelium].
        ỹ. Post partum   ['ỹ. Ave Maria,' *MS. Ball.*]
    Oremus.   Meritis et precibus sancte Marie [*al.* 'sue pie matris : benedicat
nos Filius Dei Patris.   Amen'] *et sequatur benedictio episcopalis, si presens
fuerit.   Deinde pro defunctis, singulis diebus ; nisi in festo duplici et in hebdomada Pasche.*
    *Ps.* De profundis.   Kyriel., &c.   Pater noster.   Et ne nos.   Requiem.
Credo videre.   A porta inferi.   Dominus vobiscum.   Et cum.   Oremus.
Fidelium Deus.   Fidelium anime per misericordiam Dei requiescant in pace.
[2] lx : 1483.                         [3] 'vobis' H. B.
[4] Brev. Ebor. prescribes '*usque* In Christo Jesu Domino nostro.'

*despexeris, ait Dominus omnipotens*] et cum psalmo *Miserere mei*
(l.) in tempore xl., loco psalmi *Laudate Dominum*, Post
prandium.[1] et est ratio: quia he benedictiones sunt ex natura
temporis, et non Sanctorum.

Quandocunque enim dicitur missa de ieiunio in xl. tunc
enim semper dicuntur he benedictiones ante prandium cum hac
lectione: *Frange esurienti.* cum psalmo *Miserere* post prandium.
❦ Ceteris vero diebus vii. ex[tra] tempus pasche et xl. quandocunque non est veneris, et quotienscunque etiam ieiunium non
est preceptum, dicuntur he gratie s[cilicet] *Oculi omnium in te
sperant Domine,* et cum hac lectione. *Deus charitas est [et qui
manet in charitate in Deo manet, et Deus in eo. Sit Deus in nobis,
et nos maneamus in ipso].*

### Post prandium vero

*Deus pacis et dilectionis.*
*Confiteantur tibi. [Gloria. Sicut erat.]*
*Agimus tibi gratias.*
Ps. *Laudate Dominum omnes gentes,* &c., more solito.

dictis vero gratiis post prandium, exceptis duplicibus festis
principalibus omni die per annum dicatur Ps. *De profundis*
pro fidelibus defunctis. sed sine *Gloria Patri.* Quandocunque
dicitur causa lamentationis.

Sed ad cenam nunquam dicitur secundum Sarum, sed cum
*Kyriel. Christeleison.* more solito.
❦ In die cene Domini hoc modo dicuntur gratie.
[Sac.] *Benedicite* [℞.] *Dominus.*
*Christus factus pro nobis obediens usque ad mortem.*
*Mortem autem crucis.*[2]
*Kyriel. Christel. Kyriel.*
*Pater noster:* sed cum *Miserere mei Deus.* cum *Gloria Patri*
et cum hac oratione.

*Respice quesumus, Domine, super hanc familiam tuam, pro qua
Dominus noster Iesus Christus non dubitauit manibus tradi
nocentium, et crucis subire tormentum. Qui tecum viuit et regnat:*

### Post prandium dicitur

*Deus pacis* usque *Deo gratias* et cum
*Christus factus est pro nobis,* ut supra.
*Kyriel. Christel. Kyriel.*
et cum Psalmo *Miserere,*[3] et cum hac oratione.
*Respice quesumus, Domine,* ut supra.

---

[1] The rubrics of the York Breviary (1493, ed. Lawley 1881), i. pp. 263,
387, explain that the psalm *post prandium* is not changed until the first
Monday in Lent ('clean Lent').

[2] '*Lectio.* Gratia Domini.' *Brev. Ebor.* i. 387.

[3] '*Ps.* Laudate Dominum omnes gentes *et cetera, ob reverentiam cene
dominice.*' (Ibid.)

# APPENDIX III.

---

# ON WEEKLY COMMEMORA-
# TIONS IN ENGLAND

### IN THE XIIth–XVIth CENTURIES.

I. RISE OF COMMEMORATIONS : Weekly service-days among the Jews, and the Christians in primitive times. ' *Teaching of the Lord by the XII Apostles.*' '*Apostolical Constitutions.*' Votive masses in the time of Alcuin, and later. Table of *Missae Communes.* The *Concordia regularis*, cir. 965. Commemorations in the XIth century. Leofric Missal, &c.

The Daily Mass *Salve* of B.V. Mary instituted at Salisbury 1225. Other Commemorations of St. Mary. Her Festivals. Hours of the Incarnation (' *Officium parvum*') 800–1096. The *plenum servitium*, or Saturday commemoration. Its *rationale.*

II. OF THE COMMEMORATIONS PREVIOUS TO THE XVTH CENTURY : Two Commemorations in Lincoln Roll of *Re* et *Ve,* 1278. Commemoration of St. Hugh Bp. adopted at Oxford and Eton. 'In commemoracione S. Hugonis Sequencia.' The Sarum Breviary rubric *de Commemorationibus.* Commemorative masses at Canterbury 1285. Exeter commemorations in 1337. St. Albans (Sopwell) 1338. Wells XIVth cent. Table for XIIth–XIVth cent.

III. OF TWO AND THREE COMMEMORATIONS : Table for (late) XIVth–XVIth cent. St. Hugh, St. Thomas the Confessor, St. Thomas the Martyr. Abp. Roger Walden's order for a Third Commemoration 1398. How far accepted. Other Commemorations in the Breviary. St. Chad, and St. Etheldreda, St. Osmund's Commemoration the latest introduced.

# ON WEEKLY COMMEMORATIONS.

## I. RISE OF COMMEMORATIONS.

WE may trace the origin of weekly Commemorations, which we find in existence in England in the thirteenth and following centuries, to the spirit which, even in earlier ages, had devoted the altar Service of certain days of the week to the memorial of certain special mysteries.

The observance of the Lord's Day and the Saturday is traced by Bingham (and others) to very early times (*Antiq.* xx. iii.); and he traces likewise the appointment of Wednesday and Friday as stationary days (xiii. ix. 1-4. xxi. iii. 1, 6.). But the rediscovery of the *Didache*, since his day, has given us new evidence relating to early ante-nicene Christian institutes. We find, already established by the close of the first century of our era, three solemn service days in every week, 'the Lord's Own Day' (*Did.* c. 14 § 1.) and the Wednesday and Friday (*Did.* c. 8 § 1.), '*tetras*' and '*parasceve*,' answering to the three Synagogue days, Sabbath, Monday, and Thursday,[1] but expressly distinguished from them. The *Apostolic Constitutions* (vii. 23.) supply the *rationale* of the Christian celebration, viz. the memory of the *Betrayal* and of the *Crucifixion* for the fast days, and of the *Resurrection* for the Sunday. It is added moreover that the Saturday also is to be kept by Christians as a festival in memory of *Creation* (excepting only Easter Eve which is a fast in commemoration of our Lord's Burial). This threefold weekly commemoration may be traced in the three weekly masses with proper epistles and gospels provided in the Latin missals, and in the rubric prefixed to the Litany in the English Book of Common Prayer.

The early ritualist Amalarius Fortunatus of Trèves (who died in 837) connected with the days of the week various periods in the life of the Church, from Apostolic times to the future union of Jews and Gentiles under one Shepherd. (*De Eccl. Officiis* iv. capp. 11–17.)

---

[1] It is said that Moses went up to Sinai the second time on a Thursday and came down again on a Monday. See Kitto's *Bible Dict.*, s.v. 'Fasts,' and commentators on St. Luke v. 33.

A design to attach special commemorations to all the several days of the week for the altar service, in case no holy day intervened, is traced by the medieval ritualists to two famous men of our own nationality in the latter part of the eighth century. Sicardus cir. 1180–90, followed about a century later by Durandus, relates how in the days when heresy was rife, and before the Sunday office was established, Boniface of Maintz (our Winfrid of Crediton) applied to Alcuin of York, 'the master of Charles the Great,' to devise a series of masses to confirm the faithful. It was not until at least twelve years after the martyrdom of Boniface that Alcuin is supposed to have been introduced to Charles, so we may view this tradition with something of suspicion.[1] There is moreover a little uncertainty about the order of the series, as the following table will show. But in any case we have a record of a comparatively antient scheme.

| Day. | 1. | 2. | 3. |
|---|---|---|---|
| | Missa de | | |
| Sunday ... ... | Trinitate ... | Trinitate ... | Trinitate. |
| Monday... ... | Charitate ... | Sapientia ... | Angelis.   Pro Defunctis. |
| Tuesday ... | Sapientia ... | Spiritu S. ... | [Missa dominicalis.  *Bel.* |
| Wednesday ... | Spiritu Scõ ... | Charitate ... | *Jejunium.*  Missa de Off. Dominicali. |
| Thursday ... | Angelis ... ... | Angelis ... ... | [Missa dominicalis.  *Bel.*] |
| Friday ... ... | Cruce Dñi ... | Cruce   ... ... | Cruce. |
| Saturday ... | B. Virgine ... | B. Maria ... | B. Virgine. |

1. Instituted "tempore quodam, dominico officio nondum ordinato, hæresi pullulante." *Sicard; Beleth,* "variae passim hæreses."
2. Institution of Alcuin and Boniface. *Sicard. ; Durand.*
3. After the Sunday office had been settled. *Sicard. ; Beleth* [with additions], *Divini Officii Explic.* cap. 51.

[1] J. B. Mullinger, *Schools of Charles the Great,* p. 47.

| 4. | 5. | 6. | 7. | |
|---|---|---|---|---|
| Trinitate ... | S. Trinitate ... | S. Trinitate ... | SS. Trinitate ... | Dñica. |
| Angelis, aut De- functis. | S. Sapientia que Christus est. | Pro peccatis ... | Angelis ... ... | Fe. ij. |
| Pro peccatis, aut Pace. | S. Caritate ... | ad suffr. An- gelorum. | *Salus populi* ... | Fe. iij. |
| de officio dñicalis | De cordis emenda- tione per Spiri- tum S.† | [de Sapientia] | S. Spiritus ... | Fe. iiij. |
| Tribulatione ... | Ad Angelorum suf- fragia postul.† | [de S. Kari- tate.] | Ven. Sacramento de Corpore Xti | Fe. v. |
| Cruce ... ... | In honore S. Crucis, fe. vi.† | de Cruce ... | S. Cruce ... | Fe. vj. |
| B. Virgine ... | In honorem S. Marie.† | de S. Maria ... | nostra Domina... | Sabb. |

4. Another variety known to Sicardus, Bp. of Cremona cir. 1185-1215. *Mitrale* viii. 1. (Migne, *Patrol. Latin*, tom. 213 pp. 388, 389.) See also Durandi *Rationale* li. iv. cap. i. § 30.

5. The list of votive masses in the Leofric Missal (earliest handwriting, early tenth cent., brought to England 1042), pp. 176-8. Those marked with an *obelus* † are ascribed to Alcuin.

6. The list of Prefaces in Leofric Missal, p. 266, 10th-11th handwriting "C," and likewise the Votive Masses in Missal of Robert of Jumièges, A.D 1044-51.

7. List of ' misse votive, sive communes' in rubric of a printed Sarum *Missale* (1526) ed. Dickinson, p. 735*.

Although the later missals contain offices ' *Pro inspiratione divinae Sapientiae,* and the like, and the prefaces to French breviaries of the eighteenth century contain a scheme of what perhaps I may call *moral* commemorations, or intentions, for the ferial office ; nevertheless it was very natural that those 'common' commemorations which were based upon a personal or objective theme took, in the ordinances of the church, a firmer root than did the masses ' *de Sapientia*' or ' *de Caritate.*'[1]

We have a glimpse of the practice in our own country in the interval between Alcuin and Beleth or Sicardus. The *Concordia regularis* which was formerly, on conjecture, attributed to St. Dunstan, and which is now shown to belong to Ethelwold Bp. of

---

[1] Dugdale, *Monasticon*, i. pp. xxx-xxxii.

Winchester (cir. 965), tells us what were the ordinary subjects
of devotion before the Norman Conquest. At the mattin office
prayer and psalmody was offered by each one *pro seipso :* then
for the King and Queen, for friends (*pro familiaribus*) and for
the faithful Departed. At Lauds an antiphon *de Cruce, de S.
Maria,* and *de Sancto loci* or for the consecration of the church.
Lauds were sung *de omnibus sanctis* with an antiphon of that
saint at whose ' porticus ' the station was made.

The rules for the morrow-mass and the high mass are no less
interesting than those for the daily office. The morrow-mass is
to be (according to apostolic and modern English practice) *pro
Rege,* but on Sunday, as an ordinary rule, *de Trinitate.* The rule
for the *missa principalis* prescribed, with a certain emphasis, that
it should invariably be *de Cruce* on Fridays, and *de Sancta Maria*
on Saturdays, unless some holy day interfered with this
arrangement.

This order which bears St. Dunstan's name at once empha-
sizes just those commemorations in which all the columns of our
list agree, and at the same time contains the germ of all those
commemorations whose development in later ages we shall
presently attempt to trace.

Of commemorations in the time of St. Osmund at Sarum
I am unable to give any trustworthy account. But, if the Leofric
Missal and that of Robert of Jumièges may be taken as fair
specimens of the mass-books used in this country in the time of
Edward the Confessor and his successor, I would point to the lists
of votive masses and prefaces contained therein and noted in
columns 5 and 6 of our table as generally confirming the statements of Sicardus and Durandus about the system ascribed to
Alcuin, who is recognised as the composer of the majority of
these votive masses. I may add that there is in the Leofric
Missal (ed. Warren), p. 183, another group of three votive masses
which, though somewhat displaced from the rest, yet cling to
one another, and thus far corroborate the statement of Sicardus
tabulated in the 4th column. I mean the masses *pro Pace, pro
Peccatis,* and *de quacunque tribulatione* (' Salus populi.')[1]

---

[1] The subject for intercession in the canonical service in *preces* at the
Hours (' *cum versiculorum augmento* ') according to the Rule of Columban
and seen in practice in the provision made in the Bangor Book, were as
follows (additions from the Bangor MS. are given in brackets) :—

Pro
{
peccatis nostris.
populo christiano (baptizatis).
sacerdotibus (et gradibus Deo consecratis : abbate . fratribus :
fraternitate).
elemoynas facientibus.
pace (populorum et) regum.
}

It is no less interesting to observe that there is in Leofric's collection another group somewhat earlier (and indeed immediately following the hebdomadal masses of our 5th column), and that this corresponds closely with the requirements of the *Regularis Concordia.* These are *Missa in ecclesia quorum reliquie ibidem continentur, Missa cotidiana in honore Omnium Sanctorum, Ad suffragia sanctorum postulanda,* and *Missa pro Regibus.*

I will ask the reader now to pass on to the first quarter of the thirteenth century.

St. Hugh of Lincoln had been dead for several years, and Sicardus of Cremona had more recently passed away, when Richard Poore, Bishop of Sarum, dedicated three altars in the new building or pro-cathedral at Salisbury (28 Sept. 1225), which became in after days the Lady Chapel. In the central or most easterly part of the building was the altar of Holy Trinity and All Saints: in the northern limb was that of St. Peter and All Apostles: and in the southern, the altar of St. Stephen and All Martyrs. On the following day (Michaelmas) the primate, Stephen Langton, preached to the assembled crowds, upon the dedication; and among those present was Edmund Rich of Abingdon, Treasurer of Sarum. A former archdeacon of Wilts, Robert Grosseteste, who had already removed to the diocese of Lincoln as Archdeacon of Northampton, had sent a tunic and dalmatic of white diaper as an offering to the new church of his old diocese. Bishop Richard Poore had given an endowment for the clerks of the altar of Trinity and All Saints, and for the light 'round about. it'; and he had made an offering of two silver candlesticks and other ornaments on behalf of Gundreda de Warren, deceased. From that day forward the Mass of the Blessed Virgin was celebrated daily at that altar; and thus the Lady Chapel or eastern limb of the cathedral at Salisbury came to be known as " *Salve* chapel,"[1] on account of the votive mass ' Salve, *sancta parens enixa.*'[2] The fact that Bishop Richard Poore first ordained "oure lady masse" was not only duly commemorated in the form of 'Bidding the bedes' used at Salisbury in the fifteenth century, a fact of which the importance

Pro $\begin{cases}\text{inimicis (blasphemantibus : impiis).} \\ \text{(iter facientibus : redeuntibus.}\end{cases}$
    infirmis.
    captivis
    Martyribus.
    tribulantibus).

[1] Osmund Register ii. pp. 37–39, 133. *Brev. Sarum* i. pp. clxviii, cxcv, ccxiii, ccxxix. *Sarum Processionale* p. 17.

[2] This introit ('officium') is derived from a biblical poem of the fifth century by Coelius Sedulius. *Carmen Paschale,* ii. 63.

has been pointed out by HENRY BRADSHAW,[1] but a tablet in the chapel itself, where it was seen by Leland in 1540, testified that the Bishop 'founded the mass of the B. Mary V. to be solemnly celebrated every day in this chapel, and assigned the rectory of Laverstock to its endowment.'[2]

At the daily mass in the Lady Chapel at Salisbury the 'officium *Salve*' was said on by far the greatest number of days in the year.   Only in Advent it was replaced by the mass *Rorate celi* and again from Christmas to Candlemas by *Vultum tuum deprecabuntur*.   Neither of these is quite identical with Alcuin's Saturday Lady-mass, but it has the same *collect* as the mass *Salve regina*.

The daily mass *in conventu* was not the only commemoration of the Blessed Virgin in the church of our Lady at Salisbury. Besides Lady Day in Summer and in Harvest, Candlemas in February, and her Nativity in September, and an increasing array of other festivals in her honour,[3] there were other offices to celebrate the Mother of our Lord.

Although Bishop Poore had been soon promoted to Durham, and Dean W. de Wanda had passed away, their successors carried on the noble work of the new Cathedral ; and it was hallowed by Archbishop Boniface in the time of Bishop Giles de Bridport, 20 September, 1258.   Various altars were sooner or later dedicated, besides the three original altars in the Lady Chapel.   The rubrics of the Breviary mention the altars of SS. Martin, Katherine, Mary Magdalene, Innocents, Thomas the Martyr (d. 1170), Andrew, John, Margaret, and Laurence ; likewise (in the *Sanctorale*) those of St. Anne, St. Edmund Bishop (d. 1240) St. Edmund K.M., Edward K.M., Michael and Nicholas.[4]   But it was in the choir and at the 'great,' 'highest,'

[1] *The Early Collection of Canons known as the* 'Hibernensis,' Camb. ed F. Jenkinson, 1893, p. 56, where reference is given to Maskell, *Mon. Rit.* iii. p. 344=402.

[2] Leland, *Itinerary* iii. p. 92=77 (fo. 62). This change in *Advent* illustrates Bradshaw's remarks *on the* 'Hibernensis,' p. 55.

[3] Feast of the Conception (8 Dec.), ordered in 1328. A *vigil* was attached to the Nativity of the B. Virgin in 1380. Feast of St. Anne in 1383.   Supplements of the Visitation (2 July), and Presentation (21 Nov.) were written or printed about 1480.   The service *De Compassione* in 1487. The old Dedication of Churches *ad præsepe* ('de Nivibus,') and the Pantheon ('ad Martyres') met with more or less notice in the English Kalendar Sicardus speaks of the feast of the Nativity of the Virgin as modern and of the Conception as 'non authentica.'

[4] See the two *Indices generales* to the Cambridge edition of the Sarum Breviary *in fasciculis* i, iii.   To these we may add the 'Relicks Altar' of St. John Baptist, the 'Works Altar' (*fabrice*) of Holy Cross, the altar of St. George and St. Denys, and an altar of St. Osmund probably added about 1460

'principal,' or 'authentic' altar that certain of these services were said or sung.[1] Vespers and Mattins of St. Mary were said daily throughout the year either in choir or out of it (*Brev. Sarum* i. p. xxxiv.). If on any day it had been pretermitted in choir on account of some festival, then on the morrow it was to be said *in conventu*.[2] The Hours of the Blessed Virgin, as Bradshaw tells us, 'originated in a special commemorative service to be used during Advent in connexion with devotion to the Incarnation,'[3] and when the laity had been relieved from the use of the full hour-service of the Breviary, and devotion to the Mother of our Lord increased, the '*Advent* Hours of the *Incarnation*' took 'the name of Hours of the *Blessed Virgin* used constantly *throughout the year*.'

This 'little office' or hours of our Lady dating from about the seventh or eighth century had been revised by Peter Damian, A.D. 1056. The Mattins and Vespers were said, usually in choir, at Salisbury and elsewhere before those of the day, and the other hours of the Virgin after the corresponding day-hours. And by a canon of the council of Clermont in 1096, it had been made obligatory upon the secular clergy to recite this (originally monastic) office.

Besides this little office and the daily Lady Mass and the memorials or suffrage of the Blessed Virgin, introduced in the canonical services, there was a longer or 'full service' of commemoration recited every week. This consisted of a service both in choir and at the altar. The former is the *Officium plenum de commemoratione B. Mariae*.[4] The weekly commemoration service at the high altar was the mass *Salve* (or *Rorate*, or *Vultum*),

---

[1] The high altar at Salisbury was dedicated '*in honore Assumpsionis beate marie*' (Processionale MS.).

[2] When a Sunday Mass was pretermitted at the high altar on account of some more important celebration, it was usual to say the Sunday mass upon some week day at an altar in the *chevet* ('in capitulo'), at which service the cathedral body was bound to be fully represented. In like manner certain offices of the B. Virgin or of the Departed were occasionally removed from choir to the Lady Chapel, and were said to be performed *in conventu*, much as altar services were said to be performed *in capitulo*; such at least is the conclusion at which I have at present arrived after some study of this perplexing problem. It may be rash to argue from the appearance of the Lady Chapel since its renovation by Wyatt in 1789, but there are two noticeable features which possibly may have been suggested by older work which he removed: the indication of dedication crosses on the interior of the walls, and the stall-work. I am inclined to think that such seats (only of a more practical kind) were provided in the Lady Chapel for the use of the *conventus* saying offices of our Lady, or of the Dead, *extra chorum*. Cf. p. 209.

[3] On *Hibernensis*, p. 55.

[4] Dr. Rock apparently confined the term 'full office' to the service of St. Mary V. on her festivals (ap. Maskell, *Mon. Rit.* iii. p. lxiii.), but it is otherwise used in Sarum rubrics. *Missale* p. 779* &c.

still sometimes known as the 'votive' mass of the B. Virgin, although it long ago ceased to be anything but fixed by authority and obligatory.[1] This commemoration of the B. Virgin is mentioned thrice incidentally in the early thirteenth century custombook of Bp. R. Poore (*Osmund Register* i. pp. 36, 112, 180), and a later statute (1319) clearly states that it was said once a week, and *in choir.*[2]

It was in fact the Saturday commemoration, which Alcuin had helped to establish. Five reasons why the Saturday was suitable for this commemoration are detailed by the medieval ritualists, who, to a great extent, repeat one another.[3] The passage in the form in which Durandus left it is quoted bodily in the rubric of the Sarum Missal (pp. 759\*, 760\*, ed. Dickinson).

The great rubrics in the Breviary (pp. lxx, dccclxxviii, mclxxxv) prescribe that this weekly celebration should be held upon a Saturday if possible, or, in case some important holy day interferes, on some other day of the week which is most convenient.

It is hardly an exaggeration to say that the task of practically applying this phrase, '*ubi convenientius possit celebrari,*' to the perpetual almanac has supplied their *raison d'être* to the *Directorium* and the Sarum Pie.

## II. OF THE COMMEMORATIONS PREVIOUS TO THE XVTH CENTURY.

While the 'exceeding high speared steeple and double crosse yles' of Salisbury were still new, and when Durandus the pupil of 'Ostiensis' was still engaged in the service of the pope, and had not yet been consecrated to the see of Mende in the Ceven-

---

[1] Besides the mass *Salue*, which was the daily mass of the B.V. Mary out of Advent and Christmas, and likewise appointed for her 'full service' of commemoration, having the collect 'Concede nos,' p. 779\*, there was another variety, with the collect 'Deus, qui virginalem aulam' appointed for the Vigil of the Assumption, p. 863. Of the mass *Rorate* there were likewise two varieties : that for the Ember Wednesday in Advent with *Or.* Presta, quesumus, omnipotens Deus, ut redemptionis, p. 29 ; and the other with *Or.* Deus, qui de B.M. virginis, appointed for the Annunciation, and likewise for the daily mass in Advent *de beata*, pp. 726, 761\*. Again the mass *Vultum tuum*, which is the Christmas-tide commemoration-mass *de B.V. Maria*, with the collect 'Deus, qui salutis eterne,' p. 768\*, has a counterpart in the *Commune Virginum*, with *Or.* Deus, qui, ut humanum, p. 727\*.

[2] So far as the *Plenum Servitium of the Breviary* is concerned, it was said in Advent once a week *in conventu* instead of in choir ; except in the Advent ember week, when *Mattins* of the *little office* was said in *conventu* on one day in place of the commemorative or 'full service.'

[3] Beleth *Explic.*, cap. 51, gives two reasons, and so Sicardi *Mitrale* viii. 1. Durandi *Rationale* V. i. 31-35, adds three others.

nes, we have an opportunity of observing what was the practice at Lincoln, the only cathedral church in England beside Salisbury, which at that date was dedicated in honour of the Blessed Virgin as a single dedication. If Lincoln had tamely followed Sarum rules, it would have been content (in that era) with the single Saturday commemoration which is prescribed in the Sarum rubric for churches dedicated in honour of the Blessed Mary.

But the last year of the twelfth century had seen the obsequies of the great and brave Hugh of Lincoln, attended by King John and by three archbishops and numerous other prelates, and followed by the lamentations of Jewish as well as of Christian mourners. In 1220, while Salisbury Lady Chapel was still in building, his canonization had been decreed ;[1] and sixty years later the translation of his relics was carried into effect. It is to the years 1278, 1279 (just before the translation of St. Hugh) that the earliest extant fragments of the quaintly named rolls of *re* et *ve* belong.

Though somewhat elaborate in detail, these rolls are in their main purpose very simple. The object being to reckon the allowances for wine and commons due to every member of the chapter, it became necessary to employ a clerk to keep a record of the departure and return (*recedendi* et *veniendi*) of every canon who had 'protested,' or declared his intention to keep, statutable residence for the year, as well as of the attendance of those who came up to Lincoln to keep their fortnight's residence in their turn, fulfilling the duty of their prebend or making the first attendance of a new canon taking his commons on installation.

These records when complete, for the year conventionally beginning from Holy Cross Day in September (the time of the Lincoln audit), consisted of four membranes of parchment, or a like number of long sheets of paper, each containing the kalendar and notes for about eleven weeks, together with a '*rotulus quintus*' to account for the odd weeks just before the *compotus* was made up ; and these were all sewed together.

A specimen of one week, the third in the 'primus rotulus' of Jordañ de Ingham, 1278, will show the character of the document which, when complete, must have measured some 9 or 10 feet

---

[1] There are three bulls of Honorius III. for the canonization of St. Hugh and to establish the feast of his Translation.

1. Honorius, &c. Non repulit Dominus. (to Bishop, Chapter, Clergy and people of Lincoln), 17 Feb. 1220.
2. Honorius, &c. Divinæ dignatio pietatis. (to all the Faithful), 17 Feb. 1220.
3. Honorius, &c. Cum venerabile corpus B. Hugonis. (to Bp. of Lincoln). Viterbii, 1220.

in length.[1]　Being 10 inches in width it cannot be reproduced here line by line, as our 8vo. page is insufficient.　Suffice it to say that each week contains practically four records : (*a*) a list of resident canons, in double column, whose payment is marked by the words '*habet*' or '*habent,*' and some dots which, as I conjecture, mark their presence at mass ; (*b*) a third column, of greater width in the original, notes the goings and comings in the current week.　This I have judged it best to print below the list of names.　(*c*) A long line or two of notes written across the sheet gave a brief Lincoln kalendar for the week, Sunday, holy days, obits (marked by a *theta*) and a few other commemorations where attendance or absence affected allowances.　This I break up in column.　And finally there was (*d*) another long line giving the totals disbursed by the clerk of *re* and *ve*.

The back of the roll was utilized a few years later for a draft audit account.　The rolls of *Re* and *Ve*, as I have explained elsewhere, continued to be drawn out until the beginning of the troubles in the time of K. Charles I. and Abp. Laud, the obits only being omitted in such later rolls.

The year 1278 had *B* for its Sunday letter, and the week selected as a specimen began on October 2nd.　It will be observed that it is two or three years too early to note the translation of St. Hugh, a day which never became thoroughly incorporated in the Sarum books, although for Salisbury cathedral the observance of his 'Depositio' was enjoined somewhat later by a statute of Bp. Roger de Mortival (cap. 38, A.D. 1319), who had been Dean of Lincoln.

From a Lincoln Rotulus de Re et Ve. A.D. 1278.[2]

| (*a*) In propria | .. | Nicol Gre*cus habet* ⟨ | Precentor .. | ha*bet* |
|---|---|---|---|---|
| | .. | Decanus | h't | Archid'linco*ln* h't |
| | .. | Subdecanus | h't .. | W. Hanton' h't |
| | .. | Archid stowye | h't (*interlined*) | |
| | .. | W. Lan**ğ** | h't .. | Stepha*nus* h't |
| | .. | God*red* | h't .. | Joh's Wy*dinton* h't |
| | .. | G(alfr.) p*o*llard | h't .. | Antonius h't |
| | .. | Thom' P*erariis* | h't .. | [*name faded*] h't |
| | .. | Joh's Gare | h't .. | Roge*r* Kau*a* h't |
| | .. | Jordanus | h't .. | S[imon] h't |
| | | | Vicarij ha*bent.* | |

---

[1] The paper rolls of the 15th and 16th centuries are of greater dimensions.

[2] In 1278 Bp. Grosseteste had been already dead five and twenty years. Oliver Sutton was Dean, and Bishop Richard de Gravesend had committed to writing (probably in 1260), those traditional customs which composed the Lincoln *Consuetudinarium de divinis officiis*, in which however no notice is taken of the commemorations.

(*b*) ⁋ Archid*iaconus* Norhamton uen*it* die sabbat*i* et re*cessit.* com*muna.* viij d. vinu*m* iij. d.

Joha*nn*es fle*myng* ven*it* die sabbat*i* et recessit. com*muna* viij. d. vinu*m* iij. d.

W. de Braddewel uen*it* die dom*ini*c*a* et re*cessit* die sabbat*i* vinu*m* xviij. d, h*abet.* (a word or two about his 'commons,' has perished.)

Eu*erard*' venit die Iou*is*, commu*na* ix. d. h*abet.*

Installacio d*ñi* Antonij de Beck[1] die vene*r*[is] com*muna.* viij. d. vinu*m* iij. d. h*abet.*

(*c*) .xviij.d ⁋ Vinu*m* Dominica.  [2 Oct xvi[th] S. after Trinity.]
  Lun*e* sa*nct*i Hugonis.
  Mart*is* ⊖ N. subdecani.[2]  Canonicis xx. s.
    c*ui*libet xij. d. ob.
  It*em* vicar*ijs* vna marca (habent).
  pauperibus cleric*is* iiij. s. (h*abe*nt)
    pueris ij. s. (habent)
    pulsant[ibus] viij. d. habent.—de communa.
  Mercurij ⊖ Ric. Grim.
  Jouis sa*nct*e Fidis
  vene*r*[is] sa*nct*e osid'.[3]
  Sabbat*o.* salue.

(*d*) ⁋ Summa com*m*[unarum] iiij. li. xvj. sol'. ij. d.
  ⁋ Summa vini. lxxi. so*lidi.* vj.d.
  ⁋ Summa utriusque viij. li. vij. so. viij. d.

---

Looking through what remains of the membranes for this and the following year I find that, with scarcely an exception, two items recur in every week.

On Mondays . . . . . . . *"sĉi Hugonis"*
On Saturdays . . . . . . . . *"salue."*

---

[1] Anthony Beck or Bek the elder, Bp. of Durham (consecrated 9 Jan. 1284), King of Man and patriarch of Jerusalem, held preferment also at St. Paul's, and at York and Durham, before he became Bishop.  He died 3 Mar. 1310–11.  He paid the expenses of the Translation of St. William of York in 1284, as his elder brother Thomas (who had held the prebend of Castor in Lincoln Cathedral before he became Bp. of St. David's), defrayed the cost of the Translation of St. Hugh in 1280.  We are not told in Hardy's *Fasti.* which was the prebend or dignity to which A. Beck the elder was installed at Lincoln on Friday, 7 Oct. 1278.

[2] Nicholas de Hich, sub-dean of Lincoln, had died about the year 1271.

[3] St. Osithe, abbess, is commemorated on October 7th in Lincoln and Hereford kalendars.

Only they are both dropped in Christmas and Epiphany weeks. Eastertide is unfortunately wanting for both these years.[1] In the *third* and fourth weeks in Advent '*Rorate*' takes the place of 'Salue,' but it is on the Monday, Dec. 12th, and Thursday, Dec. 22nd (in place of the Saturday), St. Hugh's commemoration being discontinued throughout Advent as well as Christmas. Neither is the Blessed Virgin noticed in the first or second week of Advent. At the Tuesday in the second week, Dec. 6th, the following curious note appears :

" Martis *sancti Nicholai* duplex.

O *Christi* pietas. c. sol. dis*persi* in choru*m*."

*i.e.* the sum of £5 was to be distributed among the choir present at the singing of the Anthem to *Magnificat* at (second) vespers of St. Nicholas.[2]

Before we pass away from the Lincoln commemorations, which appear as these two alone (viz., of St. Hugh's and of the Blessed Virgin's) in all the rolls and "bookes" which I have examined from 1278 to 1642, it may be observed that twice again we meet with the weekly commemoration of St. Hugh in other places :

In making statutes for Lincoln College, Oxford (2 Feb. 1479), T. Rotherham, at that time Bp. of Lincoln, made an express provision (cap. 8) for the commemoration of St. Hugh by a peculiar arrangement to which we shall have occasion to refer when we come to speak of three commemorations.

When holding a visitation of 'the Royal College of B. Mary of Eton, by Windsor,' John Longland, Bp. of Lincoln, referred to a weekly commemoration of St. Hugh in 1527.

I have not succeeded in finding a copy of the form used in choir for this commemoration, but among the thirteenth century additions to a mutilated twelfth century missal belonging to the Dean and Chapter of Lincoln there is a mass of St. Hugh.[3] It corresponds, so far as it goes, with the form provided for his 'Depositio' (Nov. 17) in the Sarum *Missale* (ed. Forbes), pp. 971-2.

---

[1] I find however in a fragment of the Roll for 1526, that there is no commem. of St. Hugh in Lent or in Easter week. The mass *Salue* occurs on *Mondays* in Lent. Lady Day is transferred to Monday, March 26th (Palm Sunday falling on the 25th), and on the 27th (Tu. before Easter) is ' *Commemoracio fidelium.*' On Thursday after the Easter octave is the ' missa *Resurrexi.*'

[2] As it bears upon the theory that *N.* or *M.* stands *properly* and originally for *Nicholas* and *Mary* (notwithstanding that the bride is *N.* in our English marriage service), I may observe that these two names *are* so abbreviated in this roll of 1278.

[3] MS. A. 5. 5 in the Lincoln Cathedral Library. This volume contains portions of two service books, one at the beginning, cir. 1350 ; but the latter

## De S. Hugone.

*Coll.* Deus qui beatum Hugonem confessorem tuum (*&c.*).

*Secr.* Oblata tibi munera quesumus, Domine, beatus Hugo confessor (*&c.*).

*Postcommunio.* Nostre seruitutis obsequia (*&c.*).[1]

A more interesting relic is the fifteenth century (Lincoln) supplement to a *missale* (cir. 1400) which appears to have been in use in Lincoln diocese in the fifteenth and sixteenth centuries (now Brit. Mus. MS. Add. 11,414).[2]

The kalendar, though scarcely distinguishable from those of Sarum use, was clearly written for a church in Lincoln diocese, as it contains the Translation of St. Hugh, and his ' Depositio ' as a *festum duplex*.

At the end of the volume eleven kyries occupy leaves 275–7. Sequences, 277[b]–305[b] ; Postcommunions, &c., 306–8. In this last section the collect for St. Giles occurs, lf. 307[a] (as in the printed Sarum missal, p. 891). Then follows an office for the Translation of St. Hugh [6 Oct.].

## De S. Hugone.

*Oracio.* Deus qui hunc diem translacionis beati Hugonis confessoris tui atque pontificis nobis concedis solennem ; da quesumus vt, qui peccatorum pondere premimur, eorum nexibus absoluti ipsius obtentu ad celi gloriam transferamur. Per.

*Secr.* Munera, Domine, que nos in translacione beati Hugonis confessoris tui atque pontificis recolentes tue offerimus maiestati, tibi placeant, nobisque ad salutem proficiant animarum. Per.

*Postcomm.* Saciati quesumus, Domine Deus noster, vt beati Hugonis confessoris tui atque pontificis virtutes nos undique illustrent, translacionis cuius solennia celebramus. Per.

section, considerably burnt and stained, may be assigned to the latter part of the twelfth century, and this has some additions of the middle of the thirteenth,—for St. Hugh, St. William Confessor, and St. Luke, besides votive masses. Among insertions in the body of the book there are masses ' *In festo Transubstanciacionis Corporis Christi* ' and '*In Die Sti Thome.*'

[1] The following is found in the Brownlow MS. of the abbreviated *Magna Vita* of St. Hugh, edited by J. F. Dimock (Rolls Series, No. 37, 1864) :—

> [*Ant.*] O quam grata Dei pietas, pie gracia. Quando
> Fenere retribuit meritorum premia sanctis.
> Eternaque breues mercede remunerat actus.
> Hec indeficiens Hugonis gloria pandit.
> R̷. Elegit sibi Dominus virum de plebe.
> R̷. Et claritatem visionis eterne dedit illi.

*Oracio.* Deus qui beatum Hugonem confessorem tuum atque pontificem, eminencia meritorum et claritate, &c. (*Missale Sarum*, 971. *Brev. Sarum* ii. 1059.)

[2] Dr. Wickham Legg will give collations from this missal, formerly used in Lincoln diocese, in *Missalis Westmonasteriensis* fascic. iii.

The next leaf 308^b has a sequence ' Maiestati laus diuine' *in commemoracione Angelorum,* which no doubt Messrs. Misset and Weale will edit in due course. After this we find

*In commemoracione sc̆i Hugonis episcopi et confessoris Sequencia.*

> Sonent munde mentis uota
> sint per uocem uota nota
> sit uox dulcis mens devota
> in Hugonis laudibus
>
> Hic felici uixit uita
> Cartusiensis cenobita :
> carnem terit heremita
> cilicinis uestibus.
>
> Probant signa fide digna
> uiri Dei titulos.
> uite morum meritorum
> que patent ad oculos
>
> Gradum scandens dignitatum
> Wythamiensem prioratum
> primo rexit ; presulatum
> post nactus Lincolnie
>
> Sed non Martha contemplantem
> nec Maria laborantem
> prepediuit, tot liberantem[1]
> labores ecclesie.
>
> Templi, chori, plebis iura
> pastorali rexit cura,
> probat cuius sepultura
> meritorum premia.
>
> Huius membra celebrantes
> gaudeant per secula
> qui cum Deo est insignis
> presul dignus et cum dignis
> nos ducat ad gaudia. Amen.

The centre of leaf 309^a,b is filled with the epistle ' Fratres. Benedictus Deus et Pater,' 2 *ad Cor.* i, 3—5, which is like the Sarum epistle in. tribulacione cordis (ed. Forbes, 797*) with a different conclusion ('consolacionis. In xp̄o ihesu domino nostro'). Round this, which is the concluding leaf, is written in the margin the ' *officium reliquiarum* ' (the Sarum form). On a fly leaf are

---

[1] ' *liberantem.*' I suppose we should read ' librantem.'

indulgences of pope John XX., for the Psalter of our Lady, and pope Clement V.' cuilibet dicenti vel audienti *In principio*, et cum dicitur *Verbum caro factum est* osculanti aliquid, vnum annum et .xl. dies.' Shortly afterwards occurs a note which serves to illustrate the discussions on ritual of which Maydeston's tracts give evidence :

Nota. Si aliquod festum cum regimine chori in Dominica infra Oct. Ascensionis Domini vel Corporis Christi ubi octaue tenentur cum regimine chori, uel Dedicacionis Ecclesie vbi eciam cum regimine chori tenentur, forte contigerit, totum fiat de Festo, s. vtreque vespere matut. et missa memoria tantum de Oct. nisi fuerit octaua dies. Tunc enim vtreque vespere erunt de octa ; nisi duplex festum impedierit.

Hoc fuit discussum inter rectores chori in capella regis, Londonijs ; nam illa capella regitur secundum Ordinale Sarum, *immo* (? ergo) tales opiniones ibi interrogantur et discuciuntur.

On lf. 310$^b$ is the collect of the translation of St. Richard, Conf. (June 16).

It would not be very difficult to construct a form of commemoration for St. Hugh *in choro*, since rules for making such a service are prescribed in the Sarum Breviary in the great rubric *de commemorationibus* (i. p. lxviii.) although the Sarum people would have said that it was absurd for Lincoln to have any local commemoration in addition to that of the Saturday, as the Cathedral was the Church of the Blessed Mary of Lincoln. Salisbury itself ranked as a church where there was only one commemoration (*ibid.* and cf. iii. p. 987), and about any further commemoration the Sarum *Ordinale* said little or nothing.[1]

The *rubric* however aimed at providing also for those numerous churches which had been dedicated 'in honour of some other Saint than St. Mary.' It made allowance for the fact that it 'is customary to have full service in choir once in every week for the local feast,' like that of the B. Virgin, with first vespers (but not second) and with rulers of the choir, on some convenient day, only so as not to interfere either with her commemoration or with any holy-day which might occur in the week.

Information about churches of this second class is not far to seek.

Let us see then what was being done in Christ Church monastery at Canterbury in 1285 when John Peckham was arch-

---

[1] The exceptions considered in the rubric are as follows. In the commemoration of St. John the Baptist his *vigil* collect was said, and in those of St. Peter and Paul the *octave* collect, and in the All Saints' commemoration an anthem differing from the general rule is prescribed and selected for the sake of some special appropriateness.

bishop, and Henry Eastry was prior, and just before Guillaume Durand became Bishop of Mende.

The Prior reports to K. Edward I. that it is their custom to celebrate on his behalf three masses daily.

1. de Beata Virgine.
2. de Sancto Thoma martyre.
3. de beatis Dunstano, Blasio, Aelphego et omnibus sanctis; one of these four being commemorated daily in rotation; also that thrice a week a mass, '*de Reliquiis*,' for the four in conjunction was said by the keeper of the tomb of St. Thomas the martyr, with the collect, 'Propitiare quesumus Domine, nobis famulis tuis per sanctorum tuorum Elphagi, Blasii atque Dunstani et Omnium sanctorum merita,' &c.[1]

Here we find evidence of the practice for which the Sarum rubric made provision, only in a case where there was almost a superfluity of local saints; and we see also the germ of that third commemoration which we shall have to consider presently in a later section. But in this monastic church there is nothing said about any weekly commemoration of the feast of the title of the church. Is it the case that the 'S. Salvatoris festum' (24 May) had not yet been instituted?

I cannot say how early the custom to which reference is made in the Sarum rubric arose in parochial, prebendal, or collegiate churches, to assign one day in the week to the commemoration of the *festum loci* other than St. Mary. In the fourteenth century we find it in full vigour. Thus the *ordinale* which John de Grandisson drew up for his Cathedral of St. Peter and St. Paul at Exeter, from Exeter and Sarum customs, and which he prescribed for his college of Ottery St. Mary's, in 1337, contains directions that there should be every week, if possible, commemorations of

The Apostles St. Peter and St. Paul, on *Thursday*.
The Blessed Mary, on *Saturday*.[2]

It was only a year later that Michael, abbot of St. Albans, wrote to the Benedictine nuns of Sopwell St. Mary's, Herts, a cell of St. Alban's abbey, charging them that they ought to observe, as the custom had been to do it, the weekly commemoration of

St. Alban, on *Thursday* ('le Jeofdy, si voide soit ').[3]

And we may say as a general rule that, in the fourteenth century, churches in England dedicated to St. Mary kept one

---

[1] Dugdale, *Monast.* i. pp. 104, 105. (ed. 1846.)
[2] *Ordinale Exon* fo. 21B, 22A.
[3] Dugd., *Monast.* iii. p. 365. The churches said to be dedicated in honour St. Hugh are Pointon (by Sempringham in Lincolnshire), and Quethiock in Cornwall.

weekly commemoration, that of St. Mary on Saturday ; while churches with a different dedication observed two commemorations every week, viz. :—

*Commemoratio Festi loci* on Thursday, and
*Commemoratio B. Mariae* on Saturday.

In the following table I place first a list of the common or commemorative masses of Hereford use in the fourteenth century, as a connecting link with our previous table (see p. 161) ; also a similar list from one of the collegiate societies at Cambridge, and such an account of monastic commemoration masses at Westminster Abbey as I can collect. After this will be placed a series of commemorations, all earlier than 1390, and belonging to the period when one or two commemorations (in choir, &c.) were generally observed.

| Missae Generales (saec. xiv.). | | |
| --- | --- | --- |
| **8. Hereford Missal. cir. 1350.** | **9. Clare Hall Camb. 1359.** | **10. Westminster Abbey. cir. 1370.** |
| S. Comm. S. Trinitatis ... | S. Trinitatis ... ... | [ ? S. Trinitatis]. |
| M. Missa de Angelis ... | Ang. et Archang. ... | De Angelis. |
| Tu. De S. Ethelberto, *vel* de Apostolis. | De Thoma et Edmundo MM. et ceteris Martyribus. | ? |
| W. Pro familiaribus ... | De Spiritu Sancto ... | ? |
| Th. De S. Spiritu ... ... | De Corpore Christi ... | ? |
| F. De Cruce ... ... | De S. Cruce ... ... | De S. Cruce. |
| Sat. De S. Maria ... ... | De B. glorios. Virgine *cum nota.* | De S. Maria. |

No. 10. The Westminster Mass Book, of N. Lytlington, cir. 1362–86, contains, besides the commemorations entered in this table as more or less expressly appropriated to certain days (for which see *Missale Westm.*, ii., pp. 656, 491, 1110, 1114, 1117 ; 659), a considerable number of masses which it styles, in one place or another, *commemorationes.* These are de S. Spiritu, de Apostolis Petro et Paulo, de S. Petro, S. Thome, de S. Edwardo

(confessore), Reliquiarum, S. Benedicti. Also two others which
may possibly have had this name: De Incarnacione Domini,
and De omnibus Sanctis (*ibid.* ii., pp. 491, 493, 508, 1112, 1129,
1132, 1134, 1137, 1139, 1141). As *missas fratrum priuatas,* the
rubric (p. 491) enumerates 'de Trinitate, vel de S. Spiritu, aut
de B. Maria, vel de Angelis aut de Apostolis siue de Reliquijs,'
and (perhaps) de Cruce, which would make a seventh.

Special *masses,* apart from those formal *commemorationes,*
which form the main subject of this appendix, were from time to
time appointed for certain particular days of the week.[1]

Thus in 1295 (May 4), Robert, Abp. of Canterbury, writes to
Anian, Bp. of Bangor, requiring special masses ('missam pecu-
liarem') ordinarily to be said in his cathedral, and in the
collegiate and parochial churches of his diocese, on Wednesdays,
*pro Terrae Sanctae subsidio,* and on Friday *pro statu Regis et
regni Angliae,* cum officio *Salus populi,* et orationibus propriis.
On these and other weekdays, moreover, priest and people were
to kneel directly before *Pax Domini* and say Ps. *Deus venerunt,
Deus misereatur,* and *Ad de levavi,* with preces and orisons
between, 'rotunde sine nota.' Also on Friday the bells were to
ring and litany and procession to precede the mass *Salus populi.*
(*Councils,* Haddan and Stubbs, i. p. 615.)[2]

---

[1] An instance may be found near the end of the fourteenth century in the
*Statutes* of Adam Bp. of St. Davids, 1372, whereby *the College of St. Mary
at St. Davids, Pembrokeshire,* is directed to take as its *second mass* (i.e. after
the daily Lady Mass) the following scheme for a week :

S.　Missa de Trinitate.
M.　　„　　de Angelis.
Tu.　„　　de sancto David.
W.　　„　　de Pace.
Th.　„　　de sancto Andrea.
F.　　„　　de Cruce.
Sat.　„　　de Spiritu Sancto.

(Dugdale, *Monast.* vi. p. 1388.)

[2] There are at least six varieties of the mass with the Introit *Salus populi*
in the Sarum Missal. They may be distinguished by their Collects.

Thus *Salus populi,* the 'votive or common weekly mass for Tuesday (p.
735*) with which we have to do, has *Or.* Deus qui caritatis. p. 741*.

*Salus populi* for Thursday after 'Oculi' (3. Quadrag.) has *Or.* Concede,
p. 201.

*Salus populi* for the XIXth Sunday after Trinity has *Or.* Dirigat corda,
p. 515.

*Salus populi* Pro serenitate aeris, has *Or.* Ad te nos. p. 802*.

*Salus populi* Contra mortalitatem hominum, has *Or.* Deus, qui
imminentem Nineuitis. p. 810*.

*Salus populi* Pro peste animalium, has *Or.* Deus, qui laboribus. p.
812.*

In the missal rubrics the votive mass is classed with commemorations, pp.
9, 18, 96, 783*. It was said in procession on Rogation Tuesday (p. 409).
Rules for its five or three collects are given on pp. 5–7. Its grail, p. 9.

**Commemorationes Hebdomadales (saec. xii–xiv).**

| | 11. Sarum and Lincoln XIIth cent. | 12. Lincoln Missa Matutinalis. 1252. | 13. Lincoln (B. Mary's) 1278. | 14. Wells (St. Andrew's) 1240–1310. | 15. Exeter (St. Peter's) 1337. | 16. Sopwell (cell of St. Albans) 1338. | 17. Sarum Use: (various dedications) XIVth cent. |
|---|---|---|---|---|---|---|---|
| S. | — | de Die | — | — | — | — | — |
| M. | — | pro animabus | de S. Hugone | — | — | — | — |
| Tu. | — | pro animabus | — | — | — | — | — |
| W. | — | pro animabus | — | — | — | — | — |
| Th. | — | de S. Spiriu | — | de S. Andrea | Petro et Paulo | S. Albano ... | de Festo Loci |
| F. | — | pro animabus | — | — | — | — | — |
| Sat. | B. Maria ... | B. Maria ... | de B. Maria | B. Maria ... | B. Maria ... | (B. Maria) ... | de B.M.V. |

In the Ordinale of Wells, composed about 1240, and written in the Red Book cir. 1310–20, commemorations of the B. Virgin and of St. Andrew, are twice mentioned, pp. 27, 50. It is, however, only from analogy that I can assign them to Saturday and Thursday respectively.

At Lincoln there was as early as the middle of the thirteenth century another institution, which deserves to be mentioned in this place. A daily " morrow mass," '*missa matutinalis*,' ' summo mane,' was endowed in 1252 by Roger de Weseham, Bp. of Cov. and Lichfield, a former Dean of Lincoln, with the following intentions. Sunday, *de die ;* Thursday, *de Sancto Spiritu ;* Saturday, *de Beata virgine ;* and for the remaining four days of the week, *pro animabus episcoporum Lincoln et Lichf., ac decanorum Lincoln., necnon omnium fidelium defunctorum.* (Ant. Beek's Book, 2.2. cir. 1335. lf. 23a.)

Radulphus de Rivo of Breda, dean of Tongres about 1400–1403, recognises the Saturday office of the Blessed Virgin, but he says that '*solenniores ecclesiae et religiosi illud non observant.*' He adds that a mass *de Patrono* is admissible '*in septimanis vacantibus*,' but that such a commemoration ought not (in his opinion at least) to be extended to the principal Hours, ' lest too great an inroad be made upon the ferial office : and we have nothing in black and white, nor indeed any precedent, sufficient to assure us that such a thing may with propriety be done.' *De Canonum observantia,* Prop. 20.

### III.—OF TWO OR THREE COMMEMORATIONS.[1]

In the last decade of the fourteenth century a change was introduced which raised the number of commemorations in churches (like Salisbury) dedicated to the Blessed Virgin to *two*, and in churches of miscellaneous dedications to *three*.

And hence Caxton's provision for men 'spiritual or temporel' of ' pyes of two and three commemorations of salisburi vse.'

For the convenience of the reader I will place here a table relating to this later period.

---

[1] It is to the Weekly Commemorations (No. 4 of those distinguished on p. 186 below) that the Appendixes in this book refer, although we have included in the early history of commemorations some notice of masses assigned to certain days of the week without any corresponding choir offices.

The *Memorials* or Suffrages (No. 1 on p. 186) deserve separate treatment hereafter. Their use was in course of time abridged (as Mr. Frere points out). See letter of the Chapter of Northampton, A.D. 1343, cap. 1. Reyner, Appendix III, p. 152.

| | Peculiares Missae. Saec. xvi. | | Commemorationes hebdomadales, saec. (exeunt.) xiv-xvi. | | | | | |
|---|---|---|---|---|---|---|---|---|
| Dies. | 18. Missale Herford, 1502. | 19. Christ's Coll. Cam. 2nd Mass, 1505. | 20. St. Mary's, Salisbury. 1398. | 21. Sarum Use. 1398. | 22. Lincoln Coll. Oxon. 1479. | 23. St. Michael's Ch. Oxon. 1479. | 24. Brev. Ebor. 1493. | 25. Lincoln, 1526. |
| Domin. | In Com. S. Trin.... | De S. Trinitate | — | — | — | — | — | S. Hugone. |
| Feria ij | Missa de Angelis ... | De Angelis ... | — | — | — | — | — | — |
| Fe. iij | De S. Ethelberto.... | De Martyribus... | S. Thomas Mart. | S. Thomas M. | S. Thoma M. vel, S. Hugô alternatim. | S. Thoma vel, S. Hugô. | Willielmo ... | — |
| Fe. iv. | Pro familiaribus ... | De Apostolis ... | — | — | — | · | — | — |
| Fe. v. | De S. Thoma Conf. vel de S. Spiritu. | De Virginibus ... | — | De S. Loci ... | Omnium SS. | S. Michaelis | Petro et Paulo Aps. | — |
| Fe. vj | De Cruce ... ... | De Confessoribus | — | — | — | — | — | — |
| Sab. | De S. Maria ... | De Omnibus SS. | B. Maria ... | B. Maria ... | B. Maria ... | B. Mar a ... | De Dña ... | B. Maria. |

19. This column represents the second of the four daily Masses at Christ's Coll. Cambridge. The other masses were invariable throughout the week; No. 1. *De Die* and No. 3 *de B. Maria.* No. 4 *de Requiem.*

It was to the older condition of things that the Sarum breviary rubric, which we have already quoted, refers. So likewise do the rubrics, 'ubi fiunt commemorationes,' prefixed to the autumnal '*histories*' from Wisdom (*In principio*), Job (*Si bona*), and the rest.

It will have been observed that already in one of the northern dioceses the measure accorded by Sarum use had not been deemed sufficient. In the days of 'one and two commemorations,' Lincoln (St. Mary's) had not been content with one, and had, of mere devotion, added St. Hugh's on Monday. I cannot say how early it was that Hereford fixed its commemorations which we find in use in the sixteenth century ; but it will be observed that over and above the universal Saturday commemoration of St. Mary there are *two* of local use, St. Ethelbert and St. Thomas (Cantilupe) the Confessor, who died 25 Aug. 1282, and had been canonized in 1310. But there was a more famous St. Thomas, who had been martyred at Canterbury 29 Dec. 1170, and canonized in 1173. Neither at Lincoln nor yet at Hereford does he appear to have received more recognition than the observance of his *annual* feasts. But in the end of K. Richard II.'s reign, in 1398, Roger Walden, Abp. of Canterbury, pending the deposition and banishment of Arundel, published a decree that every week a commemoration of Thomas of Canterbury Martyr be observed, on 'Tuesday, if possible, or otherwise on some other day of the week, under the rule of the commemoration of the Feast of the Place.'[1]

William of Wykeham, in his statutes for his College of St. Mary Winton, near Winchester (1400), says nothing of any commemoration of Becket, though he mentions incidentally the 'plenum servicium de S. Maria' (*rubr.* 29). K. Henry VI., however, in accommodating Wykeham's statutes for his own Royal Colleges at Cambridge (1443, cap. 42) and Eton (1444 cap. 31), gives for the fourth of the seven daily masses a rule differing from the Winchester order, and supplies in that place a set of *missae communes* for a week, viz.: Sunday, *de Trinitate ;* Monday, *de Angelis ;* Tuesday, *de S. Thoma Martyre ;* Wednes-

---

[1] Wilkins, *Concilia* iii. 235.

In a single tome of Dugdale's *monasticon*, a mere superficial examination thereof has produced a considerable list of societies dedicated in honour of St. Thomas the Martyr ; and it appears that a considerable proportion of these were founded between 1175 and 1200. I may name these *Abbeys* : Beauchief, Derby ; Hagnaby, Lincoln ; West Langdon, Kent ; Holme Lacy, Hereford.—*Hospitals* : Stamford ; Sandwich ; Peterborough ; York ; Southwark ; St. Thomas of Acon, or Acre, London. Of *parish churches*, Precentor Venables has found, in Lincolnshire, *seven* of St. Thomas the Martyr, to *four* of St. Thomas the Apostle.

day, *de S. Spiritu;* Thursday, *de Corpore Christi;* Friday, *de Cruce;* Saturday, *de hoc,*[1] *Nomine Jesu.*[2] The order of Abp. Walden did not run in York, and there they had a commemoration of St. William on Tuesday (as of St. Thomas Cantilupe in the sixteenth century, at Hereford on Thursday). Lincoln also which had a 'Use' of its own, likewise disregarded the order of 1398, so far as I can learn, and could plead that they had provided themselves with an

---

[1] So Heywood and Wright print the word both at p. 115 and at p. 563, *Ancient Laws for Kings Coll. and Eton,* 1850, but *dulcissimo* or *sanctissimo* must be the word required. Of course there was a Lady Mass *every day* at all these colleges for the early mass ; so there is none *de Domina* for the fourth mass on Saturdays.

[2] As an instance of what was considered a suitable disposition of daily masses by a private person in the sixteenth century, we may cite the provisions of the will made by Henry Lord Marney in 1523 and proved 15 June, 1525. Having arranged for an almshouse for five bedesmen who are to say our Lady's Psalter and *De profundis* daily, in Layer Marney church (*St. Mary's*), Essex, and on Wednesday and Friday afternoons *Dirige,* or else our Lady's Psalter, he directs that two priests, for whom a lodging is provided over the almshouse, shall say respectively the masses following every week :

|  | I. | | II. |
|---|---|---|---|
| S. | de Nativit. Dñi* ... | ... | de Annunciat. dñe.* |
| M. | de Spiritu Sčo(*) ... | ... | de Nativit. dñe.* |
| Tu. | de Trinitate* | ... | de Conceptione dñe. |
| W. | de Resurrectione* ... | ... | de Purificatione.* |
| Th. | de Corpore Xp̄i ... | ... | de Assumptione dñe.* |
| F. | de quinque Vulneribus | ... | de Cruce. |
| Sat. | de Omnibus Sanctis | ... | de Requie. |

Sir N. Harris Nicolas, *Testamenta Vetusta,* p. 611, after Dugdale's Transcript.

I have marked with an asterisk those masses three of which (together with a like number of masses 'de Epiphania' and 'de Ascensione') made up a 'Trental of St. Gregory.' See the Sarum *Missale,* p. 883.* Only the *trigintale* has three masses of Pentecost instead of the votive mass 'de Spiritu Sancto.' Sir N. H. Nicolas gives a mass of the Nativity of our *Lord* on Monday in the 2nd column, as well as on Sunday in the first. I think this must be a mistake for '*dominae,*' as it comes among Lady Masses, and the analogy of the trental suggests the same emendation.

additional commemoration a century or two before the commemoration of St. Thomas M. was devised.　But in other places
his memory was introduced on the Thursday, so that the most
that a bishop of Lincoln could do, when giving statutes to his
college and parish church at Oxford in 1479, was to prescribe
that St. Hugh of Lincoln should divide the honours on that day
of the week with St. Thomas, each taking a commemoration
once a fortnight (somewhat as the Canterbury saints had a
mass apiece once in four days).

The printed Sarum breviaries from 1492 onwards to 1556—
so many at least as have been examined by me—or for me—all
contain a service, '*In commemoratione sancti Thome archiepiscopi*'
(or *martyris*), excepting only the two King-Harry breviaries of
1541 and 1543–44, which of course were governed by the royal
injunction of 1539 forbidding the honour of St. Thomas.[1]　With
the exception of those few years (1539–49) we may say that
wherever Sarum use was enforced from 1498 to 1557 the
churches which were dedicated in honour of the Blessed Virgin
had *two commemorations*, viz. :—

1. 'Mary V.' on Saturday.
2. 'St. Thomas, Abp. Martyr' on Thursday,

while those which had some other dedication had *three commemorations*, viz. :—

1. 'De B. Maria V.' on Saturday.
2. 'De S. Thoma M.' on Thursday.
3. 'De festo loci,' on Tuesday,[2]

and it was the purpose of Caxton's *Ordinale* to make provision
for both these classes.[3]

It remains only to add that the Sarum breviary, in all its editions,
from 1492 onward, provides a commemoration of St. Chad (for
use at Lichfield), and from 1509 (if not earlier) one for Etheldreda V. 'secundum usum ecclesie Elyensis.'

The term 'commemoratio' is used for the yearly memorials
of St. Paul and of All Souls, because these days belong to a

---

[1] Wilkins *Conc.* iii. p. 848.

[2] It is clear from the *Directorium Sacerdotum*, 6F. (December 5th), that
the Commem. of St. Thomas on Thursday is meant by '*secunda*,' and the
phrase '*nichil de tercia commem.*' used elsewhere, evidently relates to the
*festum loci.*

[3] An instance of three commemorations, across the Border, may be seen
in the Aberdeen Breviary printed at Edinburgh in 1509–10.　These are
'*Commemoratio sancti loci, sancti Thome martyris, et B. Marie.*' (P.E.
*Temporale* fo. xiiii. *b.*)　The service for the third of these is given *ibid.*
*Psalt.* &c. fo. cxv. *b.* &c., and for the first, a '*Commemoratio sancti Andree*'
is duly provided, *Psalt.* &c. fo. cxxxi. *b.* cxxxii.

special class, being attached respectively to the great festivals of the two Apostles and of All Saints.

I have mentioned in a note to the Sarum Breviary (iii., p. lxxiv. *Introd.*) that St. Osmund of Salisbury, although he died at the close of the eleventh century, was not canonized until 1456. No notice is taken of him in the MSS. Missals and Breviaries of the thirteenth or fourteenth century, nor is provision made for his second feast (16 July) in some of the earlier printed service-books of the fifteenth and sixteenth centuries.

A service *In Commemoratione S. Osmundi* (doubtless for weekly use) is introduced in the *Sanctorale*, with the office for his translation, in the later Breviaries (see iii., 485–490), at least as early as 1519, although in the preceding year it had not sufficient authority to make its way into the Great *Legenda*. It is natural to suppose that this office was written for use at Salisbury itself (as well as for any churches which might have St. Osmund's name in their dedication titles) ; but I have not as yet found any proof of its actual use.

There is, however, something which amounts to presumptive evidence. A fine breviary, noted, written for Arlingham church, Gloucestershire, cir. 1460 (now MS. 152, in Salisbury Cathedral library) has certain supplementary offices, fo. 366–384, viz.—'*In Visitacione sĉe Marie virginis,*' fo. 366. Rubric relating to *Festum Reliquiarum* within the octave, fo. 369ᵇ. The *Ant.* Suscipe cum gaudio, &c. (*in Festo S. Osmundi*, 16° Jul. ut in Brev. iii. 471) cum nota, fo. 372ᵇ. (A leaf cut out.) Lessons ii. and v. of St. Osmund's Translation are smeared with red. Lessons viii.–ix. with subdivision varying from ed. 1531, fasc. iii, p. 481. The form for *St. Osmund's Commemoration* (which concerns us here) follows at fo. 377ᵇ, (as in 1531, iii, 485). Then on p. 379 'Oct. idus Augusti fiat *seruicium de Transfiguracione Iesu.*' And lastly, fo. 384, the music for the Michaelmas hymn 'Christe sanctorum ' for four voices, '*triplex,*' '*medius,*' '*tenor,*' and '*bassus.*'

Possibly the Sarum people may have taken a leaf out of the Lincoln book and introduced a Monday commemoration ; or else we may suppose that in process of time they adopted a *commemoratio de Festo Loci* on Tuesday as in other places.

If they did so, they thereby reduced the Pie of *two* commemorations to be but a dead letter.

---

ON SOME VOTIVE MASSES AT SALISBURY IN THE XIIITH CENTURY.

(i.) *At St. John's Chapel, Harnham Bridge.*

Since this Appendix has been in type I have noticed in a late fifteenth century MS., now belonging to the Bishop of Salisbury, a transcript of a Sarum document wh ch gives a list of votive masses arranged in the middle of the hirteenth century.

Robert de Byngeham, who had succeeded Ri. Poore as Bishop in 1229, founds, 14 Oct. 1245, the Hospital of St. Nicholas, with a chapel dedicated in honour of St. John Baptist on Harnham Bridge, Salisbury. He appoints a Warden and three other priests, and thus defines their duties. (*Miscellanea et Statuta quoad Sarum* fo. 23<sup>b</sup>, 24) :—

1. One Chaplain to celebrate mass every day, '*mane, diluculo*,' specially for the Founder, and all the faithful, with *Placebo, Dirige*, and commendation at the proper hour ; at the Bridge Chapel.

2. Another, at the same chapel, to say mass daily, about the third hour, as follows (when no feast of nine lessons occurs) :—

> S.   *prout ipsius diei requirit officium.*
> M.   de S. Spiritu.
> Tu.  de S. Johanne Bapt. (*de festo loci*).
> W.   pro Benefactoribus (hospitalis vel pontis).
> Th.  *Salus populi.*
> F.   de Cruce.
> Sat. de Virgine gloriosa.

3. The hospital Chaplain, whose duty is to minister to the sick, the penitent, and dying, is to sing mass daily, '*post solis ortum, cum diei claritas circa altare refulserit*,' for Brethren and Sisters, Benefactors of the hospital, and for any who may have died that day.

4. The Warden himself has his duties at the chapel of St. Nicholas, '*juxta hospitale*,' '*ad pontem de Ayleswade*,' where he is to celebrate mass and to sing the Divine Office after the custom observed in the cathedral ('*maiore Ecclesia*') ; saving that he is not bound to say mattins '*de nocte*.'

(ii.) *At St. Edmund's Altar, in the Cathedral Church.*

About twenty-five years later (cir. 1270) Walter Scammel, Treasurer of Salisbury, and subsequently Dean and Bishop, instituted a daily mass at the altar of St. Edmund the Confessor, which is believed to have stood in the middle bay of the great northern transept, as follows :—

> S.   de Trinitate
> M.   de Sancto Spiritu
> Tu. ⎫
> W.  ⎬ pro Defunctis
> Th. ⎭
> F.   de S. Cruce
> Sat. de B. Virgine

(See Jones and Macray's *Sarum Charters*, &c., p. 350, and for R. de Bingham, *ibid.* pp. 297–8). These two lists do not give us much fresh information, but they give rather earlier information for Salisbury than I had found elsewhere ; and thus they may serve as a connexion between pp. 161 and 177 in the foregoing appendix.

# APPENDIX IV.

---

# FORMULAE QUAEDAM DE COMMEMORATIONIBUS.

*₊* In modern times confusion sometimes arises between the following :—

1. The Memorials, or *Suffragia* at Lauds and Evensong, often called in modern times "commemorations."

2. The '*Officium Parvum* de Beata Maria,' or Little Office, 'quando non fit plenum servitium de ea.' See p. 165.

3. The annual 'Commemoratio Sancti Pauli,' the 'Commemoratio Animarum' (All Souls' Day), and perhaps some other yearly festivals which have 'Commemoratio' as their ordinary style. See p. 199.

4. The *Commemorationes hebdomadales :* of St. Mary V. (her *plenum servitium*) as a rule on Saturday, of the Patron or Dedication-title of the Church, ordinarily on Thursday, and of St. Thomas the Martyr or some other additional name on Tuesday or in some places on Friday.

It is principally with No. 4 that we are here concerned.

---

A. In commemoratione sancte Marie. (St. Alban's Brev. XIIth cent.)

B. In commem. de Festo Loci. (Probably St. Saviour's, Syon, XVIth cent.)

C. (i.) In commem. Omnium Sanctorum. (ex Brev. Sar. MS. sec. XV exeuntis). Hore pro defunctis (ex portiforio Sarum), A.D. 1530.
(ii.) Schema lectionum de commem. beati Thome mart. (ex Brev. Sar.)
(iii.) Schema lectionum de commem. beate Marie. (ex Brev. Sar.)

D. Note on commemorations *de usu Ebor.* (Brev., 1493.)

E. Note on Commemorations of St. Paul, St. Erasmus, St. Christopher, Suffrage of St. George, and of blessed Henry VI. Prayer for K. Henry VII., with a note on the Mass '*in Capitulo.*'

F. (i.) In commem. s. Thome martyris (ex Portif. Sarum, A.D. 1556.)
(ii.) In commem. s. Osmundi episcopi confessoris.
(iii.) In commem. s. Cedde episcopi.
(iiii.) In commem. s. Etheldrede virginis.

G. A List of Dedications of English Cathedral Churches, &c., with some of their local commemorations.

# FORMULAE QUAEDAM DE COMMEMORATIONIBUS.

WE propose in this appendix to add some examples of the offices of weekly commemorations with which the *Pica* is so closely concerned.

(A) It seems *à priori* most probable that the Commemoration of the Blessed Virgin was the earliest instituted, and at Salisbury Cathedral it was, naturally, for some length of time the only one admitted for use. Hers is in point of fact the only weekly commemoration noticed in the early thirteenth century *consuetudinarium*. Accordingly we will bring forward in the first place a specimen from a comparatively early service-book, which contains this single commemoration, and none other. Being written for monastic use it comprises twelve lessons at Mattins. Considerable portions of these may be recognised among the alternative lessons for this commemoration (passages ascribed to St. Augustine and the Venerable Bede) in the (secular) Sarum Breviary, as printed at a later date.

This order is extracted from an early twelfth century St. Albans Breviary in the British Museum.

/IN COMMEMORATIONE SANCTE MARIE. /Brit. Mus. Reg. 2A.x. fo. 135.

*Ant.* Hec est regina virginum que genuit regem. velut rosa decora, virgo Dei genitrix per quam repperimus Deum et hominem. alma virgo intercede pro nobis omnibus.

*Capitulum.* Ab initio et ante secula creata sum : et usque ad futurum seculum non desinam, et in habitatione sancta coram ipso ministraui.

R̶. Speciosa facta.

*Ymnus.* Aue maris stella. (iii. p. 233.)[1]

V̶. Benedicta tu in mulieribus.

*In Evangelio Ant.* Aue regina celorum. (iii. p. 784.)

*Oratio.* Concede nos famulos tuos quesumus. (ii. 284, 514 ix.)

*Inuit.* In honorem beatissime Marie virginis iubilemus Domino.

*Ps.* Venite.

*Ymnus.* Quem terra. (iii. p. 235.)

[1] These references are to the Cambridge reprint of the Sarum Breviary of 1531.

### In i. nocturno.

*Ant.* Ecce tu pulchra es amica mea ecce tu pulchra. oculi tui columbarum.
*Lectio i.* O alma virgo Maria. (ii. p. 305.)
*Lectio ii.* Surge ergo beata virgo. (ii. p. 306.)
*Lectio iii.* O sacratissima. (*ibid.*)
*Lectio iiii.* Adiuua nos. (*ibid.*)

### In ii. nocturno.

*Lectio v.* Exaudi nos. (ii. p. 307.)
*Lectio vi.* O regina mundi. (*ibid.*)
*Lectio vii.* O felix Maria. (ii. p. 311).
*Lectio viii.* O felix puerperium. (*ibid.*)

### In iii. nocturno.

*Secundum Lucam* (i. 39) Exurgens Maria abiit . . et salutauit Helysabeth. Et reliqua. [*Omelia Bede*]
Quia per temeritatem seducte mulieris mors in mundum introierat : congruum fuit ut in indicium vite reuertentis : mulieres deuote humilitatis inuicem ac pietatis sese preuenirent obsequijs. (i. p. cxxii.)
*R̸.* Super salutem. (iii. p. 693.)
*Lectio ix.*[1] Prior ergo nobis. (i. p. cxxii.)
*Lectio x.* Extans beata Maria.
*Lectio xi.* Ut autem audiuit.
[*Lectio xii.*] Exurgens Maria abiit in montana. *Secundum Lucam* (i. 39.)

(B) Where a church had not been dedicated in honour of the Blessed Virgin as its titular patron saint, a form of *commemoratio festi loci* was sooner or later provided.

These forms would naturally bear the name of the saint or other dedication in the books when they were written, but Mr. Procter has drawn my attention to a singular instance where the generic title is preserved.[2]

---

[1] The scribe has wrongly numbered this as '*lectio x.*' and has continued the mistake for the two which follow next in order.

[2] The Aberdeen Breviary printed in 1510, and re-printed under the editorship of Rev. W. J. Blew, is interesting and explicit. In the *Rubrica Magna* after Trinity *Temporale*, P.E., fo. xiiij^ba., where the Sarum Breviary (I. p. mclxxxviij.) speaks only of *two* commemorations, the Aberdeen book definitely mentions *three*, viz. :

> Commem. Sancti loci,
> Sancti thome mart. *and*
> beate marie,

and in each volume at the end of the *Commune*, fo. cxxxi-ii. it provides the office for the weekly Commemoration of St. Andrew. The *canon*, or inchoate

It is in a Breviary which in its general features belongs to Sarum use, and was for the most part written about A.D. 1400. It has however a sixteenth century supplement, which marks its connexion with some Brigittine community. Besides the offices for the Translation, Natale, and Canonization of St. Bridget, there is a *Commemoratio beate Brigitte* (without lessons but with rhyming antiphons, and a hymn : —

> O celebre conuiuium
> in cuius refectorijs :
> electi desiderium
> implent et sunt in solijs &c.)

After which follows :—

/IN COMMEMORACIONE DE FESTO LOCI. /Brit. Mus. Reg. 2A.xiv. fo. 277b.

*Ad Laudes.*

*V.* In resurrectione tua, Christe.
*R.* Celi et terra letentur. Alleluia.
*Ant.* Angelus autem Domini, &c. &c.
*Ps.* Dominus regnauit.

The form proceeds with the *Capitulum* 'Christus resurgens,' the hymn 'Sermone blando,' and so on through lauds, prime, sext, and nones, precisely as the services for *Low Sunday* in the Sarum Breviary i. pp. dccclxi—dccclxiv. excepting that the Ant. to *Benedictus* is 'Et valde mane' and the Collect 'Deus qui per unigenitum,' as on Easter Day, or as in a *memoria de Resurrectione.* The Chapter at terce is 'Christus resurgens,' and at sext 'Christus semel,' and at nones, 'Christus resurrexit.'

I should have been inclined to suspect that there was an error in the heading 'de festo loci,' but that there is a rubric at the end '*Infra Septuagesimam hec omnia sine* Alleluia,' which proves that it is not an Easter service misplaced, but really (as it professes to be) a commemoration for constant use.

It is, I believe, the commemoration for the Brigittine Church of St. Saviour at Syon, where the *festum loci* was *Resurrectio Domini.* (See MS. Martyrologium of Syon in British Museum, Add. MS. 22,285 fo. 14.)

So far as my acquaintance with the printed *Directorium* or pie extends, I am led to believe that as a general rule when there were three commemorations for a church professing to follow Sarum use, Saturday was the day prescribed for the commemoration of the Blessed Virgin (or, failing that, some

Pie, prefixed to the P.H. *Temporale*, and the *Rubrica de historiis* (e.g. P.E. fo. xxvi^{ab}.) alike provide, where practicable, for *three* commemorations.

other day as near as possible to the latter end of the week).
The *commemoratio festi loci* usually came as the middle day of
the three.[1]  But this was not universally the case.  In an introduction to the Cambridge edition of the Sarum Breviary iii.
pp. lxxii., lxxiv., I have already cited two or three passages from
the *Directorium* one at least of which places the *festum loci*
early in the week, and I would refer the reader's attention to
such critical passages as relate to Monday in the second week
after Easter lit. dom. 3F. (' Feria ii. de festo loci propter vesperas
habendas.'), and the third week 3G. ('feria ii. de festo loci.'),
and when Canon Cooke's edition is before us there will be a
better hope that the doubts and difficulties which beset us in
this study may be on the way to be speedily and finally
removed.

(C) At the end of 'the *Sanctorale* in the late fifteenth
century MS. Breviary of Sarum use now at St. John's College,
Cambridge (H. 13), we find the full order for the three commemorations themselves provided for use in a church which
evidently had the dedication of ' All Hallows ' or ' All Saints.'

The three commemorations in the case in point are clearly
given :—

1. *Commemoratio Omnium Sanctorum.*
2. *Commemoratio B. Thome Martyris.*
3. *Commemoratio B. Marie.*

### I.

#### In Commemoracione Omnium Sanctorum.

##### *Ad Vesperas.*

*Ant.*  Omnes electi Dei nostri memoramini ante Deum. ut
vestris precibus adiuti mereamur vobis adiungi.
*Psalmi feriales.*
*Cap.*  Sancti et iusti in Domino gaudete. vos elegit Deus in
hereditatem sibi.
*Hymnus.*  Iesu Salvator seculi
            Redemptis ope subveni &c. (*ut in* Brev. Sar. iii. pp.
            961–2.)
*V.*  Letamini in Domino. (*Brev.* ii. 396.)
*Ant.*  Beati estis sancti Dei omnes. qui meruistis consortes
fieri celestium virtutum. et perfrui claritatis gloria. ideoque
precamur ut memores nostri intercedere dignemini pro nobis ad
Dominum Deum nostrum.

---

[1] *e.g., Direct.* Dom. in Oct. Pasche 1A. 1D.
         In die Trinitatis 3A. 5A.

*Ps.* Magnificat. (ii. p. 221.)

*Oratio.* Deus qui nos beate Marie semper virginis et Omnium Sanctorum continua commemoracione letificas : presta quesumus ut quos cotidiano veneramur officio. eciam pie conversacionis sequamur exemplo. Per.

*Invitatorium.* Venite adoremus Dominum.

Qui in Sanctis gloriosus est.

*Ps.* Venite.

*Ymnus.* Ihesu Salvator &c.

### In Nocturno.

*Ant.* Adesto Deus unus omnipotens Pater, et Filius, et Spiritus Sanctus.

*Ps.* Beatus vir. (*i.* p. 5.)

*Ant.* Sicut lilium inter spinas. sic amica mea inter filias.

*Ps.* Domine Deus† noster. (*viii.* p. 11.)

*Ant.* Laudemus Dominum quem laudant angeli. quem cherubyn et cheraphin Sanctus Sanctus [Sanctus] proclamant.

*Ps.* In Domino confido (*x.* p. 14.).

*Ant.* Inter natos mulierum non surrexit maior Iohanne baptista.

*Ps.* Domine, quis habitabit. (*xiiij.* p. 17).

*Ant.* Estote fortes in bello. et pugnate cum antiquo serpente. et accipietis regnum eternum.

*Ps.* Celi enarrant. (*xviii.* p. 23.)

*Ant.* Isti sunt sancti qui pro Dei amore minas hominum contempserunt, sancti martyres in regnum eternum exultant cum angelis : O quam preciosa est mors sanctorum qui assidue assistunt ante Dominum et ab invicem non sunt separati.

*Ps.* Benedicam (*xxxiij.* p. 77).

*Ant.* Sint lumbi vestri precincti : et lucerne ardentes in manibus vestris, et vos similes hominibus expectantibus dominum suum : quando revertatur a nuptiis.

*Ps.* Quam dilecta (*lxxxiij.* p. 152).

*Ant.* Virgines sancte Dei, orate pro nobis. ut scelerum veniam per vos accipere mereamur.

*Ps.* Dominus. regnabit, exultet (*xcvj.* p. 164).

*Ant.* O quam gloriosum est regnum in quo cum Christo gaudent omnes Sancti amicti stolis albis. secuntur Agnum quocunque ierit.

*Ps.* Dominus regnabit, irascantur (*xcviij.* p. 170).

℣. Letamini [iii. 579].

### Lectio i.

Fratres parati sumus mente integra. fide firma virtute robusta. caritate perfecta ad omnem voluntatem anime. conservantes

Dominica mandata fortiter, in simplicitate innocenciam. in caritate concordiam. in humilitate diligenciam. in administracione vigilantiam. in adiuvandis laborantibus compassionem. in fovendis pauperibus misericordiam. in defendenda veritate constanciam. in discipline seueritate censuram : ne aliquid ad exemplum bonorum sanctorum desit nobis. Hec sunt vestigia que nobis sancti quique reuertentes in patriam reliquerunt : ut eorum semitis inherentes sequamur et gaudia.

1 ℟. In circuitu tuo, Domine, lumen est quod nunquam deficiet ubi constituisti lucidissimas mansiones. Ibi requiescunt sanctorum anime.

℣. Magnus Dominus et laudabilis nimis in civitate Dei nostri in monte sancto eius. Ibi requiescunt.

## Lectio ii.

Patriam quoque nostram cum illis paradysum computemus, parentes patriarchas iam habere cepimus. Cur non properamus et currimus ut patriam nostrum et parentes videre possimus? Nos ille carorum numerus expectat parentum fratrum filiorum nos frequens. et copiosa turba desiderat, iam de sua incolumitate securi, adhuc de nostra salute solliciti, ad eorum complexum in conspectu venire. quanta et nobis et illis communis leticia erit. qualis celestium voluntas conseruorum societatem expectando quam summa et perpetua felicitas.

2 ℟. Iusti in perpetuum vivent. et apud Dominum est merces eorum. Et cogitacio eorum apud Altissimum.

℣. Ideo accipient regnum decoris. et dyadema speciei de manu Domini.

Et cogitacio.

## Lectio iii.

Illic apostolorum chorus gloriosus. illic prophetarum numerus insignis. illic martirum populus innumerabilis obcertantium victoria coronatus. illic clarrissima turba virginum letatur. illic et confessorum fortitudo laudatur. sed et illorum remuneratio censetur. quia precepta Domini seruantes ad celestes thesauros terrena patrimonia transtulerunt ad hos. ut delectetur auida cupiditate properemus, ut cum hijs cito esse et cito ad Christum uenire contingat. cum huius itineris ducem habeamus salutis auctorem. lucis principem, leticie largitorem. Qui vivit et regnat cum Deo Patre omnipotente et Spiritu Sancto per infinita seculorum secula. Amen.

3 ℟. Concede nobis Domine quesumus ueniam delictorum et intercedentibus sanctis quorum hodie sollempnia celebramus. Talem nobis tribue deuotionem. Ut ad eorum peruenire mereamur societatem.

℣. Adiuuent nos eorum merita quos propria inpediunt scelera, excuset intercessio. excusat quos actio, et qui eis tribuisti celestis palmam triumphi, nobis ueniam non deneges peccati.
Gloria. Talem nobis.
℣. Iusti autem in perpetuum.

## IN LAUDIBUS.

*Ant.* Vidi turbam magnam. quam dinumerare nemo poterat. ex omnibus gentibus stantes ante thronum.
*Ps.* Dominus regnabit (*xcii.* p. 29).
*Cap.* Sancti et iusti (*ii.* p. 440).
*Ymnus.* Christe Redemptor omnium,
Conserua (*&c., sicut in Festo.* iii. p. 979).
℣. Mirabilis Deus in sanctis suis. (ii. p. 93.)
*Ant.* Laudem dicite Deo nostro omnes sancti eius. et qui timetis Deum pusilli et magni. quoniam regnauit Dominus Deus noster omnipotens, gaudeamus, exultemus, et demus gloriam ei.
*Ps.* Benedictus. (ii. p. 35.)
*Oratio.* Deus qui nos (*ut supra*, p. 191).

## AD PRIMAM.

*Ant.* Vidi turbam (iii. p. 978).
*Ps.* Deus in nomine (*liii.* p. 113).
*Ant.* Te iure. (ii. p. 49).
*Ps.* Quicunque vult. (ii. p. 46).

## AD TERTIAM.

*Ant.* Et omnes angeli stabant in circuitu throni, et ceciderunt in conspectu Agni in facies suas. et adorauerunt eum.
*Ps.* Legem pone (*cxviij.* p. 57).
*Cap.* Sancti et iusti. (ii. p. 440).
℟. Letamini (ii. p. 407).

## AD SEXTAM.

*Ant.* Redemisti nos Domine Deus in sanguine tuo. ex omni tribu et lingua et populo et natione. et fecisti nos Deo nostro regnum.
*Ps.* Defecit in salutare (*cxviij.* p. 61).
*Cap.* Iusti autem in perpetuum uiuent et apud Dominum est merces eorum et cogitatio eorum apud altissimum (*cf.* ii. p. 440).
MAYDESTONE.                                    O

## AD NONAM.

*Ant.*   Ymnus omnibus sanctis eius. filijs Israel populo appropinquanti sibi. gloria hec est omnibus sanctis eius.

*Ps.*   Mirabilia (*xviij.* p. 65).

*Cap.*   Iudicabunt sancti nationes et dominabuntur populis : et regnabit Dominus illorum in perpetuum.

*℟.*   Iustorum anime (ii. p. 408).

*℣.*   Mirabilis Deus.

The 8vo Sarum *portiforium* printed at Paris by J. Kaerbriand, alias Huguelin, and J. Petit, Feb. 1530, contains at the end of the *pars estiualis* after the general rubrics ('*Iste sunt dominice per annum*' *&c.*) these rudely composed

### HORE PRO DEFUNCTIS.

❡ *Pro fidelibus defunctis*

#### Ad matutinas.

Circumdederunt me gemitus mortis :
dolores inferni circumdederunt me. [*Et sic ad omnes horas.*]

#### Hymnus.

Deitatis paternitas,
et eius filiatio,
Spiritus sancti charitas,
    et Iesu Christi passio,

Trinitatisque pietas
Sint defunctis remissio.
Peccatorum : vt claritas
    detur eis cum gaudio.

℣. Requiem eternam dona eis, Domine.
℟. Et lux perpetua luceat eis.
*Oratio.* Deus qui hominem de limo terre (vt angelorum impleres ruinas) ad imaginem et similitudinem tuam formasti : et vt ipsum lapsum ad locum perditam reuocares : in cruce mortem passus fuisti : miserere quesumus animabus omnium fidelium defunctorum, iustitiam tuam per misericordiam mitigando : ne opera manuum tuarum propter carnis peccata damnentur : que fragilia et ad peccandum prona creasti. Qui viuis et regnas Deus in secula seculorum. Amen.

[℣.] Fidelium anime per misericordiam Dei requiescant in pace. Amen.
[℟.] Anime eorum in bonis demorentur : et semen eorum hereditet terras.

#### ❡ Ad primam.

Circumdederunt, *ut supra.*

#### Hymnus.

Veni Creator Spiritus
mentes tuorum visita.
Per quem mundus est conditus]
et omnia sunt condita

Qui a nullo es genitus,
dimitte nobis debita
Ita quod nullus perditus
  sit propter tua merita.
℣. Requiem &c. *ut supra.*

❧ *Ad tertiam.*

*Hymnus,*

Deus, a quo sunt omnia
bona, dona victoriam
contra omnia vitia
  viuis : defunctis veniam.
Ut post hec transitoria
veniamus ad gloriam.
Defuncti quique gaudia
  possideant per gratiam.

❧ *Ad sextam.*

*Hymnus.*

Ostende nobis faciem
tuam, premium sanctorum,
Cum venerimus ad diem
  ire et iudiciorum.
Iustitia seuitiam
mitigans : dans peccatorum
veniam, atque requiem
  in secula seculorum.

❧ *Ad nonam.*

*Hymnus.*

Virgo carens criminibus,
te precor in auxilio,
ut assiduis precibus
  sis coram tuo Filio :
Et pro cunctis fidelibus
fiat tua petitio.
Cum sanctorum agminibus
  locet eos cum gaudio.

❧ *Ad vesperas.*

*Hymnus.*

Vos deprecor humiliter
intuitu pietatis
omnes sanctos, et pariter
  Sanctas, vt intercedatis
  pro cunctis reis taliter
quod in fine cum beatis
collocentur benigniter
  ante thronum Trinitatis.

❧ *Ad completorium.*

Circundederunt me gemitus mortis :
dolores inferni circundederunt me.

*Hymnus.*

In manus tuas, Domine,
commendo spiritum meum,
ut, sicut sine crimine
 Hominem, te credo Deum,
 Qui precioso sanguine
redemisti mundum reum :
Sic hominem de crimine
 salua, qui formasti eum.

℣. Requiem eternam dona eis, Domine.
℟. Et lux perpetua luceat eis.

❡ *Recommendatio.*

Has horas, Christe, metricas
cum bona deuotione
Tibi dico canonicas,
 et cum pia ratione

Ut animas catholicas
tua miseratione
efficias glorificas
 tua sancta visione.

 Benedicamus Domino.
  Deo gratias
Fidelium anime per misericordiam
Dei requiescant in pace. Amen.

❡ *Oratio Innocentii quinti dicenda post horas canonicas.*

Sancte et indiuidue Trinitati, Iesu Christi crucifixi humanitati, et beate Marie virgini, ac matri Regis altissimi : sit sempiterna gloria ab omni creatura per infinita secula seculorum. Amen.

*Finis.*

## II.

### Lectiones de Commemoracione beati Thome martiris.

*Lectio i.* Ad memoriam eciam reuocemus . . . . . . et si non omnia memorie commendemus. (iii. p. 447.)
 ℟. Studens livor (i. p. ccxlix.)
 ℣. Ordo sexus. Thome.
*Lectio ii.* Beatus igitur Thomas . . . gloriosus translatus est. (iii. p. 447.)
 ℟. Thomas manum mittit. (i. p. ccxlix.)
*Lectio iii.* Die etiam Martis dilectissimi . . . gloriosum reportaret triumphum. Tu autem (iii. p. 447.)
 ℟. Jacet granum. (i. p. ccxlv. *cf.* ccl.)

(It will be observed that these three lessons are formed out of one of the longer lessons, the 5th, provided for the feast of the Translation of St. Thomas, 7th July, in the Great Breviary of 1531. The *Responsoria* are those of the first nocturn for St. Thomas' Day, 29th December. A fuller order for the weekly commemoration of St. Thomas of Canterbury will be given presently from one of the later breviaries.)

## III.

### LECTIONES DE COMMEMORACIONE BEATE MARIE.

*Lectio i.* O alma virgo . . . datur locus. (ii. p. 305.)
℟. Sancta et immaculata virginitas. (ii. p. 298.)
*Lectio ii.* Quoniam fidem . . . nobis ostende. (ii. p. 306.)
℟. Beata es Maria. (ii. p. 299.)
*Lectio iii.* Orando a nobis . . non possis sacratissima Virgo. (ii. p. 306.)
℟. Felix namque. (i. p. dccclxxxi.; iii. p. 598.)

#### *Item alie lectiones.*

*Lectio i.* Nos qui hoc credimus . . . aduenisse salutem (ii. p. 306).
*Lectio ii.* Et qui fatemur . . . tua sancta oratio nobis. (*ibid.*)
*Lectio iii.* Adiuua nos . . . superas dignitatem. (*ibid.*)

#### *Item alie lectiones.*

*Lectio i.* Cum nouo et inaudito miraculo . . . unus Emmanuel. (ii. p. 307.)
*Lectio ii.* Exaudi nos gloriosa . . . signaculum vioiaret. (*ibid.*)
*Lectio iii.* Tibi Spiritus Sanctus . . . nobilitas populi Christiani. (*ibid.*)

#### *Item alie lectiones.*

*Lectio i.* O regina mundi . . . optineant diuine pietatis. (*ubi supra.*)
*Lectio ii.* Dele peccata . . puerperio genuisti Saluatorem. (*ibid.*)
*Lectio iii.* O beata Maria, quis tibi . . . aditum inuenit. (ii. p. 308.)

#### *Item alie lectiones de S. Maria.*

*Lectio i.* Loquamur fratres aliquid . . sufficeret nullus (ii. p. 310.)

*Lectio ii.* Abysso profundior . . . redemptionem adduxit. (*ibid.*)

*Lectio iii.* Mater enim generis . . . suum peperit Saluatorem. (*ibid.*)

### Item.

*Lectio i.* Que enim hec uirgo est . . . porta in domo Domini clausa. (*ubi supra.*)

*Lectio ii.* Ad hanc namque . . . commercium mundo prebuit. (*ibid.*)

*Lectio iii.* O felix Maria, et omni . . . ante tempora conditorem. (ii. p. 311.)

[Doubtless some such direction as the rubric of the Great *Legenda* of 1518—'*legantur tres lectiones ex istis sequentibus per ordinem*'—was understood to apply to the foregoing six sets of lessons provided for the weekly commemoration or *plenum seruicium de Beata Maria.* In the printed Great Breviaries there are likewise six alternative sets, but they are of greater length. In fact the foregoing (i–vi) are only a portion of sets 1–4 of A.D. 1516, 1531. They appear to be drawn mainly from St. Augustine's *Sermones de Sanctis,* 18 and 35 = Appendix Serm. 208.]

---

(D) In the York Breviary

the *Rubrica de Commemorationibus* (i. 673–702) prescribes a

*Commemoratio de Domina,* die sabbati

*Commemoratio de S. Willelmo,* feria tertia ; et

*Commemoratio de Apostolis* (Petro et Paulo), feria quinta.

The rule at York 'de Apostolis' was to be a guide for the commemoratio *de festo loci in aliis ecclesiis* (p. 692.)

A General Council, held at York 29 Oct. 1478, prescribed that the two last should be said in Advent, Septuagesima, and Eastertide (p. 692). Three alternative sets of lessons are provided in both cases.

To the foregoing is added in the York Breviary, pp. 702–706, a service

### In Commemoratione Omnium Sanctorum.

It is founded upon the York service for All Saints' day, but is evidently intended for a weekly commemoration to be used where requisite. It differs entirely from the parallel form which we have just given (p. 190) from the St. John's MS. of Sarum use.

---

(E) The office provided in the Sarum Breviary III. pp. 377–390, *In commemoratione S. Pauli Apostoli*, was intended not for a weekly commemoration but for a yearly service, and (like the All Souls' office) owes its name to being in some sor: subordinate to, or dependent upon, a great festival on the previous day. However, with curtailment of the mattins and other necessary modifications, it no doubt supplied a weekly service for churches dedicated in honour of St. Paul the Apostle. These (the single dedication apart from St. Peter, and discarding those dedicated in honour of the Breton St. Pol de Leon, Pawl Hen of Wales, and Paulinus) are few—St. Paul's Cathedral in London, St. Paul's, Bedford, Malmesbury Abbey Church, Woburn in Bucks, and two or three others were all that were known to Precentor Venables in 1880.

Two saints who held a high place in popular devotion, St. Christopher (25 July) and St. Erasmus (2 June),[1] met with little or no recognition in strict Sarum use, being overshadowed it may be by other saints whose honour occupied those days. But both of them had a mass *in Commemoratione* in the appendix or supplement of the Sarum Missal (ed. Dickinson), pp. 899\*, 903\*. A MS. psalter in the British Museum (Bibl. Reg. 2 B. 1.) has, after the Litany of the Virgin, the following suffrages.

[1] Among additions inserted in a small Roman missal printed at Venice by Fr. Renner de Hailbrun in 1481, in Dr. J. Wickham Legg's possession, is a ' *Missa de Quatuordecim Auxilatoribus.*' These are Saints *George*, Blaise, *Erasmus*, Pantaleon, Vitus, *Christopher*, Denys, Ciric, Achatius, Eustace, Giles, Katharine, Margaret, and Barbara.

Henry Bradshaw observed that the rise of the *cultus* of St. *Erasmus*, in England, must be dated about 1485–90.

The sixteenth century protestant writers have frequent allusions to such special *cultus*. ' St. Job for the pox, St. Roch for the pestilence, St. Germain for the ague, St. Apolline for the teethache, St. Gratian for thrift losing, and St. Barbara for gunshot.' Bale's *Image of Both Churches*, cap. viii. v. 1.— ' They teach the people to pray to saints : to St. Luke for the ox, to Job for the pox, to Rocke for the pestilence, to Sith for things lost, to Christopher for continual health, to the Queen of Heaven for women with child, to Clement for good beer.' Roger Hutchinson, *The Image of God, or Layman's Book*, 1550. Works, p. 171-2. As the heathen 'had Esculapius to save them from diseases, so had we St. Roke to supply that room. As they had Mars to help them in warfare, so had we St. George to make us win the field.' Ja. Calfhill *Preface* against J. Martiall, on the Cross, 1565.—Similarly in the Third Part of *the Sermon against Peril of Idolatry* in the 2nd Tome of Homilies 1562-3. ' When you hear of our Lady of *Walsingham*, our Lady of *Ipswich*, our Lady of *Wilsdon*, and such others, what is it but an imitation &c. . . *Terentius Varro* sheweth, that there were 300 *Jupiters* in his time, there were no fewer *Veneres* and *Diana's :* we had no fewer *Christophers*, Ladies, and *Mary Magdalens*, and other Saints. . . The Sea and Waters. . . had Gods with the Gentiles, *Neptune*, &c. : In whose places be come Saint *Christopher*, Saint *Clement*, and divers others, and specially our Lady, to whom shipmen sing *Ave maris stella*. Neither hath the fire

*|De sancto Christophoro.* [lf. 85<sup>b.</sup>

Gaude martir Christofore qui portasti Dominum,
Gaude valde fructuose,[1] qui fers mundi precium:
[2]Gaude mente speciose, qui es salus hominum,[2]
Gaude Deo graciose calcans undas fluminum,
Gaude virens. virtuose.[3] non timens periculum.
Perfruens deliciose sis nostrum[4] remedium.
℣. Ora pro nobis sancte Christofore
℞. Ut fruamur tecum sempiternam requiem.

scaped. . . For instead of *Vulcan* and *Vesta*. . . our men have placed
Saint *Agatha*, and make letters on her day for to quench fire with. . .
Scholars have Saint *Nicholas*, and S. *Gregory*, Painters, S. *Luke;* neither
lack Souldiers their *Mars*, nor Lovers their *Venus*, amongst Christians. All
diseases have their special Saints, as gods the curers of them. The Pox,
Saint *Roche*, the Falling-evil Saint *Cornelis*, the Tooth-ache Saint *Apollin*,
&c. Neither do beasts nor cattel lack their gods with us, for Saint *Loy*
[Eligius] is the Horseleach, and Saint *Anthony* the swineheard, &c. Where
is God's Providence and due honour in the mean season ? . . . We join
to Him another helper, as if He were a Noun Adjective, using these sayings ;
such as learn, God and Saint *Nicholas* be my speed : such as neese, God help
and Saint *John* : to the Horse, God and Saint *Loy* save thee. . . . Such
an one in a tempest vowed to Saint *Christopher*, and scaped, and behold
here is his ship of wax. Such an one by Saint *Leonard's* help brake out of
prison, and see where his fetters hang.'

¹ fructifere : *Fitzwilliam Museum, Cambridge*, MS. 25 (*Horæ*, cir. 1500).
See below.
²—² *omit.* Horæ Fitzw.　　　　　　³ fructuose : *Horæ Fitzw.*
⁴ nostrum sis : *Horæ Fitzw.*

Churches appear to have been dedicated in honour of St. *Christopher* at
Carnmenellis, St. Christopher-le-Stocks in London (1462), Lympsham, Pott
Shrigley, Willingale Doe, Winfrith Newburgh ; and at 'Ewenny'(? Redruth),
in Cornwall, SS. Rumnon and Christopher. (Borlase, *Age of the Saints*,
p. 68.)

The fresco of St. Christopher at St. John's Church, Winchester, discovered
and unfortunately destroyed in 1852, was on the south wall of the nave, not
far from the door which is at the western end of that wall, so that this
gigantic figure would have impressed itself upon the sight of anyone leaving
the church, and would have been to his left hand. It would likewise be the
first object visible to anyone entering by the north door, now blocked up.
At Stoke Dry, in Rutland, this saint's figure is to the left hand as one leaves
the church from the Digby chantry on the south of the chancel. There was
a church of St. Christopher at Rheims in the sixth century which was con-
verted into the Abbey of St. Remigius. Dugdale *Monast.* vi. p. 1098. An
altar with his dedication stood in the nave of Lincoln Cathedral. (Maddison's
*Vicars Choral*, pp. 37, 42.' His effigies in mediæval glass are still to be seen
in York Minster, and at King's College Chapel, and in wall paintings brought
to light from time to time (*e.g.* at Stoke Dry, Rutland, and at St. John's,
Winchester). The very early dated print or block picture of St. Christopher
(A.D. 1423) in the Spencer (Rylands) collection will not be forgotten. It is
pasted (with a cut of the Annunciation) in the MS. *Laus Virginum*, in the
collection now at Manchester. (See E. Gordon Duff's *Early Printed
Books*, p. 3.) To have seen a St. Christopher was a kind of insurance against
accidents for the day ; while the *cultus* of St. Erasmus, who had passed

## Oremus.

*Oracio.* Deus qui beatum Christoferum martirem tuum virtute constancie in passione roborasti, quique Unigenitum tuum Dominum nostrum Ihesum Christum in suis humeris mirabiliter sedere voluisti ; concede propicius, ut qui eius commemoracionem agimus, ipsius meritis et precibus ad celestia regna peruenire feliciter mereamur.  Per Christum Dominum nostrum, Amen.

*/De S. Georgio martyre.*[1]  [If. 86a.

### Oratio.

Salue martir gloriose,
Aue miles preciose,
  Christi flos milicie.
O Georgi graciose,
Germen stipis generose,
  Gentis cappadocie.

Salue crucis vexillator,
Et virtute triumphator
  Celestis signiferi.
Per quem sola regis nata
Est a fauce liberata
  Draconis pestiferi.

Salue miles summi Dei,
Per virtutem sancte spei
  Superans demonia.
Et pro Christo mente leta
Huius mundi pompas spreta
  Dispersisti omnia.

Salue victor vere mentis
Fide constans in tormentis
  Spreta ydolatria.
Post tormenta decollatus
Et cum sanctis exaltatus
  In celesti patria.

through great bodily agonies, was one of the patent medicines of the fifteenth and sixteenth centuries.

[1] The Feast of St. George the Martyr (23 April) was one of 21 appointed by the Council of Oxford to be kept as a holiday *ab operibus minoribus servilibus*, in 1222.  (See Hardouin, *Concilia* vii. 117 ; Coleti *Conc.* xiii. 1070.)  K. Richard I. had defeated Saladin upon that day in 1192.  In 1344 the Most Noble Order of St. George (the Garter) was instituted.  In 1414 Abp. Chicheley enjoined that St. George's Feast should be kept like the Christmas holiday.  Wilkins *Conc.* iii. 376.  St. George's Guild and Feast flourished at Salisbury, 1306–1523.

Salue martir, spes Anglorum,
Dux et decus bellatorum
Honor te colencium.
Alme Christi preliator
Sis benignus defensator
In te confidencium.

Ora Christum, Christi care,
Et Mariam deprecare,
Ut, deuictis hostibus,
Hic possimus triumphare
Et post mortem conregnare
Tecum in celestibus.

*Antiphona.* Sacratissimum electi Dei Georgii triumphum unanimiter celebrantes, diuinum poscamus subsidium : quo, ipsius intercessionibus adiuti, palma celesti cum ipso perfrui valeamus in secula.

*Versiculus.* Ora pro nobis, beate Georgi.
℞. Ut digni efficiamur promissionibus Christi.

Oremus.

*Oracio.* Omnipotens sempiterne Deus, qui deprecancium voces benigne exaudis, maiestatem tuam supplices exoramus ut, sicut per gloriosum sancti martiris tui Georgii trumphum pestiferum draconem superari, et puellam a morte saluari voluisti, ita nos famulos tuos, ipsius gloriosis intercedentibus meritis, ab hostium nostrorum visibilium et inuisibilium insidiis saluos ubique conseruari digneris. Per.

A *memoria* ' *de sancta Ursula* ' follows, ' Gaude, virgo Ursula.'
In the Fitzwilliam Museum at Cambridge in a book of Hours written about A.D. 1500 (MS. 25) there is at p. 268 another form of the suffrage of St. Christopher. After lines 1, 2, 4–6 of the metrical antiphon, ' *Gaude martir*,' given above, follows

Christoferi sancti speciem quicunque tuetur
Illo nempe die nullo languore grauetur.
Martir Christofore [1]per Saluatoris honorem[1]
Fac nos mente fore dignos deitatis honore
Promisso Christi quicquid petis optinuisti
Da populo tristi bona que moriendo petisti.
Confer solamen, et multis tolle grauamen.
Judicis examen mite[2] sit omnibus.  Amen.

---

[1]—[1] Probably we should read ' pro Saluatoris honore,' and in the next line ' deitatis amore.'    [2] mitte : *MS. Fitzw.*

Oremus.

Concede, quesumus, omnipotens et misericors Deus, ut qui beati Christoferi gloriosissimi martiris tui, cuius memoriam agimus, piis meritis intercessionibus que a subitania et improuisa morte liberemur. Per te Ihesu Christe saluator mundi. Quem ipse meruit in brachiis portare. Qui cum Patre et Spiritu sancto viuis et regnas Deus per omnia secula seculorum. Amen.

Besides a suffrage in honour of K. Henry VI.[1] there is in the same book of Hours the following :

|*De sancto Georgio.*  /Mus. Fitzw. Cantab. MS. 25, p. 287.

O Georget, Deo care,
Saluatorem deprecare
Ut gubernet Angliam
Ipsum et te quid amare
Valeamus, et laudare
Deitatis graciam.

---

[1] The suffrage in commemoration of K. Henry VI. Fitzwilliam MS. 25 p. 282, is as follows :—

*Ant.* Rex Henricus pauperum et ecclesie defensor ad misericordiam pronus, in caritate feruidus, pietati deditus, clerum decorauit, quem Deus sic beatificauit.
℣. Ora pro nobis deuote Henrice.
℟. Ut digni efficiamur promissionibus Christi. Oremus.
*Oracio.* Deus sub cuius ineffabili maiestate uniuersi reges regnant et imperant, qui deuotissimum Henricum anglorum regem, caritate feruidum, miseris et afflictis semper compassum, omni bonitate clementiaque conspicuum, ut pie creditur inter angelos coinnumerare dignatus es ; Concede propicius ut eorum omnibus sanctis interuenientibus hostium nostrorum superbia conteratur ; morbus, et quod malum est, procul pellatur ; palma donetur, et gracia Sancti Spiritus nobis misericordiam tuam poscentibus ubique adesse dignetur. Qui uiuis et regnas Deus, Per omnia secula seculorum. Amen.

Mr. Maskell has printed two forms of suffrages *de Beato rege Henrico*, in *Monumenta Ritualia*, iii. pp. 367-370 (ed. 1882). The former, taken from the larger Sarum *horæ* (the quartos of 1516, 1520, &c.), is entirely different from that which we print here. The other, a form 'composed by Pope Sixtus IV.' (1471-84), and printed from Harl. MS. 5793, has the same Antiphon, 'Beatus rex H. pauperum,' &c., but a different ℣., ℟. and Orison.
Maskell gives also (pp. 370-71) a 'salutatio gloriosi militis Christi, Henrici regis Anglie sexti, cum oratiuncula brevi.' which again is entirely different. K. Henry died 21 May, 1471. May 22nd was the day set apart for his honour, although he was never formally canonized.

Tu qui noster aduocatus
Et† ius tui patronatus
  Defendas† ab hostibus.
Et Anglorum gentem serua
Pace firma† siue genera[1]
  Tuis sanctis precibus.

Arma gere contra Turcos,
Hostes notos ac ignotos,
  Fer nobis auxilium.
Esto custos tue plebis,
Et *N.*[2] nostri regis
  Extollens preconium.

Per vexillum miles fortis
Et sis tutor nostri sortis
  Contra Turci furiam.
Nos defendas armis crucis
Et Turcorum gentis trucis
  Conterens† superbiam.

Gloriosa spes Anglorum,
Audi vota famulorum
  Tibi nunc canencium.
Per te nostrum et patronum
Consequamur vite donum
  In terra viuentium.

A constitution of Henry Chichele, Abp. of Canterbury in 1415, ordered the observance of the feast of St. George 'tanquam patroni et protectoris nationis Anglicani specialis,' and is included in the Canon law of England. (Lyndewood *Provinciale* ii. pp. 68, 69 ed. Oxon. 1679.)

### *Preces et Suffragia pro Henrico Rege VII.*°

By an easy transition we pass from the commemoration of K. Henry VI. to some prayers on behalf of K. Henry VII. which concern us here in as much as they will be found to throw a little light (though only of a negative character) upon the Sarum *Missa capitularis.*

We may gather from such passages as the Sarum *Manuale* (Surtees Soc. vol. 63), p. 74\*, and *Missale* (ed. Burntisland), pp. 859\*, 861\*, that on ordinary days a *missa in capitulo pro defunctis* was said before terce, and in fact as a rule immediately after prime (but if some *commendatio animarum* was required to be said

---

[1] Professor Middleton confirms Mr. Procter's reading of the letters in this corrupt passage. Perhaps 'fide uera' was intended.

[2] The initial or mark, which looks like 22, may serve for 'Ricardi' or 'Henrici' (or for 'Edwardi' if occasion arose).

'a toto choro cum nota' then the commendation followed the hour of prime and the capitular or other mass for the Departed came immediately after such 'commendation').

In a MS. which has now come into the possession of the Bishop of Salisbury and is known by the name of 'Miscellanea et Statuta quoad Sarum,'[1] there is among other curious papers a formal undertaking on the part of the Dean and Chapter of Salisbury (adapted likewise both for the Abbot and Convent of St. Mary's Abingdon, and for some Austin Priory in the same diocese by a few alternative interlineations). The parties engage themselves to make prayers for the happy and prosperous state of His Majesty K. Henry VII. They grant him, in terms commonly found in letters of fraternity, the benefit of all masses, prayers, fasts, vigils, disciplines, abstinences, indulgences, alms-deeds, labours and other good works which are done in their communities, and they engage (1) during his lifetime to say or sing daily 'cum nota' by some priest of their body at the greater or high altar of their church the following orison :

"Quesumus omnipotens et misericors Deus, vt rex et fundator noster Henricus septimus, qui tua miseracione," &c., and the Secret "Munera quesumus, Domine, oblata sanctifica," &c., and Postcommunio "Hec quesumus, Domine, salutaris," &c., as in the alternative Mass for K. Henry VIII in the Sarum Missals of 1512, 1520. ed. Burntisland 786* *n.*[2]

(2) 'Cum vero ab hac luce migraueris, deinde in qualibet principali missa ad maius, siue summum, altare Ecclesie cathedralis (*sive* prioratus, *vel* monasterij) predict', per aliquem nostrorum vel successorum nostrorum, aut alium sacerdotem (confratrem, *s.* commonachum confratrem), vel ministrum quemcunque celebranda, Celebrans ipse, quicunque pro tempore fuerit, singulis diebus imperpetuum pro salute anime uestre solemniter et cum nota leget et dicet oracionem sequentem, viz., "Inclina, Domine, aurem tuam," &c., vnacum hoc secreto "Animam famuli tui Regis Henrici septimi fundatoris nostri ab omnibus vicijs," &c. Et cum hac postcommunione "Annue nobis, Domine, ut anima," &c. (as in *Missale Sarum* pp. 876*, 877*, 'pro trigintalibus').

---

[1] *Miscellanea et Statuta quoad Sarum* (penes Episcopum) fo. 55ª–59ª. This letter to the king may have been drafted in 1485-6 when the Deanery was vacant.

[2] A mass for K. Henry VIII. (with the title which his daughter Q. Elizabeth rightly refused, '*in terris ecclesie Anglicane supremum caput*'), and for his Queen Anne, is added in manuscript in two surviving copies of the *Missale Herfordense*, 1502. See Dr. Henderson's preface, pp. iii, iv.

*Or.* Quesumus, Omnipotens et misericors Deus, ut famulus.
*Secr.* Munera, quesumus, Domine, oblata sanctifica.
*Postcomm.* Hec, Domine, quesumus salutaris sacramenti.

(3) Concessimus insuper, et per presentes concedimus adinuicem sacratissime vestre maiestati, vt in qualibet missa capitulari ad aliquod altare Ecclesie cathedralis (*vel* prioratus, *sive* monasterij) predict' per aliquem nostrum vel successorum nostrorum/ aut alium sacerdotem (confratrem, *v.* com- [lf. 57ᵇ. monachum confratrem) vel ministrum quemcunque celebranda, statim post fractionem hostie et decantacionem vel leccionem *Per omnia secula seculorum*, et ante inchoacionem *Pax Domini*, Celebrans ipse, vna cum sibi assistentibus ministris, et chorus prostratus similiter inter se, pro salute et incolumitate ac prospero et felici statu maiestatis vestre, singulis diebus quoad vixeritis psalmos et suffragia singulos dicent et legent, viz.

   *Ps.* Exaudiat (*xix.*), et *Ps.* Dominus in virtute (*xx.*) cum Vers. Gloria, &c. Sicut, &c. ad finem utriusque Psalmi, vna cum Kyrieleyson. Pater noster, et Aue Maria.

   Deinde Sacerdos celebrans dicet, et Chorus, vt moris est, respondebit, " Et ne nos," &c., " Sed libera," &c. Exurgat Deus, &c.,/ Domine, saluum fac Regem, &c. Mitte ei, [lf. 58ᵇ. &c. Esto ei, &c. Nichil proficiat, &c. Dñe, fiat, &c. Dñe, exaudi, &c. Dñs vobiscum, &c. Oremus. Da quesumus, &c. (the same prayer as that for the King in the *Preces in prostratione* in *Missale Sarum* p. 634, but with an inserted clause "et de hostibus triumphum, vt bonis," &c.)

   (4) Cum vero ab hac luce migrauerit, extunc in omni supradicta missa capitulari per nos (vel, *&c.*) et ministrum quemcunque ad aliquod altare in ecclesia Cathedrali (monasterio *s.* prioratu) predict' celebranda statim post fractionem hostie, *&c.* Celebrans/ ipse cum sibi assistentibus, *&c.* singulis [lf. 58ᵇ. diebus imperpetuum lèget et dicet psalmos et suffragia sequent', viz.

   *Ps.* Voce mea (*cxli.*) *Et ps.* De profundis (*cxxix.*) cum V. Gloria, &c. (Kyrie, Pater, and Ave, as above, but followed by) Requiem, *&c.* A porta, *&c.* Credo videre, *&c.* Dñe, exaudi. Dñs vobiscum. Oremus. Adiuua nos, Deus salutaris noster, et beatissime, *&c.* The prayer *pro amico defuncto* in the Sarum *Missale* p. 874*,

   The phrases " ad aliquod altare Ecclesie cathedralis," &c., and " ad aliquod altare in Ecclesia cathedrali," &c., occurring in the above extract with reference to the *missa capitularis*, may suffice to dispose finally of the notion, which on other and independent grounds has been losing its prestige, that this mass was said in the Chapter House at Salisbury or elsewhere.[1] '*In capitulo*' or '*capitularis*' as applied to the mass in the cathedral church after prime, had only by accident any connotation of locality. It was as independent of the unity of place as the papal 'conclave,' or the 'court' of K. Charles I. There is, so far as I am aware, no evidence that our Chapter houses were ever used for the celebration of mass, and it appears that the 'missa in capitulo' at Salisbury was said sometimes at one altar, sometimes at another, only not at the high altar.[1] It seems by no means improbable that the *name* of this mass is of earlier date than the building of our Chapter Houses.[2] The Chapter Mass was, as a general rule, a *Requiem* Mass said in commemoration of the Departed. It followed the Chapter Office after Prime (and after the 'Commendatio Animarum' when that was recited), and it preceded the High Mass. Sometimes when the proper mass of a Sunday or a Vigil could not be said as the principal mass of the day,

[1]—[1] Even this exception, if we may trust the account of the 'Rites of Durham' as written down in 1593, was, as we shall see presently, no exception at Durham.

The terms '*missa capituli*,' '*missa capitularis*' and '*missa in capitulo*' are all found in the Sarum rubrics.

'post Primam, ante *missam capituli* pro defunctis' *Brev.* I. xlviii. The commendatio animarum is said on all ordinary ferias in Lent 'statim post Primam ante *missam capitularem*. . . nisi in crastino duplicis festi.' *Brev.* I. dlxxxix. Cf. 'Nulla feria in Paschali tempore dicitur missa capitularis pro defunctis, nisis &c. *Missal* 860*. 'Missa ferialis *in capitulo* pro defunctis,' 'ante Tertiam dicitur missa in capitulo pro fidelibus defunctis cum diacono et subdiacono albis cum amictibus indutis tantum' *Missale* 859*-861*. But 'quando corpus adest presens,' and on Bishops' anniversaries, 'tunc ad altare authenticum (the high altar) aliquando ad alia altaria, juxta quae corpora eorum requiescunt humata.' The following also are from the *Breviary* 'Vigilie mortuorum quotidie, cum missa in crastino in capitulo. . . et in ipsa iii. feria (ante Pascha) fiant Vigilie mortuorum cum lec. in conuentu cum missa in crastino.' When a Canon dies it is the rule 'xxx dierum in conuentu obsequium fieri' and each of his brethren to say 'xxx psalteria separatim' I. xlv. On Christmas Eve, when it falls on Sunday, 'missa dominicalis in capitulo post Primam vel Tertiam et ante processionem dicatur. Et missa de Vigilia dicatur post sextam in choro ad autenticum altare.' I. clxiv. Under certain circumstances 'missa dominicalis *Adorate* in aliquo festo ix. lectionum in Capitulo cantetur,' and under certain others both *Omnis terra* and *Adorate* 'in Capitulo cantentur.' I. ccclxii.

When Corpus Christi falls on St. John Bapt. Day the procession at 2nd vespers goes to St. John's altar 'si habeatur,' and on the Sunday following St. John's mass is 'in capitulo.' I. mlxxvi, mlxxxii. In the rubric of the Missa pro Defunctis II. 526, *Missale* 865* we have the phrase 'quando dicitur missa ferialiter *in capitulo, vel alibi*,' which certainly if it stood alone would suggest the idea of place.

In the Proprium Sanctorum we find the rule that the mass of St. Andrew's Octave is to be said 'in capitulo' when it occurs on Saturday ; and likewise of St. Laurence's Octave when on a Sunday. III. 39, 708. ('In capitulo' occurs of a service which was held in the Chapter House in III. p. 986.) Missa in Capitulo is found likewise several times in the Pie of two commemorations, and exceedingly frequently in that of three. See above pp. 106, 150, 119, 120, 122, 124.

[2] The Chapter House at Lincoln is said to have been finished about 1250, that of Salisbury in 1280, that of Wells in 1300. The Lincoln statute may be dated perhaps as early as 1214 or 1236.

provision was made that the displaced mass should be said for 'missa in capitulo,' on the same or some other convenient day. We find instances also of a Vigil mass said 'in Chapter.'

At *St. Paul's*, the Chapter mass was said by one of the two minor canons, or Priest Vicars, who were called cardinals.

At *Lincoln* it was the duty of the vicars (as well no doubt as of the canons) to attend it, as a general rule, and it counted for them as equivalent to one of the little Hours in 1309. The celebrant at Lincoln (cir. 1267) was a canon (appointed for that occasion by the precentor) and he was attended by deacon and subdeacon 'revested,' at least when celebrating for the anniversary of a deceased canon, or the like. (Kings and Bishops of Lincoln alone had their anniversary mass at the high altar.) The old thirteenth century statute at Lincoln laid down as part of the duty of the Treasurer that he should provide " ad missam *in capitulo* duos cereos." (*Black Book*, p. 289.) When the precise and lawyer-like Bp. W. Alnwick was revising this passage in 1440 in hopes of improving the Lincoln Statutes in point of perspicuity, he altered the words 'in capitulo' into '*capitularem.*' This circumstance is worth noting, because it establishes beyond dispute the identity of 'missa capitularis' with 'missa in capitulo.'

At *Durham*, we are told, the 'Chapter mass' was celebrated *at the high altar*, at 9 o'clock, when the business in the Chapter house was done, and special mention was made of benefactors in the '*Memento.*' (Rites of Durham, p. 82.)

At *Exeter*, in 1337 (*Ordinale*, fo. 8^b) two choristers were required to attend the 'missa in capitulo.' A further regulation must be quoted from the same source (fo. 18^b). After chapter business, and the *correctiones capitulares :*—

' Et si debeat dici missa aliqua de vigilia, vel alias dominicalis vel de sanctis, in capitulo, i[d est] post capitulum ante terciam assignentur aliqui de quolibet gradu, ita quod adminus sint octo, exceptis ministris indutis, qui [e]idem intersint misse, ne inhoneste, vt aliquociens contingit, missa dicatur capitularis : quia ipsa ita est ordinaria sicut et magna, missa.'

Whether we put a comma after 'terciam' or not, it is plain that 'in capitulo' was considered to need a gloss, 'post capitulum, ante terciam,' as being in itself ambiguous. And Bp. J. de Grandisson at Exeter, like Bp. Alnwick a century later at Lincoln, inclines to the word 'capitularis.'

In the last generation several students of the rite of Sarum supposed that the capitular mass was celebrated in the Chapter-House : e.g. C. Seager *Brev. Sar.* (1843) p. xlvi. commenting on Pr. p. 1., J. D. Chambers *Divine Worship* (1877) p. 86, and A. H. Pearson *Sarum Missal in English* in the *first* edition (1868), pp. xxviii, xxix, 571, 575 &c. However, in the more recent edition of his Missal (1884, pp. xix, xx) Mr. Pearson expressed a modified opinion.

Mr. F. H. Dickinson, in the preface to *Missale ad usum Sarum*, drafted in 1873 and published in 1883, pp. vii, viii. *note* n., calls the *Missa in capitulo* 'a great puzzle.' He admits that we are tempted to translate it " in the Chapter-house," but he adds that, for certain reasons, it is 'almost impossible' that it should have been said in that building. He refers most pertinently to a short chronicle published by Dr. Sparrow Simpson for the Camden Society in 1880, in which is mentioned, p. 56, that in 1339 two Altars, north and south of the High Altar, were consecrated along with it, and that they 'were called *Capitularia*. It seems obvious that these were placed there with a view to the celebration of the *Missa Capitularis*.' As to the fundamental question, the origin and history of the term *capitulum* itself, Mr. Dickinson inclined to that derivation 'which connects it with the French word "Chevet,"—la partie de l'Église qui est derrière le maître autel, et qui est plus élevée que le reste—and it is possible that the *Capitulum* was the Eastern part of the Presbytery, and the *Missa in Capitulo* said behind the High Altar at another Altar.'

While accepting that locality as the most probable and most suitable for this mass, I rather think that the term '*in capitulo*' in this case does not connote place at all, or only accidentally, but that it means the mass which is said while the canons and others are assembled in their capitular character. And I would give '*capitulum*' as regards the mass much the same sense as '*conventus*' has with respect to certain choral offices : observing further that, while we may speak of the one as '*choral*,' although it is sung *extra chorum*, or at some distance from the structural choir, so we may call the mass in question '*capitular*,' or say that it was '*sung in chapter*,' although it was celebrated anywhere but in the Chapter House. (See above p. 165.)

The Bishops' Council ('Decanus et Capitulum matricis ecclesiae ') in Cathedrals of the 'Old Foundation ' had held their meetings, *capitulariter congregati, et capitulum facientes*, as the phrase runs, for many years before they had a regular *Domus Capitularis*, specially constructed for those meetings, and called after their own body '*Capitulum*.' When Chapter Houses at length grew up, the business meetings were transferred to them along with such conventual offices as the reading of the obit-book, the Martilogium, and *Collationes Patrum*, and the Maundy washing. But the Capitular mass lingered at the Altar in some chapel or dignified but secluded part of the church where there was accommodation for the ritual of a mass with deacon

MAYDESTONE. P

and subdeacon, and for the dignitaries and other members of the Cathedral staff who congregated to it, and where at the same time its semi-private character, as a gathering of the family of *confratres et concanonici, cum ceteris ministris ecclesie cathedralis,* could be well secured and maintained. Thus (I would, with some diffidence, suggest) it may have come about that a *missa in capitulo* was said at some distance from the *domus capitularis,* as a 'Vestry-meeting' is often held in some room quite distinct from the 'Revestry' of the parish church, or as a sitting of the 'Queen's Bench' division of the Judicature takes place where the Sovereign did *not* repose while awaiting Coronation.

(F) In the printed Sarum Breviary 1556 the *Commune Sanctorum* ends with *Commune unius Matrone,* and is followed by the services     *In Translatione S. Cedde*
              *In Commemoratione S. Ethelrede ·virginis non martyris Eliensis diocesis* (cf. Brev. Sarum ii. p. 557, from Portif. 1525–6).

Then follows

### (1) In Commemoratione Sancti Thome Martyris.

#### Ad Vesperas.

*Ant.*   Iste sanctus. (ii. p. 371.)[1]
*Capitulum.*   Omnis pontifex.
*Hymnus.*   Martyr Dei (ii. p. 372.)
*Versus.*   Gloria et honore.
*Ant.*   Pastor cesus. (i. p. ccxlvi.)
*Ps.*   Magnificat. [*Hucusque ut in* iii. 445.]
*Oratio* Deus pro cuius ecclesia. (i. p. ccxlvi.)
    *Memoria de aliquo sancto, si habeatur.*

#### Ad Matutinas

*Invitatorium.*   Adest Thome martyris memoria
              Virgo mater iubilat ecclesia.
*Ps.*   Venite.
*Hymnus.*   Martyr Dei. (ii. p. 372.)
*Ant.*   Summo sacerdotio. (i. p. ccxlvii.)
*Ps.*   Beatus vir. *et cetera, prout in festo eiusdem* (29 Dec. i. pp. ccxlvii-cclxi.), *Natalis Domini* (25 Dec.), *et translationis eius* (7 Julij, iii. pp. 445–451) *sunt notata.*

    *V.* Gloria et honore.   (*cf.* iii. p. 340.)

---

[1] The references (in parentheses) relate to the Cambridge edition of the Sarum Breviary of 1531.

*Lectio prima.*

Dormiente cum patribus . . . in beato Thoma impletum est. (ii. p. 315.)

1. *R.* Studens livor Thome supplicio
Thome genus domnat† exilio.
Tota simul exit cognatio.

*In tempore Paschali.* Alleluia

*V.* Ordo, sexus, etas, conditio :
Nullo gaudet hic priuilegio.
Tota.

*Lectio ii.*

Promotus ergo electus† Dei pontifex, sacreque . . . .
monachi adimpleret opus et meritum.

2. *R.* Thomas manum, &c. (ii. pp. 315, 316.)

*Lectio iii.*

Et qui exemplo baptiste . . . sed a Deo gloriam quere-
bat.[1]

3. *R.* Iacet granum. &c. (ii. pp. 316, 317.)

*V.* [*Ante Laudes*] Ora pro nobis beate Thoma.

[*R.* Ut digni efficiamur promissionibus Christi.]

## In Laudibus,

*una tantum antiphona.*

*Cetera prout in festo eiusdem, Natalis Domini, et Translationis
eiusdem sunt notata : preter antiphonam ad Primam super
Psalmum* Quicunque, *que erit* Te iure laudant. [ii. p. 49.]

*Tamen* IN TEMPORE PASCHALI *quando de hac commemoratione
sancti Thome fit seruitium*

AD VESPERAS : *super Psalmos Ant.* Lux perpetua *minor.*

*Psalmi feriales.*

*Capitulum.* Omnis pontifex. (ii. p. 386.)

*Hymnus.* Martyr Dei, qui unicum. (ii. p. 372.)

*In fine hymni dicitur* Quesumus Auctor omnium *et* Gloria tibi
Domine, Qui surrexisti. (i. p. dccclix.)

*V.* Tristicia uestra.

*Ant.* Pastor cesus. (i. p. ccxlvi.) *Et finiatur cum* Alleluia.

---

[1] The 3rd lesson here is a few lines shorter than that in the Great Breviary
of 1531 (which notes the date and age of St. Thomas, and concludes with
the Ascription), but it agrees with the Clare College Cambridge Norwich MS.
Breviary, and with the Great *Legenda* of 1518, where these lections are called
'*In commemoratione sancti thome martyris lectiones per annum.*' It will be
observed that the 3 responsories for the commemoration are taken from the
1st nocturn of the festival in December.

*Ps.* Magnificat (ii. p. 221).
*Oratio.* Deus pro cuius.
*Completorium de Tempore non mutatur.*

AD MATUTINAS: *Inuitatorium.* Adest Thome. *et finiatur cum* Alleluia.
*Ps.* Venite.
*Hymnus.* Martyr Dei. (ii. p. 372.)
*Super Psalmos dicitur hec sola Antiphona* Summo sacerdotio [i. p. ccxlvii.] *et finiatur cum* Alleluia.
*Psalmi* Beatus uir (*i.* p. 5).
  Quare fremuerunt gentes (*ii.* p. 7).
  Domine, quid multiplicati. (*iii.* p. 7.)
*Versus.* Tristitia uestra.
*Hi predicti Psalmi, cum predicta Antiphona, et Versus, dicuntur quotienscunque de hac Commemoratione tempore Paschali dicitur. Et non dicuntur alij Psalmi, nec alia Antiphona, nec alius Versus.*
*Lectiones et Responsoria sicut prius.*
*Ante Laudes Ⅴ.* Vox letitie. (ii. p. 357.)

IN LAUDIBUS: *hec sola Antiphona* Granum cadit. *et finiatur cum* Alleluia.
*Ps.* Dominus regnauit.
*Cap.* Omnis pontifex. (ii. p. 386.)
*Hymnus.* Deus tuorum militum (ii. p. 384) *in fine dicitur* Quesumus Auctor. *et* Gloria tibi Domine, Qui surrexisti. (i. p. dccclix.)
*V.* Gaudete.
*Ant.* Opem nobis. (i.p. cclix.) *et finiatur cum* Alleluia.
*Ps.* Benedictus. (ii. p. 35.)
*Oratio ut supra.*

AD PRIMAM *et ad alias Horas omnia fiant sicut supra dictum est, preter Responsoria et Versus ad Tertiam, Sextam et Nonam, que erunt de Communi Unius Martyris siue Pontificis Paschalis temporis: ita tamen quod omnes Antiphone super Primam et alias Horas finiantur cum* Alleluia.
*Quotidie per totum annum dicantur Vespere et Matutine de S. Maria in choro vel extra.* &c. (ii. p. 283.)

(ii.) St. Osmund who died in 1099 was not canonized until 1456. A form for his weekly commemoration appears among the services for July 16th in the *Sanctorale* in some of the later printed breviaries (ed. Cantab. iii. 485–490.) *e.g.* 1519, 1531, 1556.

(iii.) Like the Sarum Breviary of 1531 the *portiforium* of 1556 has a form (immediately before the Dedication Offices).

### In commemoratione S. Cedde episcopi.

It gives the following lessons which are nearly identical with those of the 1st nocturn of the festival (2 March) :—

*Lectio i.* Temporibus igitur Oswaldi . . . faceret episcopum. (iii. p. 196.)

*Lectio ii.* Cum adhuc Wilfridus . . . ordinatus episcopus. (*ibid.*)

*Lectio iii.* Consecratus igitur in episcopum Cedda . . . unde ordinandus discesserat rediit. (iii. pp. 196, 197.)

This service is worked out in 1556 more fully, on the whole, than in 1531. But the *antiphone in ferialibus diebus* are not noticed.

(iv.)   The form provided in 1556, in the Sarum *portiforium*,
*In commemoratione S. Etheldrede virginis*
*non martyris Eliensis diocesis,*

is identical with that which we have printed *in extenso* (from a portiforium of 1525-6) as an appendix to the *Psalterium* of the Sarum Breviary, pp. 557-8. It runs thus :—

*Oratio.* Deus qui eximie castitatis.
*Cetera Unius Virginis non martyris.*
*Lectio i.* In presentis vite . . . certum est exultare.
*Lectio ii.* Succurre domina : succurre . . . gratulentur†
adeptos. (*leg.* ' gaudeamus ' *li.* 10, *pro* ' gaudemus.')
*Lectio iii.* Respice benignissima . . . secula. Amen.
*Cetera de communi Unius Virginis non martyris.*

### (G) A LIST OF CATHEDRALS AND SOME COLLEGIATE CHURCHES IN GREAT BRITAIN AND IRELAND WITH THEIR DEDICATIONS.

(The secondary Commemorations are added where these can be ascertained.)

Aberdeen.   St. Machar's Cathedral, at Old Aberdeen (ruined except the nave, which is now used for Presbyterian worship). St. Andrew. Commemorations of St. Andrew, St. Thomas Martyr, and B. Mary. *Brev. Aberd.* P.E., &c., de tempore xiiij<sup>b</sup>. Psalt. fo. cxv<sup>b</sup>., cxxxi<sup>b</sup>. For St. Machar, see *ibid.* P.E. 12 Nov. sanctorale, fo. cliiii–clvii.)

Achonry.   St. Crumnathy. Finian founded it in 530, and gave it to his disciple, St. Nathy ('Cruimther'), whose name it bears.

Aghadoe (Tralee). 'St. Canice,' according to Mackenzie E. C.
    Walcott's *Cathedrals.* Some early remains.
Annaghdown. ? . . . . . . In ruins.
Ardagh. Said to be called after St. Mell (its founder, nephew
    of St. Patrick). But it appears as 'the church of St.
    Patrick, dio. Ardagh' in the Patent of Dean Ro. Richardson,
    27 May, 1595. (*Reliquary* Jul. 1891. See Royal Pres[n.]
    Patent Rolls, Chancery of Ireland.) In ruins.
Ardfert. The 'cathedral church of St. Brendan.' In ruins.
Ardmore. ? . . . . . . In ruins.
Argyll, *see* 'Lismore' and 'Cumbrae.'
Armagh. The cathedral church of St. Patrick.
Bangor. St. Daniel. ('St. Mary and St. Daniel' *Willis.*)
Bath Abbey. Con-cathedral church with Wells. Pre-Reforma-
    tion, St. Saviour, St. Peter and St. Paul; commonly 'St.
    Peter's.' (*Ded.* 13 Oct. Brit. Mus. MS. Add. 10628.)
Brechin. Holy Trinity. (Presbyterian.) (Ruined, except the
    nave, which, partly rebuilt, is now used as the presbyterian
    parish church).
Bristol Abbey. St. Augustine. An Augustinian church, raised
    to cathedral rank by K. Hen. VIII. in 1542, under the
    designation of 'the Cathedral Church of the Holy Trinity.'
Bury St. Edmunds Abbey. (Commem. of St. Mary, St. Edmund,
    and St. Benedict. *MS. Harl.* 2977.) *Ded.* on 18 Oct. 1032.
Caithness, *see* 'Dornoch.'
Canterbury. The Holy Trinity, but commonly called 'Christ
    Church,'[1] and formally 'the cathedral and metropolitical
    church of Christ, Canterbury.' (*Ded.* 4 May. Saxon Chron.
    Arundel MS. 155. The crypt, or lady chapel, 16 Aug.)
    For commem. masses in 1285, see above, p. 174.
Carlisle. St. Mary's Priory. The dean and chapter incorporated
    by K. Hen. VIII. under the title of the D. and C. of the
    Cathedral Church of the Holy Undivided Trinity.
Cashel. St. Patrick. (His commem. ordered in 1348.) The
    older Cathedral is in ruins. In 1749, when the old cathedral
    was abandoned and the see transferred to the church of St.
    John Baptist, Cashel, it was directed that the new cathedral
    should be designated 'the cathedral and parochial church of
    St. Patrick's Rock and St. John Baptist Cashell.'
Chester. The cathedral church of the Mercian bishopric, when
    temporarily settled at Chester, was dedicated in honour of
    St. John Baptist. In 1541 a new see was founded in the

---

[1] All older mediæval dedications popularly called 'Christ Church' are
really dedications to the Holy Trinity : as for instance Christ Church King's
Court at York, Norwich and Waterford cathedrals, Christ Church, Dublin,
&c. [T. M. F.]

Benedictine monastic church of St. Werburg [and Oswald]. And on 4 Aug. 1541 K. Hen. VIII. incorporated the Dean and Chapter of the Cath. Church of Christ and B. Mary, V. (Dugd. *Monast.* ii. 366, 396.)

Chichester. (The former cathedral at Selsey was dedicated to St. Peter, as is the *antient* parish church there.) Pre-Reformation : The Holy Trinity. Unchanged, and now, formally, 'the cathedral church of the Holy Trinity, Chichester.' (Never termed 'Christ Church.') *Ded.* 12 Sept. 1199. (Owen, *Sanctorale Cath.*)

Clogher. St. Macartin.

Clonfert. St. Brendan. (Commem. of St. Patrick.) 'The cathedral church of St. Brandon.' In 1745 W. Crome was appointed dean 'of the cathedral church of Kevin dioc. Clonfert.' *Irish Patent Rolls.*

Clonmacnoise. St. Kieran. In ruins. In 1741 Patent of Dr. J. Owens, dean of 'St. Kiarans.'

Cloyne. St. Colman. (Commem. of St. Patrick.)

Connor. (Old dedication not known.) St. Saviour's parish church, Lisburn, consecrated in 1813. The old cathedral is destroyed. (Chapter constituted in 1609. K. James I.) In 1709, Patent of Dr. Owen Lloyd, dean 'of cur Holy Saviour in Connor.'

Cork. St. Finbar. (Commem. of St. Patrick.) New cathedral, 1870.

[Coventry. Pre-Reformation, St. Mary, St. Peter and St. Osburg : con-cathedral church with Lichfield. Now destroyed.]

Cumbrae. Collegiate Church of the Holy Spirit, serving as a cathedral for the limited diocese of Argyll and the Isles. It was constituted the cathedral of the Isles (not, however, of Argyll) by bishop Mackarness.

Derry. St. Columb. The present building does not stand on the site of the ancient cathedral.

Dornoch. The cathedral church of the diocese of Caithness, St. Mary's. Mainly rebuilt in the early part of this century and used as the presbyterian parish church.

Down. Holy Trinity. The old church A.D. 440 ; a college of Secular Canons. Here St. Patrick was buried, and sub-sequently it was dedicated as St. Patrick's Benedictine Priory. K. James I. changed the dedication from 'St. Patrick' to 'the Holy Trinity.' (Lewis, *Top. Dict. Ireland.*) Some consider that this was a return to the earliest dedication. Re-built and re-consecrated 1826.

Dromore. Christ the Redeemer. The old church A.D. 500. Re-built by Jeremy Taylor, after the Rebellion, and conse-crated 1661. Formally constituted or recognised as the cathedral of Dromore, 21 Geo. II. Patent of Dean Singe, 1634, 'of the cathedral of Christ the Redeemer de Dromore.'

Dublin (1) Christ Church 'the Cathedral Church of the Holy Trinity,' otherwise 'Christ Church' (*see* above, p. 214 n.), A.D. 1038. Restored, 1878. Commem. of St. Patrick. Wilkins' *Concilia* ii. p. 750. A.D. 1348. Is a con-cathedral with——

Dublin (2) St. Patrick's. At first a parish church, made a collegiate church, re-built and consecrated 1191. Made a cathedral 1213. Restored 1865.

Dunblane. St. Blaan (the choir hitherto used as the presbyterian parish church ; but quite recently the entire building has been roofed over and is in use).

Dunkeld. St. Columba (partly ruined, the choir used as the presbyterian parish church).

Durham. Pre-Reformation, St. Cuthbert and St. Mary. K. Henry VIII., 4 May, 1541, incorporated 'the dean and chapter of Durham, of the cathedral church of Christ and blessed Mary the Virgin.'

Edinburgh. Modern cathedral church of St. Mary.

The old collegiate church of St. Giles. Raised to cathedral rank by K. Charles I., 29 Sept. 1633. It so continued till the 'abolition of prelacy' in Scotland, when it was divided into three separate parish churches (in choir, south transept, nave). Restored 15 years ago, and now in use as one presbyterian parish church.

Elgin. Holy Trinity cathedral church of the diocese of Moray (in ruins).

Elphin. B.V. Mary.

Ely. Pre-Reformation monastic church of St. Peter and St. Etheldreda.[1] K. Henry VIII., 10 Sept. 1541, erected the late monastery into a 'cathedral church of the Holy and Undivided Trinity of Ely.' *Dugd. Monast.* i. pp. 483, 469. (Commem. of S. Etheldreda V., *in portiforio Sarum*, 1509, &c.) *Ded.* 17 Sept. 1252.

Emly. St. Aelbeus, Alibeus, or Elibeus, teacher of St. David of Wales. (Commem. of St. Patrick.) Taken down after the disestablishment.

Enachdune, *see* Annagdown.

Eton College. Our Lady. Also commem. of St. Hugh, Bp. (Bp. Longland's Visitation 1527.)

Exeter. St. Peter. 'eccl. cath. beati Petri Exon.' Still

---

[1] Ely had been dedicated in Dunstan's time on Feb. 2nd or 3rd, the '*titulus B. Petri*' placed 'in capite ecclesie,' and the '*memoria*' of the B. Virgin to the south. In still earlier times the church was St. Peter's, and contained an altar of St. Etheldreda and her relicks. *Liber Eliensis* ii, capp. 52, 5, 4.

unchanged, 'the cathedral ch. of St. Peter in Exeter.' Commem. of B. Mary, Peter and Paul Apostles. (*Ordinale Exon.* fo. 21ᵇ, 49, 54ᵇ.) *Ded.* 21 Nov. MS. Harl. 6979.

Ferns. St. Edan, otherwise (St. Moedoc or) Mogne. (Commem. of St. Patrick.) Patent 1° Eliz. of J. Garvie, dean 'of the cathedral church of St. Edain of Fernes.'

Fortrose. St. Peter and St. Boniface. Cathedral church of the diocese of Ross. Only a small side aisle now in use, as a burying place.

Galloway, *see* Whithorn.

Glasgow. St. Kentigern, otherwise St. Mungo (used as a presbyterian parish church). *Ded.* 6 July, 1197. (Owen, *Sanctorale Catholicum.*)

Glendalough. St. Peter and St. Paul's. In ruins.

Gloucester. St. Peter's Monastery. Holy Trinity Cathedral. Formerly a monastic church dedicated to St. Peter. Bishopric established here, 1108. In 1541 K. Henry VIII. gave it the style of 'eccl. cathedr. S. et Indiv. Trinitatis. Gloucestriae.' See *Dugd. Monast.* i. 555. (*Dedic.* 15 July, 1100, *Florent. Wigorn.*)

Hereford. St. Ethelbert. Commem. of St. Ethelbert. St. Thomas Confessor. (*Hereford Breviary.*) *Ded.* 11 May. (Kal. *Missalis Herf.*) Feast of Relicks, Dom. post vii. Jul. (*ibid.*).

Inverness. St. Andrew. (Serves for united dioceses of Moray, Ross, and Caithness.) Locally within the diocese of Ross.

Iona. St. Mary (in ruins). At one time cathedral of the diocese of Sodor, or the Isles.

Kildare. St. Brigid. (Commem. of St. Patrick.) Restored.

Kilfenora. St. Fachnan. (Commem. of St. Patrick.)

Kilkenny. 'The cathedral church of St. Canice.' (Commem. of St. Patrick.) Cathedral church of the diocese of Ossory.

Killala. St. Patrick.

Killaloe. St. Flannan. (Commem. of St. Patrick.)

Kilmacduagh. St. Colman. 'The cathedral church of St. Coleman.' In ruins. (Commem. of St. Patrick.)

Kilmore. Possibly St. Fedlimid, A.D. 540. ('St. Phelim's.') An old church made the cathedral in 1442. A new cathedral was built in 1859–60. The Patents give 'St. Phelan of Kilmore,' 1634; 'St. Phelim dio. Kilmore,' 1661, of 1664; 'St. Felin in Kilmore.' 1692.

Kirkwall. St. Magnus. The cathedral church of the diocese of Orkney, and in use as a presbyterian parish church.

Leighlin. St. Lazarian. (Commem. of St. Patrick.)

Lichfield. B.V. Mary and Chad. (His Commem. *Sarum portiforium*, 1509, &c.) Formerly con-cathedral with Coventry.

Limerick. St. Mary. (Commem. of St. Patrick.) Patent of J.
Smith, 1666, 'of the cathedral of our blessed Lady in
Limerick.'

Lincoln. B.V. Mary. (Commem. of Blessed Mary V. and St.
Hugh Bp. Their commem. in *Rolls of Re and Ve* 1278, &c.)
*Ded.* 3 Oct. (Mr. R. Owen gives '9 May, 1092,' in *Sanctorale
Catholicum* p. 226.) *Fest. Reliq.* Sunday after 7 July.

Lisburn. Christ's Church. In 1662, the cathedrals of Down
and Connor, both being in ruins, K. Charles II. incorporated
the church of 'Lisburne *alias* Lisnegarvie the cathedral
church of the bishoprics of Down and Connor, to be known
as 'Christ's Church of Lisburne al's Lisnegarvie.' Down-
patrick Cathedral having since then been restored, Lisburn
Cathedral has served for Connor only.

Lismore. St. Moluac. (Killmuluag.) The cathedral church of
the diocese of Argyll. A very small building.

Lismore. St. Carthage *alias* Macodi. (Commem. of St. Patrick.)

[Liverpool. St. Peter. A district chapel, made parochial in the
17th century. Raised to cathedral rank in 1880.]

Llandaff. (?) SS. Peter [and Paul]. Dubricius, Teilo, and
Ondoceus.

London. St. Paul. (*Ded.* 1 Oct. 1240.)

Manchester. B.V. Mary, George and Denys. Made collegiate
in 1422. Raised to cathedral rank in 1848. Q. Eliz. by
charter incorporated the chapter as 'Warden and Fellows of
Christ Church in Manchester.' So also K. Charles I., and
they became thus 'Dean and Chapter of Christ Church' in
1848.

[Meath. St. Ultan at Ardbaccan. Simon Rochfort, 1st Norman
Bp. of Meath, dedicated the Cathedral of St. Peter and St.
Paul, Newtown, near Trim. Now in ruins. (His successors
did not recognize it as a cathedral.)]

Moray, *see* Elgin.

[Newcastle. Parish church of St. Nicholas, raised to cathedral
rank in 1882.]

Norwich. Holy Undivided Trinity. (*Ded.* 30 Nov. *Waverley
Annals.* Fest. Ded. 24 Sept. Rev. E. S. Dewick's 15th
cent. MS. *portiforium.*) Pre-Reformation 'Holy Trinity
Norwich,' *vulgo*, 'Christ Church Priory.'

Orkney, *see* Kirkwall.

Ossory, *see* Kilkenny.

Oxford. Pre-Reformation monastery of St. Frideswide. Suppressed in 1524. In 1525 K. Henry VIII. granted the site
to Wolsey for his College of 'the Holy Trinity, the B.
Virgin Mary, St. Frideswide, and All Saints.' K. Henry
refounded it as 'the Cathedral Church of Christ and the

Blessed Virgin Mary,' and again later as 'the Cathedral Church of Christ in Oxford.'

Peel. The cathedral church of the diocese of Man (erroneously called 'Sodor,' *i.e.*, the Isles, 'and Man.') Pre-Reformation St. German. In 1670 'eccl. cath. St. Germani Peelae in insula Monae.' (Bp. Bridgeman.) *Now in ruins.*

Perth. Modern cathedral church of St. Ninian, for diocese of St. Andrew's, Dunkeld, and Dunblane. Locally in the diocese of Dunkeld.

Peterborough. Monastery of St. Peter. (*Ded.* of choir 29 June, 1143 ; of nave 28 Sep. 1237 ; *Fest. Reliq.* 21 Oct.) Made a cathedral without change of name.

Raphoe. St. Eunan, *i.e.* Adamnan. Patent of Dr. Capell Wiseman, 1676, as dean 'of St. Evans Raphoe.' Patent of Dr. Arthur Smyth, 1742, dean 'of Evanus *alias* Eunan.'

Ripon. Pre-Reformation, SS. Peter and Wilfrid. His commem. edited by Whitham and Thistle 1893. A collegiate church, refounded by K. James I. Raised to cathedral rank in 1836.

Rochester. Pre-Reformation, St. Andrew. (*Ded.* 8 May, 1130, *Flor. Wigorn.; 5 Dec. 1240. MS. Lansd. 935.) K. Henry VIII. reconstituted it with a secular chapter which he placed in 'the cathedrall churche in the house of Criste and our lady sancte Marye in our citie of Rochester.' (Gervase Cantuar. gives another day in May.)

Ross (Rosscarberry). St. Faughnan, or 'Faughan,' Fachnan. (Commem. of St. Patrick.)

Ross, *see* Fortrose : *cf.* Inverness.

Rothsay. St. Mary. After Iona was abandoned, the see of the Isles was transferred to the church of St. Mary, Rothsay (now ruined). It was the only Post-Reformation cathedral church of the bishopric of the Isles.

St. Albans. St. Alban. (His commem. mentioned in 1338. Dugdale *Monasticon* iii. p. 365.) *Ded.* 28 Dec. ; *Fest. Reliq.* 27 Jan. Brit. Mus. Reg. 2 A. x. A monastic church, suppressed at the Reformation, and made parochial. Raised to cathedral rank in 1877.

St. Andrews. St. Andrew (in ruins). *Ded.* 5 July, 1318. (Jo. Fordun.)

St. Asaph, otherwise Llanelwy. Pre-Reformation. St. Asaph (and Kentigern). Unaltered.[1]

St. Davids, otherwise Llandewi. St. David. Unchanged.

Salisbury. B.V. Mary. (Her commem. and St. Thomas M.,

---

[1] The cross-keys, now used as the arms of the see of St. Asaph, and suggestive of a dedication in honour of St. Peter, are a blunder of modern date for a key and crozier in saltire. [T. M. F.]

on Saturdays and Thursdays respectively.) *Ded.* kept on
30 Sept. ; *Fest. Reliq.* Sunday after 8 July. See pp. 133–5.
Three eastern altars ded. by Bp. Ri. Poore, 28 Sept. (iiij.
kal. Oct.) 1225. High altar ('of the Assumption') ded.
by Abp. Boniface 29 Sept. (iij. kal. Oct.) 1258. *Flores
Historiarum*, Rolls Series, iii. p. 249.

Sodor and Man. *See* 'Peel.'

Southwell. Pre-Reformation, 'St. Mary' or 'our Lady.' Called
in 1763 'the collegiate church of the Blessed Mary the
Virgin of Southwell.' Raised to cathedral rank in 1884.

Tuam. St. Mary. Patent of James Wilson, 1669, dean " of the
Blessed Virgin Mary in Tuam.'

[Truro. B. V. Mary. A parish church, raised to cathedral rank
in 1877, and in process of building. *Ded.* of the choir,
3 Nov. 1887.]

[Wakefield. All Saints. A parish church, raised to cathedral
rank in 1888.]

Waterford. B. Trinity. (Commem. of St. Patrick.)

Wells. Con-cathedral with Bath. Pre-Reformation, St. Andrew.
Unchanged. (His commem. *Ordinale Wellen.* 27, 50.)
*Ded.* 'in fest. S. Romani mense Novemb.' probably x kal.
Nov. *i.e.* 23 Octob. ; *Fest. Reliq.* 15 Oct.

Westminster Abbey. St. Peter. (*Ded.* 28 Dec. 1065 ; *Fest.
Reliq.* 16 July.)

Whithorn. St. Martin (*al.* St. Ninian'). Diocese of Galloway.
A portion of the ruin has been used recently as a presbyterian parish church.

Winchester College. B. Mary V. (Her *plenum servicium* mentioned in *Statutes* rubr. 29.)

Winchester Old Minster. Holy Trinity, St. Peter and St. Paul,
25 Dec. A.D. 648 (known as 'Petres hus:' St. Paul men-
tioned by Bede *H.E.* Re-dedicated in 903 Holy Trinity,
B. Virgin, and St. Peter (Bramston and Leroy *Historic
Winchester* p. 19, cf. pp. 30, 212). Again, 20 Oct. 980 'St.
Peter and St. Paul, and St. Swithun.' According to others
'St. Birin, St. Swithin and St. Ethelwold' originally.
(*Tanner.*) 'Edotius' also venerated there. (Dugd. *Monast.*
i. 213.) St. Swithin's name popularly in use. K. Henry
VIII. refounded it 28 Mar. 1541, as 'the cathedral church
of the Holy and Undivided Trinity.' *Documents* Kitchin
and Madge, p. 38. *Ded.* 20 Oct. (Bolland, *St. Ethel-
bert.*)

Windsor. Royal Free Collegiate Chapel of Blessed Mary V.,
St. George and St. Edward King and Confessor.
(Commem. of B.V. Mary mentioned here in an inventory,
1384–5.)

Worcester.   S. Mary, Peter, Oswald, and Wulstan.[1]   (*Ded.* 7 June, 1218.)   Refounded by K. Henry VIII. as 'the church of Christ and the Blessed Virgin Mary.'

York.   St. Peter.   Unchanged.   Formerly styled 'the cathedral and metropolitical church of St. Peter of York.   Had commemorations of SS. Peter and Paul, and St. William.   (Commem. B. Marie V., et S. Willelmi, et Apostolorum, *Breviarium Ebor.* i. 675–702.)   *Ded.* First Sunday in July.   *Ibid.* ii. 781 ;   *Fest. Reliq.* 19 Oct.[2]

---

[1] The *high* altar at Worcester '*ded. in honore* S. Marie *et* S. Oswaldi ; *et* medium *in honore* S. Petri et Wlstani.' Annales Wigorn. (Wharton, *Anglia Sacra* I. pp. 483–4.)

[2] For some assistance in making or revising this list I am indebted to the Right Reverend John Dowden, D.D., Lord Bishop of Edinburgh. He cites as authority for the old dedication of Aberdeen a bull of Adrian IV., Aug. 10, 1167, quoted in Collections for Hist. of Aberdeen and Banff (Spalding Club) p. 145, cf. p. 148. For information regarding the churches in Ireland I am indebted to Dr. G. T. Stokes, and to my former colleagues, Dr. MacDonnell, sometime Dean of Cashel, and Dr. H. Jellett, Dean of St. Patrick's. Mr. T. M. Fallow, Editor of the *Reliquary*, and likewise the Rev. E. S. Dewick, have kindly aided me considerably in this compilation.

# APPENDIX V.

---

## OF COLLEGIATE CHURCHES
## MENTIONED BY CLEMENT MAYDESTON.

---

(1.) Winchester College.  *a.* Benefactors.
                            *b.* Liturgical Colours.
(2.) St. Katharine's by the Tower.
(3.) St. Martin le grand.
(4.) St. Stephen's, Westminster.
(5.) St. George's and St. Edward's, Windsor.

# OF COLLEGIATE CHURCHES
# MENTIONED BY CLEMENT MAYDESTON.

## I. COLLEGE OF ST. MARY WINTON, BY WINCHESTER.

### (i.) *The Benefactors.*

(1.) The author of the *Defensorium*, probably himself a Wyke-hamist, has mentioned (cap. 3, p. 6) the custom of the clerks of the Colleges of Winton and Oxford, and the limits of their obligation to observe Sarum rule.

(*a.*) Fifteen years ago Dr. Westcott, now Bishop of Durham, showed me in the Cathedral Library at Peterborough a folio Sarum Missal, printed by Rembolt, 21 Jan. 1513, and containing a MS. insertion on vellum to fit the book (which is printed on paper) for use in some society which had at least a 'general' obligation to observe the Sarum rites. More recently the statutes of Winchester College have been printed for the first time in Mr. Kirby's *Annals of Winchester College* (1892), and while these pages have been passing through the press it has occurred to me that the book now at Peterborough must have belonged originally to one of William of Wykeham's Colleges. The Christian names of the persons commemorated prove this unmistakably, when compared with those mentioned in the Statutes (*rubrica* xxix.) in Kirby's *Annals* pp. 503-5. The Winchester Statutes were drawn up in 1394, or earlier, and were subscribed by the society in the Chapel 11 Sept. 1400.

In rubric xxix. the Founder gave his rules *de modo dicendi missas, matutinas, et alias horas canonicas in capella Collegii memorati, et de ordine standi in choro capelle predicte.*

These services were to be executed, by the fellows in priest's order and by other chaplains and conducts,[1] 'cum cantu et nota . . .

---

[1] The term '*conduct*' for a stipendiary chaplain, removable with due notice, '*clericus conducticius*' as distinguished from '*socius perpetuus*,' long survived at Eton and King's College, Cambridge. The boys were allowed to sing and perform mattins and other divine service according to the custom of Sarum on the feast of Holy Innocents or Childermas.

secundum usum et consuetudinem ecclesie Cathedralis Sarum.'
Mattins on ordinary days were to be sung between 4 and 5
o'clock. After mattins and the service of prime appointed for
the day, seven masses *de certo*[1] were to be celebrated in college
chapel every day throughout the year, Good Friday alone
excepted.

*Mass* i. at the high altar. *De sancta Maria*, according to the
Sarum rules, with 5 collects, viz.

*a.* The orison proper to the Lady Mass. *b.* The prayer *Rege,
quaesumus, Domine famulum tuum* W., &c. (as in *Missale Sarum*
p. 816,\* *pro episcopo*) for the Founder during his lifetime, and
afterwards for his successor in the see of Winton for the time
being. On Saturdays, and on other occasions when the Mass of
the Blessed Virgin would come naturally as the mass of the day
—see No. iii, below—the first mass and its collect shall be either
*Salus populi*, or *pro Pace*, or else *de Cruce*, as in the Missal pp.
741\*, 783\*, 748\*, or for any Saint that occurred for celebration
on the day in question. *c.* The prayer *Quaesumus, omnipotens
Deus*, for the healthful state of the King, see Missal, p. 785\*. *d.*
Either for *the estate of the Church* throughout the world (' pro
statu uniuersalis ecclesie '), or *pro Pace* ; and lastly, *e.* The prayer
*Fidelium Deus*, for the Founder's parents and all faithful souls,
see Missal, p. 879\*. After W. of Wykeham's death (which took
place 27 Sep. 1404) *c* and *d* were to share the third place in turn,
and the fourth place was to be occupied regularly by the prayer
*Deus qui inter apostolicos* (see Missal p. 870\*, *pro episcopis
defunctis*) for the Founder's soul.[2]

*Mass* ii. at the high altar a *Requiem* mass with 3 collects, viz.

*a.* for the Bishop-Founder's soul, *Deus qui inter apostolicos*, as
above. *b.* the prayer *Inclina Domine*—and *c.* the prayer
*Fidelium Deus*, Missal pp. 876\*, 879\*. This was the office
*Requiem*, for the souls of K. Edward III., Q. Philippa of Hain-
ault, their son Edward the Black Prince, of Aquitaine and Wales,
K. Richard II. and Q. Anne of Bohemia, also for the Founder
himself, his parents John and Sibilla Longe, and for Ralph de
Sutton, Knt., John de Scures, Knt., Thomas de Foxle, Andrew
Gerveys, John Wodelok, and other benefactors of the College
and for all faithful souls.

*Mass* iii. at the high altar. *De die.* (This is expressly called
the High Mass in the corresponding chapter of the Eton Statutes
which K. Henry VI. drafted on the Winchester lines.) It was,
of course, the Sarum mass for the day.

---

[1] *de certo* : fixed specifically, is opposed to *missae votiuae* (properly so-
called).

[2] W. de Wykeham founded also a chantry at Southwick priory for his
parents' souls. See *Life of W. de W.* by G. H. Moberly.

*Mass* iv. For the soul of Sir Ralph de Sutton, Knt. with 3 collects, viz. *a. Deus cui soli. b. Inclina, Domine,* and *c. Fidelium Deus.* Sarum Missal, pp. 873*, 876*, 879*.

*Mass* v. For the souls of Sir J. Scures, Knt., T. Foxle, Andrew Gerveys, and J. Wodelok, with 3 collects as aforesaid.

*Masses* vi, vii. Two masses *pro Fundatore,* with the collect *Rege quaesumus,* as in Mass i. during his lifetime, and after his decease with the 3 collects *a. Deus qui inter apostolicos, b. Inclina Domine,* and *c. Fidelium Deus.*[1]

The same collects were to be recited also for the Royal personages and benefactors by priests on the days when they were not engaged as celebrants in their course.

The list of persons commemorated is remarkable, and even touching. Besides honouring his parents (his yeoman father and his 'gentle' mother), the Founder shows his gratitude to the memory of K. Edward, who had appointed him his chaplain, had given him his first preferment in 1349, and had employed him as a surveyor at Windsor. Thomas Foxley had been constable of Windsor Castle (quod 'fecit Wykeham' as he oracularly phrased it) and died (probably of the plague there) in 1361. Richard II. and his Queen had both been living when Wykeham drew up his statutes, but died respectively in Feb. 1400, and in 1394, before these regulations were subscribed by the senior members of the new foundation. Ralph de Sutton was presumably (as Mr. G. H. Moberly observes) Wykeham's earliest patron at his country home in Hampshire. John de Scures had given him his schooling at Winchester Priory School, and then about 1339 had employed him to write, in his fair clerkly hand,[2] at Winchester Castle. The two other names, Andrew Jervis and John Woodlock, are not known to us with any certainty; but I observe that there was a boy named John Gerveys of *Fareham* admitted a scholar of Winchester College in 1437. Wykeham leaves 100*l.* in his will to a married cousin ('*consanguinee*') Alice Wodelok, and one William Wodelok of *Wherwell* entered College in 1472. Wykeham had bequeathed 20 marcs to the abbess and convent of that place. No doubt there was some feeling of affectionate gratitude, which prompted this recognition of a personal regard, in these as in the other commemorations for which he made provision.

It was not indeed with the noble-hearted statesman Wykeham

---

[1] Wykeham provided for four commemorations in his memory yearly at both his colleges, one to be on a free day towards the end of each quarter in the year (now known as 'Founder's Com.') besides his obit or anniversary of his decease ('Founder's Ob.').

[2] Mr. G. H. Moberly has given a facsimile of his later handwriting in his *Life of Wykeham.*

as with some aged donor and benefactor, in whom (as Dean Mansel pathetically described such a case in his *Phrontisterion*)

" —the long-neglected feelings claimed once more their moving part,
  And the pent-up tide of bounty forced its passage through the heart,"

And who,

" Severed from the bonds of kindred, taught his lonely heart to school
  By his Father's chastening kindness, or his Church's sterner rule."

But yet, no doubt, Wykeham had something of a kindred feeling, when he began in a ripe old age to realize at last the deliberate design, so often thwarted, although never laid aside ; and in some measure it was true of the great and noble Bishop of Winchester also, that

" Oft to spots by memory cherished, where his earliest love began
  In his age's desolation, fondly turned the childless man."

One by one the friends and patrons of his youth had passed away ; but they could not leave him altogether comfortless, for he could leave a name ' better than of sons and daughters,' and in the faith and fear of One, who should ' see His seed ' and should ' prolong His days,' Wykeham beheld a happy and blessed consummation of his work.

Through the kindness of Dr. Stephen Phillips, precentor of Peterborough, I have now before me a photograph of the vellum leaves which, as I have before mentioned, are inserted in the Sarum Missal formerly in use in Winchester College Chapel.[1]

At the top of the first leaf of the open page, 4 lines are ruled and left blank for the insertion of some prayer of which only the initial, which I take to be an *N*, is written. Then follows the collect *Inclina, Domine, aurem tuam*, the Secreta *Animam famuli tui* Henrici septimi regis nostri *ab omnibus vicijs*, and the Postcommunio *Annue nobis*, written at length for the soul of the late King at the date when the missal was new (cir. 1513–20) as in the ordinary Sarum trental in the *Missale* (ed. Dickinson, pp. 876\*, 877\*.), followed by the Psalms *Voce mea ad Dominum clamavi : voce mea ad Dominum deprecatus sum*[2] (cxlj.) *Gloria Patri* and *De profundis* (cxxix.), the latter alone being too familiar to need copying for the celebrant *in extenso*, likewise

---

[1] The mention of four Winchester benefactors including A. Jervis and J. Wodelock (as well as the absence of the commemoration of John Bokyngham, Bp. of Lincoln) shows that the book belonged not to New College, Oxford, but to the sister, or shall we say nursing mother, college of St. Mary, Winton, ' *prope Winton.*' See Moberly's *Life of Wykeham*, ed. 1, p. 208.

[2] This Psalm, *Voce mea* .ii. (cxlj.) is appointed in the Sarum Manual for Lauds of the Dead between All Souls' Day and Wednesday before Easter, to precede the versicles, *Requiem* &c., and the collects.

with *Gloria Patri, Kyryeleyson* &c. *Pater noster, Ave Maria, Et ne nos, Requiem eternam, A porta, Credo videre, Domine exaudi,* &c.

Oremus. *Adiuua nos, Deus salutaris,* &c. (the collect *pro Amico defuncto* in the Missal. p. 874\*, adapted here for K. Henry VII.)

The opposite page we must give in full, as it stands, merely premising that nothing is here said of masses i.-iii. because they were respectively *de Beata Maria Virgine* (as a general rule),[1]
*de Requiem,* and
*de Die* (as we have said above) :—

QUilibet sotius et conducticius huius collegij tenetur in singulis eorum missis, in secundo momento specialem habere memoriam corum quorum nomina immediate hic subsequuntur in hoc primo culmine videlicet.

Willm̃i.[2]
Edwardi.[3]
Philippe.[4]
Edward'.[5]
Ricardi.[6]
Anne.[7]
Johannis.[8]
Sibille.[9]
Radulphi.[10]
Johannis.[11]
Thome.[12]
Andree.[13]
Johannis.[14]

QUarta missa fiet specialiter pro anima

Radulphi.[10]

QUinta missa fiet specialiter pro animabus

Johannis.[11]   Andree.[13]
Thome.[12]   Johannis.[14]

SExta missa specialiter pro fundatore nostro[1]

SEptima missa specialiter pro fundatore nostro[1] cum speciali memoria pro anima

Michaelis.[15]

OCtava missa specialiter pro animabus

" Roberti[16] " (*insertion*).
Ricardi.[17]

[1] *i.e.,* when the Lady Mass did not happen to be required as the *missa de die,* in which case, *e.g.,* on the Purification, or on Saturday commemorations, a mass *pro Pace* or *pro Rege* was sung at the high altar as the morrow mass.

[2] William of Wykeham, founder of Winchester and New College, born in 1324. Bp. of Winchester, elect. 24 Oct. 1366, but cons. 10 Oct. 1367. Chancellor of England : resigned, 1371 ; again Chancellor under K. Richard II. 1377 : again resigned 1391. Died 27 Sept. 1404.

[3] Edward III., King of England, &c., who employed W. of Wykeham as clerk of the works at Windsor Castle, made him his chaplain, and presented him to the rectory of Irstead, in Norfolk, in 1349, and Pulham, Norfolk, 1357. Was crowned 1 (*al.* 2) Feb. 1326-7. Died 21 June, 1377.

[4] Philippa of Hainault, queen of K. Edward III., was crowned 2 Feb. 1328. Died 15 Aug. 1369.

[5] Edward the Black Prince, born 1330. Prince of Aquitaine and Wales. Fought at Creci, 26 Aug. 1346 ; Poitiers, 19 Sep. 1356. Died 8 June, 1376. Wykeham appears to have had no opportunity for becoming intimate with him. *Life,* by G. H. Moberly, p. 70.

[6] K. Richard II., son of Edward the Black Prince, born 1366. Crowned 16 Jul. 1377. Dethroned 29 Sep. 1399, and died shortly afterwards, about Feb. 1400.

[7] Anne, of Bohemia, queen of K. Richard II., was crowned 22 Jan. 1382 or 1384. Died 7 June, 1394.

[8—9] John Longe (yeoman of Wickham, near Fareham) and Sibilla (Bowade), parents of William of Wykeham.

[10] Sir Ralph de Sutton, probably of the family of Sutton Scotney, who had endowed Southwick priory near Wickham, was doubtless the Bishop's earliest benefactor. Cf. *Life of W. of Wykeham*, by G. H. Moberly (ed. 1887) pp. 5, 6.

[11] Sir John de Scures, sheriff of Hants, lord of the manor of Wickham, put W. of Wykeham to school with his own sons to learn French and grammar at the high school, or great grammar school of St. Swithun's priory, Winchester, west of the Cathedral close. Sir John made him his secretary at Winchester Castle, where Bp. Edingdon presented him (æt. 22–23) to K. Edward, in Oct. 1347, after the fall of Calais.

[12] Thomas de Foxle, constable of Windsor (*quod 'fecit Wykeham'*). Thomas was of Bramshill, North Hampshire. He died in 1361 at Windsor, probably of the plague. Wykeham kept up a friendship with his son. *Life*, by Moberly, pp. 20–23.

[13] Andrew Jervis, or Gerveys. Perhaps of Fareham, near Wykeham's nome.

[14] John Wodelok, a name which occurs at Wherwell, Southants. Perhaps husband of the Founder's cousin Alice, mentioned in his will.

[15] Michael Cleve (seventh Warden of Winchester, 1487–1501) was probably the last Warden deceased before this list was made. He was one of the benefactors of the college. He was a native of Oxford, and became fellow of New College. His obit was kept on Oct. 9th, for which a payment of 3*l.* 12*s.* 11*d.* appears in the accounts printed by Mr. Kirby (*Annals of Winchester*, p. 265). Item 'for a mass called *septima missa*, 1*l.* 10*s.* 4*d.*' He endowed his own obit (with 146*l.* 13*s.* 4*d.*), and fixed the day as soon as he was elected Warden, and attended its rehearsal annually, receiving his allowance of 20*d.* as Warden for being present. He bequeathed a great quantity of plate to the College, and the great bell. (*ibid.* p. 224.)

[16] Robert Thurbern, a poor scholar of Winchester, fed at Wykeham's table before the college was founded, was admitted fellow of New College, Oxford, 1388. He became Warden of Winchester, 1413–1450, and was famous for his hospitality and his loyalty to the cause of the Society. He gave about ninety acres of land and wood to the college, providing that his obit should be observed in a chapel which he designed on the site of the belfry. This chantry was built thirty years after his decease, which occurred 30 Oct. 1450. A crimson velvet chasuble, which he gave among other vestments to the college, was preserved till 1770, when it was given to the churchwardens of Wyke, to make an altar cloth. In Warden Thurbern's time K. Henry VI. was entertained in college while residing hard by, at Wolvesey, for the parliament in 1449, and framing the constitution for his college at Eton. When the Warden died, the college was much in his debt. (*ibid.* pp. 183, 194, 209.)

[17] Richard Pittleworth is mentioned by Mr. Kirby as a *specialis amicus* of Winchester College. More than once he turned a large loan into a gift to the Society. He was Secretary to Cardinal Beaufort, and a friend or kinsman of Warden Thurbern. Their names are united in the list of obits printed by Kirby: "Oct. 29, Warden Thurbern and Richard Pittleworth, 4*l.* 1*s.* 4*d.*" This justifies me in identifying these benefactors with the '*Roberti*' and '*Ricardi*' associated at the end of the list. See *Annals*, pp. 209, 265.

It will be observed that the eighth mass is additional tc those prescribed in the statutes (*rubr.* xxix). It commemorates two benefactors who died about fifty years after the statutes were completed. The Founder, who had prescribed that the celebrants should make the special memorials already commemorated " in eorum *memento* infra canonem missarum huiusmodi," states that he has had the names of the benefactors and other person to be commemorated entered on a list,—" defunctorum predictorum, ac aliorum nostri et dicti Collegii benefactorum . . . nomina in quadam tabula recitari fecimus plenius et conscribi." *Annals*, p. 505.

### (ii.) *Liturgical Colours.*

In cap. 41 of the *Defensorium* (p. 15) its author speaks of regulations *de diuersitate vestimentorum* as concerning clerks of Salisbury and those who were bound by oath to observe Sarum ceremonies.

The meagre rubric *de coloribus*, &c., as printed in *Missale Sarum* pp. 582, 583 is well known ; and Dr. Wickham Legg has illustrated it from the manuscripts. It may be interesting to give here what information we can gather as to the practical use of liturgical colours from the Winchester College inventory of 1525 as given by Mr. Kirby (*Annals of Winchester Coll.*, pp. 230-234).

For Advent and Septuagesima, red silk.
For Quadragesima, white fustian.
For Mass of the Blessed Virgin, red velvet.
    „    „   „  „   „   „ , white fustian.
For *Requiem*, black say.
   „    „   , worsted, with green satin orphrcys.
   „    „   on vigil of St. George (obit of Walter Trengof), blue bawdekyn.
   „    „   on double feasts, black velvet.
   „    „   „   „   .. black and green satin.
   „    „   high days, blue velvet.

### (2.) ST. KATHARINE'S BY THE TOWER.

In cap. 6 of the *Defensorium* (p. 7) reference is made to the Royal Colleges of Windsor, St. Stephen's, Westminster, and St. Katharine's by the Tower.

The last of these has become St. Katharine's Hospital, Regent's Park, having been removed in 1825 to make place for St. Katharine Docks. It was founded by Q. Matilda, wife of K. Stephen, in 1148, and re-founded by Q. Eleanor, wife of K. Henry III., about 1272, for a Master or Warden, three Brethren, three Sisters, ten Bedeswomen and six Poor Scholars, to be nominated by successive Queens of England. Statutes given to St. Katharine's Hospital by Q. Philippa have been printed by Dr. Ducarel in his *History* of that foundation, 4to. 1782 (*Bibliotheca Topograph. Britannica* No. 1'), and an account of the Society has been given by J. Bowyer Nichols, 1824, and by F. Simcox Lea, 1878.

In the 4th volume of the *Reliquary* (New Series), July, 1891, an Inventory of the Vestry of St. Katharine's by the Tower, 1546, has been printed, with notes by Mr. W. H. St. John Hope.

### (3.) St. Martin le Grand.

There is in the same paper an Inventory of the Plate and Ornaments of another house mentioned by Clement Maydeston *Defens. Direct.* (cap. 60, p. 22), viz. ' the late Colledge of Sainct Merten le graunde in London,' 12 Feb. 1552.

### (4.) St. Stephen's, Westminster.

The College of St. Stephen's, Westminster, is said to have been erected in the Royal Palace of William Rufus, by K. Stephen, and rebuilt by K. Edward I. 1292–5. It was soon destroyed by fire, but built anew by K. Edward III. 1330–48, for a Dean, twelve secular Canons, twelve Vicars, besides other ministers. The last Dean was appointed about 1526 and died in 1549, shortly after the college had surrendered to K. Edward VI. Hither in 1547 the House of Commons migrated from the Chapter-house at Westminster Abbey, where they had previously been allowed a home. John Alcock (Bp. of Rochester and Worcester), Master of the Rolls, was Dean here in 1471, and was succeeded by Peter Courtenay, who became Bp. of Exeter in 1478. In the preceding century Abbot N. Litlyngton had a contest with the college on the question of jurisdiction. In 1394 K. Richard II. gave an award more favourable to the college than the decision which had been procured in the Court of Rome, but still allowing the Abbots of Westminster to instal the Deans of St. Stephen's. The last Dean of the free Collegiate Chapel of St. Stephen's was John Chambre, founder of the Royal College of Physicians. He was a Canon of the sister college of St. George's, Windsor, of which we have next to speak.

### (5.) St. George's and St. Edward's, Windsor.

The Royal Free Chapel of the Blessed Virgin, St. George and St. Edward the Confessor, Windsor (' *de Vento morbido* ' in the latinity of the *Defensorium*, cap. 7), is a twin foundation with that of St. Stephen's, and differs from it only in respect of the knights who are included in the society. As these exactly doubled the number of the persons, K. Edward provided double endowments for Windsor. The college consists of five (formerly thirteen) secular canons, of whom one is to be Warden or Dean, four (formerly thirteen) priest vicars or minor canons, twelve (formerly four) clerks, and twenty-four (formerly six) choristers, and eighteen (formerly twenty-six) poor knights. The present Dean (as a Canon) is Registrar of the 'Order of St. George.' Two canons hold the offices of Precentor and Treasurer. A 'Deacon' and a 'Subdeacon' are among the Vicars (or the Clerks). This College of Canons, Priests, Clerks, and poor knights ('*ad inopiam vergencium*') has Statutes given by William de Edington, Bp. of Winchester, under licence of Clement VI., dated at Avignon 30 Nov. 1350, with the assent of Robert Wyvil, Bp. of Salisbury, and his Chapter (for Windsor was then "*Saresbirieñ dioc'*") 30 Nov. 1352. The Statutes consist of fifty-four chapters or rubrics, which are too long to quote here *in extenso*, but by the kind courtesy of Canon Dalton (who is editing the Windsor statutes for the Dean and Chapter) I am enabled to give the following extracts which serve to illustrate certain points in Maydeston's tracts, or are in some other respects of special interest.

Cap. 6. The Poor Knights are to attend daily the high mass, mass of the Blessed Virgin, and Evensong and Compline (mattins, &c., not specified). At these services they are to occupy themselves in repeating seven score and ten salutations of Our Lady, viz., one *Pater noster* after every ten *Aves*. This sometimes is called 'three psalters of the Blessed Virgin.'

Cap. 21. *De usu Sarum seruando.* Item statuimus et ordinamus quod vsus et consuetudo psallendi et dicendi seu celebrandi diuinum officium, ministrandique in choro et altari, seu circa illud, celebrandique seu dicendi missas de die ac de beata Maria uirgine, necnon pro defunctis,[1] tam celebrando et legendo, quam cantando, stando et sedendo in choro et extra ipsum, qui in ecclesia Sarum seruentur, in capella obseruentur antedicta, secundum loci congruenciam et exigenciam personarum.

Caps. 22, 23. From Michaelmas to March mattins are to be begun at such a time as that they may be finished at day-break ('*in ortu diei*'). For the other half year they begin '*in aurora diei*.' And all the choir services are to be sung '*cum nota*' as

---

[1] Cap. 26 prescribes that every day excepting the three Still 'penitential days,' on Christmas Day, Easter Day, and the five great Feasts of our Lady, the following masses were to be said daily *cum nota* (1) Mass of the Blessed Virgin, (2) Mass for the Dead (by a Vicar) before high mass, and (3) the Mass *Salus populi* 'pro statu salubri Domini Regis' likewise before the high mass.

in a cathedral church. Service is to begin immediately after the fourth peal, without any waiting, except for the Warden (provided that he has given notice that he may be expected).

Cap. 24. All the gremials who have been at mattins are to go daily straight into the Chapter-house after Prime, before *Preciosa* is said, and there to complete 'the service of the hour of Prime' according to the custom in the church of Salisbury. After which the Canons are to be left alone to transact business and corrections.

Cap. 28. Deacon and Subdeacon are to minister in tunicle and dalmatic when the choir is ruled, and on ordinary days ('*profestis et ferialibus*') to wear such vestments as are worn at Sarum.

Cap. 29. The priest on Sunday is to 'use' the Host which has been hanging above the high altar. A lamp is to burn, at least by night, in the chapel. (*De cereis.*) On week days one candle is to be lighted during mattins, evensong, and other hours. At ferial masses, two. On Sundays, and other feasts of nine lessons not being doubles, there are to be two at mattins, &c., as well as at mass. On minor-doubles, four. On principal and major-doubles, six ; or, if the chapel can afford it, more.

Cap. 30. *De habitibus singulorum.* From Easter Eve to Michaelmas inclusive Canons wear clean white surplices with a grey almuces furred with miniver ; the Vicars clean white surplices with black cloth almuces furred with black fur or lined with double sendal. Other clerks likewise wear black cloth almuces. The boy choristers wear clean white surplices. In the winter half they all put over them black copes, '*ecclesiarum cathedralium more.*'[1]

Cap. 34. (The King and the Bp. of Winton are always to be commemorated.) *De speciali collecta pro Rege.* In singulisque missis maioribus dicte capelle specialis collecta pro dicti domini Regis qui est et erit statu, dicatur ; illis diebus quibus una

---

[1] Among the *Injunctions 'for reformation and redress of faults and enormities'* found at *Windsor*, given by the Visitors of K. Edward VI., 23 November, 1547, the 2nd runs thus :

" Item. Whereas, upon earnest request made unto us in other Cathedrall Churches within our progresse, wee have put downe the wairing of blacke Copes and Scapulers, and Amyses of cloath, because it is thought to be a kinde of Monkery ; And now intending to set an uniforme Order throughout all our Circuit ; Wee require you, and yett nevertheless straightly charge you by the Kings Majesties authority unto us committed, that all Prebendaries and other Ministers of this Church doe surcease from useing or wairing any blacke cope or Scapuler of Cloath above their surplises." For this extract we are indebted to Canon Dalton. The four choristers of Lincoln Cathedral still wear black gowns with white borders, a development from the *cappa nigra de choro.* The other boys (who wear surplices in choir) belong to the Burghersh Chantry foundation.

sola collecta secundum vsum Sarum ecclesie dicetur dumtaxat exceptis.' (Cf. *Defensorium Directorii*, cap. 6, p. 7, where, however, the point in question is the order of Collects for the Departed).[1]

Cap. 35. *De fonte baptismali.* Ordinamus insuper quod in dicta capella fons Baptismalis existat, compositus ornatu decenti, in quo Regum et magnatum aliorum liberi, si ad hoc ipsorum accedat deuocio, ualeant baptizari. (Cf. the question raised, with regard to monasteries, in *Crede Michi* § 22, pp. 34, 35.)

Cap. 36. *De cimiterio et sepultura.* Ordinamus itaque quod locum pro cimiterio ipsius capelle uoluntate regia deputatum in quo statuimus et ordinamus vt, post consecracionem eiusdem, corpora ibidem eligencium sepulturam licite sepeliri ualeant, idem Custos et Collegium consecrari procurent, celerius quo poterunt bono modo.

Cap. 37. *Prefeccio Precentoris.* Item ordinamus quod de Canonicis dicte capelle vnus in Precentorem preficiatur per custodem et Canonicos presentes vel maiorem partem eorundem.

❡ *Officium Precentoris.*

Ad Precentoris autem predicti officium pertinebit psallentes in dicta capella, et in ea interessentes diuinis, in cantu et psalmodia regulare, ac, quis eorum quam Antiphonam incipiet, per se uel per alium premunire, quod nulli premunito liceat refutare.

Ordinabit eciam de cantoribus qui Psalmos incipiant ex vtraque parte chori.

Habebit insuper in Tabula vel cartallo scribere ac in choro ponere quolibet die Sabbati declarando, per suam patentem scripturam huius, qui in septimana sequenti missas celebrabunt, lecciones legent, epistolas et euangelia ac responsoria, et canenda alia, decantabunt.[2]

---

[1] This direction, for constant prayer for the King to be offered in the Chapels Royal, was (as Canon Dalton observes) made absolute, in a modified form, for the whole of the Church of England in 1549. " *Then shall folowe the Collect of the daie, with one of these two Collectes folowyng for the Kyng.*" It was not until the Scottish Book of 1637 that the Collect for the King was made to take precedence of the Collect for the Day. Twenty years ago, when arrangements were made for shortening the week day services in Trinity College Chapel, Cambridge, the Queen, as Visitor, signified it to be Her pleasure that the daily memorial for the Queen at mattins and evensong should be continually kept in use.—See also *Addenda*.

[2] A curious specimen of the Exeter Cathedral *tabulae hebdomadales*, cir. A.D. 1500, has been printed by Mr. H. W. Reynolds in his specimen of Exeter Chapter Records, folio 1891, pp. 73-75. The following extract for a single day in Easter week will sufficiently express the character of the whole. I expand the contractions.

Feria iii. [post Pascha] :—Rectores chori archidiaconi Totton et Barnstapol, per vicarios. Secundi

Presentabit eciam singulis diebus Sabbati Canonicorum residencium, necnon Vicariorum et aliorum dicte capelle ministrorum quorumcunque absenciam a diuinis, et alios quoscunque defectus, si quos perceperit, circa ea referet in capitulo seriose.

Cap. 38 refers to the appointment and duties of the Treasurer and *Senescallus.*

Cap. 51. *De corrigendis libris infra triennium.* Item statuimus quod Antiphonaria, Gradalia, et troperia dicte capelle ascultentur, examinentur, et fiant concordia ; quodque ipsius capelle consuetudinarium et ordinale debite corrigantur, et correcta plenarie obseruentur . . . infra triennium.[1]

Cap. 54. The verger ('*virge baiulus*'), whose duty is to walk in procession before the Warden and College, with his wand, is to receive a new gown ('*robam*') every year, and 6*d.* sterling *per diem.*

John Kempe, Abp. of York, being (as Lord Chancellor) their Visitor, delivered thirty-eight Injunctions to the Warden and College of Windsor, 22 Feb. 1432. Two of these bear some reference to their obligation to the use of Sarum.

No. 6. *Canonici et ministri Collegij vsui et ritui ecclesie Sarum se conformare debent.* Item quia secundum sapientis elogium, *qui spernit modica, paulatim decidet in maiora.* Et qui de paruis curare negligit, insensibiliter seductus, audacter in deteriora prorumpit, Iniungimus et mandamus quod Custos, Canonici, Vicarij, ceterique ministri dicti Collegij, vsum Ecclesie Sarum, eius ceremonias et ritus, secundum exigenciam statuti dicti collegij super hoc editi, pro uiribus seruent et custodiant : nec ipsum temere seu uoluntarie quomodolibet violent aut infringant, sub pena .xij. denariorum, per quemcunque culpabilem in hac parte tociens quociens incurrenda, communi erario applicanda.

No. 7. Provides that just excuse of sickness, infirmity and old age be allowed 'quod hoc comode exequi seu facere negligent, presertim in sedendo, stando, seu genuflectendo, iuxta

---

[? Secundarii] Rectores chori ketone et Shute.
Primum Responsorium cantent Norwell, Henson, et Borlace.
Secundum, Sherbroke et Doke. Tercium, Rectores chori.
Missam celebret cancellarius. Euangelium legat Bynkys.
Gradale cantent Maior, Cruse, et Smythe. (Et idem ad ii. vesperas.)
In capitulo ii. lectionem legat Borlace. Ad vesperas Huchens et
    Sherewell portent cruces. Verde et Stockport portent textus.
Tailor et Long portent oleum et chrisma.

On Easter Day the Chancellor and Treasurer ruled the choir, and four Archdeacons sang the invitatory. The office of holding the paten ('*patenam teneat*') occurs frequently ; and on Ascension Day and the Feast of Relicks two '*portent feretrum.*'

[1] The ordinance for making an entry of Obits in the *Martilogium* at Windsor is contained in cap. 32.

quod Ordinale seu regula Sar. ad hoc exigit et requirit, &c., super hijs uidelicet ceremonijs.'

No. 32. *Vicarij debent custodire stallos inferiores.* Item, licet secundum exigenciam statutorum Custos siue Decanus, Canonici, Vicarijque ministri prefati Collegij ad obseruandum vsum Sarum ecclesie in diuinis officijs astringantur, considerantes tamen quod statutum super hoc editum idipsum modificare voluerit *secundum loci congruenciam et exigenciam personarum* [cap. 21], Vicarijs dicti Collegij duximus iniungendum, quatenus ipsius vsus pretextu nullatenus stallos superiores in capella ipsius collegij occupare contendant, sed de stando in stallis inferioribus prout temporibus retroactis continue extitit obseruatum, reputent se contentos, maxime cum ex consuetudine hactenus approbata ipse Custos siue Decanus alijque Canonici ipsius Collegij in presencia alicuius militis de Gartero stallum suum in choro dicte capelle occupantis ad stallos inferiores descendere teneantur.[1]

## NOTE ON MSS. OF THE PIE.

We owe to the Rev. Walter Howard Frere, M.A., the following account of manuscripts of the Pie extant at Oxford.

### I. Bodl. Oxon. Laud. Misc. 667.

fo. 2. Kalendarium.
> Maij 22° ' Dedicata fuit eccl. Sc̃i Joh. Euang. Brechonie in festo Sc̃i Aldelmi.'

fo. 8. Regula de omnibus historiis, &c.

fo. 8–22. lit. Dom. *A.*

fo. 23–33ᵇ. lit. Dom. *B.*, &c., &c.

fo. 83ᵇ. explicit [littera domincalis] G.

fo. 84. Memorandum sequioris aeui, concernit Adamum Houghton Meneuiensem episcopum, qui floruit A.D. 1361–76.

### II. Bodl. Oxon. Rawl. C. 560. (Codex vestustissimus, litteris initialibus depictus. Pertinebat autem diocesi Norwicensi, quod ex folio 105° conici potest.)

fo. 1. Kalendarium Sarum. Seculi xv.
> Festum Reliquiarum, in Dominica post Translationem sancti Thomae.

---

[1] It appears from a statement in Bp. W. Alnwick's Visitation Book that in 1437 the Vicars Choral at Lincoln used to sit in the prebendal stalls *in superiori gradu* when their ' lords,' the canons, were not in residence.

fo. 7. Regula de omnibus historiis, &c.

fo. 7-22. lit. dom. *A.*

fo. 22–37ᵇ. lit. dom. *B.*, &c., &c.

fo. 108. explicit G.

　　Regula finitur que pica tibi reperitur.

　　Per quam seruitium poteris bene scire per annum.

Sciendum est quod in inceptione omnium historiarum totius anni in quarum initio ad Vesperas Sabbati cantatur Responsorium, &c. (Rubrica magna est, per folia quatuordecim protracta).

### III. Oxon. Bodl. 32 (O.C. 1881).

Regula de omnibus historiis inchoandis . . . trac[ta]ta de ordinali Sarum per vii litteras Kalendarii, &c.

fo. 1–12ᵇ. littera dominicalis *A.*

fo. 13–24. lit. dom. *B.*

fo. 25–34ᵇ. lit. dom. *C.*, &c., &c.

fo. 70ᵇ. Sextum G. *In principio.* (Hoc est Historia Sapientiae siue Ecclesiastici, Julii die 29 inchoanda.)

fo. 71. (post lacunar) explicit regula, ut uidetur, de Octa Corporis Christi in his uerbis :

　　'Si festum Johannis et Pauli in octauo die euenerit, fiat memoria et inedie lecciones de Sanctis. In laudibus vero de sanctis que proprie habeantur eo anno p[retermittantur].

　　　In tertio vero Oct. fiat commemoracio beate marie.' Deinde. Utilis regula que nunquam deficit : '

　　　Post primam lunam. . .

　　　Secunda regula . . . (et tertia, usque ad septimam).

fo. 72. Memorandum de diaconibus rasis contra primam scripturam in psalterio, &c.

　　　Accedunt notulae quaedam de pronuntiatione psalterii, &c.

fo. 76ᵇ. explicit.

IV. Bodl. Rawl. c. 288 (see xv.), contains (fo. 99) some portion of a Pie of two commemorations.

　Beginning with—

　　Historia *In principio* (Sapientiae) cf. Brev. Sarum I. p. mccxli.)

it goes on through

　　　*Si bona* (Job),
　　　*Peto, Domine* (Thobiae),

---

¹—¹ Notandum quod in simili materia *Breviarium Sarum* (*ed. Cantab.* fasc. i. p. ccclxxviii.) loquitur de *septem* partibus cuiuslibet litterae kalendariae, de responsoriis *dicendis* (non 'cantandis'), de *Memoriis* insuper *solenniter uel sub silentio celebrandis, uel omittendis* (de *tribus* commemorationibus faciendis) et de *Missis in capitulo celebrandis.*

*Adonay* (Judith),
*Adaperiat* (Machabaeorum), and
*Vidi Dominum* (Ezechiel),
and ends with part of the Advent history—
*Aspiciens* (Esaiae).

This MS. appears to have been never completely written ; blanks precede and succeed it, and it does not occupy the whole of its leaves. The rubrication has not been introduced.

---

The following MS. is in London at the British Museum, and from it we have derived the collations marked '*Ga*'' in our notes to the fragments of Caxton's *Ordinale* 1477 (pp. 100-116), and likewise those marked '*R*.' in our notes on a portion of *Crede Michi* (pp. 40-80).

V. London Brit. Mus. MS. Add. 25,456 (chartaceus fo. 104, cir. 1450–60.)

fo. 3ᵇ. Nomen heri cuiusdam autographum, "Tho: Wroth, Inner Temple, Dec. 22: 1679."

fo. 4–9ᵇ. Kalendarium partim atramento, partim litteris rubris conscriptum.

fo. 10. Ihs.—Summa indulgencie.

' Rayntoñ.' (' *Gylbarde. floston. Whyteacres*' rubr.)

fo. 11. Regula de omnibus historiis inchoandis, †de omnibus Responsoriis fferialibus cantandis, & de commemoracionibus faciendis per totum annum, tracta de ordinali Sarum per septem literas kalendarii,† et quelibet litera per se diuiditur in sex partes, et hoc propter festa mobilia et annos bisextiles.

❡ Ideo in primis sciatis que sit litera dominicalis . . .

fo. 22ᵇ. Sextum A.    fo. 24. Lit dom. B.
fo. 35ᵇ. Lit. dom. C.    fo. 46. 1 D.    fo. 56. 1 E.
fo. 66ᵇ. 1 F.    fo. 77. 1 G.

fo. 87. 'legatur Exposicio euangelij *Vidit Iohannes Ihesum.* Explicit pica pro iii. commemoracionibus, quod G.'

fo. 87ᵇ. *vacat.*

fo. 88. Ista regula est breviter compilata de Inceptione historie *Deus omnium* vbi oct*aue* Corporis Christe fiunt cum regimine chori & due fiunt commemoraciones. (Sequuntur xxxiiij. regulae, pro 35, lit. dom. 3 *B.* per incuriam ut videtur praetermissa.) 'Quando luna currit per xvj. xiij. v. ij. [sc. aureos numeros], et litera dominicalis est A. tunc vij° kalend. Junij.' &c.

fo. 93ᵇ. (sub lit. dom. 5 G. et aureis numeris xi. xix. viij.)
‘Expliciunt quod Raynton I.

fo. 94. Venerabili doctori et Reuerendissimo patri magistro
Thome G. sequentes rubrice verissime de Ordinali Sarum
excerpte tradantur propter declarationem sue consciencie
& ad destruccionem falsarum rubricarum que in libris
ponuntur valde diffuse.

Quodcunque festum in dominica ii. iii. vel iiij. Aduentus
Dñi contigerit differatur in crastinum nisi fuerit festum dedicacionis vel festum loci. Ista duo festa non debent differri.

fo. 103. . . . Quodcunque festum ix lectionum cum regimine
chori infra Octauas cum regimine chori euenerit, prime et
secunde Vespere erunt de festo, nisi fuerit dies dominicus
vel octaua dies.

Hec regula generaliter obseruetur infra oct. cum
regimine chori.

Explicit Tractatus vocatus **Crede michi** quod Raynton.

Si **Jho** ponatur et **ßan** simul accipiatur,

Si **nes** Jungatur, qui scripsit sic nominatur.

*Iste liber compilatus fuit utiliter ad instanciam[1] Reuerendi
Doctoris Magistri Thome Gasgan' tractus de Ordinali Sarum.*

VI. In bibliotheca Ecclesiae Cathedralis Sarum, cod. MS. 152.

A large page containing the Pie for Advent, on vellum, has
been preserved as a piece of binder's waste at the beginning of
the fine Arlingham (Gloucestershire) *Breviarium cum nota,
secundum usum Sarum,* Anno Domini circiter 1460° exaratum.

This fragment consists of two pages in double columns
written in black ink, with capitals in red and blue alternately,
and begins thus :

“Littera dominicalis A.   iij. Nonas decembris tota cantetur
historia.

Feria ij. ℣. de primo nocturno, cum Ṝio. ‘Aspiciebam’ et
duobus ferialibus, viz. ‘Obsecro,’ Domine, et Ṝo. ‘Alicui’ cum
missa ‘Salus populi.’ .

In feria .iiij. et Sabbato fiant commemoraciones.

Feria iiij. de sancto Nicholao.

Feria v. de Oct. sancti Andree cum ℣. ‘In omnem terram,’
cum duobus primis Ṝijs, et vltimo viz. ‘Vir iste.’ et cum missa
de Octa. sancti Andree.

Tamen quando Ṝ. de primo nocturno dominicali vj feria ante
Adventum Domini,” &c., &c.

We must leave a fuller account of this and the MSS. mentioned
above until the full text of the *Directorium* appears in print.

---

[1] ‘*Magistri*’ : vox in hoc loco praepostere scripta, mox deleta.

# INDEX.

---

[1] Following the terminology of the Sarum *Manuale*, 1506, 1555, &c., Bradshaw has called the grace '*Agimus tibi gratias*' a '*Capitulum*' (in his note book, 4 Dec. 1863, and in *Meals and Manners*, p. 388, 1876). It is, in form, more like an Orison.

MAYDESTONE.                                                              R

R 2

# ADDENDA ET CORRIGENDA.

Page 7, lines 5, 6. '*Collectam pro regibus et reginis.*' In addition to what has been aid above on Prayers for the Sovereign, at pp. 228–30, 234–5 text and notes, it may be observed that by an antient canon of a Council in Scotland, A.D. 1225, cap. 70, the second of five prayers at mass on ordinary days was said for the King, Queen, Royal Family, and People. Wilkins' *Concil.* i. 617, iii. 42 foll. In time of war prayers were offered *pro Rege*, temp. Edw. I. *Ibid.* ii. 197. So also for Charles the Great in 781. A. A. Pelliccia, *De Christianae Eccl. Prece pro Principibus* (Neapoli, 1778) p. 338. See also the Benedictine custom in *Concordia Regularis*, p. 162, above, and cf. Addresses on the *Holy Communion*, by the Rt. Rev. John Wordsworth, D.D., Bishop of Salisbury, ed. 2, 1892, pp. 102–9, 255.

Page 12, line 8, *delete* "†."

Page 16, note, *for* Bensley, *read* Bensly.

Page 17, line 28. 'Intus plena vero die nescit *vbi* veritas.' This, which Maydeston pronounces to be the right Sarum reading in the hymn *Estimauit ortolanum*, is found in the Sarum *portiforia* of 1519, 1557, &c., and in the St. John's Coll. Cambridge, MS. '*nisi*' is printed by Chevallon in 1531. (*Brev. Sarum* iii. p. 515*n*.)

Page 27, *add note* for line 13:—'alium *Lucem tuam.* qui' appears to be a mistake in the original editions for 'añam *Lucem tuam.* que' (Caxton, in fact, has 'alium . . . que'):—'Lucem tuam' being the Trinity antiphon at Compline. *Brev. Sar.* ii. p. 237.

Page 39, line 7, *for* '4 *A*' *read* 4 *D*.

Page 39, lines 7, 8, *for* Albano [17 Jun. 5 *G*], *read* Albano [22 Jun. 5 *A*.]

Page 69, line 24, *read* 'aliqua dominica', *expunging the comma*.

Page 220, line 34, *for* venerated these, *read* venerated there.

LONDON:

HARRISON AND SONS, PRINTERS IN ORDINARY TO HER MAJESTY,

ST. MARTIN'S LANE.

# HENRY BRADSHAW SOCIETY.

## PRESIDENT.

THE BISHOP OF SALISBURY.

## ADDENDA.

Page 133, in foot-note ¹, line 4, *read* iij. kal. Oct. (29 Sept.)  It was, probably, on Michaelmas Day itself that Abp. Boniface dedicated the high
altar, &c., at Salisbury in 1258.  (*Flores Historiarum*, iii., 249.)  But as the
annual Dedication Festival, Sept. 30th, the *morrow* of that important holy
day was considered preferable.  This involved, however, the transference
of St. Jerome's day.

Appendix III., p. 158.  A series of Ferial Commemorations assigned to
the *parecclesia*, or detached side-chapels in the Eastern Church, is noted by
Goar, p. 16.

M.  *De Angelis.*  Cf. pp. 160, 161, 175-6, 179, below.
Tu.  *De beata Virgine.*
W.  *De sancto Johanne Bapt.*
Th.  *De Apostolis.*
F.  *De sancta Cruce.*  Cf. pp. 160-184.
Sat.  *De Defunctis.*  (Cf. p. 181.)

F. Jenkinson, Esq., M.A.

F. Madan, Esq., M.A.

J. T. Micklethwaite, Esq., F.S.A.

Rev. F. E. Warren, B.D., F.S.A.

Rev. H. A. Wilson, M.A.

Rev. Christopher Wordsworth, M.A.

# ADDENDA ET CORRIGENDA.

LONDON:
HARRISON AND SONS, PRINTERS IN ORDINARY TO HER MAJESTY,
ST. MARTIN'S LANE.

# HENRY BRADSHAW SOCIETY.

## PRESIDENT.

# LIST OF WORKS
## ALREADY ISSUED OR PREPARING.

1891.   I. MISSALE AD USUM ECCLESIÆ WESTMONASTERIENSIS, fasc. i. Edited by Dr. J. WICKHAM LEGG, F.S.A.   8vo.
[Dec. 1891.]

III. THE MARTILOGE, 1526.   Edited by the Rev. F. PROCTER, M.A., and the Rev. E. S. DEWICK, M.A., F.S.A.   8vo.
[May, 1893.]

1892.   II. THE MANNER OF THE CORONATION OF KING CHARLES I., 1626. Edited by the Rev. CHR. WORDSWORTH, M.A. 8vo.   [Dec. 1892.]

IV. THE BANGOR ANTIPHONARIUM.   Edited by the Rev. F. E. WARREN, B.D., F.S.A.   Part I. containing complete facsimile in collotype, with historical and palæographical introduction.   4to.   [Aug. 1893.]

1893.   V. MISSALE AD USUM ECCLESIÆ WESTMONASTERIENSIS, fasc. ii. Edited by Dr. J. WICKHAM LEGG, F.S.A.   8vo.
[Aug. 1893.]

VI. OFFICIUM ECCLESIASTICUM ABBATUM SECUNDUM USUM EVESHAMENSIS MONASTERII.   Edited by the Rev. H. A. WILSON, M.A.   8vo.   [Aug. 1893.]

1894. VII. TRACTS OF CLEMENT MAYDESTONE, viz. DEFENSORIUM DIRECTORII and CREDE MICHI.   Edited by the Rev. CHR. WORDSWORTH, M.A.   8vo.   [Oct. 1894.]

VIII. THE WINCHESTER TROPER.   Edited by the Rev. W. HOWARD FRERE, M.A.   8vo.   [Oct. 1894.]

**For future years the following Works are in preparation :**

THE BANGOR ANTIPHONARIUM, Part II. containing an amended text with liturgical introduction, and an appendix containing an edition of Harleian MS. 7653. Edited by the Rev. F. E. WARREN, B.D., F.S.A. 4to.   [In the Press.]

THE MARTYROLOGY OF GORMAN.   Edited by Mr. WHITLEY STOKES, C.S.I., D.C.L., F.S.A.   8vo.   [In the Press.

MISSALE AD USUM ECCLESIÆ WESTMONASTERIENSIS, fasc. iii. Containing an appendix giving certain Offices from Westminster MSS. in the Bodleian Library and the British Museum, together with full indices, notes, and a liturgical introduction. Edited by Dr. J. Wickham Legg, F.S.A. 8vo. [In the Press.]

THE IRISH LIBER HYMNORUM. Edited from MSS. in the Libraries of Trinity College, and the Franciscan Convent at Dublin by the Rev. John H. Bernard, D.D., and Professor Robert Atkinson, LL.D.

MISSALE ROMANUM, Milan, 1474. (The first printed edition of the Roman Missal.) Edited by Dr. J. Wickham Legg, F.S.A.

THE MISSAL OF ROBERT OF JUMIÈGES. Edited from a manuscript in the Public Library at Rouen by the Rev. H. A. Wilson, M.A.

THE HEREFORD BREVIARY. Edited by the Rev. W. Howard Frere, M.A.

CLEMENT MAYDESTONE'S DIRECTORIUM SACERDOTUM. Edited by the Rev. Canon W. Cooke, M.A., F.S.A., and the Rev. J. R. Lunn, B.D.

THE LITURGY OF ST. JAMES. Edited by the Rev. F. E. Brightman, M.A.

THE BENEDICTIONAL OF ROBERT OF JUMIÈGES. Edited by Mr. Edmund Bishop.

ABBOT WARE'S CONSUETUDINARY OF WESTMINSTER.

*October*, 1894.

*⁎* Those wishing to join the Society are requested to communicate with the Hon. Secretary, Dr. J. Wickham Legg, 47, Green Street, Park Lane, London, W.; or with the Hon. Treasurer, the Rev. E. S. Dewick, 26, Oxford Square, Hyde Park, London, W.

The books are issued to members in return for an annual subscription of one guinea, payable at the beginning of each year.

HARRISON & SONS, Printers in Ordinary to Her Majesty, St. Martin's Lane.